N1
학습편

PAGODA Books

파고다 JLPT N1

초판 1쇄 발행 2018년 4월 27일
개정판 1쇄 인쇄 2019년 9월 1일
개정판 1쇄 발행 2019년 9월 1일
개정판 5쇄 발행 2024년 8월 20일

지 은 이 | 파고다교육그룹 언어교육연구소, 김성곤
펴 낸 이 | 박경실
펴 낸 곳 | **PAGODA Books** 파고다북스
출판등록 | 2005년 5월 27일 제 300-2005-90호
주 소 | 06614 서울특별시 서초구 강남대로 419, 19층(서초동, 파고다타워)
전 화 | (02) 6940-4070
팩 스 | (02) 536-0660
홈페이지 | www.pagodabook.com

ISBN 978-89-6281-828-4 (13730)

파고다북스 www.pagodabook.com
파고다 어학원 www.pagoda21.com
파고다 인강 www.pagodastar.com
테스트 클리닉 www.testclinic.com

낙장 및 파본은 구매처에서 교환해 드립니다.

일본어능력시험(JLPT) 가이드

1 JLPT란?

❶ Japanese Language Proficiency Test의 약자로 일본어가 모국어가 아닌 사람의 일본어 능력을 측정하는 검정 시험이다. 일본국제교육지원협회와 국제교류기금이 주최가 되어 1984년부터 실시해 오고있으며, 2010년 새롭게 바뀐 시험 유형으로 연 2회 (7월, 12월 첫째 주 일요일) 실시되고 있다.

❷ N1~N5까지의 5단계 레벨이 있다. 여기서 N이라는 것은 새로움을 의미하는 「New(新しい)」와 일본어의 의미인 「Nihongo(日本語)」의 머리글자이다.
각 레벨의 인정기준은 다음과 같다. 인정의 기준을 '읽기', '쓰기'라고 하는 언어 행동으로 나타내고 있다. 각각의 레벨에는 이러한 언어 행동을 실현하기 위한 언어지식이 필요하다.

N1	**기존 시험 1급보다 다소 높은 레벨까지 측정** 읽기 · 논리적으로 약간 복잡하고 추상도가 높은 문장 등을 읽고 문장의 구성과 내용을 이해할 수 있으며, 다양한 화제의 글을 읽고 이야기의 흐름이나 상세한 표현 의도를 이해할 수 있다. 듣기 · 자연스러운 속도의 체계적 내용의 회화나 뉴스, 강의를 듣고, 내용의 흐름 및 등장인물의 관계나 내용의 논리 구성 등을 상세히 이해하거나, 요지를 파악할 수 있다.
N2	**기존 시험의 2급과 거의 같은 레벨** 읽기 · 신문이나 잡지의 기사나 해설 평이한 평론 등, 논지가 명쾌한 문장을 읽고 문장의 내용을 이해할 수 있으며, 일반적인 화제에 관한 글을 읽고, 이야기의 흐름이나 표현 의도를 이해할 수 있다. 듣기 · 자연스러운 속도의 체계적 내용의 회화나 뉴스를 듣고, 내용의 흐름 및 등장인물의 관계를 이해하거나, 요지를 파악할 수 있다.
N3	**기존 시험의 2급과 3급 사이에 해당하는 레벨(신설)** 읽기 · 일상적인 화제에 구체적인 내용을 나타내는 문장을 읽고 이해할 수 있으며, 신문의 기사 제목 등에서 정보의 개요를 파악할 수 있다. 일상적인 장면에서 난이도가 약간 높은 문장을 바꿔 제시하며 요지를 이해할 수 있다. 듣기 · 자연스러운 속도의 체계적 내용의 회화를 듣고, 이야기의 구체적인 내용을 등장인물의 관계 등과 함께 거의 이해할 수 있다.
N4	**기존 시험 3급과 거의 같은 레벨** 읽기 · 기본적인 어휘나 한자로 쓰여진, 일상생활에서 흔하게 일어나는 화제의 문장을 읽고 이해할 수 있다. 듣기 · 일상적인 장면에서 다소 느린 속도의 회화라면 거의 내용을 이해할 수 있다.
N5	**기존 시험 4급과 거의 같은 레벨** 읽기 · 히라가나나 가타카나, 일상생활에서 사용되는 기본적인 한자로 쓰여진 정형화된 어구나, 문장을 읽고 이해할 수 있다. 듣기 · 일상생활에서 자주 접하는 장면에서 느리고 짧은 회화로부터 필요한 정보를 얻어낼 수 있다.

2 시험 과목과 시험 시간

레벨	시험과목 (시험시간)		
N1	언어지식 (문자・어휘・ 문법)・독해 (110분)		청해 (60분)
N2	언어지식 (문자・어휘・문법)・독해 (105분)		청해 (50분)
N3	언어지식 (문자・ 어휘) (30분)	언어지식 (문법) ・독해 (70분)	청해 (40분)
N4	언어지식 (문자・ 어휘) (30분)	언어지식 (문법) ・독해 (60분)	청해 (35분)
N5	언어지식 (문자・ 어휘) (25분)	언어지식 (문법) ・독해 (60분)	청해 (30분)

3 시험 점수 / 결과 통지

레벨	배점구분	득점범위
N1	언어지식(문자・ 어휘 ・문법) 독해 청해 종합배점	0~60 0~60 0~60 0~180
N2	언어지식(문자・ 어휘 ・문법) 독해 청해 종합배점	0~60 0~60 0~60 0~180
N3	언어지식(문자・ 어휘 ・문법) 독해 청해 종합배점	0~60 0~60 0~60 0~180
N4	언어지식(문자・ 어휘 ・문법), 독해 청해 종합배점	0~120 0~60 0~180
N5	언어지식(문자・ 어휘 ・문법), 독해 청해 종합배점	0~120 0~60 0~180

(1) 합격 / 불합격의 판정

종합득점과 각 득점구분의 기준점 두 개에서 합격 여부 판정이 실시된다. 기준점이란, 각 득점 구분으로 적어도 이 이상은 필요하다라고 하는 득점이다. 득점 구분의 득점이 하나라도 기준점에 이르지 못하면, 종합득점이 아무리 높아도 불합격이다. 각 득점 구분에 기준점을 두는 것은 학습자의 일본어 능력을 종합적으로 평가하기 위함이다.

〈2010년 일본어 능력시험의 합격 / 불합격 판정기준〉

<table>
<tr><th rowspan="2">레벨</th><th rowspan="2">합격점</th><th colspan="3">기준점</th></tr>
<tr><th>언어지식</th><th>독해</th><th>청해</th></tr>
<tr><td>N1</td><td>100</td><td>19</td><td>19</td><td>19</td></tr>
<tr><td>N2</td><td>90</td><td>19</td><td>19</td><td>19</td></tr>
<tr><td>N3</td><td>95</td><td>19</td><td>19</td><td>19</td></tr>
<tr><td>N4</td><td>90</td><td colspan="2">38</td><td>19</td></tr>
<tr><td>N5</td><td>80</td><td colspan="2">38</td><td>19</td></tr>
</table>

(2) 시험 결과의 통지

아래와 같이 ① '득점구분별 점수'와 득점 구분별 점수를 합산한 ② '종합득점', 추후 일본어 학습을 위해서 ③ '참고정보'를 통지한다. ③ '참고정보'는 합격/불합격과는 관련 없다.

예 N3를 수험한 Y 씨의 '성적결과통지서'의 일부 (실제 서식은 변경 가능)

①

<table>
<tr><th colspan="3">득점구분별 점수</th><th rowspan="2">종합득점</th></tr>
<tr><th>언어지식
(문자 · 어휘 · 문법)</th><th>독해</th><th>청해</th></tr>
<tr><td>50/60</td><td>30/60</td><td>40/60</td><td>120/180</td></tr>
</table>

②

↓

③

<table>
<tr><th colspan="2">참고정보 ※</th></tr>
<tr><th>문자 · 어휘</th><th>문법</th></tr>
<tr><td>A</td><td>C</td></tr>
</table>

A 매우 잘했음 (정답율 67% 이상)

B 잘했음 (정답율 34% 이상 67% 미만)

C 그다지 잘하지 못했음 (정답율 34% 미만)

※ '언어지식(문자 · 어휘 · 문법)'에 대해서, 참고정보를 보면 '문자 · 어휘'는 A(정답율 67%이상)로 '매우 잘했음', '문법'은 C(정답율 34%미만)로 '그다지 잘하지 못했음'이라는 것을 알 수 있다.

4 문제 구성

각 레벨에서 출제하는 문제의 구성과 문제 수는 아래와 같다.

시험과목		문제의 종류	문제 수 ※				
			N1	N2	N3	N4	N5
언어지식 · 독해	문자 · 어휘	한자 읽기	6	5	8	9	12
		표기	–	5	6	6	8
		단어 형성	–	5	–	–	–
		문맥 규정	7	7	11	10	10
		유의 표현	6	5	5	5	5
		용법	6	5	5	5	–
		문제 수 합계	25	32	35	35	35
	문법	문장의 문법1 (문법 형식의 판단)	10	12	13	15	16
		문장의 문법2 (문장 만들기)	5	5	5	5	5
		글의 문법	5	5	5	5	5
		문제 수 합계	20	22	23	25	26
	독해 ※	내용 이해 (단문)	4	5	4	4	3
		내용 이해 (중문)	9	9	6	4	2
		내용 이해 (장문)	4	–	4	–	–
		통합 이해	2	2	–	–	–
		주장 이해 (장문)	4	3	–	–	–
		정보 검색	2	2	2	2	1
		문제 수 합계	25	21	16	10	6
청해		과제 이해	6	5	6	8	7
		포인트 이해	7	6	6	7	6
		개요 이해	6	5	3	–	–
		발화 표현	–	–	4	5	5
		즉시 응답	14	12	9	8	6
		통합 이해	4	4	–	–	–
		문제 수 합계	37	32	28	28	24

※ 문제 수는 매회 시험에서 출제되는 기준으로, 실제 출제 수는 다소 다를 수 있음.
※ '독해'에서는 하나의 본문에 대해 복수의 문제가 출제되는 경우도 있음.

5 시험 당일 주의사항

시험 당일에는 수험표, 신분증 및 필기도구(HB연필, 지우개)를 지참해야 한다.

신분증 (다음 중 택1)	대학생, 일반인	주민등록증, 운전면허증, 기간 만료 전의 여권, 공무원증, 장애인복지카드, 주민등록증발급신청 확인서
	중 · 고등학생	주민등록증, 학생증, 장애인복지카드, 기간 만료 전의 여권, 청소년증, JLPT신분확인증명서
	만 15세 이하 청소년	기간 만료 전의 여권, 청소년증, 주민등록등(초)본, 의료보험증, 장애인복지카드, JLPT신분확인증명서
	군인	주민등록증, 운전면허증, 장교/부사관신분증, 군무원증, 공익근무요원증, JLPT신분확인증명서
	외국인	외국인등록증, 기간 만료 전의 여권, 국내거소신고증
수험표	JLPT 홈페이지에서 출력한다. 반드시 본인의 사진이 출력된 수험표이어야 하며, 흑백도 가능하다.	
필기도구	HB연필 및 샤프펜슬(사인펜, 볼펜 등은 채점 불가), 지우개	

※ 시험 당일 신분증 미지참자는 응시가 불가능하므로 반드시 지참해야 하며, 상기에 규정된 신분증 이외의 '대학교의 학생증, 국가자격증, 사진 부착된 신용카드' 등은 신분증으로 인정되지 않으므로 주의한다.

본 교재의 구성

유형 파악

JLPT N1 시험에 앞서, 출제 경향 및 문제 유형을 정확히 파악하고 그에 적합한 학습 대책을 세우는 것이 무엇보다 우선이다.
N1 유형 파악 코너에서는 각 문제의 유형을 한 눈에 파악할 수 있도록 예시 문제와 함께 저자만의 노하우가 담겨있는 해답 스킬, 철저한 학습 대책등을 제공한다.

문자・어휘 기반 다지기

언어지식 기반 다지기 코너는 단순 어휘 문제 풀이를 대비한 페이지가 아닌 문법, 독해, 청해를 위해서도 꼭 학습해야할 필수 어휘들로만 채워져 있다.

문법 기반 다지기

N1 필수 문법과 시험과 직결되는 응용 표현들로만 구성하였다.
선택지에 함께 제시되는 비슷한 표현, 출제 빈도가 높은 표현들을 자세한 설명과 풍부한 예문을 통해 학습할 수 있다.

정답 및 청해 스크립트

〈실전편〉 총 128회의 유형별 실전문제, 총 2회분의 실전 모의고사의 정답 및 청해 스크립트가 수록되어 있다. 문제와 정답, 스크립트를 각각 다른 분권으로 구성하여 문제와 정답을 쉽게 오갈 수 있도록 하였으며, 각 문제에 대한 해설은 별도로 다운로드 및 QR 코드를 활용하여 확인할 수 있도록 구성하였다.

유형별 총128회 실전 문제

〈문자 • 어휘〉 70회, 〈문법〉 25회, 〈독해〉 18회, 〈청해〉 15회, 총 128회의 실전 문제를 별도로 수록하여 실전 시험에 철저히 대비할 수 있도록 하였다.

실전 모의고사 (총 2회분)

시험 전 최종 학습 및 자가 점검을 위한 실전 모의고사 (부록 2회분)을 제공하고 있으며, 각각의 자세한 해답 및 해설을 다운로드 형식으로 제공하고 있다.
〈무료 다운로드 www.pagodabook.com 〉

차례

학습편

실전편

4주 완성 플랜 & My Plan

Plan 1 주차

	Day 1 월 일	Day 2 월 일	Day 3 월 일	Day 4 월 일	Day 5 월 일	Day 6 월 일	Day 7 월 일
학습편	□ 16~47p	□ 50~65p	□ 66~81p	□ 82~96p	□ 97~109p	□ 110~119p	□ 120~128p
My Plan	□	□	□	□	□	□	□

Plan 2 주차

	Day 1 월 일	Day 2 월 일	Day 3 월 일	Day 4 월 일	Day 5 월 일	Day 6 월 일	Day 7 월 일
학습편	□ 132~141p	□ 142~151p	□ 152~162p	□ 163~173p	□ 174~184p	□ 185~194p	□ 195~204p
My Plan	□	□	□	□	□	□	□

* 〈My Plan〉에는 직접 자신이 세운 학습 플랜을 기입하여 활용하세요.
* 8주 학습 완성을 원할 경우 하루 분량을 이틀에 걸쳐서 학습하세요.

Plan 3 주차

	Day 1	Day 2	Day 3	Day 4	Day 5	Day 6	Day 7
	월 일	월 일	월 일	월 일	월 일	월 일	월 일
실전편	☐ 4~23p	☐ 24~33p	☐ 34~43p	☐ 44~53p	☐ 54~63p	☐ 64~83p	☐ 84~103p
My Plan	☐	☐	☐	☐	☐	☐	☐

Plan 4 주차

	Day 1	Day 2	Day 3	Day 4	Day 5	Day 6	Day 7
	월 일	월 일	월 일	월 일	월 일	월 일	월 일
실전편	☐ 104~113p	☐ 114~135p	☐ 136~179p	☐ 180~197p	☐ 198~207p	☐ 213~252p	☐ 257~297p
My Plan	☐	☐	☐	☐	☐	☐	☐

N1 유형 파악이 합격을 좌우한다!

1교시 언어지식

(문자 · 어휘 · 문법)

독해

시험 시간 : 110분

問題 01 한자 읽기

문제 유형 및 해답 스킬

유형 파악

총 6문항이 출제되는 문제로, 밑줄 친 한자를 히라가나로 어떻게 읽는지를 묻는다. 장음과 단음, 청음과 탁음(반탁음), 촉음의 유무 등을 정확히 알고 있는지를 체크하는 문제이다.

問題 1 ＿＿＿＿の言葉の読み方として最もよいものを、1・2・3・4から一つ選びなさい。

1 駅前のパチンコ屋は<u>華々しく</u>開店した。

1 はななだしく　2 はなばなしく　3 はかばかしく　4 ばかばかしく

1	①❷③④

해답 스킬

1 풀어야 하는 문제가 많은 만큼 가장 스피드 있게 풀어야 하는 파트이다. 정답을 확신한다면 전체 문장은 읽지 않아도 된다.

2 하지만 정답에 자신이 없는 문제라면 평소 알고 있는 어휘를 연상해 보거나, 앞뒤 문맥으로 익숙한 발음을 떠올려 정답을 체크하도록 한다.

3 생각이 나지 않는 문제는 절대 많은 시간을 들여서는 안 된다. 빨리 다음 문제로 넘어 가도록 한다.

학습 대책

1 장음과 단음, 청음과 탁음(반탁음), 촉음의 유무 등을 묻고자 하는 게 포인트이므로, 평소에 단어를 학습할 때 히라가나로 정확하게 써보는 습관을 들인다.

2 香料(こうりょう)(향료)와 考慮(こうりょ)(고려), 肝心(かんじん)(중요함)와 関心(かんしん)(관심) 등 발음이 비슷한 단어들은 평소 학습 시 조금 과장되게 읽는 습관을 들이는 것도 좋다.

3 한자는 읽는 법, 의미, 그 한자를 사용하는 표현 등을 모두 한꺼번에 학습해 두면 한자 읽기뿐만 아니라 어휘 실력 향상에도 도움이 된다.

문제 유형 및 해답 스킬

▸▸▸ 유형 파악

총 7문항이 출제되는 문제로, 앞뒤 문맥을 살펴보고 괄호 안에 들어갈 적절한 어휘를 찾는다. 의미나 읽는 법이 비슷한 것들이 출제된다.

問題２　（　　　　）に入れるのに最もよいものを、１・２・３・４から一つ選びなさい。

7　もうちょっと（　　　　）な観察をしてほしいのですが。
　1　濃密　　2　些細　　3　綿密　　4　密接

7	①②❸④

▸▸▸ 해답 스킬

1　앞뒤 문맥의 흐름을 잘 살펴 문장 전체와 어울리는 어구를 골라 넣는다.
2　선택지에는 비슷한 모양의 어휘들이 나열되므로 주의하여 읽는다.
3　오답을 지워나가는 방식으로 정답을 찾는 것도 도움이 된다.

▸▸▸ 학습 대책

1　괄호 앞뒤의 표현과 연결되는 접미어나 접두사 문제가 출제되므로 평소 그러한 것들은 통째로 외워둔다. 예를 들면 配水管(はいすいかん)(배수관), 妥結案(だけつあん)(타결안), 好都合(こうつごう)(좋은 상황) 등이 있다.
2　歯痒(はがゆ)い攻撃(こうげき)(답답한 공격), 巧(たく)みな演技(えんぎ)(훌륭한 연기) 등 함께 썼을 때 자연스러운 표현은 관용구로 만들어 외워두는 것도 도움이 된다.
3　見惚(みほ)れるような美人(びじん)(보고 반할 만한 미인), 援助(えんじょ)の手(て)を差(さ)し伸(の)べる(구원의 손길을 내밀다)처럼 동사도 관용구로 만들어 학습해 두면 문제 푸는 시간을 줄일 수 있을 뿐만 아니라 정답에 대한 정확도도 높아진다.

問題 03 교체 유의어

문제 유형 및 해답 스킬

유형 파악

총 6문항이 출제되는 문제로, 출제어와 비슷한 의미의 어휘나 표현을 고른다. 「가타카나-한자어」, 「딱딱한 표현-가벼운 표현」, 「어려운 한자어-쉬운 한자어」를 서로 표현할 수 있는 어휘실력이 있는지를 파악하고자 하는 문제이다.

問題３　＿＿＿＿の言葉に意味が最も近いものを、１・２・３・４から一つ選びなさい。

14　皿洗いは本当に面倒くさい。

1　地味だ　　2　紛らわしい　　3　退屈だ　　4　煩わしい

14	①②③❹

해답 스킬

1 앞뒤 문장 전체에서 밑줄 친 표현이 어떠한 의미로 사용되는지를 파악한 뒤, 가장 가까운 의미를 갖는 표현을 고른다.

2 오답 표현은 하나씩 지워나가며 정답을 찾는 것도 도움이 된다.

3 정답이라고 생각되는 선택지의 표현을 밑줄 표현 대신 넣어보아 문장이 성립되면 정답이다.

학습 대책

1 평소에 단어를 학습할 때 비슷한 의미를 갖는 어휘들은 같이 묶어 외워둔다.

2 노트 등에 비슷한 표현들을 정리해 두고 쓸 수 있는 범위와 용법 등을 확실히 해둔다면 용법 파트 문제에 대한 대책도 가능하다.

3 평소에 단어의 의미를 찾을 때 일본어 사전을 이용하여 일본어 설명을 읽는 습관을 들이는 것도 좋다.

문제 유형 및 해답 스킬

유형 파악

총 6문항이 출제되는 문제로, 제시된 단어가 올바르게 사용된 문장을 고른다. 관용구, 품사의 쓰임새, 한자어의 의미 등을 정확히 알고 있는지 묻는 문제로 학생들이 가장 어려워하는 파트이기도 하다.

問題4　次の言葉の使い方として最もよいものを、1・2・3・4から一つ選びなさい。

20 満喫

1　温泉に行ってゆったりと満喫したい。

2　下記の条件に満喫する人材を探している。

3　バリの海辺で久しぶりの休暇を満喫した。

4　これで彼の好奇心を満喫させられるとは思わない。

20	①②❸④

해답 스킬

1　밑줄 뒤에 이어지는 문장과의 관계에서 품사가 제대로 연결되어 있는지를 먼저 따져보고 잘못되었다면 오답으로 간주하고 해석하기에 앞서 먼저 지우고 시작한다.

2　각 문장을 해석하면서 정답을 찾아 나갈 때, 제시어가 한자어인 경우 일반적으로 알고 있는 의미가 아닌 다른 의미로 사용된 경우를 물을 수 있으니 이것을 염두에 두고 정답을 찾는다.

3　의미나 발음이 비슷해도 좋은 이미지인지 [예 明(あか)るい色(いろ)(밝은 색)], 나쁜 이미지인지 [예 けばけばしい色(いろ)(현란하고 야한 색)], 어느 쪽에도 포함되지 않는 이미지인지 [예 地味(じみ)な色(いろ)(수수한 색)]에 따라 용법이 전혀 달라질 수 있으니 이것도 염두에 두며 정답을 고른다.

학습 대책

1　단어의 의미만으로는 풀 수 없는 문제가 있을 수 있다. 평소 자주 사용되는 어휘와 함께 외워두는 것이 효과적이다.

2　또한 단순 암기만이 아니라 언제, 어디에서 사용되는지, 어떤 조사와 함께 사용되는지, 명사의 경우는 する가 붙으면 동사가 되는지 등을 주의하며 학습해둔다.

3　동사는 주로 함께 쓰이는 목적어나 주어와 함께 외워두면 효과적이다.

문제 유형 및 해답 스킬

▶▶▶ 유형 파악

총 10문항이 출제되는 문제로, 문장의 내용에 맞는 적절한 표현을 골라 괄호에 넣는다. 기본 문법을 바탕으로 각 기능어의 바른 쓰임새, 사역, 수동, 사역수동, 경어 등을 문장 속에서 바르게 사용할 수 있는지를 묻는 문제이다.

問題 5　次の文の（　　　）に入れるのに最もよいものを、1・2・3・4から一つ選びなさい。

26 大事な試験（　　　　）、学生たちはかなり緊張しているようだ。

1　とあって　　2　とあれば　　3　とならば　　4　にあって

26	❶②③④

▶▶▶ 해답 스킬

1 평소 학습해둔 기능어의 접속 형태가 바른지 체크하며 문제를 푼다.
2 특히 괄호의 바로 앞뒤 부분은 중요한 힌트가 되므로, 어떠한 표현들이 연결되어 있는지 유심히 보고 접속 형태에 주의해 문제를 푼다.
3 기본적인 문법적 구성도 염두에 둬야 한다. 특히, 명사 + 조사, 형용사 + 명사, 부사 + 서술어 등의 구조에 신경을 쓰며 바른지 체크하면서 읽어나간다.
4 사역, 수동, 사역수동, 경어 등의 문제는 동작의 행위자가 누군지를 먼저 파악한 후, 적절한 표현을 넣도록 한다.
5 호응 관계를 이루는 부사도 앞뒤 문장 전체를 잘 살펴 찾는다.

▶▶▶ 학습 대책

1 N1 레벨의 기능어들은 일상회화에서는 그다지 사용되지 않는 딱딱한 표현이 다수이지만 사용되는 장면이 한정되어 있는 표현들이므로 평소 자주 쓰이는 문장 전체를 익혀두면 문제풀이에 도움이 된다.
2 주의해야 할 접속 형태까지 기억해 두면 문제풀이에 소요되는 시간을 절약할 수 있을 뿐만 아니라 문장 완성 문제 해결에도 도움이 된다.
3 기능어는 한자어나 다른 어휘에 비해 외우기가 쉽지 않기 때문에 자주 쓰이는 예문을 관용구 형태로 만들어 외워두는 것도 좋다.

問題 06 문장 완성

5문제 / 5분

문제 유형 및 해답 스킬

▸▸▸ 유형 파악

총 5문항이 출제되는 문제로, 나열된 단어를 어순에 맞게 조합하여 올바른 문장을 만든다. 의미가 통하는 문장을 만들기 위해서는 말과 말을 연결하는 룰에 대한 지식, 즉 문법 지식이 필요한데 이러한 문법 지식을 이용해 올바른 문장을 만들 수 있는지를 묻는 문제이다.

問題６　次の文の＿＿★＿＿に入る最もよいものを、１・２・３・４から一つ選びなさい。

36 もう ＿＿＿ ＿＿＿ ＿★＿ ＿＿＿ なんて、情けないかぎりだ。

1　そばから　　2　また遅れる　　3　と言った　　4　遅刻しない

36	❶②③④

▸▸▸ 해답 스킬

1 우선 제시된 문장과 선택지에서 학습한 기능어가 있는지를 확인한 후, 접속 형태에 주의하여 2개나 3개가 연결될 수 있는 어구를 만든다.

2 조사 앞에는 무조건 명사가 오도록 배열하고, 「주어 + 목적어 + 서술어」 등을 염두에 두고 육하원칙(누가, 언제, 어디서, 무엇을, 어떻게, 왜)을 생각하며 문장 연결을 시도하는 것도 도움이 된다.

3 부사는 비교적 자유롭게 넣을 수 있으므로 가장 마지막에 남는 부분에 넣도록 한다.

4 어구를 모두 연결한 후 꼭 문장 전체의 흐름을 생각하며 읽고 해석해 본다.

▸▸▸ 학습 대책

1 평소 기능어를 학습할 때 접속 형태에 주의를 기울여 학습한다. 예를 들어 以来(いらい)(~이래)라는 기능어는 반드시 ~て형에만 연결해 사용하므로 ~て以来(いらい)(~한 이래)로 학습해 두면 시간을 절약할 수 있을 뿐 아니라 정확하게 정답을 체크할 수 있다.

2 또한 관용처럼 함께 쓰이는 표현들은 같이 외워둔다. 예를 들면 並大抵(なみたいてい)のことではない(보통 일이 아니다. 쉬운 일이 아니다), 大(たい)したことではない(대단한 것이 아니다) 등 묶어서 기억해두면 흩어진 조각을 비교적 쉽게 찾아 나열할 수 있다.

3 평소 독해 문장을 읽을 때 문법적인 요소를 신경 쓰며 읽는 것도 도움이 된다.

問題 07 글의 문법

5문제 / 5분

문제 유형 및 해답 스킬

▸▸▸ 유형 파악

총 5문항이 출제되는 문제로, 글의 흐름에 맞는 표현을 찾는다. 문장의 전후 관계를 생각하며 알맞은 어휘, 지시사, 접속사, 기능어 등을 찾는 문제이다. 〈문제 1〉처럼 하나의 문장 안에서만 정답을 생각하는 것이 아니라 글 전체의 논리나 의미를 생각하며 답을 찾는 능력이 필요하다.

問題7 **次の文章を読んで、41から45の中に入る最もよいものを、1・2・3・4から一つ選びなさい。**

　お米を主食とするアジアの人たちにとって元気の源がお米であることは 41 。そのお米で作ったご飯は、消化しにくい成分が含まれ、食物繊維と同様な働きをする 42 、腹持ちがよい、そして、どんな料理や味つけにも合うので、低エネルギーの調整もしやすいという優れた食べ物です。また、ご飯、主菜、副菜という料理の 43 は、私たち日本人にとって、わかりやすく、栄養素のバランスがとりやすい食事のスタイルなのです。

　現在の高齢者は厳しい戦争の時代を生き抜いてきました。過酷な食糧難で育ち、まさにお米は 44 でした。白いご飯に梅干しは、立派なごちそうでした。それでも、強い肉体と精神力をもってたくましく生き抜き、今日の寿命を延ばしてきました。

　45 、戦後やすやすと米食からパン食に替わり、肉、魚が食卓にのぼらない日がないくらい豊かになった今日の食生活。けれども、そのほとんどは自ら作ったものではなく、他者や他国のものをお金で買ってきたものです。現代人はお金稼ぎに明け暮れ、気がつくと身も心も疲れてはいないでしょうか。何でもある現代の人たちが気を病んで、生きる気力すら失っているように見えます。

　さあ、忙しいその手をおいて、両手で握るおにぎりにお米の恵みを味わってみてはいかがでしょう。

▸▸▸ 해답 스킬

1 문장 전체를 꼼꼼히 읽어 내려가며 저자의 글이 나타내는 바를 정확히 찾아낸다. 한 문장만 두고 봤을 때는 맞아도 전후의 흐름에 맞지 않으면 정답이 될 수 없는 경우가 있다.

2 접속사, 문말 표현, 문장 안의 이중 부정 표현, 강조 표현 등에 유의하며 읽는다.

3 지시사가 나오면 지시사가 가리키는 것을 찾아 정리하며 읽는다.

▸▸▸ 학습 대책

1 평소 접속사의 쓰임새를 나누어 학습한다.

* 순접을 나타내는 표현 : そして(그리고), 従って(따라서)

* 역접을 나타내는 표현 : しかし(그러나), ところが(그러나), でも(하지만), ～が(～이지만)

* 원인, 이유를 나타내는 표현 : なぜなら(왜냐하면), ～故に(～인 고로), それで(그래서), ～からだ(～이기 때문이다)

* 뒤 문장에서 예상외의 결과를 나타내는 표현 : それなのに(그런데), それにしては(그것치고는), それにもかかわらず(그럼에도 불구하고)

* 뒤 문장을 강조하기 위한 표현 : そればかりか(그뿐만 아니라), それどころか(그렇기는커녕)

2 부정인지 긍정인지 항상 문말 표현에 신경 쓰며 문장 읽는 습관을 들인다.

* 이중 부정으로 <u>소극적인 긍정</u>을 나타내는 표현 : ～ないわけではない(～하지 않는 것은 아니다), ～ないものでもない(～하지 않는 것도 아니다), ～ないこともない(～하지 않는 것도 아니다), ～なくもない(～하지 않는 것도 아니다)

* 이중 부정으로 <u>적극적인 긍정</u>을 나타내는 표현 :
～ないわけにはいかない(～하지 않는 것은 아니다 = ～해야 한다)
～ざるを得ない(～하지 않을 수 없다 = ～해야 한다)

* 부정을 나타내는 표현 : ～わけにはいかない(～할 수는 없다)

3 いったん(일단), ひととおり(대충), まず(우선), ただちに(바로, 곧) 등의 부사 표현도 꼼꼼하게 외워둔다.

문제 유형 및 해답 스킬

유형 파악

단문 독해 : 내용 이해 (4문항)

지문 4개에 총 4문항이 출제되는 문제로, 생활, 업무 따위의 다양한 주제를 포함하는 설명문이나 지시문 등 200자 정도 되는 글을 읽고 내용을 이해하는지를 묻는다.

問題８　**次の文章を読んで、後の問いに対する答えとして最もよいものを、１・２・３・４から一つ選びなさい。**

９月に入ったが、相変わらずの猛暑(もうしょ)(注1)だ。熱中症の危険も続く。睡眠中に亡くなる人も少なくない。もはや窓を開ければ涼しくなる時代ではないらしい。うんざりする炎暑である。

しかし周りを観察してみれば、秋が近付いてきているのも分かる。スーパーに行けば、新米(しんまい)を目にするようになった。サンマも既に並んでいる。実りの秋はそれほど先の話ではない。少し前までは、夜中でも耳に入ってきたセミの声。今は代わりに、草むらから秋の声が聞こえてくる。

まだまだ暑さは続きそうだが、意識して探してみれば、小さい秋は見つかるものだ。見つかると季節の移(うつ)ろい(注2)が楽しくなる。終わらない夏はない。さあ、もうひと踏ん張りだ。

（注１）猛暑(もうしょ)：はげしい暑さ
（注２）移(うつ)ろい：変化

46　小さい秋は見つかるものだの例として書かれているものを選びなさい。
1　セミの鳴き声が草むらから聞こえてくること
2　スーパーで旬の魚が売られていること
3　窓を開けると秋らしい涼しさが感じられること
4　新米の収穫をしている光景が見られること

46	①❷③④

문제 유형 및 해답 스킬

유형 파악

중문 독해 : 내용 이해 (9문항)

지문 3개에 총 9문항(각 지문당 문항 수는 3개씩)이 출제되는 문제로, 논평, 해설, 수필 등 500자 정도 되는 글을 읽고, 인과관계나 필자의 생각 등을 이해할 수 있는지를 묻는다.

問題9 **次の文章を読んで、後の問いに対する答えとして最もよいものを、1・2・3・4から一つ選びなさい。**

「①ふれあい（注1）恐怖」という言葉に代表されるように、若者の対人関係の変容が指摘されています。「群れ」をなして行動する反面、実は他者との「心のふれあい」を回避する傾向のことです。このような「表面的関係志向性」の背景には人との関係の営みに必要な「対人スキル」の低下が考えられます。

「恋愛」は、意図的にではなく突如襲ってくる感情です。その感情と格闘しながら、相手に自分の思いを伝え、相手の思いを感じ取ることに、「恋愛の喜び」があるわけです。当然、思いが伝わらなかったり、相手が自分に対して無関心であったりという苦悩もあります。②これらの体験は、我々の心を成長させてくれます。

ところが、以前流行った「メル友（とも）（注2）」や、現在みられる「婚活（こんかつ）（注3）」の氾濫（はんらん）（注4）は、そのような「恋愛」が「表面的関係志向性」時代にふさわしい形で変容したことを示しています。つまり、「恋愛プロセス」で生じるリスクやコストを最小化しながら、男女のいわゆる「遊びから得る快楽」だけは最大にしようというわけです。しかし、このような形式での「恋愛」は、もともと「投資」していない分、わずかな意見の不一致で「別離（べつり）」となります。そして、すぐに他の異性に切り替えることができます。

⋮

問題 10 장문 독해 (내용 이해)

문제 유형 및 해답 스킬

▶▶▶ 유형 파악

장문 독해 : 내용 이해 (4문항)

긴 지문 하나에 총 4문항이 출제되는 문제로, 해설, 수필, 소설 등 1000자 정도 되는 글을 읽고 글의 개요나 필자의 생각 등을 이해할 수 있는지를 묻는다.

問題 10 次の文章を読んで、後の問いに対する答えとして最もよいものを、 1・2・3・4 から一つ選びなさい。

あなたは、パートナーである女性が「何だかイライラしている」と感じた時、どのような態度で接しているだろうか。

男性であるあなたなら、悩み事があるとき、イライラしているとき、「ちょっと一人になって考えたい」「話しかけないでほしい」と思っているにもかかわらず、心配していろいろと聞いてくるパートナーに対し、うっとうしいものを感じた経験があるのではないだろうか。

①これは男性と女性の脳の違いによるもので、男性は何か解決すべき問題、困難な状況などに直面すると、他との接触を避け、一人でこもって考えたいと思う傾向にある。そして自分の殻に閉じこもった結果、解決の糸口(いとぐち) (注1) が見えてくると、またもとの世界に戻って来られるし、もしパートナーが自然にそうさせてくれる人であったなら、彼女に対して感謝の念を抱くだろう。

しかし、②女性はそうではない。女性は、何か悩み事があったりすると、それがたとえどんなに小さなことであっても、誰かに話してその気持ちを共有することですっきりし、悩みをうまく消化させていくものなのだ。

だから、「放っておけばそのうちおさまるだろう」という勝手な思い込みで、いつもどおりにふるまうのはもちろん、そっとしておこうとあえてそこに触れないでいるのは、二人にとって決して良い解決法ではない。

パートナーがそういう態度をとるのは、少なくともあなたには気持ちをわかってほしいからであり、話すことで誰かと気持ちを共有したいからである。

また、そのイライラの原因が、目の前にいるパートナーそのものである場合も多く、その場合はより男性の方から直接原因を尋ねてきてほしいと強く思っている。女性にとって、男性が自分自身を常に気づかってくれ、自分の気持ちの変化を察してその都度優しさを表現してくれることこそが、自分に対する最高の愛だという前提がある。そして、その男性から嫌な気分にさせられただけでなく、その男性がその事実にすら気づかずに飄々(ひょうひょう)(注2)としているのを見たら、もうイライラも通り越して、爆発寸前(すんぜん)(注3)になるからである。そんな時に自分はあなたのせいでこんなにも傷ついているのですよ、とご丁寧に教えながら傷の上塗り(うわぬ)(注4)をするくらいなら、我慢してしまおうと女性は思うわけである。でも、大切なのは、あくまでそれは我慢しただけであり、その傷を消してしまったわけでも忘れてしまったわけでもないということである。

当然、その傷は何年たっても鮮やかに残されたままであり、その思いが今後のその男性に対する態度のベースとなっていく。その場で解決していれば何の問題もないことを、男性が何事もなかったかのようにふるまい続けることで、彼女の中には着々と不満が積み重なっていき、最後には取り返し(と かえ)のつかない(注5)結果をもたらすことになる。

男性のみなさん、女性の感情は、放っておいては絶対におさまりません。原因があなたにあるのならなおさら、話をよく聴いてあげることでしか、その解決方法はないのです。

59 ①<u>これ</u>とは何のことか。

1　性別によって、イライラを引き起こす原因が違うということ
2　性別によって、イライラしているときに他人に望む行動が違うということ
3　性別によって、イライラが収まるまでにかかる時間が違うということ
4　性別によって、イライラしているときに無意識に出る言葉が違うということ

⋮

59	①❷③④

문제 유형 및 해답 스킬

유형 파악

통합 이해 (2~3문항)

서로 성격이 다른 A와 B 두 개의 지문을 비교하는 문제로 2~3문항 내에서 출제된다.
다수의 글에서 얻어진 정보를 조합해 주제를 이해하거나, 2개의 글을 비교해서 무엇이 같고 무엇이 다른가를 찾아낼 것을 요구한다. 총 600자 정도로 구성된다.

問題11 次のAとBは「敬老の日」に作成されたコラムである。二つの文章を読んで、後の問いに対する答えとして、最もよいものを1・2・3・4から一つ選びなさい。

A

〈多年にわたり社会につくしてきた老人を敬愛し、長寿を祝う〉。「敬老の日」を定めた意義を、祝日法はそのように記している。

今年は、この日を複雑な思いで迎えた人が多いだろう。

7月末に都内の男性最高齢111歳とされていた人が、実は30年前に死亡していたことが発覚した。これを契機に、続々と明らかになった安否不明高齢者の問題は、「長寿社会」の寒々しい実態を浮き彫り(注1)にした。

それらの記録が、消息を確認しないまま放置されてきたことは、高齢者に対する社会的な関心の低さを反映している。

行政の怠慢だけで片づけることはできない。家族からの届け出を前提に高齢者の現状を把握する仕組みは、すでに相当前から限界を迎えていたのではないか。

人間関係が薄まる中で、高齢化は加速していく。家族の大切さを再確認するだけでなく、様々な形の「縁」を築くことが求められよう。

社会として〈老人を敬愛し、長寿を祝う〉には何が必要か、熟考する日としたい。

B

米誌(べいし)(注2)ニュースウィークは、日本を「年をとるのに一番良い国」とたたえた。だが、高齢者の所在不明が数多く発覚し、その看板は大きく傾いた。

100歳以上の人口は、今年4万4449人になった。生活に他人の支えが必要な高齢者が急増しているのは間違いない。

だが、相談を持(も)ち込(こ)まれる(注3)市町村側にも限界がある。「悪徳商法の危険にさらされる(注4)」「買い物やゴミ出しができない」といった問題に公費を使って対応するのは、難しい。

では、どうすればよいのか。新しい工夫は各地にある。千葉県では、「見守(みまも)り(注5)」を担う人材を育成中だ。また、高知県ではスーパーが県の補助を受けて、過疎地の「買い物難民」のために移動販売車を走らせている。

参加を促す仕組みづくりも大切だ。地域で活動した時間を積み立て、自分が受ける立場になった時に引き出す「時間預託」などの例がある。「支えた人が、後で支えられる」関係を社会全体で作れてこそ、「敬老の心」は再生産され、社会全体の活力も維持されるのではないか。

63 AとBのどちらの記事にも触れられている内容はどれか。

1 消息のわからない高齢者が次々に明らかになるという問題があったこと
2 高齢者を支える行政側に、もうすぐ限界が訪れるであろうということ
3 敬老の日はもともとどんな意味で作られたものかということ
4 今後各地域で、高齢者のためにどんな公的対応が必要になるかということ

63	❶②③④

문제 유형 및 해답 스킬

유형 파악

장문 독해 : 주장 이해 (4문항)

긴 지문 하나에 총 4문항이 출제되는 문제로, 사설, 논평 등 추상적이고 논리성이 있는 1000자 정도의 글을 읽고 전체적으로 전달하고자 하는 주장이나 의견을 파악할 수 있는지를 묻는다. 4번째 문제는 문장 전체에 대한 이해도나 필자의 의견을 묻는 문제가 일반적으로 출제된다.

問題 12 **次の文章を読んで、後の問いに対する答えとして最もよいものを、1・2・3・4から一つ選びなさい。**

「痛みを知らない奴だけが、他人の傷を見て笑うのだ」。そんな台詞がシェイクスピアの本にある。痛み。肉体的な痛みは時が解決してくれよう。ここで問題としているのは、心の痛みである。

人は誰しも少なからず悩みを抱えて過ごしている。たとえそれが他人にとっては些細な事であっても、当人にしてみれば、とてつもなく大変であったり、辛く苦しい問題であったりするものだ。その原因が何であれ、周囲にいる者としては当人が打ち明けてくれるのを待つしかないのである。いや、中には手を差し伸べて欲しい、どうしたのかと聞いて欲しいと思っている人もいるかも知れない。

だが、それをどのようにして見分けるのだろうか。一歩間違えれば、相手に対して痛みを与えかねない。頭をフル回転させる。相手の立場になって想像してみたりする。しかし、答えは見つからない。そう、いくら考えてもうまい方法が見つからないのは、自分と他人は違うからだ。

では、①どうするべきか。人との接し方は個々それぞれであるが、私はストレートに聞いてみるのである。「最近元気がないようだけど、何かあったの？」という風に。こうもストレートに聞けるのも、私が「物事をハッキリ言うことは、悪いことではない」と思っているからだろうか。だが、言葉というものは、時に諸刃の剣となることがあるのだ。

もちろん、私はそれを承知の上で相手に尋ねるのである。傷を与えても構わないなんて思っているわけではなく、真剣に相手を想うからこそ尋ねることが出来るのだ。

「心」というものはとても繊細で、なおかつ、理解し難い。だからこそ、心の病を抱えている人には、中途半端に向き合ってはならないと思う。かと言って、全身全霊で相手に向き合えるのか。もし、向き合えたとして、その心の病を自分が治せる確率など何％あるだろうか。

自分に出来ることは、ただひとつ。「私はあなたをちゃんと見ているし、離れていてもあなたのことを考えています」。たとえ傍に居なくとも、相手を重んじ、相手を気遣う姿勢を常に持ち続けていること。それが大切ではないかと思う。孤独を感じ、虚しさや悲しさで涙が溢れても、たった１人でも、②そういう人がいる。その事実だけで、闇を通り抜け、明日を迎えられるはずだ。

大切な家族、友人、恋人…。私は大切な人達を包み込めるような心を持ちたいし、そういう姿勢で在り続けたい。

66 ①どうするべきかに対する筆者の考えとして最も合うものを選びなさい。

1　たとえ相手を少し傷つけたとしてもストレートに聞くべきだ。
2　真剣に相手のことを考えて直接聞いてみるべきだ。
3　相手が心の病を持っているのだから、そっとしておくべきだ。
4　本人が自分から話してくれるまで、じっと待つべきだ。

67 ②そういう人とはどんな人か。

1　心の病を治してくれるカウンセラー
2　同じように孤独や悲しさを感じている人
3　一緒に涙を流してくれる人
4　どこにいても自分のことを尊重し、真剣に考えてくれる人

66	① ❷ ③ ④
67	① ② ③ ❹

問題 13 정보 검색

문제 유형 및 해답 스킬

유형 파악

정보 검색 (2문항)

총 2문항이 출제되는 문제로, 700자 정도의 광고, 팸플릿, 정보지, 비즈니스 문서 등의 정보가 실린 글에서 필요한 정보를 찾아낼 수 있는지를 묻는다.

問題13 右のページは、ある自治体が発行した教育支援の案内である。下の問いに対する答えとして、最もよいものを1・2・3・4から一つ選びなさい。

69 カナダ出身のナオミさんが市の教育を受ける時、一番多く奨励金がもらえる研究はどれか。

1 A
2 B
3 C
4 ①

70 表から正しくないものはどれか。

1 美しい街づくり分野の研究に応募した者は全員２５万円の奨励金がもらえる。
2 次世代留学生分野は、留学生の農業分野における教育方法について研究する。
3 教育研究の中で一番予算が高いのは、実践型教育研究区分である。
4 美しい街づくり分野と実践型教育研究区分の申請の２つだけが１月に申請をすることができる。

69	①②❸④
70	①②③❹

教育研究	『地域密着型教育研究プロジェクト』
目的	千葉市から次の３教育研究分野及びそれぞれ２教育研究区分について公募し、市内の実践的な教育研究を推進し、そこで得られた成果を報告する。 また、以下の分野及び区分別に研究生を募集し、次の表のとおり奨励金を支給するものとする。
教育研究分野	A. 「食」の地域ブランド化分野：「食」の高品質化、「食」と健康などに関する教育研究 B. 次世代留学生分野：畜産を含む農業分野で次世代を担う留学生の教育推進と農業技術向上のための研究 C. 美しい街づくり分野：観光を含む農業及び人間生活と自然とを講和させる教育研究
教育研究区分	① 実践型教育研究 市内の常勤職員が主体となり、専門分野における教育研究成果を活用し、実践に即した教育研究テーマを設定することで、地域の活性化に寄与する教育研究開発を促進する。 ② 共同教育研究 外部機関と連携し、市内の常勤職員と他の地域との共同教育研究を通じて「知」を高めることにより、地域の活性化を促進する。

名称	予算	教育及び研究日程	申請日	申請場所　（奨励金）
A	２億円	２月中旬～４月下旬	１月１５日	地域課　（１０万円） ☆外国人は１５万円
B	１億円	４月上旬～５月中旬	３月１５日	地域課　（１０万円） ☆外国人の場合は＋１０万円
C	３億円	１月１２日～１月２１日	１月５日	観光課　（２５万円）
①	８億円	１月１２日～３月１日	１月５日	教育課　（１０万円） ☆外国人の場合は２０万円
②	６億円	３月２日～５月中旬	２月１５日	教育課　（奨励金なし） ☆他地域出身は３０万円支給

독해 기반 다지기

▸▸▸ 해답 스킬

1 필자가 왜 이러한 글을 썼는지에 항상 집중하며 읽는다. 무슨 이야기를 하기 위해 이 글을 썼는지에 집중하며 이 포인트에서 벗어나지 않도록 항상 주의한다. 핵심 키워드를 파악해 읽는 것도 좋다.

2 각 문장을 정리하며 읽는다. 막연하게 읽어내려 가다보면, 마지막에 필자가 무슨 이야기를 하려고 했는지 정리가 되지 않을 때가 있다.

3 주제와 직접적인 관계성이 떨어지는 예시 문장이나 단순 나열 형식의 문장은 빠른 속도로 스킵하듯이 읽어 시간을 확보한다.

4 중요한 키워드, 핵심 어구가 들어 있는 문장은 밑줄을 쳐가며 읽는다. 그리고 접속사, 특히 역접을 나타내는 접속사나 정리를 나타내는 접속사는 동그라미 등 본인이 알 수 있도록 표시하며 읽는다.

5 つまり(즉), すなわち(다시 말해), 要するに(요약하자면) 등의 표현 뒤에 이어지는 문장은 더욱 꼼꼼하게 읽는다. 필자의 말하고자 하는 바가 정리되어 있는 곳이다.

6 독해 문제를 풀 때 가장 중요한 것은 필자의 생각이다. 나의 생각과 다른 내용이나, 보편적인 생각과는 다른 내용의 글이 있다고 해도 필자의 생각에 초점을 맞춰야 정답을 찾을 수 있다. 중요한 건 나의 생각이 아니라 필자의 생각이다.

7 철학적인 내용이 담겨 있어 의미를 파악하기 어려운 주제의 글이 있다. 이러한 글은 본문 내용을 해석하는데 너무 시간을 들이지 말고, 문제 선택지의 표현과 비교해 가며 비슷한 내용의 선택지를 정답으로 고른다. 내용이 어려운 글은 의외로 문제를 쉽게 출제한다.

8 한정된 시간 내에 정확한 정답을 찾아야 하는 시험인 만큼 시간을 체크하며 풀어 나간다. 가장 이상적인 풀이 시간은 한 문제당 단문(내용 이해) 2분 30초 이내, 중문(내용 이해)은 2분 이내, 장문(내용 이해)은 2분 20초 이내, 통합 이해는 4분 이내, 장문(주장 이해)은 3분 30초 이내, 정보 검색은 5분 이내이다.

9 문제 유형별 정답 찾는 요령은 다음과 같다.

- 지시사가 가리키는 것이 무엇인지 묻는 문제
  지시사가 가리키는 그 바로 앞 문장에서 정답을 찾는다. 구체적인 예 등을 나타내는 경우는 뒤에 있는 경우도 있다.

- 이유를 묻는 문제
  본문 속에 ～ので(～이기 때문에), ～から(～이기 때문에), なぜかというと～(왜냐하면～), ～のである(～것이다) 등을 힌트로 삼아 문제를 푼다.

- 밑줄의 의미를 묻는 문제

밑줄이 있는 문장의 경우 밑줄이 포함된 문장을 잘 읽은 후 그 바로 앞뒤에서 정답을 찾는다. 같은 의미를 나타내는 다른 표현이나 반복적으로 사용되는 말을 주로 찾도록 한다.

- 통합 이해를 묻는 문제

찬성 의견–반대 의견, 호의적–비판적, 논지가 분명한지–논지가 분명하지 않은지를 항상 유의하며 비교하며 읽는다.

- 필자의 생각을 묻는 문제

중문 독해, 장문 독해에서의 필자의 생각은 본문의 마지막 단락에 서술되어 있는 경우가 많으며, 만약 마지막 단락이 짧을 경우에는 이미 풀어놓은 앞 문제의 정답과 함께 내용을 연결해서 유추해 풀 수도 있다.

- 정보 검색 문제

정보 검색 문제는 다음과 같은 순서로 푼다.

1. 우선 문제를 읽어 제시된 조건을 파악해 본문이 무엇에 대한 정보인지 상상해 본다.
2. 각각의 선택지를 읽는다.
3. 본문에서 어느 곳에 해당되는 정보가 있는지 선택지와 대조해 찾는다. 이때 본문에 주의 사항이나 예외 사항으로 표기된 부분은 반드시 꼼꼼하게 읽어 선택지와 대조한다.

▸▸▸ 학습 대책

1 평소 글을 읽을 때 정리하며 읽는 습관과 주제를 파악하려는 습관을 들인다. 글을 읽다 보면 반전의 반전을 거듭하는 경우도 생기는데, 결과적으로 어떠한 주제에 도달하고자 그런 전개 과정이 만들어졌는지에 집중하며 읽으면 자연히 독해 실력이 늘게 된다.

2 독해는 오랜 시간 집중하여 풀어야 하기에 풀다 보면 중간에 지치기도 한다. 평소 독해 문제를 풀 때에는 정해진 시간에 맞춰 푸는 연습을 하는데, 이때 한 번에 단문에서 정보 검색까지 다 풀어 보는 게 좋다. 힘들다고 중간에 끊어 풀게 되면 실전 시험에서 더욱 힘들어지는 경우가 생길 수도 있다.

3 독해는 한자, 문법, 기능어 등이 총망라된 종합적인 문제이다. 평소 한자, 어휘, 기능어 등을 정확하게 잘 익혀둔다.

4 평소 독해 문장을 소리 내어 읽는 것도 독해 스피드를 높이는 좋은 방법이다. 소리 내어 읽다 보면 한자 읽기 실력도 자연히 늘게 되며 청해에 대한 좋은 대비책도 된다.

2 교시 청해

시험 시간 : 60분

문제 유형 및 해답 스킬

유형 파악

과제 이해 (6문항)

총 6문항이 출제되는 문제로, 두 사람의 대화문을 듣고 어떤 과제를 해결하기 위해 필요한 정보를 듣고 앞으로 무엇을 하면 되는지를 체크한다.

問題1

問題1では、まず質問を聞いてください。それから話を聞いて、問題用紙の1から4の中から、最もよいものを一つ選んでください。

1番

1　旅行の日程を相談し、費用を決める。

2　集合場所など細かい日程を聞きに行く。

3　旅行の費用を振り込み、冊子が来たら日程を確認する。

4　旅行の冊子で日程を確認してから、費用を振り込む。

1	①②❸④

〈스크립트〉

1番

女の人が電話で旅行の手続きの確認をしています。女の人はこの後、何をすればいいですか。

女：もしもし、あのう。昨日「北九州グルメの旅」に申し込んだ平野ですが…。

男：はい。4月13日からのですね。

女：はい。

男：ありがとうございます。2名様でご参加ですね。ご予約、承っております。

女：それで、お金を振り込んで、どうすればいいんでしたっけ。
男：え～と。旅行代金の入金が確認されましたら、集合場所など旅行の細かい日程を書いた冊子をお送りしますので、よくお読みください。
女：はい、それで、いつまでに振り込めばいいんですか。
男：明日の午後５時までにお願いいたします。
女：分かりました。では、よろしくお願いします。

女の人はこの後、何をすればいいですか。

해답 스킬

1 문제를 푸는 순서는
① 선택지를 확인한다. ② 상황 설명과 질문을 듣는다. ③ 대화문을 듣는다.
④ 한번 더 질문을 듣는다. ⑤ 선택지에서 정답을 고른다.

2 대화문이 나오기 전에 선택지를 반드시 먼저 확인해두어야 한다.

3 또한 대화문이 나오기 전에 질문을 먼저 들려주므로, 질문 내용을 잘 이해한 후 간단히 메모해두면 집중해서 들어야 할 포인트에 집중할 수 있다.

4 문제의 질문을 들을 때에는 남자가 해야 하는 행동인지, 여자가 해야 하는 행동인지 잘 듣고 메모해둔 후, 이것에 집중하여 듣는다.

5 인쇄된 선택지의 한자나 어휘에 미리 한국어로 의미를 적어두는 것도 순간적으로 정답을 찾는 데 도움이 된다.

6 대화 내용은 반전에 반전을 거듭하게 되므로 이야기의 흐름을 잘 따라가서 결과적으로 어떻게 해야 하는지를 집중해 듣는다.

7 메모한 질문과 이야기의 흐름에 맞춰 정답에서 제외될 수 있는 부분에는 ×를, 애매모호한 부분에는 △을 표시하며 정답을 추려 찾아낸다.

8 주요 질문 유형은 다음과 같다.

★ ～はこれからどうしますか (～은 앞으로 어떻게 합니까?)
★ ～は～とき、どうしますか (～은 ～일 때 어떻게 합니까?)
★ ～は何をしなければなりませんか (～은 무엇을 해야 합니까?)
★ ～は何を持っていきますか (～은 무엇을 가지고 갑니까?)

문제 유형 및 해답 스킬

유형 파악

포인트 이해 (7문항)

총 7문항이 출제되는 문제로, 두 사람의 대화나 또는 한 사람의 독백을 듣고 이야기의 포인트를 찾아낸다. 대화문이 나오기 전에 질문을 먼저 들려주며, 그 후 선택지를 읽을 수 있는 시간도 주어진다.

問題(もんだい)2

問題(もんだい)2では、まず質問(しつもん)を聞(き)いてください。そのあと、問題用紙(もんだいようし)のせんたくしを読(よ)んでください。読(よ)む時間(じかん)があります。それから話(はなし)を聞(き)いて、問題用紙(もんだいようし)の1から4の中(なか)から、最(もっと)もよいものを一(ひと)つ選んでください。

1番(ばん)

1　お酒(さけ)を飲(の)む機会(きかい)が増(ふ)えたから
2　市内(しない)には駐車場(ちゅうしゃじょう)が少(すく)ないから
3　歩(ある)くように医者(いしゃ)に勧(すす)められたから
4　電車(でんしゃ)のほうが便利(べんり)だから

1	①②❸④

〈스크립트〉

1番

男の人が話しています。男の人が車を使わなくなった一番の理由は何ですか。

男：運転ですか。この頃、しなくなりましたね。実は医者に、車で通勤するのをやめて電車に乗るように言われたんです。腰が痛くなって病院に行ったら、運動不足が原因だって言われちゃいましてね。まあ、駐車場がなかなか見つからないとか、家の近くに新しい駅ができて多少便利になったとか、他にもいろいろ理由はありますが。それに最近、飲み会も多くなりましたしね。

男の人が車を使わなくなった一番の理由は何ですか。

해답 스킬

1 문제를 푸는 순서는
① 상황 설명과 질문을 듣는다. ② 선택지를 읽는다. ③ 대화문을 듣는다. ④ 한 번 더 질문을 듣는다.
⑤ 선택지에서 정답을 고른다.

2 질문이 나오고 선택지를 읽을 시간이 주어지면, 질문과 선택지로 내용을 예측하고 집중해서 들을 포인트를 예상한다.

3 문제의 선택지에서 한자어에는 문제 1에서와 마찬가지로 미리 한국어로 의미를 적어두는 것도 좋다.

4 実は(실은), しかし(그러나), では(그럼)와 같은 표현 뒤에는 중요한 이야기의 흐름이 진행될 수 있으므로 특히 더 집중해서 듣는다.

5 주요 질문은 다음과 같이 이유를 묻는 경우가 많다.

★ どうして~ますか (왜 ~합니까?)

★ ~のはなぜだと言っていますか (~인 것은 왜라고 말하고 있습니까?)

★ ~は何が問題だと言っていますか (~은 무엇이 문제라고 말하고 있습니까?)

★ 最も大切なのは何だと言っていますか (가장 중요한 것은 무엇이라고 말하고 있습니까?)

문제 유형 및 해답 스킬

유형 파악

개요 이해 (6문항)

총 6문항이 출제되는 문제로, 두 사람의 대화문 또는 한 사람의 독백을 듣고 이야기의 테마, 말하는 사람의 의도, 주장하는 바 등을 찾아낸다. 특정 단어나 문장의 의미가 아닌 문장 전체 내용의 흐름을 이해해야 하는 문제이다.

問題 3

問題３では、問題用紙に何も印刷されていません。この問題は、全体としてどんな内容かを聞く問題です。話の前に質問はありません。まず話を聞いてください。それから、質問とせんたくしを聞いて、１から４の中から、最もよいものを一つ選んでください。

〈스크립트〉

1番

留守番電話の録音を聞いています。

女：もしもし、こちらはマツヤ電気の今井です。 先日お問い合わせいただいたカメラなんですが、ただいま在庫が切れておりまして、メーカーからのお取り寄せになります。そのため、２週間ほどお時間をちょうだいすることになります。また、お値段は現在少し値上がりしておりますが。はじめにお問い合わせいただいた時のお値段でご提供させていただきます。それでは失礼いたします。

店の人はカメラをどのように提供できるといっていますか。

1　値段が少しあがったが、すぐに買える
2　値段が少しあがったが、２週間後に買える
3　あがる前の値段で、2週間後に買える
4　あがる前の値段で、すぐに買える

1	①②❸④

▸▸▸ 해답 스킬

1 문제를 푸는 순서는
① 상황 설명을 듣는다. ② 대화문이나 독백을 듣는다. ③ 질문을 듣는다. ④ 선택지를 듣는다.
⑤ 정답을 고른다.

2 이 유형의 문제는 선택지가 인쇄되어 있지 않으므로 선택지에 대한 메모가 반드시 필요하다.

3 질문도 대화문이나 독백이 나온 후에 들려주므로, 간단한 상황 설명이 나온 후 어떤 상황인지 미리 예측해 가며 듣는다.

4 세세한 부분에 집중하는 것이 아니라 전체 내용의 흐름에 집중해야 한다.

5 つまり(즉, 다시 말해), このように(이같이, 이처럼), そこで(그래서) 등은 주제와 직접적으로 관계되는 표현이므로, 이러한 표현이 나오면 특히 더 주의해서 듣는다.

6 例えば(예를 들어), 具体的には(구체적으로는) 등의 예시 표현으로 주제 파악에 확신을 갖는다.

7 ～と思います(～라고 생각합니다), ～べきです(～해야 합니다) 등 말하는 사람의 주장이나 의견이 드러나는 부분도 주의해서 듣는다.

8 주요 질문은 다음과 같다.

★ ～はどう考えていますか (～은 어떻게 생각하고 있습니까?)
★ ～はどうだと言っていますか (～은 어떻다고 말하고 있습니까?)
★ ～は何について話していますか (～은 무엇에 대해 말하고 있습니까?)
★ ～の特徴はどんなことだと言っていますか (～의 특징은 어떤 것이라고 말하고 있습니까?)

問題 04 즉시 응답

문제 유형 및 해답 스킬

▶▶▶ 유형 파악

즉시 응답 (14문항)

총 14문항이 출제되는 문제로, 질문, 의뢰 등의 짧은 문장을 듣고 적절한 대답 표현을 찾는다. 짧은 문장을 듣고 바로 세 개의 선택지 중 적합한 표현을 고르는 문제로 순발력과 순간적인 집중력이 요구되는 문제이다.

問題 4

問題４では、問題用紙に何も印刷されていません。まず文を聞いてください。それから、それに対する返事を聞いて、１から３の中から、最もよいものを一つ選んでください。

― メ モ ―

〈스크립트〉

1番

すみません、営業の川上さんにお会いしたいんですが。

1　ご案内いただけますか。

2　こちらに通してください。

3　今、呼んでまいります。

1	①②❸④

▸▸▸ 해답 스킬

1 문제를 푸는 순서는
① 질문 등의 짧은 문장을 듣는다.
② 선택지를 듣는다.
③ 정답을 고른다.

2 기쁨, 슬픔 등을 알 수 있는 목소리의 톤이 힌트가 되는 경우가 있으니 유의해 듣는다.

3 순발력을 요하는 문제이므로 정답을 체크하지 못한 문제는 과감히 버리고 다음 문제에 집중하는 것도 요령이다.

4 질문이 나오면 우선 간단하게 메모를 해두고, 메모한 것을 보면서 선택지를 듣고 바로 ○×를 표시하며 풀면 문제에 좀 더 집중할 수 있다.

문제 유형 및 해답 스킬

▶▶▶ 유형 파악

통합 이해 (4문항)

총 4문항이 출제되는 문제이며, 다수의 정보를 비교, 통합하면서 내용을 이해한다. 선택지가 인쇄되어 있지 않은 1번 2번과 같은 유형과 선택지가 인쇄되어 있는 3번 형태의 유형 2가지 패턴의 문제이다. 1번 2번 문제는 각 1문항씩, 3번 문제에는 2문항이 출제된다.

問題 5

問題 5 では長めの話を聞きます。この問題には練習はありません。メモをとってもかまいません。

1番　2番

問題用紙に何も印刷されていません。まず話を聞いてください。それから、質問とせんたくしを聞いて、1から4の中から、最もよいものを一つ選んでください。

— メ モ —

〈스크립트〉

1番

家電製品売り場で女の人が店員と話しています。

女：空気清浄機を買いたいんですが。できるだけ、小型で、静かで、うーん、予算は2万5千円までで。

男：えーと。小型で人気があるのは、ヤマト電気のこれですね。価格が3万円になってしまうんですが、もともと4万5千円の商品ですから、お買い得ですよ。

女：はーあ。

男：このフタバ電気のは、小型掃除機がおまけについて、ちょうど2万5千円です。別に買えば、4万円は軽く超えます。絶対、お得ですよ。シグマ電気のも、小さくて、軽いですよ。基本的な機能だけなんですが、その分お値段は2万2千円と抑えられています。

女：うーん。

男：あとは、フジ電気のこれですね。ご覧のとおり、便利な機能が満載です。ただいま、キャンペーン実施中で、3万円となっています。

女：うーん、でも、予算は超えたくないし、いらない機能やおまけがついてても、使わないのよねえ。じゃ、これにします。

女の人はどんな会社の家電製品を買いますか。

1　ヤマト電気の空気清浄機
2　フタバ電気の空気清浄機
3　シグマ電気の空気清浄機
4　フジ電気の空気清浄機

1	①②❸④

▸▸▸ 해답 스킬

1 문제를 푸는 순서는
1번 2번 문제 유형은 〈① 상황 설명을 듣는다. → ② 대화를 듣는다. → ③ 질문을 듣는다. → ④ 선택지를 듣는다. → ⑤ 정답을 고른다.〉이다.
3번 문제 유형은 〈① 선택지를 읽는다. → ② 상황 설명을 듣는다. → ③ 한 사람의 독백을 듣는다. → ④ 두 사람의 대화문을 듣는다. → ⑤ 질문을 듣는다. → ⑥ 선택지에서 정답을 고른다.〉이다.

2 1번 2번과 같은 문제는 대화문이 나오고 나서 질문과 선택지가 나오는 형식이기 때문에, 어떤 질문과 선택지가 나올지 모르므로 전체 흐름을 이해하면서 내용을 간단하게 메모해두어야 한다.

3 3번과 같은 문제는 한 사람의 독백을 듣고 나서 이에 대한 두 사람의 의견이 대화문 형식으로 등장하므로, 독백에서는 이야기하는 주제에 대한 특징적인 부분을 꼼꼼히 메모해야 하며, 두 사람의 대화문에서는 설명한 부분에 대해 어떤 의견, 평가를 가지는지에 집중하며 들어야 한다.

문자 · 어휘

기반 다지기

- 훈독(한자 1글자 중심)
- 훈독(한자 2글자 중심)
- N1 필수 어휘 : 명사
- N1 필수 어휘 : 동사
- N1 필수 어휘 : い형용사
- N1 필수 어휘 : な형용사
- N1 필수 어휘 : 가타카나
- N1 필수 어휘 : 부사

1 훈독(한자 1글자 중심)

あ행

証	あかし	証 증거
値	あたい	値 가치
網	あみ	網 그물
憤り	いきどおり	憤り 분노
憩い	いこい	憩い 휴게, 휴식
頂	いただき	頂 꼭대기, 정상
市	いち	市 시장
稲	いね	稲 벼
渦	うず	渦 소용돌이
器	うつわ	器 그릇
枝	えだ	枝 나뭇가지
襟	えり	襟 옷깃
公	おおやけ	公 공공, 공적인 일
丘	おか	丘 언덕
沖	おき	沖 앞바다 (해안에서 멀리 떨어진 바다)
趣	おもむき	趣 1)정취, 2)취지
折	おり	折 때, 시기

か행

垣	かき	垣 울타리, 담장
崖	がけ	崖 절벽, 벼랑
籠	かご	籠 바구니
頭	かしら	頭 1)머리 2)우두머리, 두목
霞	かすみ	霞 안개 ('봄 안개'의 의미로 쓰이는 경우가 많음)
傍ら	かたわら	傍ら 옆
角	かど	角 모퉁이, 모서리 (つの로 읽으면 '뿔'이라는 의미)
株	かぶ	株 1)그루터기, 2)주식
柄	がら	柄 1)무늬, 2)몸집, 3)성격
狩り	かり	狩り 사냥
瓦	かわら	瓦 기와
兆し	きざし	兆し 징조, 조짐
霧	きり	霧 안개
茎	くき	茎 줄기
蔵	くら	蔵 창고
獣	けもの	獣 짐승
志	こころざし	志 포부
試み	こころみ	試み 시도
梢	こずえ	梢 가지 끝
暦	こよみ	暦 달력

さ행

竿	さお	竿 장대, 긴 막대
杯	さかずき	杯 술잔
潮	しお	潮 1) 바닷물, 조수(밀물, 썰물) 2) 계기
雫	しずく	雫 물방울
躾	しつけ	躾 예절교육, 가정교육
芝	しば	芝 잔디
霜	しも	霜 서리
巣	す	巣 둥지
隙	すき	隙 틈, 사이
裾	すそ	裾 옷자락, 옷단
術	すべ	術 방법

た행

類	たぐい	類 종류
丈	たけ	丈 길이, 기장
盾	たて	盾 방패
魂	たましい	魂 영혼
塵	ちり	塵 티끌
杖	つえ	杖 지팡이
角	つの	角 뿔 ('かど'로 읽으면 '모퉁이, 모서리'의 의미)
唾	つば	唾 침
翼	つばさ	翼 날개
壷	つぼ	壷 단지, 항아리
蕾	つぼみ	蕾 꽃봉오리
露	つゆ	露 이슬
峠	とうげ	峠 언덕, 고개
扉	とびら	扉 문
丼	どんぶり	丼 사발

な행

苗	なえ	苗 모종(식물)
並	なみ	並 보통, 평범함
荷	に	荷 짐, 부담
沼	ぬま	沼 늪, 습지
狙い	ねらい	狙い 노림수, 목표
延べ	のべ	延べ 연, 합계

は행

端	はし	端 가장자리, 끝부분
恥	はじ	恥 부끄러움, 창피
裸	はだか	裸 알몸
畑	はたけ	畑 밭
鉢	はち	鉢 화분
浜	はま	浜 바닷가
紐	ひも	紐 끈
穂	ほ	穂 이삭
誇り	ほこり	誇り 긍지, 명예

ま행

枕	まくら	枕(まくら) 베개
幻	まぼろし	幻(まぼろし) 환상
幹	みき	幹(みき) 1)줄기, 2)중요 부분
岬	みさき	岬(みさき) 곶, 갑 (바다로 돌출 된 육지)
溝	みぞ	溝(みぞ) 1)도랑, 2)틈(사람 사이, 의견 등)
源	みなもと	源(みなもと) 근원
峰	みね	峰(みね) 봉우리
紫	むらさき	紫(むらさき) 보라색
芽	め	芽(め) 싹(식물의 싹)
恵み	めぐみ	恵(めぐ)み 은혜, 축복
巡り	めぐり	巡(めぐ)り 순회

や행

闇	やみ	闇(やみ) 어둠

わ행

脇	わき	脇(わき) 옆, 겨드랑이
枠	わく	枠(わく) 틀, 테두리
技	わざ	技(わざ) 재주
我	われ	我(われ) 자신, 자기

2 훈독(한자 2글자 중심)

あ행

間柄	あいだがら	(사람 간의) 관계
合間	あいま	사이, 틈
仰向け	あおむけ	위를 향해 누움
赤字	あかじ	적자
朝飯前	あさめしまえ	매우 쉬운 일 (식은 죽 먹기)
跡地	あとち	철거 부지, 터
跡継ぎ	あとつぎ	후계자
後回し	あとまわし	보류(뒤로 미룸)
油絵	あぶらえ	유화(그림)
雨具	あまぐ	비옷
天下り	あまくだり	낙하산(인사)
甘口	あまくち	단맛이 돎
雨戸	あまど	덧문
有様	ありさま	모양
言い分	いいぶん	할 말, 주장
言い訳	いいわけ	변명
家出	いえで	가출
生甲斐	いきがい	삶의 보람
幾度	いくど	여러 번
居心地	いごこち	(어떤 장소나 지위에 있는) 기분, 느낌
糸口	いとぐち	실마리
田舎	いなか	시골
稲光	いなびかり	번개
嫌味	いやみ	불쾌한 언행, 비아냥
受け持ち	うけもち	담당, 담임
打ち消し	うちけし	부정
内訳	うちわけ	내역(명세)
腕前	うでまえ	솜씨, 실력
裏返し	うらがえし	1) 뒤집어 놓음 2) 반대쪽
裏付け	うらづけ	뒷받침, 증거
売り出し	うりだし	판매 개시, 출시
売れ筋	うれすじ	히트 상품
浮気	うわき	바람기
獲物	えもの	사냥감
生い立ち	おいたち	성장 과정
大柄	おおがら	큰 몸집
大げさ	おおげさ	과장, 호들갑
大筋	おおすじ	요점, 대강
落ち着き	おちつき	침착성
落ち葉	おちば	낙엽
お手上げ	おてあげ	두손 들음, 속수무책
同い年	おないどし	동갑

☐ 表向き	おもてむき	☐ 表向き 표면상
☐ 思惑	おもわく	☐ 思惑 생각, 예측, 기대
☐ 織物	おりもの	☐ 織物 직물, 천
☐ 卸売り	おろしうり	☐ 卸売り 도매

か행

☐ 貝殻	かいがら	☐ 貝殻 조개껍데기
☐ 顔付き	かおつき	☐ 顔付き 용모, 생김새
☐ 掛かり付け	かかりつけ	☐ 掛かり付け 단골(병원의사)
☐ 垣根	かきね	☐ 垣根 울타리
☐ 駆け足	かけあし	☐ 駆け足 구보, 달음질
☐ 駆け引き	かけひき	☐ 駆け引き 흥정
☐ 箇条書き	かじょうがき	☐ 箇条書き 조목별로 쓰기
☐ 片思い	かたおもい	☐ 片思い 짝사랑
☐ 片言	かたこと	☐ 片言 서투른 말씨
☐ 片隅	かたすみ	☐ 片隅 한쪽 구석
☐ 株式	かぶしき	☐ 株式 주식
☐ 株主	かぶぬし	☐ 株主 주주
☐ 勘違い	かんちがい	☐ 勘違い 착각
☐ 気掛かり	きがかり	☐ 気掛かり 걱정, 근심
☐ 気兼ね	きがね	☐ 気兼ね 거리낌, 스스럼
☐ 効き目	ききめ	☐ 効き目 효과, 효력
☐ 決め手	きめて	☐ 決め手 결정적 수단
☐ 草花	くさばな	☐ 草花 화초
☐ 口出し	くちだし	☐ 口出し 간섭,참견
☐ 口元	くちもと	☐ 口元 입가
☐ 玄人	くろうと	☐ 玄人 숙련자, 전문가
☐ 小売り	こうり	☐ 小売り 소매
☐ 小切手	こぎって	☐ 小切手 수표
☐ 心得	こころえ	☐ 心得 1)마음가짐, 2)지식,소양
☐ 心掛け	こころがけ	☐ 心掛け 마음가짐
☐ 心構え	こころがまえ	☐ 心構え 마음가짐
☐ 小銭	こぜに	☐ 小銭 잔돈
☐ 事柄	ことがら	☐ 事柄 사항, 내용
☐ 献立	こんだて	☐ 献立 식단, 메뉴

さ행

☐ 逆立ち	さかだち	☐ 逆立ち 물구나무서기
☐ 先行き	さきゆき	☐ 先行き 전망, 동향
☐ 挿絵	さしえ	☐ 挿絵 삽화
☐ 指図	さしず	☐ 指図 지시
☐ 差し引き	さしひき	☐ 差し引き 차감, 공제
☐ 残高	ざんだか	☐ 残高 잔고
☐ 仕上げ	しあげ	☐ 仕上げ 마무리, 완성
☐ 仕入れ	しいれ	☐ 仕入れ 매입(자재 구매)
☐ 仕掛け	しかけ	☐ 仕掛け 장치, 구조
☐ 仕来り	しきたり	☐ 仕来り 관례
☐ 仕組み	しくみ	☐ 仕組み 구조
☐ 下心	したごころ	☐ 下心 속셈, 꿍꿍이
☐ 下地	したじ	☐ 下地 소질, 소양

下調べ	したしらべ	下調べ 사전 조사
下取り	したどり	下取り 중고품의 보상 회수
下火	したび	下火 기세가 약화됨
品揃え	しなぞろえ	品揃え (가게의) 상품 구색, 상품 구비
地主	じぬし	地主 지주, 땅 주인
地元	じもと	地元 현지, 고장
仕業	しわざ	仕業 소행, 짓
擦れ違い	すれちがい	擦れ違い 스쳐 지나감, 엇갈림
相場	そうば	相場 시세

た행

台無し	だいなし	台無し 엉망
宝くじ	たからくじ	宝くじ 복권
建前	たてまえ	建前 (표면상의) 원칙
宙返り	ちゅうがえり	宙返り 공중제비, 공중 회전
中火	ちゅうび	中火 중불(중간 세기의 불)
束の間	つかのま	束の間 잠깐, 순간
継ぎ目	つぎめ	継ぎ目 이음새
辻褄	つじつま	辻褄 사리, 논리
津波	つなみ	津波 해일
粒状	つぶじょう	粒状 입자 상태(가루 상태)
強火	つよび	強火 센 불
釣り鐘	つりがね	釣り鐘 범종
吊り革	つりかわ	吊り革 (버스 등의) 손잡이
手当	てあて	手当 1) 수당(보수), 2) 치료(처치)
手遅れ	ておくれ	手遅れ 뒤늦음
手掛かり	てがかり	手掛かり 실마리, 단서
手数	てかず	手数 수고
出来	でき	出来 성과, 완성, 결과
手際	てぎわ	手際 일처리 솜씨, 수완
手応え	てごたえ	手応え 반응, 보람
手順	てじゅん	手順 차례, 순서
手立て	てだて	手立て 방법
手違い	てちがい	手違い 착오
出直し	でなおし	出直し 다시 시작함
手抜き	てぬき	手抜き 부실, 날림
手配	てはい	手配 1) 준비, 2) 수배
手筈	てはず	手筈 계획
手引き	てびき	手引き 안내, 길잡이
手本	てほん	手本 모범, 본보기
手回し	てまわし	手回し 1) 수동식, 2) 준비
手元	てもと	手元 손이 닿는 곳, 손잡이
手分け	てわけ	手分け 분담
問い合わせ	といあわせ	問い合わせ 문의
遠回り	とおまわり	遠回り 우회, 멀리 돌아감
年頃	としごろ	年頃 적령기, 한창 때
戸締り	とじまり	戸締り 문단속
土手	どて	土手 둑, 제방
共稼ぎ	ともかせぎ	共稼ぎ 맞벌이

取り扱い	とりあつかい	取り扱い 취급
取り返し	とりかえし	取り返し 만회
取り締まり	とりしまり	取り締まり 단속
取引	とりひき	取引 거래
泥沼	どろぬま	泥沼 수렁
度忘れ	どわすれ	度忘れ 깜빡 잊음
問屋	とんや	問屋 도매상

な행

仲間入り	なかまいり	仲間入り 동참, 합류
仲人	なこうど	仲人 중매인
名残	なごり	名残 자취, 여운, 흔적
雪崩	なだれ	雪崩 눈사태
名札	なふだ	名札 명찰
怠け者	なまけもの	怠け者 게으름뱅이
生身	なまみ	生身 산 몸뚱이, 실제 인간
苦味	にがみ	苦味 쓴 맛
憎しみ	にくしみ	憎しみ 미움
偽物	にせもの	偽物 가짜
荷造り	にづくり	荷造り 짐 꾸리기
二の次	にのつぎ	二の次 나중 문제, 뒷전
音色	ねいろ	音色 음색
値打ち	ねうち	値打ち 값어치, 가치
値引き	ねびき	値引き 가격 인하
根回し	ねまわし	根回し 사전 조율
乗っ取り	のっとり	乗っ取り 탈취, 장악
飲み込み	のみこみ	飲み込み 이해

は행

橋渡し	はしわたし	橋渡し 중개
裸足	はだし	裸足 맨발
蜂蜜	はちみつ	蜂蜜 벌꿀
初耳	はつみみ	初耳 금시초문
浜辺	はまべ	浜辺 해변
腹立ち	はらだち	腹立ち 성냄, 화를 냄
張り紙	はりがみ	張り紙 벽보
控え室	ひかえしつ	控え室 대기실
引き換え	ひきかえ	引き換え 교환
日頃	ひごろ	日頃 평소
左利き	ひだりきき	左利き 왼손잡이
一息	ひといき	一息 한숨 돌림, 짧은 휴식
人影	ひとかげ	人影 사람의 그림자
人柄	ひとがら	人柄 인품
人気	ひとけ	人気 인기척
人込み	ひとごみ	人込み 혼잡, 북새통
一頃	ひところ	一頃 한때
人質	ひとじち	人質 인질
一筋	ひとすじ	一筋 한 줄기, 외길
人手	ひとで	人手 일손, 노동력
人出	ひとで	人出 인파, 밖으로 나온 사람

人目	ひとめ	人目 남의 눈, 타인의 시선
日取り	ひどり	日取り 날짜 정하기
日向	ひなた	日向 양지
火花	ひばな	火花 불꽃
罅	ひび	罅 금(가는 틈새)
日焼け	ひやけ	日焼け 햇볕에 탐
昼下がり	ひるさがり	昼下がり 오후, 하오
不手際	ふてぎわ	不手際 서툰 솜씨, 실수
踏み場	ふみば	踏み場 발 디딜 곳
振り出し	ふりだし	振り出し 원점, 출발점
振る舞い	ふるまい	振る舞い 행동
干し物	ほしもの	干し物 세탁물
本音	ほんね	本音 본심, 속내
本場	ほんば	本場 본고장

ま행

前売り	まえうり	前売り 예매
前置き	まえおき	前置き 서론
真心	まごころ	真心 진심
真下	ました	真下 바로 밑
街角	まちかど	街角 길모퉁이, 길거리
目の当たり	まのあたり	目の当たり 눈앞, 목전
見合い	みあい	見合い 맞선
水気	みずけ	水気 물기, 수분
見た目	みため	見た目 외관, 겉보기
道筋	みちすじ	道筋 이치, 도리
道端	みちばた	道端 길가
見積もり	みつもり	見積もり 견적
見通し	みとおし	見通し 전망
見習い	みならい	見習い 견습
身の上	みのうえ	身の上 신상, 처지, 신세
身の回り	みのまわり	身の回り 신변
見晴らし	みはらし	見晴らし 전망(시각적으로 보는 일)
身振り	みぶり	身振り 몸짓
無駄遣い	むだづかい	無駄遣い 낭비
無茶	むちゃ	無茶 엉망, 사리에 어긋남
無理強い	むりじい	無理強い 강요
目先	めさき	目先 눈앞
目鼻	めはな	目鼻 1) 용모, 2) 윤곽, 대강
目盛り	めもり	目盛り 눈금
目論見	もくろみ	目論見 계획, 의도
持ち切り	もちきり	持ち切り 화제가 지속됨
物事	ものごと	物事 사물, 일, 물건

や행

役場	やくば	役場 관공서
屋敷	やしき	屋敷 저택
夕焼け	ゆうやけ	夕焼け 저녁노을
夕闇	ゆうやみ	夕闇 땅거미, 저녁 어둠
横綱	よこづな	横綱 (일본 씨름의) 최고 등급

善し悪し	よしあし	善し悪し(よあ) 선악, 좋고 나쁨
夜更かし	よふかし	夜更かし(よふ) 늦게까지 깨어 있음
夜更け	よふけ	夜更け(よふ) 심야, 깊은 밤

わ행

若手	わかて	若手(わかて) 젊은이, 젊은 층
枠内	わくない	枠内(わくない) 범위 안, 한도 내
渡り鳥	わたりどり	渡り鳥(わたどり) 철새
割り当て	わりあて	割り当て(わあ) 할당
割り込み	わりこみ	割り込み(わこ) 새치기, 끼어들기
悪者	わるもの	悪者(わるもの) 악인

기타

※한자가 있지만 히라가나로 표기하는 경우가 많은 단어

あらまし	(사태, 사건의) 줄거리, 개요
ありきたり	매우 흔함
ありのまま	있는 그대로임
くちばし	부리
しぐさ	행동, 표정
ずれ	어긋남, 엇갈림
そっぽ	딴 쪽, 다른 쪽
てっぺん	꼭대기
ひいき	편애
ゆとり	여유

3 N1 필수 어휘 : 명사

あ행

愛好	あいこう	愛好 애호
愛想	あいそ	愛想 붙임성, 상냥함 ('あいそう'라고도 읽음)
愛着	あいちゃく	愛着 애착
悪臭	あくしゅう	悪臭 악취
悪循環	あくじゅんかん	悪循環 악순환
悪癖	あくへき	悪癖 나쁜 버릇
圧巻	あっかん	圧巻 압권, 하이라이트
圧勝	あっしょう	圧勝 압승
斡旋	あっせん	斡旋 알선
圧倒	あっとう	圧倒 압도
圧迫	あっぱく	圧迫 압박
圧力	あつりょく	圧力 압력
軋轢	あつれき	軋轢 알력(불화, 갈등)
暗殺	あんさつ	暗殺 암살
暗算	あんざん	暗算 암산
暗示	あんじ	暗示 암시
安静	あんせい	安静 안정, 환자의 요양
安堵	あんど	安堵 안도, 안심
暗黙	あんもく	暗黙 암묵
遺憾	いかん	遺憾 유감
意気	いき	意気 마음가짐, 의욕

意義	いぎ	意義 의의, 의미
異議	いぎ	異議 이의(다른 의견)
意気込み	いきごみ	意気込み 패기, 의욕
偉業	いぎょう	偉業 위업
意気地	いくじ	意気地 기개, 추진력
育成	いくせい	育成 육성
威厳	いげん	威厳 위엄
囲碁	いご	囲碁 바둑
意向	いこう	意向 의향
遺産	いさん	遺産 유산
維持	いじ	維持 유지
意地	いじ	意地 고집
移住	いじゅう	移住 이주
遺書	いしょ	遺書 유서
衣装	いしょう	衣装 의상
異色	いしょく	異色 이색, 특색 있음
移植	いしょく	移植 이식
遺跡	いせき	遺跡 유적
依存	いそん	依存 의존 ('いぞん'으로도 읽음)
委託	いたく	委託 위탁
一因	いちいん	一因 일인(하나의 원인)
一丸	いちがん	一丸 한 덩어리, 일체

一同	いちどう	一同 일동
一任	いちにん	一任 일임, 모두 맡김
一覧	いちらん	一覧 일람
一律	いちりつ	一律 일률, 일률적
一括	いっかつ	一括 일괄
一貫	いっかん	一貫 일관, 일관성
一環	いっかん	一環 일환(한 부분)
一刻	いっこく	一刻 일각, 짧은 시간
逸材	いつざい	逸材 일재, 뛰어난 인재
一掃	いっそう	一掃 일소, 모두 제거함
一帯	いったい	一帯 일대(어느 지역 전체)
逸脱	いつだつ	逸脱 일탈
一対	いっつい	一対 한 쌍, 한 벌
一転	いってん	一転 일전, 완전히 바뀜
一変	いっぺん	一変 일변, 돌변
遺伝	いでん	遺伝 유전
意図	いと	意図 의도
異動	いどう	異動 (인사) 이동
意欲	いよく	意欲 의욕
依頼	いらい	依頼 의뢰
威力	いりょく	威力 위력
違和感	いわかん	違和感 위화감
印鑑	いんかん	印鑑 인감, 도장
隠居	いんきょ	隠居 은거
引率	いんそつ	引率 인솔

因縁	いんねん	因縁 인연, 운명
隠蔽	いんぺい	隠蔽 은폐, 숨김
陰謀	いんぼう	陰謀 음모
裏腹	うらはら	裏腹 정반대, 모순됨
運勢	うんせい	運勢 운세
運搬	うんぱん	運搬 운반
運輸	うんゆ	運輸 운수, 수송
影響	えいきょう	影響 영향
衛星	えいせい	衛星 위성
映像	えいぞう	映像 영상
英雄	えいゆう	英雄 영웅
栄誉	えいよ	栄誉 영예, 명예
栄養	えいよう	栄養 영양
液晶	えきしょう	液晶 액정
会釈	えしゃく	会釈 가벼운 인사
閲覧	えつらん	閲覧 열람
沿革	えんかく	沿革 연혁
遠隔	えんかく	遠隔 원격
沿岸	えんがん	沿岸 연안
演出	えんしゅつ	演出 연출
炎症	えんしょう	炎症 염증
演奏	えんそう	演奏 연주
延滞	えんたい	延滞 연체
縁談	えんだん	縁談 혼담
押印	おういん	押印 날인

応急	おうきゅう	応急 응급
黄金	おうごん	黄金 황금
押収	おうしゅう	押収 압수
応募	おうぼ	応募 응모
憶測	おくそく	憶測 억측
汚職	おしょく	汚職 오직(공직자의 부정)
お世辞	おせじ	お世辞 아첨
汚染	おせん	汚染 오염
音響	おんきょう	音響 음향

か행

改革	かいかく	改革 개혁
外観	がいかん	外観 외관
階級	かいきゅう	階級 계급
海峡	かいきょう	海峡 해협
解雇	かいこ	解雇 해고
回顧	かいこ	回顧 회고
介護	かいご	介護 간호, 간병
開催	かいさい	開催 개최
改修	かいしゅう	改修 개수, 보수, 수리
回収	かいしゅう	回収 회수
怪獣	かいじゅう	怪獣 괴수
解除	かいじょ	解除 해제
解消	かいしょう	解消 해소
会心	かいしん	会心 회심, 만족스러움
概説	がいせつ	概説 개설(대략적인 설명)
改善	かいぜん	改善 개선
階層	かいそう	階層 계층
回想	かいそう	回想 회상
開拓	かいたく	開拓 개척
怪談	かいだん	怪談 괴담
改築	かいちく	改築 개축
害虫	がいちゅう	害虫 해충
改定	かいてい	改定 개정(법률, 제도, 규정)
改訂	かいてい	改訂 개정(출판물)
街道	かいどう	街道 가도, 도로
街頭	がいとう	街頭 가두(시가지의 도로나 광장)
街灯	がいとう	街灯 가로등
該当	がいとう	該当 해당(조건에 들어맞음)
介入	かいにゅう	介入 개입
概念	がいねん	概念 개념
海抜	かいばつ	海抜 해발
回避	かいひ	回避 회피
開封	かいふう	開封 개봉
怪物	かいぶつ	怪物 괴물
介抱	かいほう	介抱 간병, 돌봄
解剖	かいぼう	解剖 해부
開幕	かいまく	開幕 개막
概要	がいよう	概要 개요
回覧	かいらん	回覧 회람

概略	がいりゃく	概略 개략, 대략적인 내용
改良	かいりょう	改良 개량
核	かく	核 핵
額	がく	額 액자
架空	かくう	架空 가공, 허구
格差	かくさ	格差 격차
拡散	かくさん	拡散 확산
各種	かくしゅ	各種 각종
隔週	かくしゅう	隔週 격주
核心	かくしん	核心 핵심
革新	かくしん	革新 혁신
確信	かくしん	確信 확신
確定	かくてい	確定 확정
格闘	かくとう	格闘 격투
獲得	かくとく	獲得 획득
楽譜	がくふ	楽譜 악보
確保	かくほ	確保 확보
革命	かくめい	革命 혁명
確立	かくりつ	確立 확립
可決	かけつ	可決 가결
加工	かこう	加工 가공
餓死	がし	餓死 아사, 굶어 죽음
仮説	かせつ	仮説 가설
過疎	かそ	過疎 과소, 지나치게 적음
課題	かだい	課題 과제

加担	かたん	加担 가담
花壇	かだん	花壇 화단
家畜	かちく	家畜 가축
割愛	かつあい	割愛 할애(생략함, 포기함)
合作	がっさく	合作 합작
合宿	がっしゅく	合宿 합숙
合唱	がっしょう	合唱 합창
合体	がったい	合体 합체
合致	がっち	合致 합치, 일치
合併	がっぺい	合併 합병
活躍	かつやく	活躍 활약
過度	かど	過度 과도, 지나침
稼働	かどう	稼働 가동
可否	かひ	可否 가부(찬성과 반대)
花粉	かふん	花粉 화분(꽃가루)
貨幣	かへい	貨幣 화폐
加味	かみ	加味 가미, 추가
過密	かみつ	過密 과밀(지나친 집중)
過労	かろう	過労 과로
勘	かん	勘 육감, 직감
間隔	かんかく	間隔 간격
管轄	かんかつ	管轄 관할
寒気	かんき	寒気 한기, 추위
観客	かんきゃく	観客 관객
緩急	かんきゅう	緩急 완급

間隙	かんげき	間隙	간극, 틈
完結	かんけつ	完結	완결
還元	かんげん	還元	환원
看護	かんご	看護	간호
刊行	かんこう	刊行	간행
慣行	かんこう	慣行	관행
勧告	かんこく	勧告	권고
換算	かんさん	換算	환산
監視	かんし	監視	감시
観衆	かんしゅう	観衆	관중
感受性	かんじゅせい	感受性	감수성
願書	がんしょ	願書	원서
干渉	かんしょう	干渉	간섭
勘定	かんじょう	勘定	계산
感触	かんしょく	感触	감촉
歓声	かんせい	歓声	환성, 환호성
関税	かんぜい	関税	관세
岩石	がんせき	岩石	암석
感染	かんせん	感染	감염
元旦	がんたん	元旦	설날 아침
鑑定	かんてい	鑑定	감정, 판정
監督	かんとく	監督	감독
幹部	かんぶ	幹部	간부
勘弁	かんべん	勘弁	용서
感無量	かんむりょう	感無量	감개무량

勧誘	かんゆう	勧誘	권유
関与	かんよ	関与	관여
慣用	かんよう	慣用	관용(널리 쓰임)
観覧	かんらん	観覧	관람
官僚	かんりょう	官僚	관료
慣例	かんれい	慣例	관례
還暦	かんれき	還暦	환력, 환갑
貫禄	かんろく	貫禄	관록(위엄)
緩和	かんわ	緩和	완화
飢餓	きが	飢餓	기아(굶주림)
器械	きかい	器械	기계(간단한 기계장치)
危害	きがい	危害	위해, 위협
規格	きかく	規格	규격
企画	きかく	企画	기획
器官	きかん	器官	기관(인간의 신체)
祈願	きがん	祈願	기원
機器	きき	機器	기기, 기계
危機	きき	危機	위기
棄却	ききゃく	棄却	기각
企業	きぎょう	企業	기업
戯曲	ぎきょく	戯曲	희곡
基金	ききん	基金	기금
危惧	きぐ	危惧	위구(걱정, 염려)
喜劇	きげき	喜劇	희극
議決	ぎけつ	議決	의결

棄権	きけん	棄権 기권
起源	きげん	起源 기원, 근원
機構	きこう	機構 기구(조직, 단체)
既婚	きこん	既婚 기혼
記載	きさい	記載 기재(기록)
儀式	ぎしき	儀式 의식(행사)
機種	きしゅ	機種 기종(기계의 종류)
記述	きじゅつ	記述 기술(기록)
気象	きしょう	気象 기상(대기의 상태)
気性	きしょう	気性 기질, 천성(성격)
規制	きせい	規制 규제
犠牲	ぎせい	犠牲 희생
奇跡	きせき	奇跡 기적
偽善	ぎぜん	偽善 위선
起訴	きそ	起訴 기소(공소제기)
寄贈	きぞう	寄贈 기증
偽装	ぎそう	偽装 위장
偽造	ぎぞう	偽造 위조
貴族	きぞく	貴族 귀족
基調	きちょう	基調 기조
喫煙	きつえん	喫煙 흡연
規定	きてい	規定 규정
機転	きてん	機転 재치, 기지, 센스
起点	きてん	起点 기점, 출발점
軌道	きどう	軌道 궤도

技能	ぎのう	技能 기능, 기술
気迫	きはく	気迫 기백
規範	きはん	規範 규범
基盤	きばん	基盤 기반
忌避	きひ	忌避 기피, 회피
気品	きひん	気品 기품, 품위
気風	きふう	気風 기풍, 기질
起伏	きふく	起伏 기복
規模	きぼ	規模 규모
義務	ぎむ	義務 의무
規約	きやく	規約 규약
逆上	ぎゃくじょう	逆上 흥분, 이성을 잃음
脚色	きゃくしょく	脚色 각색
逆説	ぎゃくせつ	逆説 역설
虐待	ぎゃくたい	虐待 학대
逆転	ぎゃくてん	逆転 역전
脚本	きゃくほん	脚本 각본
却下	きゃっか	却下 각하, 기각
逆境	ぎゃっきょう	逆境 역경(불운한 처지)
救援	きゅうえん	救援 구원, 구조
嗅覚	きゅうかく	嗅覚 후각(감각)
究極	きゅうきょく	究極 궁극
求刑	きゅうけい	求刑 구형 (법률)
救済	きゅうさい	救済 구제, 지원
救出	きゅうしゅつ	救出 구출

糾弾	きゅうだん	糾弾 규탄
宮殿	きゅうでん	宮殿 궁전
急騰	きゅうとう	急騰 급등(갑자기 오름)
吸入	きゅうにゅう	吸入 흡입
給付	きゅうふ	給付 급부, 지급
窮乏	きゅうぼう	窮乏 궁핍
究明	きゅうめい	究明 구명(명백하게 밝힘)
休養	きゅうよう	休養 휴양
丘陵	きゅうりょう	丘陵 구릉, 언덕
寄与	きよ	寄与 기여
起用	きよう	起用 기용(인재를 등용함)
驚異	きょうい	驚異 경이, 놀람
脅威	きょうい	脅威 위협
業界	ぎょうかい	業界 업계
恐喝	きょうかつ	恐喝 공갈, 협박
共感	きょうかん	共感 공감
凶器	きょうき	凶器 흉기
協議	きょうぎ	協議 협의
境遇	きょうぐう	境遇 처지, 환경
教訓	きょうくん	教訓 교훈
強行	きょうこう	強行 강행
恐慌	きょうこう	恐慌 공황
強豪	きょうごう	強豪 강호, 강자
凶作	きょうさく	凶作 흉작
享受	きょうじゅ	享受 향수, 향유(누림)

教習	きょうしゅう	教習 교습
郷愁	きょうしゅう	郷愁 향수(고향을 그리워 함)
凝縮	ぎょうしゅく	凝縮 응축
供述	きょうじゅつ	供述 공술(법정 진술)
強制	きょうせい	強制 강제
行政	ぎょうせい	行政 행정
業績	ぎょうせき	業績 업적
共存	きょうぞん	共存 공존 ('きょうそん'으로도 읽음)
驚嘆	きょうたん	驚嘆 경탄, 감탄
境地	きょうち	境地 경지(상태, 분야)
協調	きょうちょう	協調 협조
協定	きょうてい	協定 협정
仰天	ぎょうてん	仰天 경악, 몹시 놀람
郷土	きょうど	郷土 향토
競売	きょうばい	競売 경매
脅迫	きょうはく	脅迫 협박
共謀	きょうぼう	共謀 공모
共鳴	きょうめい	共鳴 공명
郷里	きょうり	郷里 향리, 고향
虚偽	きょぎ	虚偽 허위, 거짓
局限	きょくげん	局限 국한(한정됨)
極限	きょくげん	極限 극한
極端	きょくたん	極端 극단
局面	きょくめん	局面 국면

拒絶	きょぜつ	拒絶	거절
漁船	ぎょせん	漁船	어선
拠点	きょてん	拠点	거점
拒否	きょひ	拒否	거부
許容	きょよう	許容	허용
義理	ぎり	義理	의리
疑惑	ぎわく	疑惑	의혹
近眼	きんがん	近眼	근시
緊急	きんきゅう	緊急	긴급
均衡	きんこう	均衡	균형
近郊	きんこう	近郊	근교
緊迫	きんぱく	緊迫	긴박(정세가 절박한 상태)
吟味	ぎんみ	吟味	엄선, 꼼꼼하게 살핌
勤務	きんむ	勤務	근무
禁物	きんもつ	禁物	금물
勤労	きんろう	勤労	근로
偶像	ぐうぞう	偶像	우상
空腹	くうふく	空腹	공복, 배고픈 상태
区画	くかく	区画	구획
苦言	くげん	苦言	고언, 쓴소리
駆使	くし	駆使	구사(자유자재로 사용함)
苦渋	くじゅう	苦渋	고뇌, 고심
駆除	くじょ	駆除	구제(해충을 퇴치함)
苦情	くじょう	苦情	클레임, 불만
愚痴	ぐち	愚痴	푸념, 넋두리

駆逐	くちく	駆逐	구축(쫓아 냄)
口調	くちょう	口調	어조, 말투
屈辱	くつじょく	屈辱	굴욕
屈折	くっせつ	屈折	굴절
工面	くめん	工面	(자금 등의) 마련, 조달
愚問	ぐもん	愚問	우문(어리석은 질문)
群衆	ぐんしゅう	群衆	군중
勲章	くんしょう	勲章	훈장
軍備	ぐんび	軍備	군비
経緯	けいい	経緯	경위, 자초지종
経過	けいか	経過	경과
警戒	けいかい	警戒	경계
契機	けいき	契機	계기
軽減	けいげん	軽減	경감
迎合	げいごう	迎合	영합
渓谷	けいこく	渓谷	계곡
掲載	けいさい	掲載	게재
軽視	けいし	軽視	경시
傾斜	けいしゃ	傾斜	경사
継承	けいしょう	継承	계승
形状	けいじょう	形状	형상
形勢	けいせい	形勢	형세, 판도
継続	けいぞく	継続	계속
形態	けいたい	形態	형태
携帯	けいたい	携帯	휴대

□ 刑罰	けいばつ	□ 刑罰 형벌
□ 経費	けいひ	□ 経費 경비, 비용
□ 軽蔑	けいべつ	□ 軽蔑 경멸
□ 警報	けいほう	□ 警報 경보
□ 啓蒙	けいもう	□ 啓蒙 계몽
□ 契約	けいやく	□ 契約 계약
□ 掲揚	けいよう	□ 掲揚 게양
□ 経歴	けいれき	□ 経歴 경력
□ 経路	けいろ	□ 経路 경로
□ 激減	げきげん	□ 激減 격감
□ 撃退	げきたい	□ 撃退 격퇴
□ 劇団	げきだん	□ 劇団 극단(공연단체)
□ 激怒	げきど	□ 激怒 격노
□ 激突	げきとつ	□ 激突 격돌
□ 激励	げきれい	□ 激励 격려
□ 決意	けつい	□ 決意 결의
□ 欠陥	けっかん	□ 欠陥 결함
□ 決行	けっこう	□ 決行 결행, 단행
□ 血行	けっこう	□ 血行 혈행, 혈액순환
□ 欠航	けっこう	□ 欠航 결항(운항중단)
□ 結合	けつごう	□ 結合 결합
□ 決済	けっさい	□ 決済 결제(거래대금 지불)
□ 決算	けっさん	□ 決算 결산
□ 結実	けつじつ	□ 結実 결실
□ 月謝	げっしゃ	□ 月謝 월 수업료

□ 欠如	けつじょ	□ 欠如 결여, 부족
□ 決勝	けっしょう	□ 決勝 결승
□ 結晶	けっしょう	□ 結晶 결정(고체상태, 결과물)
□ 欠場	けつじょう	□ 欠場 결장(경기 불참)
□ 結成	けっせい	□ 結成 결성
□ 結束	けっそく	□ 結束 결속
□ 決断	けつだん	□ 決断 결단
□ 決着	けっちゃく	□ 決着 결착
□ 月賦	げっぷ	□ 月賦 월부(할부)
□ 欠乏	けつぼう	□ 欠乏 결핍
□ 決裂	けつれつ	□ 決裂 결렬(무산됨)
□ 解毒	げどく	□ 解毒 해독(독을 제거)
□ 懸念	けねん	□ 懸念 우려, 근심
□ 気配	けはい	□ 気配 기미, 기색, 기척
□ 下落	げらく	□ 下落 하락
□ 下痢	げり	□ 下痢 설사
□ 権威	けんい	□ 権威 권위
□ 牽引	けんいん	□ 牽引 견인(이끄는 것)
□ 嫌悪	けんお	□ 嫌悪 혐오
□ 圏外	けんがい	□ 圏外 권외(영향권의 바깥)
□ 兼業	けんぎょう	□ 兼業 겸업
□ 原形	げんけい	□ 原形 원형(원래의 형태)
□ 権限	けんげん	□ 権限 권한
□ 健在	けんざい	□ 健在 건재
□ 検索	けんさく	□ 検索 검색

見識	けんしき	見識 견식, 식견
元首	げんしゅ	元首 원수(국가원수)
拳銃	けんじゅう	拳銃 권총
懸賞	けんしょう	懸賞 현상(상금을 제공함)
減少	げんしょう	減少 감소
厳選	げんせん	厳選 엄선
元素	げんそ	元素 원소
幻想	げんそう	幻想 환상
原則	げんそく	原則 원칙
限定	げんてい	限定 한정
減点	げんてん	減点 감점
原典	げんてん	原典 원전 (인용의 근거가 되는 책)
健闘	けんとう	健闘 건투
検討	けんとう	検討 검토
原動力	げんどうりょく	原動力 원동력
圏内	けんない	圏内 권내(영향권의 범위 안)
倹約	けんやく	倹約 검약, 절약
兼用	けんよう	兼用 겸용
権力	けんりょく	権力 권력
原論	げんろん	原論 원론(원칙)
故意	こい	故意 고의, 의도적임
語彙	ごい	語彙 어휘
行為	こうい	行為 행위
厚意	こうい	厚意 후의(배려하는 마음)
合意	ごうい	合意 합의
豪雨	ごうう	豪雨 호우
幸運	こううん	幸運 행운
光栄	こうえい	光栄 영광
公益	こうえき	公益 공익
交易	こうえき	交易 교역
航海	こうかい	航海 항해
後悔	こうかい	後悔 후회
抗議	こうぎ	抗議 항의
合議	ごうぎ	合議 합의
好況	こうきょう	好況 호황
興行	こうぎょう	興行 흥행
貢献	こうけん	貢献 공헌
高原	こうげん	高原 고원
公言	こうげん	公言 공언(당당하게 말함)
考古学	こうこがく	考古学 고고학
耕作	こうさく	耕作 경작
交錯	こうさく	交錯 교착, 뒤얽힘
降参	こうさん	降参 항복, 굴복
鉱山	こうざん	鉱山 광산
口述	こうじゅつ	口述 구술(입으로 말함)
控除	こうじょ	控除 공제
交渉	こうしょう	交渉 교섭
向上	こうじょう	向上 향상
更新	こうしん	更新 갱신

香辛料	こうしんりょう	香辛料	향신료
降水	こうすい	降水	강수
洪水	こうずい	洪水	홍수
功績	こうせき	功績	공적
公然	こうぜん	公然	공공연함(널리 알려짐)
控訴	こうそ	控訴	항소 (법률)
構想	こうそう	構想	구상
抗争	こうそう	抗争	항쟁
拘束	こうそく	拘束	구속
後退	こうたい	後退	후퇴
光沢	こうたく	光沢	광택
構築	こうちく	構築	구축
高低	こうてい	高低	고저, 높낮이
更迭	こうてつ	更迭	경질
好転	こうてん	好転	호전(상태가 좋아짐)
高騰	こうとう	高騰	고등(가격이 급등함)
口頭	こうとう	口頭	구두(입으로 말함)
購読	こうどく	購読	구독
購入	こうにゅう	購入	구입
公認	こうにん	公認	공인
光熱費	こうねつひ	光熱費	광열비
荒廃	こうはい	荒廃	황폐
購買	こうばい	購買	구매
好評	こうひょう	好評	호평
交付	こうふ	交付	교부
興奮	こうふん	興奮	흥분
公募	こうぼ	公募	공모(공개모집)
広報	こうほう	広報	홍보
合法	ごうほう	合法	합법
行楽	こうらく	行楽	행락
効率	こうりつ	効率	효율
攻略	こうりゃく	攻略	공략
考慮	こうりょ	考慮	고려
高齢	こうれい	高齢	고령
口論	こうろん	口論	말다툼
護衛	ごえい	護衛	호위
誤解	ごかい	誤解	오해
互角	ごかく	互角	호각, 백중세
顧客	こきゃく	顧客	고객
国益	こくえき	国益	국익
国債	こくさい	国債	국채
酷使	こくし	酷使	혹사
酷暑	こくしょ	酷暑	혹서, 무더위
極上	ごくじょう	極上	극상, 최상
告訴	こくそ	告訴	고소
告白	こくはく	告白	고백
極秘	ごくひ	極秘	극비
克服	こくふく	克服	극복
国宝	こくほう	国宝	국보
極楽	ごくらく	極楽	극락

語源	ごげん	語源 어원
個々	ここ	個々 개개, 각각, 하나하나
誤差	ごさ	誤差 오차
誤算	ごさん	誤算 오산
孤児	こじ	孤児 고아
誇示	こじ	誇示 과시
誤字	ごじ	誤字 오자
固執	こしつ	固執 고집
後日	ごじつ	後日 후일, 훗날
故人	こじん	故人 고인(죽은 사람)
個性	こせい	個性 개성
戸籍	こせき	戸籍 호적
古代	こだい	古代 고대
誇張	こちょう	誇張 과장(실제보다 부풀림)
骨格	こっかく	骨格 골격
国交	こっこう	国交 국교
骨子	こっし	骨子 골자, 핵심
骨董品	こっとうひん	骨董品 골동품
鼓動	こどう	鼓動 고동, 심장박동
碁盤	ごばん	碁盤 바둑판
語尾	ごび	語尾 어미(활용어의 끝부분)
古墳	こふん	古墳 고분(옛날 무덤)
固有	こゆう	固有 고유
雇用	こよう	雇用 고용
孤立	こりつ	孤立 고립
根気	こんき	根気 끈기
根拠	こんきょ	根拠 근거
根性	こんじょう	根性 근성
痕跡	こんせき	痕跡 흔적
昆虫	こんちゅう	昆虫 곤충
根底	こんてい	根底 근저, 바탕
混同	こんどう	混同 혼동
梱包	こんぽう	梱包 포장(짐을 꾸림)
根本	こんぽん	根本 근본
混乱	こんらん	混乱 혼란

さ행

差異	さい	差異 차이
最悪	さいあく	最悪 최악
災害	さいがい	災害 재해
才覚	さいかく	才覚 재치
細菌	さいきん	細菌 세균
細工	さいく	細工 세공
採掘	さいくつ	採掘 채굴
裁決	さいけつ	裁決 판결(재판)
採決	さいけつ	採決 채결, 표결
歳月	さいげつ	歳月 세월
再建	さいけん	再建 재건
債権	さいけん	債権 채권

再現	さいげん	再現	재현
際限	さいげん	際限	한계, 끝, 제한
財源	ざいげん	財源	재원(수입원)
在庫	ざいこ	在庫	재고
採算	さいさん	採算	채산
妻子	さいし	妻子	처자식
採取	さいしゅ	採取	채취
細心	さいしん	細心	세심함, 사려 깊음
財政	ざいせい	財政	재정
在籍	ざいせき	在籍	재적(소속되어 있음)
最善	さいぜん	最善	최선
最先端	さいせんたん	最先端	최첨단
採択	さいたく	採択	채택
財団	ざいだん	財団	재단(단체)
最適	さいてき	最適	최적
罪人	ざいにん	罪人	죄인
栽培	さいばい	栽培	재배
再発	さいはつ	再発	재발
財閥	ざいばつ	財閥	재벌
細胞	さいぼう	細胞	세포
歳末	さいまつ	歳末	세말, 연말
債務	さいむ	債務	채무
採用	さいよう	採用	채용
裁量	さいりょう	裁量	재량 (자신의 의지로 행동)

最良	さいりょう	最良	최선
差額	さがく	差額	차액
詐欺	さぎ	詐欺	사기
削減	さくげん	削減	삭감
錯誤	さくご	錯誤	착오
搾取	さくしゅ	搾取	착취
策略	さくりゃく	策略	책략
査証	さしょう	査証	사증, 비자
挫折	ざせつ	挫折	좌절
左遷	させん	左遷	좌천
座談会	ざだんかい	座談会	좌담회
錯覚	さっかく	錯覚	착각
殺菌	さっきん	殺菌	살균
昨今	さっこん	昨今	작금, 오늘날, 요즘
察知	さっち	察知	짐작, 헤아림, 예측
殺到	さっとう	殺到	쇄도(일시에 몰려 듦)
雑踏	ざっとう	雑踏	혼잡, 붐빔
作動	さどう	作動	작동
砂漠	さばく	砂漠	사막
座標	ざひょう	座標	좌표
作用	さよう	作用	작용
酸化	さんか	酸化	산화
山岳	さんがく	山岳	산악
残金	ざんきん	残金	잔금
惨事	さんじ	惨事	참사

算出	さんしゅつ	算出 산출
参照	さんしょう	参照 참조
山積	さんせき	山積 산적, 많이 쌓여있음
山頂	さんちょう	山頂 산꼭대기, 산의 정상
暫定	ざんてい	暫定 잠정
惨敗	ざんぱい	惨敗 참패
賛美	さんび	賛美 찬미
山腹	さんぷく	山腹 산의 중턱
産物	さんぶつ	産物 산물
酸味	さんみ	酸味 산미(신 맛)
山脈	さんみゃく	山脈 산맥
飼育	しいく	飼育 사육
歯科	しか	歯科 치과
視覚	しかく	視覚 시각
資格	しかく	資格 자격
自覚	じかく	自覚 자각, 깨달음
指揮	しき	指揮 지휘
磁器	じき	磁器 자기(사기 그릇)
磁気	じき	磁気 자기(자력)
色彩	しきさい	色彩 색채
式場	しきじょう	式場 식장
式典	しきてん	式典 식전, 기념식
識別	しきべつ	識別 식별
資金	しきん	資金 자금
刺激	しげき	刺激 자극

自己	じこ	自己 자기자신
嗜好	しこう	嗜好 기호, 취향
施行	しこう	施行 시행(실시)
試行	しこう	試行 시행(시험삼아 행함)
志向	しこう	志向 지향(목표로 함)
事項	じこう	事項 사항
自業自得	じごうじとく	自業自得 자업자득
示唆	しさ	示唆 시사(넌지시 알려 줌)
時差	じさ	時差 시차
自在	じざい	自在 자재(자유자재)
思索	しさく	思索 사색
視察	しさつ	視察 시찰
資産	しさん	資産 자산
支持	しじ	支持 지지
資質	ししつ	資質 자질
刺繍	ししゅう	刺繍 자수, 수예
師匠	ししょう	師匠 스승
支障	ししょう	支障 지장
事情	じじょう	事情 사정
辞職	じしょく	辞職 사직
指針	ししん	指針 지침
自炊	じすい	自炊 자취
姿勢	しせい	姿勢 자세
施設	しせつ	施設 시설
視線	しせん	視線 시선

持続	じぞく	持続(じぞく)	지속
自尊心	じそんしん	自尊心(じそんしん)	자존심
事態	じたい	事態(じたい)	사태
辞退	じたい	辞退(じたい)	사퇴
実益	じつえき	実益(じつえき)	실익
実家	じっか	実家(じっか)	본가, 친정
失格	しっかく	失格(しっかく)	실격
質疑	しつぎ	質疑(しつぎ)	질의, 질문
失脚	しっきゃく	失脚(しっきゃく)	실각
失言	しつげん	失言(しつげん)	실언
執行	しっこう	執行(しっこう)	집행
実在	じつざい	実在(じつざい)	실재
実質	じっしつ	実質(じっしつ)	실질(실제 내용)
実証	じっしょう	実証(じっしょう)	실증
実情	じつじょう	実情(じつじょう)	실정, 실제 정황
失神	しっしん	失神(しっしん)	실신
実践	じっせん	実践(じっせん)	실천
実像	じつぞう	実像(じつぞう)	실상
実態	じったい	実態(じったい)	실태
嫉妬	しっと	嫉妬(しっと)	질투
実費	じっぴ	実費(じっぴ)	실비(실제 비용)
執筆	しっぴつ	執筆(しっぴつ)	집필
疾病	しっぺい	疾病(しっぺい)	질병
質量	しつりょう	質量(しつりょう)	질량
指摘	してき	指摘(してき)	지적

視点	してん	視点(してん)	시점
辞任	じにん	辞任(じにん)	사임
自費	じひ	自費(じひ)	자비(스스로 부담)
耳鼻科	じびか	耳鼻科(じびか)	이비인후과
自負	じふ	自負(じふ)	자부, 긍지
紙幣	しへい	紙幣(しへい)	지폐
司法	しほう	司法(しほう)	사법
志望	しぼう	志望(しぼう)	지망
脂肪	しぼう	脂肪(しぼう)	지방
始末	しまつ	始末(しまつ)	경위, 자초지종
始末書	しまつしょ	始末書(しまつしょ)	시말서, 경위서
使命	しめい	使命(しめい)	사명
指紋	しもん	指紋(しもん)	지문
視野	しや	視野(しや)	시야
弱者	じゃくしゃ	弱者(じゃくしゃ)	약자
釈明	しゃくめい	釈明(しゃくめい)	석명, 해명, 설명
社交	しゃこう	社交(しゃこう)	사교
謝罪	しゃざい	謝罪(しゃざい)	사죄
謝絶	しゃぜつ	謝絶(しゃぜつ)	사절, 거절
遮断	しゃだん	遮断(しゃだん)	차단
斜面	しゃめん	斜面(しゃめん)	사면, 경사면
砂利	じゃり	砂利(じゃり)	자갈
周囲	しゅうい	周囲(しゅうい)	주위
収益	しゅうえき	収益(しゅうえき)	수익
収穫	しゅうかく	収穫(しゅうかく)	수확

就業	しゅうぎょう	就業 취업
従業員	じゅうぎょういん	従業員 종업원
襲撃	しゅうげき	襲撃 습격
銃撃	じゅうげき	銃撃 총격
重罪	じゅうざい	重罪 중죄
収支	しゅうし	収支 수지(수입과 지출)
従事	じゅうじ	従事 종사
終日	しゅうじつ	終日 종일
収拾	しゅうしゅう	収拾 수습(마무리)
収集	しゅうしゅう	収集 수집
収縮	しゅうしゅく	収縮 수축
重傷	じゅうしょう	重傷 중상
重症	じゅうしょう	重症 중증
修飾	しゅうしょく	修飾 수식, 꾸밈
十字路	じゅうじろ	十字路 사거리, 십자로
就寝	しゅうしん	就寝 취침
囚人	しゅうじん	囚人 수인, 죄수
習性	しゅうせい	習性 습성
従属	じゅうぞく	従属 종속
醜態	しゅうたい	醜態 추태
渋滞	じゅうたい	渋滞 정체, 밀림
執着	しゅうちゃく	執着 집착
習得	しゅうとく	習得 습득
執念	しゅうねん	執念 집념
収納	しゅうのう	収納 수납

修復	しゅうふく	修復 수복, 복원
重複	じゅうふく	重複 중복 ('ちょうふく'라고도 읽음)
収容	しゅうよう	収容 수용
従来	じゅうらい	従来 종래, 기존
修了	しゅうりょう	修了 수료
就労	しゅうろう	就労 취로(노동에 종사함)
収録	しゅうろく	収録 수록
守衛	しゅえい	守衛 수위
修業	しゅぎょう	修業 수업 (학문이나 기술을 익힘)
修行	しゅぎょう	修行 수행 (도를 닦거나 학문을 연마함)
塾	じゅく	塾 학원(보습, 진학학원)
祝賀	しゅくが	祝賀 축하
縮尺	しゅくしゃく	縮尺 축척(축소 비율)
縮小	しゅくしょう	縮小 축소
宿敵	しゅくてき	宿敵 숙적
祝福	しゅくふく	祝福 축복
宿命	しゅくめい	宿命 숙명
熟練	じゅくれん	熟練 숙련
主権	しゅけん	主権 주권
主催	しゅさい	主催 주최
取材	しゅざい	取材 취재
種子	しゅし	種子 종자

主旨	しゅし	主旨	주지 (주된 뜻, 중심 내용)
趣旨	しゅし	趣旨	취지
種々	しゅじゅ	種々	각종
出演	しゅつえん	出演	출연
出荷	しゅっか	出荷	출하
出願	しゅつがん	出願	출원
出血	しゅっけつ	出血	출혈
出航	しゅっこう	出航	출항
出資	しゅっし	出資	출자
出生	しゅっしょう	出生	출생
出世	しゅっせ	出世	출세
出動	しゅつどう	出動	출동
出馬	しゅつば	出馬	출마
出費	しゅっぴ	出費	지출
出没	しゅつぼつ	出没	출몰
主導権	しゅどうけん	主導権	주도권
首脳	しゅのう	首脳	수뇌, 핵심 간부
守備	しゅび	守備	수비
樹木	じゅもく	樹木	수목, 커다란 나무
授与	じゅよ	授与	수여
需要	じゅよう	需要	수요
樹立	じゅりつ	樹立	수립
受領	じゅりょう	受領	수령(물건 등을 받음)
主力	しゅりょく	主力	주력

樹齢	じゅれい	樹齢	수령(나무의 나이)
手腕	しゅわん	手腕	수완, 솜씨
循環	じゅんかん	循環	순환
瞬時	しゅんじ	瞬時	순시, 순간
順応	じゅんのう	順応	순응
瞬発力	しゅんぱつりょく	瞬発力	순발력
仕様	しよう	仕様	1) 방법 2) 사양, 스펙
掌握	しょうあく	掌握	장악
浄化	じょうか	浄化	정화
照会	しょうかい	照会	조회
生涯	しょうがい	生涯	생애, 평생
障害	しょうがい	障害	장애, 장해
昇給	しょうきゅう	昇給	승급
消去	しょうきょ	消去	소거
情景	じょうけい	情景	정경, 광경
衝撃	しょうげき	衝撃	충격
証券	しょうけん	証券	증권
証言	しょうげん	証言	증언
証拠	しょうこ	証拠	증거
照合	しょうごう	照合	조합, 대조함
招集	しょうしゅう	招集	소집
症状	しょうじょう	症状	(병의) 증상
昇進	しょうしん	昇進	승진
情勢	じょうせい	情勢	정세
消息	しょうそく	消息	소식

正体	しょうたい	正体 정체
状態	じょうたい	状態 상태
承諾	しょうだく	承諾 승낙
情緒	じょうちょ	情緒 정서 ('じょうしょ'라고도 읽음)
象徴	しょうちょう	象徴 상징
焦点	しょうてん	焦点 초점
譲渡	じょうと	譲渡 양도
衝動	しょうどう	衝動 충동
小児科	しょうにか	小児科 소아과
証人	しょうにん	証人 증인
情熱	じょうねつ	情熱 정열
商標	しょうひょう	商標 상표
譲歩	じょうほ	譲歩 양보
静脈	じょうみゃく	静脈 정맥
照明	しょうめい	照明 조명
消滅	しょうめつ	消滅 소멸
条約	じょうやく	条約 조약
賞与	しょうよ	賞与 상여, 보너스
剰余	じょうよ	剰余 잉여, 여분
上陸	じょうりく	上陸 상륙
奨励	しょうれい	奨励 장려
条例	じょうれい	条例 조례
常連	じょうれん	常連 단골 손님
除外	じょがい	除外 제외

除去	じょきょ	除去 제거
触発	しょくはつ	触発 촉발
植民地	しょくみんち	植民地 식민지
職務	しょくむ	職務 직무
諸君	しょくん	諸君 제군, 여러분
助言	じょげん	助言 조언
徐行	じょこう	徐行 서행
所在	しょざい	所在 소재
所持	しょじ	所持 소지(지니고 있음)
所属	しょぞく	所属 소속
処置	しょち	処置 처치, 조치
触感	しょっかん	触感 촉감
所得	しょとく	所得 소득
処罰	しょばつ	処罰 처벌
処分	しょぶん	処分 처분
庶民	しょみん	庶民 서민
庶務	しょむ	庶務 서무
署名	しょめい	署名 서명
所有	しょゆう	所有 소유
自立	じりつ	自立 자립
資料	しりょう	資料 자료
視力	しりょく	視力 시력
指令	しれい	指令 지령
新鋭	しんえい	新鋭 신예 (새롭게 떠오르는 사람)

新型	しんがた	新型 신형
審議	しんぎ	審議 심의
人権	じんけん	人権 인권
信仰	しんこう	信仰 신앙
新興	しんこう	新興 신흥(새로운 세력으로 떠오름)
進行	しんこう	進行 진행
振興	しんこう	振興 진흥(발전시킴)
申告	しんこく	申告 신고
新婚	しんこん	新婚 신혼
審査	しんさ	審査 심사
震災	しんさい	震災 지진 재해
人材	じんざい	人材 인재
紳士	しんし	紳士 신사
信者	しんじゃ	信者 신자
真珠	しんじゅ	真珠 진주
伸縮	しんしゅく	伸縮 신축(늘고 줆)
心情	しんじょう	心情 심정
親善	しんぜん	親善 친선
真相	しんそう	真相 진상
新築	しんちく	新築 신축
進呈	しんてい	進呈 증정
進展	しんてん	進展 진전, 전개
神殿	しんでん	神殿 신전
振動	しんどう	振動 진동

侵入	しんにゅう	侵入 침입
信任	しんにん	信任 신임
信念	しんねん	信念 신념
神秘	しんぴ	神秘 신비
辛抱	しんぼう	辛抱 인내, 참고 견딤
親睦	しんぼく	親睦 친목
新米	しんまい	新米 1)햅쌀, 2)신참
人脈	じんみゃく	人脈 인맥
尋問	じんもん	尋問 심문, 신문
侵略	しんりゃく	侵略 침략
診療	しんりょう	診療 진료
新緑	しんりょく	新緑 신록
尽力	じんりょく	尽力 진력, 힘씀
推移	すいい	推移 추이
水源	すいげん	水源 수원(물의 근원)
遂行	すいこう	遂行 수행
随時	ずいじ	随時 수시, 그때그때(흔히 부사적으로 사용함)
衰弱	すいじゃく	衰弱 쇠약
推奨	すいしょう	推奨 추천, 권장
推進	すいしん	推進 추진
吹奏	すいそう	吹奏 취주(관악기 연주)
推測	すいそく	推測 추측
衰退	すいたい	衰退 쇠퇴
水田	すいでん	水田 논

推理	すいり	推理 추리
数値	すうち	数値 수치
崇拝	すうはい	崇拝 숭배
図示	ずし	図示 도시(그림으로 나타냄)
寸前	すんぜん	寸前 직전
誠意	せいい	誠意 성의
聖域	せいいき	聖域 성역
生育	せいいく	生育 생육
精鋭	せいえい	精鋭 정예
声援	せいえん	声援 성원
正規	せいき	正規 정규
制御	せいぎょ	制御 제어
政権	せいけん	政権 정권
制限	せいげん	制限 제한
制裁	せいさい	制裁 제재
政策	せいさく	政策 정책
精算	せいさん	精算 정산
生死	せいし	生死 생사, 삶과 죽음
静止	せいし	静止 정지
税収	ぜいしゅう	税収 세수입
成熟	せいじゅく	成熟 성숙
青春	せいしゅん	青春 청춘
盛装	せいそう	盛装 화려한 옷차림
生息	せいそく	生息 (동물의) 서식
生態	せいたい	生態 생태
制定	せいてい	制定 제정(법을 만듦)
製鉄	せいてつ	製鉄 제철(철을 생산)
整頓	せいとん	整頓 정돈
制覇	せいは	制覇 제패
征服	せいふく	征服 정복
制服	せいふく	制服 제복
政府筋	せいふすじ	政府筋 정부 관계자
歳暮	せいぼ	歳暮 1) 세모, 연말 2) 연말에 보내는 선물
税務署	ぜいむしょ	税務署 세무서
誓約	せいやく	誓約 서약
税率	ぜいりつ	税率 세율
勢力	せいりょく	勢力 세력
整列	せいれつ	整列 정렬
惜敗	せきはい	惜敗 석패(아깝게 패함)
責務	せきむ	責務 책무(책임과 의무)
世間体	せけんてい	世間体 (세상에 대한) 체면
世辞	せじ	世辞 겉치레, 빈말
是正	ぜせい	是正 시정
世相	せそう	世相 세상, 세태
世帯	せたい	世帯 세대(가족의 단위)
絶縁	ぜつえん	絶縁 절연(인연을 끊음)
切開	せっかい	切開 절개
接客	せっきゃく	接客 접객
説教	せっきょう	説教 설교

絶交	ぜっこう	絶交(ぜっこう)	절교
絶好調	ぜっこうちょう	絶好調(ぜっこうちょう)	최상의 컨디션
絶賛	ぜっさん	絶賛(ぜっさん)	절찬, 최고의 칭찬
摂取	せっしゅ	摂取(せっしゅ)	섭취
接触	せっしょく	接触(せっしょく)	접촉
接戦	せっせん	接戦(せっせん)	접전
接待	せったい	接待(せったい)	접대
切断	せつだん	切断(せつだん)	절단
設置	せっち	設置(せっち)	설치
接着	せっちゃく	接着(せっちゃく)	접착
折衷	せっちゅう	折衷(せっちゅう)	절충
設定	せってい	設定(せってい)	설정
接点	せってん	接点(せってん)	접점
節電	せつでん	節電(せつでん)	절전
節度	せつど	節度(せつど)	절도(딱 좋은 정도)
切迫	せっぱく	切迫(せっぱく)	절박
切望	せつぼう	切望(せつぼう)	절망(간절한 희망)
絶望	ぜつぼう	絶望(ぜつぼう)	절망, 좌절
設立	せつりつ	設立(せつりつ)	설립
是認	ぜにん	是認(ぜにん)	시인(사실로 인정함)
善悪	ぜんあく	善悪(ぜんあく)	선악
繊維	せんい	繊維(せんい)	섬유
占拠	せんきょ	占拠(せんきょ)	점거
宣言	せんげん	宣言(せんげん)	선언
選考	せんこう	選考(せんこう)	전형

戦災	せんさい	戦災(せんさい)	전재(전쟁으로 인한 재난)
戦術	せんじゅつ	戦術(せんじゅつ)	전술
全盛	ぜんせい	全盛(ぜんせい)	전성 (최고로 왕성한 상태)
前兆	ぜんちょう	前兆(ぜんちょう)	전조, 징조
前提	ぜんてい	前提(ぜんてい)	전제
宣伝	せんでん	宣伝(せんでん)	선전
前途	ぜんと	前途(ぜんと)	전도, 장래
戦闘	せんとう	戦闘(せんとう)	전투
潜入	せんにゅう	潜入(せんにゅう)	잠입
専念	せんねん	専念(せんねん)	전념
船舶	せんぱく	船舶(せんぱく)	선박
先方	せんぽう	先方(せんぽう)	상대, 상대방
全滅	ぜんめつ	全滅(ぜんめつ)	전멸
占領	せんりょう	占領(せんりょう)	점령
憎悪	ぞうお	憎悪(ぞうお)	증오
相応	そうおう	相応(そうおう)	상응, 적당함
騒音	そうおん	騒音(そうおん)	소음
総額	そうがく	総額(そうがく)	총액
増強	ぞうきょう	増強(ぞうきょう)	증강
遭遇	そうぐう	遭遇(そうぐう)	조우(우연히 만남)
相互	そうご	相互(そうご)	상호
走行	そうこう	走行(そうこう)	주행
総合	そうごう	総合(そうごう)	종합

捜査	そうさ	捜査 수사
捜索	そうさく	捜索 수색
創作	そうさく	創作 창작
喪失	そうしつ	喪失 상실
操縦	そうじゅう	操縦 조종
装飾	そうしょく	装飾 장식
増進	ぞうしん	増進 증진
創造	そうぞう	創造 창조
想定	そうてい	想定 상정
贈呈	ぞうてい	贈呈 증정
騒動	そうどう	騒動 소동
遭難	そうなん	遭難 조난
挿入	そうにゅう	挿入 삽입
装備	そうび	装備 장비
双方	そうほう	双方 쌍방
贈与	ぞうよ	贈与 증여
疎外	そがい	疎外 소외
阻害	そがい	阻害 저해
続出	ぞくしゅつ	続出 속출
促進	そくしん	促進 촉진
足跡	そくせき	足跡 족적, 발자취
即席	そくせき	即席 즉석
束縛	そくばく	束縛 속박
側面	そくめん	側面 측면
素材	そざい	素材 소재
阻止	そし	阻止 저지
訴訟	そしょう	訴訟 소송
措置	そち	措置 조치
即決	そっけつ	即決 즉결
率先	そっせん	率先 솔선
素養	そよう	素養 소양 (지니고 있는 교양이나 기술)
尊厳	そんげん	尊厳 존엄
損失	そんしつ	損失 손실
損傷	そんしょう	損傷 손상
存続	そんぞく	存続 존속

た행

代案	だいあん	代案 대안
大家	たいか	大家 대가(권위자)
退化	たいか	退化 퇴화
待機	たいき	待機 대기
退却	たいきゃく	退却 퇴각, 후퇴
耐久	たいきゅう	耐久 내구(오래 버팀)
大金	たいきん	大金 거금, 큰 돈
待遇	たいぐう	待遇 대우
体験	たいけん	体験 체험
対抗	たいこう	対抗 대항
代行	だいこう	代行 대행
胎児	たいじ	胎児 태아

退治	たいじ	退治 퇴치
大衆	たいしゅう	大衆 대중
対処	たいしょ	対処 대처
対称	たいしょう	対称 대칭
退職	たいしょく	退職 퇴직
態勢	たいせい	態勢 태세
堆積	たいせき	堆積 퇴적
大地	だいち	大地 대지
耐熱	たいねつ	耐熱 내열(열에 견딤)
滞納	たいのう	滞納 체납
退廃	たいはい	退廃 퇴폐
対比	たいひ	対比 대비(비교, 대조)
大仏	だいぶつ	大仏 큰 불상
待望	たいぼう	待望 대망(몹시 기다림)
台本	だいほん	台本 대본
怠慢	たいまん	怠慢 태만
対面	たいめん	対面 대면
大役	たいやく	大役 중책, 커다란 역할
太陽光	たいようこう	太陽光 태양광
打開	だかい	打開 타개
多岐	たき	多岐 다방면
妥協	だきょう	妥協 타협
打撃	だげき	打撃 타격
妥結	だけつ	妥結 타결
駄作	ださく	駄作 졸작
打診	だしん	打診 타진
多数決	たすうけつ	多数決 다수결
奪回	だっかい	奪回 탈회, 탈환
脱出	だっしゅつ	脱出 탈출
達人	たつじん	達人 달인
達成	たっせい	達成 달성
脱税	だつぜい	脱税 탈세
脱退	だったい	脱退 탈퇴
脱帽	だつぼう	脱帽 탈모(모자를 벗음), 경의를 표함
脱落	だつらく	脱落 탈락
打破	だは	打破 타파
堕落	だらく	堕落 타락
単一	たんいつ	単一 단일, 하나
担架	たんか	担架 들 것
単価	たんか	単価 단가(개당 가격)
団結	だんけつ	団結 단결
探検	たんけん	探検 탐험
断言	だんげん	断言 단언(딱 잘라 말함)
短縮	たんしゅく	短縮 단축
端緒	たんしょ	端緒 단서, 실마리
単身	たんしん	単身 단신
炭素	たんそ	炭素 탄소
単独	たんどく	単独 단독
断念	だんねん	断念 단념

蛋白質	たんぱくしつ	蛋白質	단백질
担保	たんぽ	担保	담보
断面	だんめん	断面	단면
弾力	だんりょく	弾力	탄력
治安	ちあん	治安	치안
遅延	ちえん	遅延	지연
地価	ちか	地価	지가, 땅값
蓄積	ちくせき	蓄積	축적
地中	ちちゅう	地中	지중(땅 속)
秩序	ちつじょ	秩序	질서
窒息	ちっそく	窒息	질식
着手	ちゃくしゅ	着手	착수
着目	ちゃくもく	着目	착목, 착안
着陸	ちゃくりく	着陸	착륙
着工	ちゃっこう	着工	착공
治癒	ちゆ	治癒	치유
仲介	ちゅうかい	仲介	중개
中核	ちゅうかく	中核	중핵, 핵심
中継	ちゅうけい	中継	중계
忠告	ちゅうこく	忠告	충고
仲裁	ちゅうさい	仲裁	중재
注釈	ちゅうしゃく	注釈	주석 (단어나 문장 해설)
抽出	ちゅうしゅつ	抽出	추출
中旬	ちゅうじゅん	中旬	중순
中傷	ちゅうしょう	中傷	중상(비방, 모략)
中枢	ちゅうすう	中枢	중추, 중심
抽選	ちゅうせん	抽選	추첨
躊躇	ちゅうちょ	躊躇	주저(망설임)
中毒	ちゅうどく	中毒	중독
中腹	ちゅうふく	中腹	산 중턱
超越	ちょうえつ	超越	초월
超音波	ちょうおんぱ	超音波	초음파
聴覚	ちょうかく	聴覚	청각
兆候	ちょうこう	兆候	징후
聴取	ちょうしゅ	聴取	청취
長寿	ちょうじゅ	長寿	장수
徴収	ちょうしゅう	徴収	징수
聴衆	ちょうしゅう	聴衆	청중
挑戦	ちょうせん	挑戦	도전
調達	ちょうたつ	調達	조달
調停	ちょうてい	調停	조정, 중재
帳簿	ちょうぼ	帳簿	장부
重宝	ちょうほう	重宝	애용함, 유용함
潮流	ちょうりゅう	潮流	[1] 조류(바닷물의 흐름), [2] 시대의 흐름
調和	ちょうわ	調和	조화
直撃	ちょくげき	直撃	직격
直面	ちょくめん	直面	직면
著作	ちょさく	著作	저작

著書	ちょしょ	著書 저서
貯蓄	ちょちく	貯蓄 저축
直感	ちょっかん	直感 직감
直観	ちょっかん	直観 직관
直結	ちょっけつ	直結 직결
治療	ちりょう	治療 치료
賃金	ちんぎん	賃金 임금, 보수
賃貸	ちんたい	賃貸 임대
沈殿	ちんでん	沈殿 침전
沈没	ちんぼつ	沈没 침몰
珍味	ちんみ	珍味 진미
沈黙	ちんもく	沈黙 침묵
陳列	ちんれつ	陳列 진열
追憶	ついおく	追憶 추억
追及	ついきゅう	追及 추궁, 추적
追伸	ついしん	追伸 추신
追跡	ついせき	追跡 추적
追突	ついとつ	追突 추돌
追放	ついほう	追放 추방
墜落	ついらく	墜落 추락
痛感	つうかん	痛感 통감
通常	つうじょう	通常 통상
都度	つど	都度 매 번, 매 회
強み	つよみ	強み 강점
提案	ていあん	提案 제안
定義	ていぎ	定義 정의 (개념의 내용, 말의 의미)
提供	ていきょう	提供 제공
提携	ていけい	提携 제휴
締結	ていけつ	締結 체결
抵抗	ていこう	抵抗 저항
体裁	ていさい	体裁 체재
提示	ていじ	提示 제시
抵触	ていしょく	抵触 저촉
訂正	ていせい	訂正 정정
提訴	ていそ	提訴 제소
停滞	ていたい	停滞 정체
邸宅	ていたく	邸宅 저택
定着	ていちゃく	定着 정착
堤防	ていぼう	堤防 제방
低迷	ていめい	低迷 침체
適応	てきおう	適応 적응
適合	てきごう	適合 적합
溺死	できし	溺死 익사
摘出	てきしゅつ	摘出 적출
適性	てきせい	適性 적성
敵対	てきたい	敵対 적대
的中	てきちゅう	的中 적중
摘発	てきはつ	摘発 적발
撤回	てっかい	撤回 철회

撤去	てっきょ	撤去 철거
鉄鋼	てっこう	鉄鋼 철강
鉄則	てっそく	鉄則 철칙
撤退	てったい	撤退 철퇴
徹底	てってい	徹底 철저
撤廃	てっぱい	撤廃 철폐
鉄棒	てつぼう	鉄棒 철봉
徹夜	てつや	徹夜 철야
田園	でんえん	田園 전원(시골)
転換	てんかん	転換 전환
転居	てんきょ	転居 전거, 이사
転勤	てんきん	転勤 전근
典型	てんけい	典型 전형
点検	てんけん	点検 점검
転校	てんこう	転校 전학
天災	てんさい	天災 천재지변
添削	てんさく	添削 첨삭
展示	てんじ	展示 전시
伝承	でんしょう	伝承 전승(계승)
転職	てんしょく	転職 전직, 이직
伝達	でんたつ	伝達 전달
天秤	てんびん	天秤 천칭, 저울
添付	てんぷ	添付 첨부
転覆	てんぷく	転覆 전복(뒤집어짐)
展望	てんぼう	展望 전망

転落	てんらく	転落 전락
胴	どう	胴 몸통, 동체
投函	とうかん	投函 투함
陶器	とうき	陶器 도기(도자기)
騰貴	とうき	騰貴 등귀 (물건 값이 뛰어오름, 비싸짐)
投棄	とうき	投棄 투기(던져 버림)
討議	とうぎ	討議 토의
動機	どうき	動機 동기(계기, 의도)
同級生	どうきゅうせい	同級生 동급생
当局	とうきょく	当局 당국
凍結	とうけつ	凍結 동결
統合	とうごう	統合 통합
動向	どうこう	動向 동향
搭載	とうさい	搭載 탑재
倒産	とうさん	倒産 도산
投資	とうし	投資 투자
同士	どうし	同士 같은 부류, -끼리
踏襲	とうしゅう	踏襲 답습, 예전 것을 그대로 이어 나감
当初	とうしょ	当初 당초
搭乗	とうじょう	搭乗 탑승
同情	どうじょう	同情 동정
統制	とうせい	統制 통제
当選	とうせん	当選 당선

同然	どうぜん	同然 동연 (동일함, 변함없음)
闘争	とうそう	闘争 투쟁
統率	とうそつ	統率 통솔
到達	とうたつ	到達 도달
統治	とうち	統治 통치
同調	どうちょう	同調 동조
同等	どうとう	同等 동등, 같음
投入	とうにゅう	投入 투입
導入	どうにゅう	導入 도입
党派	とうは	党派 당파
闘病	とうびょう	闘病 투병(병과 싸움)
同封	どうふう	同封 동봉
逃亡	とうぼう	逃亡 도망
動脈	どうみゃく	動脈 동맥
冬眠	とうみん	冬眠 동면, 겨울잠
同盟	どうめい	同盟 동맹
当面	とうめん	当面 당면, 당분간
投与	とうよ	投与 투여
動揺	どうよう	動揺 동요(흔들림)
同類	どうるい	同類 동류(같은 종류)
登録	とうろく	登録 등록
討論	とうろん	討論 토론
当惑	とうわく	当惑 당혹
特技	とくぎ	特技 특기
独裁	どくさい	独裁 독재
得策	とくさく	得策 득책, 상책(좋은 방법)
独占	どくせん	独占 독점
独創性	どくそうせい	独創性 독창성
督促	とくそく	督促 독촉
特徴	とくちょう	特徴 특징
特派員	とくはいん	特派員 특파원
毒物	どくぶつ	毒物 독극물
匿名	とくめい	匿名 익명
土壌	どじょう	土壌 토양
土台	どだい	土台 토대
特価	とっか	特価 특가
特許	とっきょ	特許 특허
独居	どっきょ	独居 독거
特権	とっけん	特権 특권
突然	とつぜん	突然 돌연
突破	とっぱ	突破 돌파
徒歩	とほ	徒歩 도보
土木	どぼく	土木 토목

な행

内閣	ないかく	内閣 내각
内緒	ないしょ	内緒 비밀
内心	ないしん	内心 내심

内臓	ないぞう	内臓	내장(신체)
内陸	ないりく	内陸	내륙
捺印	なついん	捺印	날인
生中継	なまちゅうけい	生中継	생중계
難関	なんかん	難関	난관
難航	なんこう	難航	난항
肉親	にくしん	肉親	육친
日没	にちぼつ	日没	일몰
日夜	にちや	日夜	1)밤낮, 2)늘, 항상(부사)
入札	にゅうさつ	入札	입찰
乳児	にゅうじ	乳児	유아(젖먹이)
入手	にゅうしゅ	入手	입수
認識	にんしき	認識	인식
人情	にんじょう	人情	인정
妊娠	にんしん	妊娠	임신
忍耐	にんたい	忍耐	인내
認知	にんち	認知	인지
任務	にんむ	任務	임무
任命	にんめい	任命	임명
熱意	ねつい	熱意	열의
熱戦	ねっせん	熱戦	열전
捏造	ねつぞう	捏造	날조
熱帯夜	ねったいや	熱帯夜	열대야
熱湯	ねっとう	熱湯	열탕, 끓는 물
熱望	ねつぼう	熱望	열망
熱量	ねつりょう	熱量	열량
年鑑	ねんかん	年鑑	연감
念願	ねんがん	念願	염원
年次	ねんじ	年次	연차
燃焼	ねんしょう	燃焼	연소
年長	ねんちょう	年長	연장자, 연상
念頭	ねんとう	念頭	염두
燃料	ねんりょう	燃料	연료
農耕	のうこう	農耕	농경
農地	のうち	農地	농지
濃度	のうど	濃度	농도
納入	のうにゅう	納入	납입
能面	のうめん	能面	전통극, 가면
脳裏	のうり	脳裏	뇌리

は행

把握	はあく	把握	파악
敗因	はいいん	敗因	패인
媒介	ばいかい	媒介	매개
廃棄	はいき	廃棄	폐기
売却	ばいきゃく	売却	매각
配給	はいきゅう	配給	배급
廃墟	はいきょ	廃墟	폐허
配偶者	はいぐうしゃ	配偶者	배우자

背景	はいけい	背景 배경
拝啓	はいけい	拝啓 배계 ('삼가 아룁니다' 서간문 첫머리)
背後	はいご	背後 배후
廃止	はいし	廃止 폐지
拝借	はいしゃく	拝借 돈, 물건 등을 빌림(겸양어)
買収	ばいしゅう	買収 매수
排出	はいしゅつ	排出 배출
排除	はいじょ	排除 배제
賠償	ばいしょう	賠償 배상
排水	はいすい	排水 배수
敗戦	はいせん	敗戦 패전
倍増	ばいぞう	倍増 배증, 배가
配属	はいぞく	配属 배속
媒体	ばいたい	媒体 매체
配置	はいち	配置 배치
拝聴	はいちょう	拝聴 배청, 남의 말을 귀 기울여 들음(겸양어)
配当	はいとう	配当 배당
配布	はいふ	配布 배포
敗北	はいぼく	敗北 패배
俳優	はいゆう	俳優 배우
培養	ばいよう	培養 배양
倍率	ばいりつ	倍率 배율
配慮	はいりょ	配慮 배려
配列	はいれつ	配列 배열
破壊	はかい	破壊 파괴
破棄	はき	破棄 파기
波及	はきゅう	波及 파급
迫害	はくがい	迫害 박해
爆撃	ばくげき	爆撃 폭격
拍手	はくしゅ	拍手 박수
白状	はくじょう	白状 자백
爆弾	ばくだん	爆弾 폭탄
爆破	ばくは	爆破 폭파
薄命	はくめい	薄命 박명, 단명(수명이 짧음)
暴露	ばくろ	暴露 폭로
派遣	はけん	派遣 파견
覇者	はしゃ	覇者 패자(우승자, 천하를 지배한 자)
馬車	ばしゃ	馬車 마차
破損	はそん	破損 파손
破綻	はたん	破綻 파탄
発芽	はつが	発芽 발아
発刊	はっかん	発刊 발간
発揮	はっき	発揮 발휘
罰金	ばっきん	罰金 벌금
発掘	はっくつ	発掘 발굴

抜群	ばつぐん	抜群	발군, 뛰어남
伐採	ばっさい	伐採	벌채
発散	はっさん	発散	발산
抜粋	ばっすい	抜粋	발췌
発生	はっせい	発生	발생
発想	はっそう	発想	발상
罰則	ばっそく	罰則	벌칙
発注	はっちゅう	発注	발주
発熱	はつねつ	発熱	발열
発病	はつびょう	発病	발병
派閥	はばつ	派閥	파벌
破滅	はめつ	破滅	파멸
破裂	はれつ	破裂	파열
繁栄	はんえい	繁栄	번영
半額	はんがく	半額	반값
反感	はんかん	反感	반감
反響	はんきょう	反響	반향
反撃	はんげき	反撃	반격
判決	はんけつ	判決	판결
犯罪	はんざい	犯罪	범죄
万事	ばんじ	万事	만사, 매사(모든 일)
反射	はんしゃ	反射	반사
繁盛	はんじょう	繁盛	번창
繁殖	はんしょく	繁殖	번식
伴奏	ばんそう	伴奏	음악 반주

判定	はんてい	判定	판정
万人	ばんにん	万人	만인
晩年	ばんねん	晩年	만년(인생의 끝부분)
反応	はんのう	反応	반응
万能	ばんのう	万能	만능
反発	はんぱつ	反発	반발
頒布	はんぷ	頒布	반포, 배포
氾濫	はんらん	氾濫	범람
悲観	ひかん	悲観	비관
悲願	ひがん	悲願	비원, 꼭 이루고 싶은 비장한 소원
卑下	ひげ	卑下	비하, 업신여김
否決	ひけつ	否決	부결
秘訣	ひけつ	秘訣	비결
非行	ひこう	非行	비행, 일탈행위
被告	ひこく	被告	피고
比重	ひじゅう	比重	비중
批准	ひじゅん	批准	비준
秘書	ひしょ	秘書	비서
避暑	ひしょ	避暑	피서
微笑	びしょう	微笑	미소
微生物	びせいぶつ	微生物	미생물
必修	ひっしゅう	必修	필수
必然	ひつぜん	必然	필연
必着	ひっちゃく	必着	필착(반드시 도착해야 함)

匹敵	ひってき	匹敵	필적, 맞먹음
必読	ひつどく	必読	필독
非難	ひなん	非難	비난
避難	ひなん	避難	피난
皮肉	ひにく	皮肉	비꼼, 빈정거림
悲鳴	ひめい	悲鳴	비명
比喩	ひゆ	比喩	비유
票	ひょう	票	표
氷河	ひょうが	氷河	빙하
標語	ひょうご	標語	표어
拍子	ひょうし	拍子	박자
描写	びょうしゃ	描写	묘사
表彰	ひょうしょう	表彰	표창
標的	ひょうてき	標的	표적
表裏	ひょうり	表裏	표리, 겉과 속
非力	ひりき	非力	무력함, 무능함
肥料	ひりょう	肥料	비료
微量	びりょう	微量	미량
比例	ひれい	比例	비례
披露	ひろう	披露	피로, 공표
疲労	ひろう	疲労	피로
貧血	ひんけつ	貧血	빈혈
貧困	ひんこん	貧困	빈곤
品質	ひんしつ	品質	품질
品種	ひんしゅ	品種	품종

頻度	ひんど	頻度	빈도
頻繁	ひんぱん	頻繁	빈번
貧富	ひんぷ	貧富	빈부
不意	ふい	不意	갑작스러움, 느닷없음
吹聴	ふいちょう	吹聴	나발, 떠벌림
封鎖	ふうさ	封鎖	봉쇄
風習	ふうしゅう	風習	풍습
風俗	ふうぞく	風俗	풍속
風土	ふうど	風土	풍토
普及	ふきゅう	普及	보급
不朽	ふきゅう	不朽	불후, 불멸
不況	ふきょう	不況	불황
布巾	ふきん	布巾	행주
複合	ふくごう	複合	복합
福祉	ふくし	福祉	복지
復讐	ふくしゅう	復讐	복수
服従	ふくじゅう	服従	복종
服飾	ふくしょく	服飾	복식
覆面	ふくめん	覆面	복면
不景気	ふけいき	不景気	불경기
富豪	ふごう	富豪	부호, 부자
布告	ふこく	布告	포고, 선포
負債	ふさい	負債	부채
不順	ふじゅん	不順	불순(순조롭지 못함)
扶助	ふじょ	扶助	부조(경제적 지원)

部署	ぶしょ	部署(ぶしょ) 부서
負傷	ふしょう	負傷(ふしょう) 부상
浮上	ふじょう	浮上(ふじょう) 부상, 등장
侮辱	ぶじょく	侮辱(ぶじょく) 모욕
不振	ふしん	不振(ふしん) 부진
武装	ぶそう	武装(ぶそう) 무장
負担	ふたん	負担(ふたん) 부담
不調	ふちょう	不調(ふちょう) 상태가 나쁨
復活	ふっかつ	復活(ふっかつ) 부활
復帰	ふっき	復帰(ふっき) 복귀
物議	ぶつぎ	物議(ぶつぎ) 물의
復旧	ふっきゅう	復旧(ふっきゅう) 복구
物件	ぶっけん	物件(ぶっけん) 물건
復興	ふっこう	復興(ふっこう) 부흥
物資	ぶっし	物資(ぶっし) 물자
物証	ぶっしょう	物証(ぶっしょう) 물증
払拭	ふっしょく	払拭(ふっしょく) 불식
仏像	ぶつぞう	仏像(ぶつぞう) 불상
沸騰	ふっとう	沸騰(ふっとう) 비등 (액체가 끓어오름)
無難	ぶなん	無難(ぶなん) 무난
赴任	ふにん	赴任(ふにん) 부임
腐敗	ふはい	腐敗(ふはい) 부패
不備	ふび	不備(ふび) 미비, 불충분함
不評	ふひょう	不評(ふひょう) 악평

不服	ふふく	不服(ふふく) 불복, 불복종
普遍	ふへん	普遍(ふへん) 보편 (널리 퍼짐, 모든 것에 적용됨)
扶養	ふよう	扶養(ふよう) 부양
不良	ふりょう	不良(ふりょう) 불량
浮力	ふりょく	浮力(ふりょく) 부력
武力	ぶりょく	武力(ぶりょく) 무력, 병력
付録	ふろく	付録(ふろく) 부록
不和	ふわ	不和(ふわ) 불화
憤慨	ふんがい	憤慨(ふんがい) 분개
分岐	ぶんき	分岐(ぶんき) 분기(갈라짐)
紛糾	ふんきゅう	紛糾(ふんきゅう) 분규
文献	ぶんけん	文献(ぶんけん) 문헌
分際	ぶんざい	分際(ぶんざい) 분수, 주제
分散	ぶんさん	分散(ぶんさん) 분산
紛失	ふんしつ	紛失(ふんしつ) 분실
噴射	ふんしゃ	噴射(ふんしゃ) 분사
噴出	ふんしゅつ	噴出(ふんしゅつ) 분출
分析	ぶんせき	分析(ぶんせき) 분석
紛争	ふんそう	紛争(ふんそう) 분쟁
分担	ぶんたん	分担(ぶんたん) 분담
奮闘	ふんとう	奮闘(ふんとう) 분투(힘껏 노력함)
分配	ぶんぱい	分配(ぶんぱい) 분배
奮発	ふんぱつ	奮発(ふんぱつ) 분발
粉末	ふんまつ	粉末(ふんまつ) 분말, 가루

分離	ぶんり	分離 분리
分裂	ぶんれつ	分裂 분열
弊害	へいがい	弊害 폐해
兵器	へいき	兵器 병기, 무기
閉口	へいこう	閉口 1)질려버림, 2)항복, 3)입을 다물어 버림
平行線	へいこうせん	平行線 평행선
閉鎖	へいさ	閉鎖 폐쇄
弊社	へいしゃ	弊社 폐사(자기 회사)
平常	へいじょう	平常 평상, 평소
平静	へいせい	平静 평정
並列	へいれつ	並列 병렬
辟易	へきえき	辟易 1)질려버림 2)어처구니 없음
壁画	へきが	壁画 벽화
別荘	べっそう	別荘 별장
弁解	べんかい	弁解 변명
変革	へんかく	変革 변혁
返還	へんかん	返還 반환
便宜	べんぎ	便宜 편의
偏見	へんけん	偏見 편견
弁護	べんご	弁護 변호
返済	へんさい	返済 변제
弁償	べんしょう	弁償 변상
変遷	へんせん	変遷 변천

変容	へんよう	変容 변용(모습을 바꿈)
弁論	べんろん	弁論 변론 (연설, 논쟁, 웅변)
法案	ほうあん	法案 법안
防衛	ぼうえい	防衛 방위(국토를 지킴)
崩壊	ほうかい	崩壊 붕괴
妨害	ぼうがい	妨害 방해
放棄	ほうき	放棄 포기
忘却	ぼうきゃく	忘却 망각
防御	ぼうぎょ	防御 방어
封建	ほうけん	封建 봉건
防災	ぼうさい	防災 방재
方策	ほうさく	方策 방책
豊作	ほうさく	豊作 풍작
奉仕	ほうし	奉仕 봉사
防止	ぼうし	防止 방지
放射能	ほうしゃのう	放射能 방사능
報酬	ほうしゅう	報酬 보수(대가)
放出	ほうしゅつ	放出 방출
紡績	ぼうせき	紡績 방적(실을 만듦)
放置	ほうち	放置 방치
傍聴	ぼうちょう	傍聴 방청
膨張	ぼうちょう	膨張 팽창
法廷	ほうてい	法廷 법정
報道	ほうどう	報道 보도

冒頭	ぼうとう	冒頭(ぼうとう)	모두(시작, 첫부분)
暴動	ぼうどう	暴動(ぼうどう)	폭동
褒美	ほうび	褒美(ほうび)	포상
抱負	ほうふ	抱負(ほうふ)	포부
暴風	ぼうふう	暴風(ぼうふう)	폭풍
飽和	ほうわ	飽和(ほうわ)	포화, 가득함
捕獲	ほかく	捕獲(ほかく)	포획
保管	ほかん	保管(ほかん)	보관
簿記	ぼき	簿記(ぼき)	부기
補給	ほきゅう	補給(ほきゅう)	보급
補強	ほきょう	補強(ほきょう)	보강
募金	ぼきん	募金(ぼきん)	모금
撲滅	ぼくめつ	撲滅(ぼくめつ)	박멸
補欠	ほけつ	補欠(ほけつ)	보결, 보궐
保険	ほけん	保険(ほけん)	보험
保護	ほご	保護(ほご)	보호
母語	ぼご	母語(ぼご)	모국어
補佐	ほさ	補佐(ほさ)	보좌
保守	ほしゅ	保守(ほしゅ)	보수
補充	ほじゅう	補充(ほじゅう)	보충
募集	ぼしゅう	募集(ぼしゅう)	모집
補助	ほじょ	補助(ほじょ)	보조
補償	ほしょう	補償(ほしょう)	보상(손실을 메워 줌)
保障	ほしょう	保障(ほしょう)	보장(보호하여 지킴)
舗装	ほそう	舗装(ほそう)	포장(도로를 다짐)
補足	ほそく	補足(ほそく)	보족, 보충
墓地	ぼち	墓地(ぼち)	묘지
発作	ほっさ	発作(ほっさ)	발작
没収	ぼっしゅう	没収(ぼっしゅう)	몰수
発足	ほっそく	発足(ほっそく)	발족
発端	ほったん	発端(ほったん)	발단
没頭	ぼっとう	没頭(ぼっとう)	몰두
勃発	ぼっぱつ	勃発(ぼっぱつ)	발발
没落	ぼつらく	没落(ぼつらく)	몰락
保養	ほよう	保養(ほよう)	보양, 요양
捕虜	ほりょ	捕虜(ほりょ)	포로
本質	ほんしつ	本質(ほんしつ)	본질
本筋	ほんすじ	本筋(ほんすじ)	본론, 본줄거리
本能	ほんのう	本能(ほんのう)	본능
本番	ほんばん	本番(ほんばん)	실전
本末転倒	ほんまつてんとう	本末転倒(ほんまつてんとう)	본말 전도(중요한 일과 사소한 일이 바뀜)
本名	ほんみょう	本名(ほんみょう)	본명

ま행

埋蔵	まいぞう	埋蔵(まいぞう)	매장(땅속에 묻혀있음)
摩擦	まさつ	摩擦(まさつ)	마찰
麻酔	ますい	麻酔(ますい)	마취
末期	まっき	末期(まっき)	말기
真っ先	まっさき	真っ先(まっさき)	제일 먼저

末日	まつじつ	末日	말일
抹消	まっしょう	抹消	말소
末端	まったん	末端	말단
麻痺	まひ	麻痺	마비
魔法	まほう	魔法	마법
麻薬	まやく	麻薬	마약
蔓延	まんえん	蔓延	만연
満喫	まんきつ	満喫	만끽
満月	まんげつ	満月	만월
満載	まんさい	満載	가득실음,많이게재함
満場	まんじょう	満場	만장 (그장소에 있는 모든 사람)
慢性	まんせい	慢性	만성
味覚	みかく	味覚	미각
見込み	みこみ	見込み	예상, 전망
微塵	みじん	微塵	미진, 티끌
未遂	みすい	未遂	미수(실패)
未知	みち	未知	미지
密集	みっしゅう	密集	밀집
密度	みつど	密度	밀도
密封	みっぷう	密封	밀봉
密輸	みつゆ	密輸	밀수
脈絡	みゃくらく	脈絡	맥락
魅力	みりょく	魅力	매력
未練	みれん	未練	미련
魅惑	みわく	魅惑	매혹
民宿	みんしゅく	民宿	민박
民俗	みんぞく	民俗	민속
民族	みんぞく	民族	민족
無為	むい	無為	무위, 아무것도 하지 않음
無意識	むいしき	無意識	무의식
無縁	むえん	無縁	무연 (인연이나 관계가 없음)
無言	むごん	無言	무언
無実	むじつ	無実	무실무죄
矛盾	むじゅん	矛盾	모순
無償	むしょう	無償	무상, 무료
無神経	むしんけい	無神経	무신경
無造作	むぞうさ	無造作	간단함, 손쉬움
無断	むだん	無断	무단
無知	むち	無知	무지
明暗	めいあん	明暗	명암
明細	めいさい	明細	명세
名称	めいしょう	名称	명칭
迷信	めいしん	迷信	미신
命中	めいちゅう	命中	명중
命日	めいにち	命日	명일, 기일, 제삿날
名簿	めいぼ	名簿	명부
名誉	めいよ	名誉	명예

□ 迷路	めいろ	□ 迷路(めいろ) 미로
□ 滅亡	めつぼう	□ 滅亡(めつぼう) 멸망
□ 免疫	めんえき	□ 免疫(めんえき) 면역
□ 面識	めんしき	□ 面識(めんしき) 면식
□ 免除	めんじょ	□ 免除(めんじょ) 면제
□ 面目	めんぼく	□ 面目(めんぼく) 면목 ('めんもく'라고도 읽음)
□ 猛暑	もうしょ	□ 猛暑(もうしょ) 혹서, 무더위
□ 盲点	もうてん	□ 盲点(もうてん) 맹점
□ 猛反対	もうはんたい	□ 猛反対(もうはんたい) 맹렬한 반대
□ 網羅	もうら	□ 網羅(もうら) 망라
□ 目撃	もくげき	□ 目撃(もくげき) 목격
□ 黙秘	もくひ	□ 黙秘(もくひ) 묵비
□ 目録	もくろく	□ 目録(もくろく) 목록
□ 模型	もけい	□ 模型(もけい) 모형
□ 模索	もさく	□ 模索(もさく) 모색
□ 目下	もっか	□ 目下(もっか) 지금, 현재 (부사적으로도 사용함)
□ 模範	もはん	□ 模範(もはん) 모범
□ 模倣	もほう	□ 模倣(もほう) 모방
□ 模様	もよう	□ 模様(もよう) 모양

や행

□ 役員	やくいん	□ 役員(やくいん) 임원
□ 役職	やくしょく	□ 役職(やくしょく) 담당 임무
□ 躍進	やくしん	□ 躍進(やくしん) 약진
□ 野心	やしん	□ 野心(やしん) 야심
□ 野党	やとう	□ 野党(やとう) 야당
□ 夜分	やぶん	□ 夜分(やぶん) 밤중
□ 遺言	ゆいごん	□ 遺言(ゆいごん) 유언
□ 由緒	ゆいしょ	□ 由緒(ゆいしょ) 유서, 내력
□ 優位	ゆうい	□ 優位(ゆうい) 우위 (유리한 지위,입장)
□ 優越	ゆうえつ	□ 優越(ゆうえつ) 우월
□ 誘拐	ゆうかい	□ 誘拐(ゆうかい) 유괴
□ 有機	ゆうき	□ 有機(ゆうき) 유기
□ 優遇	ゆうぐう	□ 優遇(ゆうぐう) 우대
□ 友好	ゆうこう	□ 友好(ゆうこう) 우호
□ 融合	ゆうごう	□ 融合(ゆうごう) 융합
□ 融資	ゆうし	□ 融資(ゆうし) 융자
□ 有数	ゆうすう	□ 有数(ゆうすう) 유수, 손에 꼽힘
□ 融通	ゆうずう	□ 融通(ゆうずう) 융통
□ 優勢	ゆうせい	□ 優勢(ゆうせい) 우세
□ 遊説	ゆうぜい	□ 遊説(ゆうぜい) 유세
□ 優先	ゆうせん	□ 優先(ゆうせん) 우선
□ 誘致	ゆうち	□ 誘致(ゆうち) 유치
□ 誘導	ゆうどう	□ 誘導(ゆうどう) 유도
□ 遊牧	ゆうぼく	□ 遊牧(ゆうぼく) 유목
□ 猶予	ゆうよ	□ 猶予(ゆうよ) 유예
□ 憂慮	ゆうりょ	□ 憂慮(ゆうりょ) 우려

幽霊	ゆうれい	幽霊 유령
誘惑	ゆうわく	誘惑 유혹
癒着	ゆちゃく	癒着 유착
由来	ゆらい	由来 유래
要因	よういん	要因 요인
溶液	ようえき	溶液 용액
容疑	ようぎ	容疑 용의
養護	ようご	養護 양호
様式	ようしき	様式 양식
養殖	ようしょく	養殖 양식
養成	ようせい	養成 양성
要請	ようせい	要請 요청
様相	ようそう	様相 양상
洋風	ようふう	洋風 서양식
要望	ようぼう	要望 요망, 바람
余暇	よか	余暇 여가
預金	よきん	預金 예금
抑圧	よくあつ	抑圧 억압
抑制	よくせい	抑制 억제
欲望	よくぼう	欲望 욕망
予言	よげん	予言 예언
余剰	よじょう	余剰 잉여
予断	よだん	予断 예단, 예상, 미리 판단함
余地	よち	余地 여지
余白	よはく	余白 여백

余裕	よゆう	余裕 여유
世論	よろん	世論 여론 ('せろん'이라고도 읽음)

ら행

雷雨	らいう	雷雨 뇌우 (천둥과 함께 오는 비)
落札	らくさつ	落札 낙찰
落胆	らくたん	落胆 낙담
酪農	らくのう	酪農 낙농
拉致	らち	拉致 납치
落下	らっか	落下 낙하
楽観	らっかん	楽観 낙관
乱発	らんぱつ	乱発 남발 (화폐 등을 마구 발행함, '濫発'로도 씀)
濫用	らんよう	濫用 남용
利益	りえき	利益 이익
理屈	りくつ	理屈 도리, 이치
利子	りし	利子이자
利潤	りじゅん	利潤 이윤
利息	りそく	利息 이자
立案	りつあん	立案 입안
立腹	りっぷく	立腹 화를 냄
立法	りっぽう	立法 입법
略奪	りゃくだつ	略奪 약탈

流儀	りゅうぎ	流儀 관례, 독특한 방식
流出	りゅうしゅつ	流出 유출
流通	りゅうつう	流通 유통
領域	りょういき	領域 영역
了解	りょうかい	了解 양해, 이해
両極	りょうきょく	両極 양극
了承	りょうしょう	了承 승낙, 양해
領土	りょうど	領土 영토
旅客	りょかく	旅客 여객
履歴	りれき	履歴 이력
隣接	りんせつ	隣接 인접
倫理	りんり	倫理 윤리
類似	るいじ	類似 유사
類推	るいすい	類推 유추, 추측
累積	るいせき	累積 누적
冷却	れいきゃく	冷却 냉각
冷遇	れいぐう	冷遇 냉대, 푸대접
霊魂	れいこん	霊魂 영혼
例年	れいねん	例年 예년
列挙	れっきょ	列挙 열거
劣等感	れっとうかん	劣等感 열등감
恋愛	れんあい	恋愛 연애
連携	れんけい	連携 연계
連帯	れんたい	連帯 연대
連中	れんちゅう	連中 무리, 패거리
連覇	れんぱ	連覇 연패(잇달아 이김)
連敗	れんぱい	連敗 연패(잇달아 짐)
連発	れんぱつ	連発 연발
連邦	れんぽう	連邦 연방
連盟	れんめい	連盟 연맹
漏洩	ろうえい	漏洩 누설
老朽化	ろうきゅうか	老朽化 노후화
老衰	ろうすい	老衰 노쇠
朗読	ろうどく	朗読 낭독
浪費	ろうひ	浪費 낭비
朗報	ろうほう	朗報 낭보, 희소식
労力	ろうりょく	労力 노동력
濾過	ろか	濾過 여과
路地	ろじ	路地 골목

わ행

賄賂	わいろ	賄賂 뇌물
惑星	わくせい	惑星 혹성
和語	わご	和語 일본어 (일본 고유의 말)
和風	わふう	和風 일본식
湾岸	わんがん	湾岸 만안, 해안

4 N1 필수 어휘 : 동사

あ행

□ 仰ぐ	□ 仰(あお)ぐ 우러러보다
□ 煽る	□ 煽(あお)る 부추기다, 부채질하다
□ 明かす	□ 明(あ)かす 밝히다, 털어놓다
□ 挙がる	□ 挙(あ)がる 1)검거되다, 2)드러나다
□ 欺く	□ 欺(あざむ)く 속이다
□ あざ笑う	□ あざ笑(わら)う 비웃다
□ 焦る	□ 焦(あせ)る 초조해하다 (1그룹 동사)
□ 褪せる	□ 褪(あ)せる 퇴색하다
□ 値する	□ 値(あたい)する 가치가 있다
□ 与える	□ 与(あた)える 주다
□ 誂える	□ 誂(あつら)える 주문하다, 맞추다
□ 当てはめる	□ 当(あ)てはめる 적용하다
□ 宛てる	□ 宛(あ)てる (주소를 적어) 보내다
□ 侮る	□ 侮(あなど)る 업신여기다, 깔보다
□ 暴く	□ 暴(あば)く 파헤치다, 폭로하다
□ 暴れる	□ 暴(あば)れる 날뛰다, 난폭하게 행동하다
□ 甘える	□ 甘(あま)える 응석부리다
□ 操る	□ 操(あやつ)る 조작하다, 조종하다
□ 危ぶむ	□ 危(あや)ぶむ 걱정하다, 위태롭게 생각하다
□ 誤る	□ 誤(あやま)る 잘못하다, 실수하다
□ 歩む	□ 歩(あゆ)む 걷다
□ 争う	□ 争(あらそ)う 다투다, 경쟁하다
□ 改まる	□ 改(あらた)まる 고쳐지다, 변경되다
□ 現れる	□ 現(あらわ)れる 나타나다, 드러나다
□ ありふれる	□ ありふれる 흔하다
□ 慌てる	□ 慌(あわ)てる 당황하다, 허둥지둥하다
□ 憐れむ	□ 憐(あわ)れむ 불쌍히 여기다
□ 案じる	□ 案(あん)じる 염려하다
□ 言い張る	□ 言(い)い張(は)る 우겨대다, 주장하다
□ 癒える	□ 癒(い)える (상처가) 아물다, 치유되다
□ 意気込む	□ 意(い)気(き)込(ご)む 분발하다, 의욕을 보이다
□ 憤る	□ 憤(いきどお)る 분개하다
□ 憩う	□ 憩(いこ)う 쉬다, 휴식하다
□ いじる	□ いじる 만지다, 만지작거리다 (1그룹 동사)
□ 悼む	□ 悼(いた)む 애도하다
□ 傷む	□ 傷(いた)む (음식이) 상하다, (물건이) 손상되다
□ 傷める	□ 傷(いた)める 손상시키다
□ 炒める	□ 炒(いた)める (기름에) 볶다
□ 至る	□ 至(いた)る 이르다, 도달하다
□ いたわる	□ いたわる 돌보다
□ 偽る	□ 偽(いつわ)る 속이다, 거짓말하다
□ 営む	□ 営(いとな)む 경영하다, 영위하다

☐ 挑む	☐ 挑(いど)む 도전하다
☐ 否む	☐ 否(いな)む 부정하다
☐ 戒める	☐ 戒(いまし)める 경고하다, 훈계하다
☐ 忌み嫌う	☐ 忌(い)み嫌(きら)う 피하다, 꺼리다
☐ 癒す	☐ 癒(いや)す 치유하다
☐ 彩る	☐ 彩(いろど)る 물들이다
☐ 窺う	☐ 窺(うかが)う 살피다, 엿보다
☐ 受け継ぐ	☐ 受(う)け継(つ)ぐ 계승하다
☐ 受け止める	☐ 受(う)け止(と)める 받아 들이다
☐ 受け流す	☐ 受(う)け流(なが)す 받아 넘기다
☐ 受け持つ	☐ 受(う)け持(も)つ 맡다, 담당하다
☐ 打ち明ける	☐ 打(う)ち明(あ)ける 털어놓다,고백하다
☐ 打ち切る	☐ 打(う)ち切(き)る 중지하다
☐ 打ち込む	☐ 打(う)ち込(こ)む 몰입하다,몰두하다
☐ 訴える	☐ 訴(うった)える 1) 호소하다, 2) 고소하다
☐ うつむく	☐ うつむく 고개 숙이다
☐ 促す	☐ 促(うなが)す 재촉하다, 촉구하다
☐ うなだれる	☐ うなだれる 고개 숙이다
☐ うぬぼれる	☐ うぬぼれる 자만하다, 우쭐해하다
☐ 埋める	☐ 埋(う)める 묻다, 메우다
☐ 潤う	☐ 潤(うるお)う 1) 촉촉해지다, 2) 윤택해지다
☐ 潤す	☐ 潤(うるお)す 1) 촉촉하게 적시다, 2) 윤택하게 하다
☐ 熟れる	☐ 熟(う)れる (과일, 열매가) 무르익다
☐ うろたえる	☐ うろたえる 허둥거리다, 당황하다
☐ 上回る	☐ 上回(うわまわ)る 웃돌다, 상회하다
☐ 植わる	☐ 植(う)わる 심어지다
☐ 追い込む	☐ 追(お)い込(こ)む 몰아넣다, 내몰다
☐ 追い出す	☐ 追(お)い出(だ)す 내쫓다
☐ 追い抜く	☐ 追(お)い抜(ぬ)く 앞지르다=追(お)い越(こ)す
☐ 老いる	☐ 老(お)いる 늙다
☐ 負う	☐ 負(お)う 짐을 지다, 부담하다
☐ 冒す	☐ 冒(おか)す 무릅쓰다, 모독하다
☐ 侵す	☐ 侵(おか)す 침범하다
☐ 興す	☐ 興(おこ)す 일으키다, 융성하게 하다
☐ 怠る	☐ 怠(おこた)る 게을리하다, 소홀히 하다
☐ 抑える	☐ 抑(おさ)える 누르다, 억제하다
☐ 納まる	☐ 納(おさ)まる 납부되다
☐ 収まる	☐ 収(おさ)まる 수습되다, 수확되다
☐ 治まる	☐ 治(おさ)まる 안정되다, 다스려지다
☐ 納める	☐ 納(おさ)める 납부하다
☐ 修める	☐ 修(おさ)める 수련하다, 습득하다
☐ 押し付ける	☐ 押(お)し付(つ)ける 떠넘기다,강요하다
☐ 惜しむ	☐ 惜(お)しむ 아까워하다
☐ 押し寄せる	☐ 押(お)し寄(よ)せる 밀려오다
☐ 襲う	☐ 襲(おそ)う 덮치다, 습격하다
☐ 恐れ入る	☐ 恐(おそ)れ入(い)る 황송해하다, 송구스러워하다

おだてる	おだてる	치켜세우다, 부추기다
陥る	陥(おちい)る	(계략, 곤경에) 빠지다
落ち込む	落(お)ち込(こ)む	낙담하다
陥れる	陥(おとしい)れる	(계략, 곤경에) 빠뜨리다
脅す	脅(おど)す	위협하다, 협박하다
訪れる	訪(おとず)れる	방문하다
劣る	劣(おと)る	뒤떨어지다, 열등하다
衰える	衰(おとろ)える	쇠약해지다
怯える	怯(おび)える	겁을 내다, 무서워하다
脅かす	脅(おびや)かす	위협하다, 협박하다
帯びる	帯(お)びる	띠다, 그러한 성질을 지니다
思い返す	思(おも)い返(かえ)す	1) 회상하다, 2) 고쳐 생각하다
思い詰める	思(おも)い詰(つ)める	골똘히 생각하다, 깊이 고민하다
赴く	赴(おもむ)く	향해가다
及ぶ	及(およ)ぶ	도달하다, 파급되다
及ぼす	及(およ)ぼす	영향을 미치다, 끼치다

か행

買い替える	買(か)い替(か)える	새것을 사다
害する	害(がい)する	해치다
かいま見る	かいま見(み)る	엿보다
顧みる	顧(かえり)みる	돌아보다, 회상하다
省みる	省(かえり)みる	반성하다
香る	香(かお)る	향기나다
抱え込む	抱(かか)え込(こ)む	끌어안다, 떠맡다
掲げる	掲(かか)げる	내걸다, 내세우다
輝く	輝(かがや)く	빛나다
描く	描(か)く	그리다
欠く	欠(か)く	빠뜨리다
駆けつける	駆(か)けつける	급히 달려가다
駆け寄る	駆(か)け寄(よ)る	달려오다, 달려가다
駆ける	駆(か)ける	달리다, 뛰다
賭ける	賭(か)ける	내기하다, 도박하다
陰る	陰(かげ)る	그늘지다, 흐려지다 (1그룹 동사)
囲う	囲(かこ)う	둘러싸다, 에워싸다
かこつける	かこつける	핑계삼다
かさばる	かさばる	(짐 등의) 부피가 늘다
かさむ	かさむ	늘어나다(부피, 비용, 수량)
傾げる	傾(かし)げる	기울이다
霞む	霞(かす)む	안개가 끼다, 희미하게 보이다
掠る	掠(かす)る	스치다
稼ぐ	稼(かせ)ぐ	(돈, 시간 등을) 벌다
傾ける	傾(かたむ)ける	기울이다
固める	固(かた)める	굳히다
偏る	偏(かたよ)る	치우치다, 편향되다
叶う	叶(かな)う	이루어지다

□ 叶える	□ 叶(かな)える 이루다, 만족시키다
□ 奏でる	□ 奏(かな)でる 연주하다
□ 兼ねる	□ 兼(か)ねる 겸하다
□ 庇う	□ 庇(かば)う 감싸다, 편들다
□ かぶれる	□ かぶれる 1) 피부가 염증을 일으키다 2) 푹 빠지다
□ 構える	□ 構(かま)える 1) (구조물을) 짓다, 2) 태도를 취하다
□ 噛み合う	□ 噛(か)み合(あ)う 서로 맞물리다
□ 絡む	□ 絡(から)む 휘감기다, 얽히다
□ 交わす	□ 交(か)わす 주고 받다
□ 鑑みる	□ 鑑(かんが)みる 감안하여 판단하다, 비추어 보다
□ 聞き流す	□ 聞(き)き流(なが)す 흘려 듣다
□ 軋む	□ 軋(きし)む 삐걱거리다
□ 築き上げる	□ 築(きず)き上(あ)げる 구축하다, 쌓아올리다
□ 競い合う	□ 競(きそ)い合(あ)う 경합하다
□ 競う	□ 競(きそ)う 겨루다, 경쟁하다
□ 鍛える	□ 鍛(きた)える 단련하다
□ 来す	□ 来(きた)す 초래하다
□ 興じる	□ 興(きょう)じる 흥겨워하다, 즐거워하다
□ 切り替える	□ 切(き)り替(か)える 바꾸다, 전환하다
□ 切り出す	□ 切(き)り出(だ)す (중요한 이야기를) 말하기 시작하다
□ 極まる	□ 極(きわ)まる 최고의 상태에 이르다
□ 極める	□ 極(きわ)める 최고의 상태로 만들다
□ 究める	□ 究(きわ)める 알아내다, 연구하다
□ 食い違う	□ 食(く)い違(ちが)う (의견, 진술이) 엇갈리다
□ 食いつく	□ 食(く)いつく 달려들다, 물고 늘어지다
□ 食い止める	□ 食(く)い止(と)める 저지하다, 막다
□ 悔いる	□ 悔(く)いる 후회하다
□ 括る	□ 括(くく)る 묶다
□ くぐる	□ くぐる 빠져 나가다, 뚫고 나가다
□ 崩す	□ 崩(くず)す 무너뜨리다, 붕괴시키다
□ 崩れる	□ 崩(くず)れる 무너지다, 붕괴되다
□ 口ずさむ	□ 口(くち)ずさむ 흥얼거리다
□ 朽ちる	□ 朽(く)ちる 썩다, (명성이) 쇠하다
□ 覆す	□ 覆(くつがえ)す 뒤집어 엎다
□ 覆る	□ 覆(くつがえ)る 뒤집히다(1그룹 동사)
□ 寛ぐ	□ 寛(くつろ)ぐ 편히 쉬다
□ 配る	□ 配(くば)る 배부하다, 나누어주다
□ 組む	□ 組(く)む (틀, 구조를) 짜다, 짝을 이루다, 조립하다
□ 狂う	□ 狂(くる)う 미치다
□ 企てる	□ 企(くわだ)てる 계획하다, 기획하다
□ けなす	□ けなす 비난하다, 헐뜯다
□ 肥える	□ 肥(こ)える 살찌다
□ 心掛ける	□ 心(こころ)掛(が)ける 유의하다
□ 志す	□ 志(こころざ)す 뜻을 두다

☐ 試みる	☐ 試(こころ)みる 시도하다
☐ こじれる	☐ こじれる 1) 덧나다, 2) 꼬이다, 뒤틀리다
☐ 応える	☐ 応(こた)える 반응하다, 부응하다
☐ こだわる	☐ こだわる 1) 구애되다, 집착하다, 2) 애착을 갖다
☐ 断る	☐ 断(ことわ)る 거절하다
☐ 拒む	☐ 拒(こば)む 거부하다
☐ ごまかす	☐ ごまかす 속이다
☐ 籠もる	☐ 籠(こ)もる 가득 차다, 틀어박히다
☐ 懲らしめる	☐ 懲(こ)らしめる 징계하다, 응징하다
☐ 凝らす	☐ 凝(こ)らす 집중시키다
☐ 懲りる	☐ 懲(こ)りる 질리다, 넌더리나다
☐ 凝る	☐ 凝(こ)る 1) (신체가) 뻐근하다 2) 열중하다
☐ 壊す	☐ 壊(こわ)す 부수다, 망가뜨리다

さ 행

☐ 遮る	☐ 遮(さえぎ)る 차단하다, 가로막다
☐ さえずる	☐ さえずる 1) 재잘거리다 2) 지저귀다
☐ 冴える	☐ 冴(さ)える 맑아지다, 선명해지다
☐ 栄える	☐ 栄(さか)える 번영하다
☐ 先駆ける	☐ 先(さき)駆(が)ける (남보다) 앞장서다
☐ 先立つ	☐ 先(さき)立(だ)つ 앞장서다, 앞서다
☐ 裂く	☐ 裂(さ)く 찢다
☐ 割く	☐ 割(さ)く 할애하다, 내어주다
☐ 探る	☐ 探(さぐ)る 살피다, 찾다
☐ 裂ける	☐ 裂(さ)ける 찢어지다, 갈라지다
☐ 避ける	☐ 避(さ)ける 피하다, 꺼리다
☐ 提げる	☐ 提(さ)げる (손에) 들다
☐ 支える	☐ 支(ささ)える 떠받치다, 지지하다
☐ 捧げる	☐ 捧(ささ)げる 바치다
☐ さしかかる	☐ さしかかる 접어들다, 다다르다
☐ 差し支える	☐ 差(さ)し支(つか)える 지장 있다
☐ 授かる	☐ 授(さず)かる 하사받다, 수여되다
☐ 授ける	☐ 授(さず)ける 하사하다, 수여하다
☐ 定まる	☐ 定(さだ)まる 정해지다
☐ 定める	☐ 定(さだ)める 정하다
☐ 察する	☐ 察(さっ)する 헤아리다
☐ 悟る	☐ 悟(さと)る 깨닫다
☐ 裁く	☐ 裁(さば)く 재판하다, 다스리다
☐ さまよう	☐ さまよう 방황하다
☐ 去る	☐ 去(さ)る 떠나다
☐ 障る	☐ 障(さわ)る (몸의 상태나 기분에) 해가 되다, (어떤 일에) 방해가 되다
☐ 仕上がる	☐ 仕(し)上(あ)がる 마무리되다, 완성되다
☐ 虐げる	☐ 虐(しいた)げる 학대하다
☐ 強いる	☐ 強(し)いる 강요하다
☐ 仕入れる	☐ 仕(し)入(い)れる 매입하다

しがみつく	しがみつく 매달리다
しくじる	しくじる 실패하다
沈める	沈(しず)める 가라앉히다
慕う	慕(した)う 추모하다, 사모하다
親しむ	親(した)しむ 친숙해지다
滴る	滴(したた)る 방울져 떨어지다
仕立てる	仕(し)立(た)てる 1) 만들다, 2) 훈련시키다
萎びる	萎(しな)びる 시들다
凌ぐ	凌(しの)ぐ 견디어내다
忍ぶ	忍(しの)ぶ 1) 숨다(자동사), 2) 참다(타동사)
渋る	渋(しぶ)る 주저하다, 소극적인 태도를 취하다
染みる	染(し)みる 1) 번지다, 스며들다, 2) 절실히 느끼다
締める	締(し)める 죄다, 졸라매다
しゃれる	しゃれる 세련되다
準ずる	準(じゅん)ずる 준하다
白ける	白(しら)ける 1) 흥이 깨지다, 2) 퇴색하다
退く	退(しりぞ)く 물러나다, 후퇴하다
退ける	退(しりぞ)ける 물리치다
記す	記(しる)す 기록하다, 적다
据える	据(す)える 1) 고정시키다, 2) (지위에) 앉히다
過ぎ去る	過(す)ぎ去(さ)る 지나가 버리다

透ける	透(す)ける 비쳐보이다
すすぐ	すすぐ 헹구다
廃れる	廃(すた)れる 쇠퇴하다
済ます	済(す)ます 마치다, 끝내다
澄む	澄(す)む 맑아지다
擦る	擦(す)る 문지르다, 마찰시키다
制する	制(せい)する 1) 제압하다 2) 제정하다
急かす	急(せ)かす 재촉하다
迫る	迫(せま)る 1) 다가오다(자동사), 2) 강요하다(타동사)
添える	添(そ)える 첨부하다, 곁들이다
損なう	損(そこ)なう 해치다, 손상시키다
損ねる	損(そこ)ねる 해치다, 손상시키다
備え付ける	備(そな)え付(つ)ける 비치하다
供える	供(そな)える 바치다
備わる	備(そな)わる 갖춰지다
そびえる	そびえる 우뚝 솟다
染まる	染(そ)まる 물들다
背く	背(そむ)く 거역하다
背ける	背(そむ)ける 외면하다, 등을 돌리다
染める	染(そ)める 물들이다
逸らす	逸(そ)らす 다른 곳으로(빗나가게) 돌리다
反る	反(そ)る 휘어지다, 젖혀지다

た행

☐ 堪える	☐ 堪(た)える 1) 견디다, 2) 쓸 만하다
☐ 耐える	☐ 耐(た)える 참다, 견디다
☐ 絶える	☐ 絶(た)える 끊어지다
☐ 企む	☐ 企(たくら)む 꾸미다, 계획하다
☐ 蓄える	☐ 蓄(たくわ)える 저축하다, 비축하다
☐ たしなむ	☐ たしなむ 애호하다,소양을기르다
☐ 携える	☐ 携(たずさ)える 휴대하다, 소지하다
☐ 携わる	☐ 携(たずさ)わる 종사하다
☐ 称える	☐ 称(たた)える 기리다, 칭찬하다 ('讃える'라고도 씀)
☐ 漂う	☐ 漂(ただよ)う 1) 떠다니다, 2) (분위기가) 감돌다
☐ 立ち尽くす	☐ 立(た)ち尽(つ)くす 멈춰서다
☐ 断つ	☐ 断(た)つ 끊다
☐ 立て替える	☐ 立(た)て替(か)える 값을 대신 치르다
☐ 奉る	☐ 奉(たてまつ)る 1) 바치다, 받들다 2) (형식적으로) 받들어 모시다
☐ たどり着く	☐ たどり着(つ)く 겨우 도착하다, 도달하다
☐ 束ねる	☐ 束(たば)ねる 묶다
☐ 賜る	☐ 賜(たまわ)る 받다('もらう'의 겸손)
☐ ためらう	☐ ためらう 주저하다, 망설이다
☐ 保つ	☐ 保(たも)つ 유지하다
☐ 絶やす	☐ 絶(た)やす 끊다, 없애다
☐ 垂らす	☐ 垂(た)らす 늘어뜨리다
☐ 弛む	☐ 弛(たる)む 1) 늘어지다, 2) 해이해지다
☐ 垂れる	☐ 垂(た)れる 늘어지다, 물방울이 떨어지다
☐ 戯れる	☐ 戯(たわむ)れる 장난치다
☐ 縮まる	☐ 縮(ちぢ)まる 줄어들다
☐ 費やす	☐ 費(つい)やす 사용하다, 소비하다
☐ 仕える	☐ 仕(つか)える 섬기다, 시중들다
☐ 司る	☐ 司(つかさど)る 담당하다, 감독하다
☐ 突き進む	☐ 突(つ)き進(すす)む 돌진하다
☐ 尽きる	☐ 尽(つ)きる 떨어지다, 소진되다
☐ 継ぐ	☐ 継(つ)ぐ 잇다, 계승하다
☐ 尽くす	☐ 尽(つ)くす 다하다, 소진시키다
☐ 償う	☐ 償(つぐな)う 보상하다, 속죄하다
☐ 繕う	☐ 繕(つくろ)う 수선하다, 꾸미다
☐ 告げる	☐ 告(つ)げる 고하다, 알리다
☐ 伝う	☐ 伝(つた)う (무언가를 따라서) 이동하다
☐ 培う	☐ 培(つちか)う 기르다, 배양하다
☐ 突っかかる	☐ 突(つ)っかかる 1) 걸리다 2) 덤벼들다
☐ 慎む	☐ 慎(つつし)む 삼가다, 자제하다
☐ 突っ張る	☐ 突(つ)っ張(ぱ)る 버티다, 강경하게 나가다
☐ 務まる	☐ 務(つと)まる (임무나 역할이) 감당이 되다
☐ つなぐ	☐ つなぐ 잇다, 연결하다
☐ 募る	☐ 募(つの)る 1) 점점 심해지다 2) 모집하다

☐ 呟く	☐ 呟(つぶや)く 중얼거리다
☐ つぶる	☐ つぶる (눈을) 감다
☐ つまむ	☐ つまむ 1) (손이나 집게로) 집다, 2) 요약하다, 정리하다
☐ 積み重なる	☐ 積(つ)み重(かさ)なる 쌓이다, 축적되다
☐ 摘む	☐ 摘(つ)む 따다, 뜯어내다
☐ 連なる	☐ 連(つら)なる 늘어서다
☐ 貫く	☐ 貫(つらぬ)く 관철하다
☐ 釣る	☐ 釣(つ)る 낚시하다
☐ 手がける	☐ 手(て)がける 손대다, 직접 다루다
☐ 徹する	☐ 徹(てっ)する 철저하다, 일관하다
☐ 照れる	☐ 照(て)れる 쑥스러워하다, 수줍어하다
☐ 転じる	☐ 転(てん)じる 1) 바뀌다(자동사), 2) 바꾸다(타동사)
☐ 投じる	☐ 投(とう)じる 던지다, 뛰어들다
☐ 尊ぶ	☐ 尊(とうと)ぶ 존중하다
☐ 遠ざかる	☐ 遠(とお)ざかる 멀어지다
☐ とがめる	☐ とがめる 1) 나무라다, 2) (양심의) 가책을 받다
☐ 解き放つ	☐ 解(と)き放(はな)つ 풀어주다, 해방하다
☐ 途切れる	☐ 途(と)切(ぎ)れる 중단되다
☐ 説く	☐ 説(と)く 설명하다
☐ 研ぐ	☐ 研(と)ぐ 1) (칼을) 갈다, 2) 곡식을 씻다
☐ 遂げる	☐ 遂(と)げる 완수하다
☐ 閉ざす	☐ 閉(と)ざす 닫다
☐ 綴じる	☐ 綴(と)じる 철하다, 묶다
☐ 途絶える	☐ 途(と)絶(だ)える 끊어지다, 두절되다
☐ 滞る	☐ 滞(とどこお)る 밀리다, 정체되다
☐ 整える	☐ 整(ととの)える 갖추다, 정돈하다
☐ 轟く	☐ 轟(とどろ)く (소리가) 울려퍼지다
☐ 唱える	☐ 唱(とな)える 외치다, 주장하다
☐ 飛び交う	☐ 飛(と)び交(か)う 난무하다, 어지럽게 날다
☐ 惚ける	☐ 惚(とぼ)ける 1) 시치미를 떼다, 2) 얼빠지다
☐ 戸惑う	☐ 戸(と)惑(まど)う 어리둥절해하다, 당황하다
☐ 富む	☐ 富(と)む 풍부하다, 부유하다
☐ 弔う	☐ 弔(とむら)う 애도하다, 슬퍼하다
☐ 取り扱う	☐ 取(と)り扱(あつか)う 취급하다
☐ 取り掛かる	☐ 取(と)り掛(か)かる 착수하다, 시작하다
☐ 取り調べる	☐ 取(と)り調(しら)べる 조사하다
☐ 取り次ぐ	☐ 取(と)り次(つ)ぐ 전달하다, 중개하다
☐ 取り付ける	☐ 取(と)り付(つ)ける 설치하다
☐ 取り除く	☐ 取(と)り除(のぞ)く 제거하다
☐ 取り巻く	☐ 取(と)り巻(ま)く 둘러싸다
☐ 取り戻す	☐ 取(と)り戻(もど)す 되찾다, 회복하다
☐ 取り寄せる	☐ 取(と)り寄(よ)せる 주문하여 들여오다
☐ 採る	☐ 採(と)る 뽑다(채택, 채용, 채취)
☐ とろける	☐ とろける 녹다

な행

☐ 眺める	☐ 眺(なが)める 바라보다, 조망하다
☐ 嘆く	☐ 嘆(なげ)く 한탄하다
☐ 和む	☐ 和(なご)む 온화해지다, 누그러지다
☐ 馴染む	☐ 馴(な)染(じ)む 친숙해지다, 정들다
☐ 詰る	☐ 詰(なじ)る 나무라다, 책망하다
☐ 懐く	☐ 懐(なつ)く (친숙해져서) 따르다
☐ 名付ける	☐ 名(な)付(づ)ける 이름 붙이다
☐ なめる	☐ なめる 1) 핥다, 2) 깔보다
☐ 倣う	☐ 倣(なら)う 모방하다, 본받다
☐ 慣らす	☐ 慣(な)らす 길들이다
☐ 成り立つ	☐ 成(な)り立(た)つ 성립되다
☐ 似通う	☐ 似(に)通(かよ)う 서로 닮다
☐ 賑わう	☐ 賑(にぎ)わう 활기차다, 번화하다
☐ にじむ	☐ にじむ 배다, 스미다, 번지다
☐ 煮立つ	☐ 煮(に)立(た)つ 끓다
☐ 担う	☐ 担(にな)う 짊어지다, 담당하다
☐ 鈍る	☐ 鈍(にぶ)る 둔해지다, 무디어지다
☐ 睨む	☐ 睨(にら)む 노려보다
☐ 縫う	☐ 縫(ぬ)う 꿰매다, 바느질하다
☐ 抜かす	☐ 抜(ぬ)かす 빠뜨리다, 거르다
☐ 拭う	☐ 拭(ぬぐ)う 닦다
☐ 抜け出す	☐ 抜(ぬ)け出(だ)す 살짝 빠져나오다
☐ 脱げる	☐ 脱(ぬ)げる 벗겨지다
☐ 労う	☐ 労(ねぎら)う (노고를) 위로하다, 치하하다
☐ 寝込む	☐ 寝(ね)込(こ)む 드러눕다
☐ ねじれる	☐ ねじれる 삐뚤어지다
☐ 妬む	☐ 妬(ねた)む 질투하다
☐ ねだる	☐ ねだる 조르다, 떼를 쓰다
☐ 粘る	☐ 粘(ねば)る 1) 끈적거리다, 2) 끝까지 버티다
☐ 狙う	☐ 狙(ねら)う 노리다, 목표로 하다
☐ 練る	☐ 練(ね)る 반죽하다, (계획, 문장을) 치밀하게 가다듬다(1그룹 동사)
☐ 逃す	☐ 逃(のが)す 놓치다
☐ 逃れる	☐ 逃(のが)れる 벗어나다, 피하다
☐ 臨む	☐ 臨(のぞ)む 임하다, 상황에 직면하다
☐ 乗っ取る	☐ 乗(の)っ取(と)る 빼앗다, 납치하다
☐ 則る	☐ 則(のっと)る 기준으로 삼다, 규범으로서 배우다
☐ ののしる	☐ ののしる 욕설을 퍼붓다
☐ 述べる	☐ 述(の)べる 말하다, 진술하다
☐ 乗り越える	☐ 乗(の)り越(こ)える 극복하다
☐ 乗り出す	☐ 乗(の)り出(だ)す 적극적으로 나서다
☐ 乗り継ぐ	☐ 乗(の)り継(つ)ぐ 갈아타다
☐ 呪う	☐ 呪(のろ)う 저주하다

は행

☐ 這う	☐ 這(は)う 기다
☐ 映える	☐ 映(は)える 빛나다, 돋보이다

☐ 剥がす	☐ 剥(は)がす 벗기다, 떼다
☐ 捗る	☐ 捗(はかど)る 진척되다, 순조롭게 진행되다
☐ 図る	☐ 図(はか)る 꾀하다, 의도하다
☐ 諮る	☐ 諮(はか)る 상의하다
☐ 剝ぐ	☐ 剝(は)ぐ 벗기다, 박탈하다
☐ 育む	☐ 育(はぐく)む 기르다, 육성하다
☐ 励ます	☐ 励(はげ)ます 격려하다
☐ 励む	☐ 励(はげ)む 힘쓰다, 노력하다
☐ 剝げる	☐ 剝(は)げる 벗겨지다
☐ 化ける	☐ 化(ば)ける 둔갑하다, 변장하다
☐ 弾く	☐ 弾(はじ)く 튀기다, 튕겨내다
☐ はしゃぐ	☐ はしゃぐ 들떠서 떠들다, 재잘거리다
☐ 恥じらう	☐ 恥(は)じらう 수줍어하다, 부끄러워하다
☐ 恥じる	☐ 恥(は)じる 부끄럽게 생각하다
☐ 弾む	☐ 弾(はず)む 튀다, 들뜨다
☐ はせる	☐ はせる 1) 달리게 하다, 몰다 2) (명성을) 떨치다
☐ 果たす	☐ 果(は)たす 완수하다
☐ 果てる	☐ 果(は)てる 끝나다
☐ ばてる	☐ ばてる 지치다
☐ 離れる	☐ 離(はな)れる 떨어지다, (사이가) 벌어지다
☐ 跳ね返る	☐ 跳(は)ね返(かえ)る 튀어오르다
☐ 阻む	☐ 阻(はば)む 막다, 저지하다
☐ はまる	☐ はまる 1) 꼭 들어맞다 2) 계략에 빠지다
☐ 生やす	☐ 生(は)やす (수염, 풀 등을) 기르다
☐ ばらまく	☐ ばらまく 뿌리다, 뿌려대다
☐ 張り合う	☐ 張(は)り合(あ)う 겨루다, 경쟁하다
☐ 腫れる	☐ 腫(は)れる 붓다
☐ 控える	☐ 控(ひか)える 1) 앞두다, 2) 삼가다, 3) 적어두다
☐ 率いる	☐ 率(ひき)いる 이끌다, 인솔하다
☐ 引き起こす	☐ 引(ひ)き起(お)こす 일으키다
☐ 引き下げる	☐ 引(ひ)き下(さ)げる 인하하다
☐ 引き締まる	☐ 引(ひ)き締(し)まる 1) 근육이 경직되다 2) 바짝 긴장하다
☐ 引きずる	☐ 引(ひ)きずる 질질 끌다
☐ 引き取る	☐ 引(ひ)き取(と)る 1) 받아들이다, 2) 물러가다
☐ 潜む	☐ 潜(ひそ)む 잠재하다, 잠복하다
☐ 浸す	☐ 浸(ひた)す (물에) 담그다
☐ 浸る	☐ 浸(ひた)る 잠기다, 침수하다
☐ 秘める	☐ 秘(ひ)める 숨기다, 간직하다
☐ 冷やかす	☐ 冷(ひ)やかす 1) 놀리다, 2) 구경만 하다
☐ ひらめく	☐ ひらめく 1) (번개가) 번쩍이다, 2) (아이디어가) 떠오르다
☐ 翻す	☐ 翻(ひるがえ)す 뒤집다, (태도를) 바꾸다
☐ 封じる	☐ 封(ふう)じる 밀봉하다, 봉쇄하다
☐ 噴く	☐ 噴(ふ)く 뿜다, 분출하다

□ 膨れる	□ 膨(ふく)れる 부풀다
□ 老ける	□ 老(ふ)ける 나이를 먹다, 늙다
□ 耽る	□ 耽(ふけ)る 열중하다, 몰두하다
□ 伏せる	□ 伏(ふ)せる 엎드리다, 덮다, 숨기다
□ 踏まえる	□ 踏(ふ)まえる 1) 발딛고 서다 2) 판단의 근거로 삼다
□ 振り返る	□ 振(ふ)り返(かえ)る 되돌아 보다
□ 振り払う	□ 振(ふ)り払(はら)う 뿌리치다, 털어내다
□ 隔たる	□ 隔(へだ)たる (공간이) 떨어져 있다
□ 隔てる	□ 隔(へだ)てる 사이를 떼다, 사이에 두다
□ へりくだる	□ へりくだる 겸손하게 하다, 자기를 낮추다
□ 経る	□ 経(へ)る 1) 경유하다, 2) 경과하다
□ 報じる	□ 報(ほう)じる 보도하다, 알리다
□ 葬る	□ 葬(ほうむ)る 매장하다, 장사지내다
□ 放り出す	□ 放(ほう)り出(だ)す 내던지다, 내팽개치다
□ ぼける	□ ぼける 1) 흐릿하다 2) 멍청해지다, 정신이 쇠약해지다
□ 誇る	□ 誇(ほこ)る 자랑하다, 긍지로 여기다
□ 綻びる	□ 綻(ほころ)びる 살짝 벌어지다
□ 解く	□ 解(ほど)く (실밥, 매듭을) 풀다
□ 解ける	□ 解(ほど)ける (매듭, 끈 등이) 풀리다
□ 施す	□ 施(ほどこ)す 1) 베풀다 2) 실시하다
□ ぼやく	□ ぼやく 투덜대다
□ ぼやける	□ ぼやける 희미해지다
□ 滅びる	□ 滅(ほろ)びる 멸망하다, 쇠퇴하다
□ 滅ぶ	□ 滅(ほろ)ぶ 멸망하다
□ 滅ぼす	□ 滅(ほろ)ぼす 멸망시키다

ま행

□ 負かす	□ 負(ま)かす 이기다
□ 賄う	□ 賄(まかな)う 조달하다
□ 紛らす	□ 紛(まぎ)らす 얼버무리다, 숨기다
□ 紛れる	□ 紛(まぎ)れる 뒤섞이다
□ まごつく	□ まごつく 당황하다
□ 勝る	□ 勝(まさ)る 더 낫다, 우수하다
□ 交わる	□ 交(まじ)わる 사귀다
□ またがる	□ またがる 1) 올라타다, 걸터앉다 2) 걸치다 = わたる
□ 免れる	□ 免(まぬが)れる 면하다, 벗어나다, ('まぬかれる'라고도 읽음)
□ 丸める	□ 丸(まる)める 말다
□ 見合わせる	□ 見(み)合(あ)わせる 1) 서로 마주보다 2) 보류하다
□ 見失う	□ 見(み)失(うしな)う 시야에서 놓치다
□ 見落とす	□ 見(み)落(お)とす 간과하다
□ 磨く	□ 磨(みが)く 닦다
□ 見かける	□ 見(み)かける 발견하다
□ 見極める	□ 見(み)極(きわ)める 끝까지 지켜보다, 끝까지 밝히다

見せびらかす	見(み)せびらかす 과시하다
満たす	満(み)たす 채우다, 충족시키다
乱す	乱(みだ)す 흩뜨리다, 어지럽히다
乱れる	乱(みだ)れる 흐트러지다
導く	導(みちび)く 이끌다, 인도하다
見積もる	見(み)積(つ)もる 추측하다, 눈어림하다
認める	認(みと)める 인정하다
見なす	見(み)なす 간주하다
見習う	見(み)習(なら)う 본받다, 보고 익히다
見抜く	見(み)抜(ぬ)く 간파하다
見逃す	見(み)逃(のが)す 1) 간과하다 2) 못본 체하다
見計らう	見(み)計(はか)らう (적당한 때를) 가늠하다
見開く	見(み)開(ひら)く 눈을 크게 뜨다
見破る	見(み)破(や)る 간파하다
見分ける	見(み)分(わ)ける 분별하다, 감별하다
見渡す	見(み)渡(わた)す 멀리 바라보다
報いる	報(むく)いる 보답하다, 갚다
むしる	むしる 잡아 뽑다
結び付く	結(むす)び付(つ)く 연결되다
結び付ける	結(むす)び付(つ)ける 연결시키다
結ぶ	結(むす)ぶ 맺다, 묶다
群がる	群(むら)がる 몰려들다, 군집하다
蒸れる	蒸(む)れる 1) 뜸들다, 2) 무덥다
めくる	めくる 넘기다
巡る	巡(めぐ)る (한바퀴) 돌다, 순회하다

設ける	設(もう)ける 마련하다, 만들다
申し出る	申(もう)し出(で)る (의견, 희망을) 제안하다, 신청하다
もがく	もがく 발버둥 치다
潜る	潜(もぐ)る 잠입하다, 잠수하다
目論む	目論(もくろ)む 계획하다, 꾀하다
もたらす	もたらす 가져오다, 초래하다
持ち込む	持(も)ち込(こ)む 반입하다
持て余す	持(も)て余(あま)す 주체 못하다, 처치곤란해하다
持て成す	持(も)て成(な)す 대접하다
もてる	もてる 인기가 있다
揉める	揉(も)める 옥신각신하다
催す	催(もよお)す 개최하다
漏らす	漏(も)らす 흘리다, 누설하다
盛り上がる	盛(も)り上(あ)がる 분위기가 고조되다
盛り込む	盛(も)り込(こ)む 포함시키다
漏れる	漏(も)れる 새다, 누설되다

や행

養う	養(やしな)う 양육하다, 부양하다, 기르다
宿す	宿(やど)す 품다, 간직하다
宿る	宿(やど)る 머물다
敗れる	敗(やぶ)れる 지다, 패배하다
病む	病(や)む 앓다, 병들다

☐ 辞める	☐ 辞(や)める 그만두다, 사직하다
☐ やり遂げる	☐ やり遂(と)げる 완수하다
☐ 和らぐ	☐ 和(やわ)らぐ 완화되다, 누그러지다
☐ 和らげる	☐ 和(やわ)らげる 완화시키다, 누그러뜨리다
☐ 結う	☐ 結(ゆ)う 묶다, 매다
☐ 歪む	☐ 歪(ゆが)む 왜곡되다, 비뚤어지다
☐ 揺さぶる	☐ 揺(ゆ)さぶる 뒤흔들다
☐ 揺らぐ	☐ 揺(ゆ)らぐ 흔들리다
☐ 緩む	☐ 緩(ゆる)む 느슨해지다
☐ 緩める	☐ 緩(ゆる)める 느슨하게하다, 완화하다
☐ 汚す	☐ 汚(よご)す 더럽히다
☐ 汚れる	☐ 汚(よご)れる 더러워지다
☐ 装う	☐ 装(よそお)う 꾸미다, 치장하다
☐ 呼び止める	☐ 呼(よ)び止(と)める 불러 세우다
☐ 蘇る	☐ 蘇(よみがえ)る 되살아나다, 소생하다

ら행

☐ 論じる	☐ 論(ろん)じる 논하다

わ행

☐ 詫びる	☐ 詫(わ)びる 사과하다
☐ 喚く	☐ 喚(わめ)く 큰 소리를 지르다
☐ 割り当てる	☐ 割(わ)り当(あ)てる 할당하다
☐ 割り込む	☐ 割(わ)り込(こ)む 끼어들다

5 N1 필수 어휘 : い형용사

あ행

あくどい	あくどい 1) 악랄하다, 2) 불쾌할 만큼 짙다
浅ましい	浅(あさ)ましい 야비하다
味気ない	味気(あじけ)ない 따분하다, 시시하다
暑苦しい	暑苦(あつくる)しい 더워서 숨이 막히다
あっけない	あっけない 어이없다
危なげない	危(あぶ)なげない 무난하다
甘酸っぱい	甘酸(あまず)っぱい 새콤달콤하다
荒々しい	荒々(あらあら)しい 매우 거칠다, 난폭하다
荒っぽい	荒(あら)っぽい 거칠다, 난폭하다
淡い	淡(あわ)い 연하다, 흐리다
慌ただしい	慌(あわ)ただしい 어수선하다, 분주하다
息苦しい	息苦(いきぐる)しい 답답하다, 숨차다
潔い	潔(いさぎよ)い 깨끗하다, 후련하다
痛ましい	痛(いた)ましい 가엾다, 애처롭다
著しい	著(いちじる)しい 현저하다
卑しい	卑(いや)しい 비천하다
いやらしい	いやらしい 불쾌하다, 엉큼하다
うさんくさい	うさんくさい 수상하다, 미심쩍다
後ろ暗い	後(うし)ろ暗(ぐら)い 떳떳하지 못하다
後ろめたい	後(うし)ろめたい 떳떳하지 못하다
疑わしい	疑(うたが)わしい 의심스럽다
うっとうしい	うっとうしい 1) 울적하다, 2) 거추장스럽다
遠慮深い	遠慮深(えんりょぶか)い 조심스럽다, 사양심이 많다
奥深い	奥深(おくぶか)い 깊다, 심오하다
押し付けがましい	押(お)し付(つ)けがましい 강요하는 듯하다
大人げない	大人(おとな)げない 어른답지 못하다
おびただしい	おびただしい 엄청나다, 수량이 매우 많다
重々しい	重々(おもおも)しい 엄숙하다, 무게가 있다
重苦しい	重苦(おもくる)しい 답답하다, 숨 막히다
恩着せがましい	恩着(おんき)せがましい 생색내는 듯하다

か행

輝かしい	輝(かがや)かしい 눈부시다, 빛나다
賢い	賢(かしこ)い 똑똑하다
かしましい	かしましい 시끄럽다
堅苦しい	堅苦(かたくる)しい 딱딱하다
か細い	か細(ぼそ)い 가냘프다, 연약하다
がまん強い	がまん強(づよ)い 참을성이 많다

☐ か弱い ☐ か弱(よわ)い 가냘프다, 연약하다

☐ 軽々しい ☐ 軽々(かるがる)しい 경솔하다

☐ 気まずい ☐ 気(き)まずい 서먹하다, 어색하다

☐ 決まり悪い ☐ 決(き)まり悪(わる)い 쑥스럽다

☐ 気難しい ☐ 気難(きむずか)しい 까다롭다, 신경질적이다

☐ ぎょうぎょうしい 과장되다, 야단스럽다

☐ 興味深い ☐ 興味深(きょうみぶか)い 흥미롭다

☐ くすぐったい ☐ くすぐったい 1) 간지럽다, 2) 쑥스럽다

☐ 詳しい ☐ 詳(くわ)しい 자세하다, 상세하다

☐ 煙たい ☐ 煙(けむ)たい 1) 눈이 따갑다, 2) 거북하다

☐ 香ばしい ☐ 香(こう)ばしい 고소하다, 구수하다

☐ 焦げ臭い ☐ 焦(こ)げ臭(くさ)い 타는 냄새가 나다

☐ 心地よい ☐ 心地(ここち)よい 기분 좋다, 상쾌하다

☐ 心苦しい ☐ 心苦(こころぐる)しい 안타깝다, 괴롭다

☐ 心強い ☐ 心強(こころづよ)い 든든하다

☐ 心ない ☐ 心(こころ)ない 분별없다, 철없다

☐ 心細い ☐ 心細(こころぼそ)い (의지할 데가 없어) 불안하다

☐ 心もとない ☐ 心(こころ)もとない 불안하다, 초조하다

☐ 快い ☐ 快(こころよ)い 상쾌하다, 기분 좋다

☐ 小高い ☐ 小高(こだか)い (주위보다) 조금 높다

☐ 好ましい ☐ 好(この)ましい 바람직하다

さ행

☐ 差し出がましい ☐ 差(さ)し出(で)がましい 주제넘다, 오지랖이 넓다

☐ 渋い ☐ 渋(しぶ)い 1) 떫다, 2) 차분하다

☐ しぶとい ☐ しぶとい 끈질기다

☐ 湿っぽい ☐ 湿(しめ)っぽい 축축하다, 눅눅하다

☐ 執念深い ☐ 執念深(しゅうねんぶか)い 집념이 강하다

☐ 辛抱強い ☐ 辛抱強(しんぼうづよ)い 참을성이 많다

☐ 清々しい ☐ 清々(すがすが)しい 상쾌하다

☐ 救い難い ☐ 救(すく)い難(がた)い 구제불능이다

☐ 凄まじい ☐ 凄(すさ)まじい 대단하다, 무시무시하다

☐ すばしこい ☐ すばしこい 민첩하다, 날렵하다

☐ 素早い ☐ 素早(すばや)い 재빠르다, 민첩하다

☐ 図太い ☐ 図太(ずぶと)い 뻔뻔스럽다, 배짱 좋다, 대담하다

☐ 切ない ☐ 切(せつ)ない 안타깝다, 애절하다

☐ 狭苦しい ☐ 狭苦(せまくる)しい 비좁다, 답답하다

☐ そっけない ☐ そっけない 무뚝뚝하다, 쌀쌀맞다

た행

☐ 耐え難い ☐ 耐(た)え難(がた)い 견디기 힘들다

☐ たくましい ☐ たくましい 늠름하다, 건장하다

☐ 容易い ☐ 容易(たやす)い 쉽다, 용이하다

☐ 頼りない ☐ 頼(たよ)りない 미덥지 못하다

☐ だるい ☐ だるい 나른하다

□ 拙い	□ 拙い(つたな) 서투르다, 변변치 않다
□ 慎み深い	□ 慎み深い(つつし ぶか) 조심성이 많다, 신중하다
□ 手厚い	□ 手厚い(て あつ) 극진하다
□ 手荒い	□ 手荒い(て あら) 거칠다, 난폭하다
□ 手痛い	□ 手痛い(て いた) 호되다, 심하다
□ でかい	□ でかい 크다
□ 手堅い	□ 手堅い(て がた) 견실하다, 탄탄하다
□ 手強い	□ 手強い(て ごわ) 만만치 않다
□ 手っ取り早い	□ 手っ取り早い(て と ばや) 1) 재빠르다 2) 간단하다
□ 照れくさい	□ 照れくさい(て) 겸연쩍다, 멋쩍다
□ 尊い・貴い	□ 尊い(とうと)・貴い(とうと) 존귀하다, 고귀하다
□ 乏しい	□ 乏しい(とぼ) 부족하다

な행

□ 嘆かわしい	□ 嘆かわしい(なげ) 한탄스럽다
□ 名残惜しい	□ 名残惜しい(な ごり お) 이별이 아쉽다
□ 情けない	□ 情けない(なさ) 한심하다
□ 情け深い	□ 情け深い(なさ ぶか) 인정이 많다, 자비롭다
□ 名高い	□ 名高い(な だか) 유명하다
□ 何気ない	□ 何気ない(なに げ) 아무렇지도 않다, 태연하다
□ 生臭い	□ 生臭い(なまぐさ) 비릿하다, 비린내가 나다
□ 生々しい	□ 生々しい(なまなま) 생생하다

□ 生易しい	□ 生易しい(なまやさ) 손쉽다, 간단하다
□ 涙もろい	□ 涙もろい(なみだ) 눈물이 많다
□ 悩ましい	□ 悩ましい(なや) 고민스럽다, 괴롭다
□ 馴れ馴れしい	□ 馴れ馴れしい(な な) 허물없다, 매우 친하다
□ 苦々しい	□ 苦々しい(にがにが) 씁쓸하다, 불쾌하다
□ 寝苦しい	□ 寝苦しい(ね ぐる) 잠들기 어렵다
□ 根強い	□ 根強い(ね づよ) 뿌리 깊다
□ 粘り強い	□ 粘り強い(ねば づよ) 끈질기다
□ 望ましい	□ 望ましい(のぞ) 바람직하다

は행

□ はかない	□ はかない 덧없다, 무상하다
□ 歯がゆい	□ 歯がゆい(は) 안타깝다, 답답하다
□ 果てしない	□ 果てしない(は) 끝없다, 광활하다
□ 甚だしい	□ 甚だしい(はなは) 심하다
□ 華々しい	□ 華々しい(はなばな) (활동, 활약이) 화려하다
□ 幅広い	□ 幅広い(はばひろ) 폭 넓다
□ 腹立たしい	□ 腹立たしい(はら だ) 화가 나다
□ 久しい	□ 久しい(ひさ) 오래되다, 오래간만이다
□ 人懐っこい	□ 人懐っこい(ひとなつ) 사람을 잘 따르다
□ ひょろ長い	□ ひょろ長い(なが) 길쭉하다
□ 平たい	□ 平たい(ひら) 평탄하다, 평평하다
□ 分厚い	□ 分厚い(ぶ あつ) 두툼하다, 두껍다
□ 相応しい	□ 相応しい(ふ さ わ) 적당하다, 알맞다

- 古臭い — 古臭い(ふるくさ) 케케묵다, 매우 낡다
- 誇らしい — 誇らしい(ほこ) 자랑스럽다
- 細長い — 細長い(ほそなが) 가늘고 길다, 갸름하다
- 程遠い — 程遠い(ほどとお) (거리, 시간이) 아주 멀다, 동떨어지다
- ほの暗い — ほの暗い(ぐら) 어둑어둑하다
- ほろ苦い — ほろ苦い(にが) 씁쓰레하다, 약간 쓰다

ま행

- 真新しい — 真新しい(まあたら) 아주 새롭다
- 紛らわしい — 紛らわしい(まぎ) 헷갈리다, 혼란스럽다
- 待ち遠しい — 待ち遠しい(ま・どお) 몹시 기다려지다
- 見苦しい — 見苦しい(みぐる) 보기 흉하다
- 水臭い — 水臭い(みずくさ) 서먹서먹하다
- みすぼらしい — みすぼらしい 초라하다
- 満たない — 満たない(み) 이하이다, 못 미친다
- 空しい — 空しい(むな) 허망하다, 허무하다
- 目新しい — 目新しい(めあたら) 새롭다, 신기하다
- 目覚ましい — 目覚ましい(めざ) 눈부시다, 주목할 만하다
- 目ぼしい — 目ぼしい(め) 두드러지다, 눈에 띄다
- 目まぐるしい — 目まぐるしい(め) 어지럽다
- 申し分ない — 申し分ない(もう・ぶん) 더할 나위 없다
- 物足りない — 物足りない(もの・た) 부족하다
- 脆い — 脆い(もろ) 무르다, 약하다

や행

- やましい — やましい 꺼림칙하다, 양심의 가책을 받다
- ややこしい — ややこしい 까다롭다
- 用心深い — 用心深い(ようじんぶか) 신중하다, 주의 깊다
- 欲深い — 欲深い(よくぶか) 탐욕스럽다
- よそよそしい — よそよそしい 쌀쌀맞다, 냉담하다
- 喜ばしい — 喜ばしい(よろこ) 기쁘다
- 弱々しい — 弱々しい(よわよわ) 가냘프다, 약하다

わ행

- 煩わしい — 煩わしい(わずら) 성가시다, 번거롭다
- わびしい — わびしい 쓸쓸하다

6 N1 필수 어휘 : な형용사

あ행

□ 鮮やかな	□ 鮮(あざ)やかな	선명한
□ あべこべな	□ あべこべな	거꾸로인 (순서, 방향, 위치가 반대)
□ あやふやな	□ あやふやな	애매한, 모호한
□ 安価な	□ 安価(あんか)な	값 싼, 저렴한
□ 粋な	□ 粋(いき)な	세련된
□ 陰気な	□ 陰気(いんき)な	음침한
□ 陰湿な	□ 陰湿(いんしつ)な	음습한, 음침한
□ うつろな	□ うつろな	공허한
□ 鋭敏な	□ 鋭敏(えいびん)な	예민한(민감함, 영리함)
□ 円滑な	□ 円滑(えんかつ)な	원활한
□ 婉曲な	□ 婉曲(えんきょく)な	완곡한(우회적인, 돌려말하는)
□ 円満な	□ 円満(えんまん)な	원만한
□ 旺盛な	□ 旺盛(おうせい)な	왕성한
□ 横柄な	□ 横柄(おうへい)な	건방진, 거만한
□ おおざっぱな	□ おおざっぱな	대략적인
□ 大幅な	□ 大幅(おおはば)な	대폭적인
□ 大まかな	□ 大(おお)まかな	대략적인
□ おおらかな	□ おおらかな	대범한, 너글너글한
□ 臆病な	□ 臆病(おくびょう)な	소심한, 겁이 많은
□ 厳かな	□ 厳(おごそ)かな	엄숙한
□ おっくうな	□ おっくうな	귀찮은, 성가신
□ 愚かな	□ 愚(おろ)かな	어리석은
□ おろそかな	□ おろそかな	소홀한, 등한시하는
□ 温厚な	□ 温厚(おんこう)な	온후한, 자애로운
□ 温和な	□ 温和(おんわ)な	온화한

か행

□ 画一的な	□ 画一的(かくいつてき)な	획일적인
□ 格別な	□ 格別(かくべつ)な	각별한
□ 過激な	□ 過激(かげき)な	과격한
□ 過酷な	□ 過酷(かこく)な	가혹한
□ かすかな	□ かすかな	희미한, 어렴풋한
□ 頑なな	□ 頑(かたく)なな	고집이 센
□ 画期的な	□ 画期的(かっきてき)な	획기적인
□ 活発な	□ 活発(かっぱつ)な	활발한
□ 過敏な	□ 過敏(かびん)な	과민한
□ 過密な	□ 過密(かみつ)な	과밀한
□ 寡黙な	□ 寡黙(かもく)な	과묵한, 말수가 적은
□ 簡易な	□ 簡易(かんい)な	간이한, 간단한
□ 簡潔な	□ 簡潔(かんけつ)な	간결한
□ 頑固な	□ 頑固(がんこ)な	완고한
□ 頑丈な	□ 頑丈(がんじょう)な	튼튼한
□ 肝心な	□ 肝心(かんじん)な	중요한
□ 閑静な	□ 閑静(かんせい)な	한적한, 조용한

☐ 簡素な	☐ 簡素(かんそ)な	간소한
☐ 寛大な	☐ 寛大(かんだい)な	관대한, 너그러운
☐ 完璧な	☐ 完璧(かんぺき)な	완벽한
☐ 緩慢な	☐ 緩慢(かんまん)な	완만한, 느릿느릿한
☐ 肝要な	☐ 肝要(かんよう)な	중요한
☐ 寛容な	☐ 寛容(かんよう)な	관용적인, 너그러운
☐ 簡略な	☐ 簡略(かんりゃく)な	간략한
☐ 気軽な	☐ 気軽(きがる)な	마음 편한, 부담 없는
☐ 気障な	☐ 気障(きざ)な	아니꼬운
☐ 几帳面な	☐ 几帳面(きちょうめん)な	꼼꼼한
☐ 気長な	☐ 気長(きなが)な	느긋한
☐ 希薄な	☐ 希薄(きはく)な	희박한
☐ 機敏な	☐ 機敏(きびん)な	기민한
☐ きまぐれな	☐ きまぐれな	변덕스러운
☐ 生真面目な	☐ 生真面目(きまじめ)な	고지식한
☐ 華奢な	☐ 華奢(きゃしゃ)な	가냘픈
☐ 窮屈な	☐ 窮屈(きゅうくつ)な	비좁은, 답답한
☐ 急速な	☐ 急速(きゅうそく)な	급속한
☐ 凶悪な	☐ 凶悪(きょうあく)な	흉악한
☐ 強硬な	☐ 強硬(きょうこう)な	강경한
☐ 凶暴な	☐ 凶暴(きょうぼう)な	흉폭한
☐ 強烈な	☐ 強烈(きょうれつ)な	강렬한
☐ 清らかな	☐ 清(きよ)らかな	맑은, 청아한
☐ きらびやかな	☐ きらびやかな	휘황찬란한
☐ 均等な	☐ 均等(きんとう)な	균등한
☐ 勤勉な	☐ 勤勉(きんべん)な	근면한
☐ 緊密な	☐ 緊密(きんみつ)な	긴밀한
☐ 空虚な	☐ 空虚(くうきょ)な	공허한
☐ 軽快な	☐ 軽快(けいかい)な	경쾌한
☐ 軽率な	☐ 軽率(けいそつ)な	경솔한
☐ 軽薄な	☐ 軽薄(けいはく)な	경박한
☐ 潔白な	☐ 潔白(けっぱく)な	결백한
☐ 厳格な	☐ 厳格(げんかく)な	엄격한
☐ 謙虚な	☐ 謙虚(けんきょ)な	겸허한
☐ 堅実な	☐ 堅実(けんじつ)な	견실한
☐ 厳正な	☐ 厳正(げんせい)な	엄정한
☐ 健全な	☐ 健全(けんぜん)な	건전한
☐ 顕著な	☐ 顕著(けんちょ)な	현저한
☐ 厳密な	☐ 厳密(げんみつ)な	엄밀한
☐ 賢明な	☐ 賢明(けんめい)な	현명한
☐ 豪快な	☐ 豪快(ごうかい)な	호쾌한
☐ 狡猾な	☐ 狡猾(こうかつ)な	교활한
☐ 高尚な	☐ 高尚(こうしょう)な	고상한
☐ 強情な	☐ 強情(ごうじょう)な	완고한, 고집 센
☐ 広大な	☐ 広大(こうだい)な	광대한
☐ 傲慢な	☐ 傲慢(ごうまん)な	오만한
☐ 巧妙な	☐ 巧妙(こうみょう)な	교묘한
☐ 小柄な	☐ 小柄(こがら)な	몸집이 작은
☐ 克明な	☐ 克明(こくめい)な	극명한, 꼼꼼한
☐ 滑稽な	☐ 滑稽(こっけい)な	익살스러운

□ 孤独な	□ 孤独(こどく)な 고독한
□ 細やかな	□ 細(こま)やかな 섬세한, 자상한

さ행

□ ささいな	□ ささいな 사소한
□ 残酷な	□ 残酷(ざんこく)な 잔혹한
□ 斬新な	□ 斬新(ざんしん)な 참신한
□ 質素な	□ 質素(しっそ)な 검소한, 소탈한
□ 淑やかな	□ 淑(しと)やかな 정숙한
□ しなやかな	□ しなやかな 유연한
□ 地道な	□ 地道(じみち)な 꾸준한, 착실한
□ 邪悪な	□ 邪悪(じゃあく)な 사악한
□ 重厚な	□ 重厚(じゅうこう)な 중후한
□ 充実な	□ 充実(じゅうじつ)な 충실한(알찬, 만족스러운)
□ 従順な	□ 従順(じゅうじゅん)な 순종적인, 유순한
□ 柔軟な	□ 柔軟(じゅうなん)な 유연한
□ 充満な	□ 充満(じゅうまん)な 충만한
□ 俊敏な	□ 俊敏(しゅんびん)な 영리한
□ 詳細な	□ 詳細(しょうさい)な 상세한
□ 冗長な	□ 冗長(じょうちょう)な 장황한
□ 尋常な	□ 尋常(じんじょう)な 평범한
□ 神聖な	□ 神聖(しんせい)な 신성한
□ 迅速な	□ 迅速(じんそく)な 신속한
□ 甚大な	□ 甚大(じんだい)な 막대한
□ 慎重な	□ 慎重(しんちょう)な 신중한

□ 親密な	□ 親密(しんみつ)な 친밀한
□ 崇高な	□ 崇高(すうこう)な 숭고한
□ 健やかな	□ 健(すこ)やかな 건강한
□ 速やかな	□ 速(すみ)やかな 신속한
□ 性急な	□ 性急(せいきゅう)な 성급한
□ 精巧な	□ 精巧(せいこう)な 정교한
□ 誠実な	□ 誠実(せいじつ)な 성실한
□ 脆弱な	□ 脆弱(ぜいじゃく)な 취약한
□ 静粛な	□ 静粛(せいしゅく)な 정숙한, 조용한
□ 清純な	□ 清純(せいじゅん)な 청순한
□ 盛大な	□ 盛大(せいだい)な 성대한
□ 正当な	□ 正当(せいとう)な 정당한
□ 精密な	□ 精密(せいみつ)な 정밀한
□ 切実な	□ 切実(せつじつ)な 절실한
□ 絶大な	□ 絶大(ぜつだい)な 지대한, 매우 커다란
□ 絶妙な	□ 絶妙(ぜつみょう)な 절묘한
□ 繊細な	□ 繊細(せんさい)な 섬세한
□ 先天的な	□ 先天的(せんてんてき)な 선천적인
□ 鮮明な	□ 鮮明(せんめい)な 선명한
□ 全面的な	□ 全面的(ぜんめんてき)な 전면적인
□ 善良な	□ 善良(ぜんりょう)な 선량한
□ 爽快な	□ 爽快(そうかい)な 상쾌한
□ 早急な	□ 早急(そうきゅう)な 시급한, 매우 서두르는
□ 壮健な	□ 壮健(そうけん)な 건강한
□ 荘厳な	□ 荘厳(そうごん)な 장엄한

壮大な	壮大(そうだい)な 장대한, 웅장한
聡明な	聡明(そうめい)な 총명한
疎遠な	疎遠(そえん)な 소원한, 뜸한
素朴な	素朴(そぼく)な 소박한
ぞんざいな	ぞんざいな 거친, 무성의한, 무례한

た행

怠惰な	怠惰(たいだ)な 나태한, 태만한
大胆な	大胆(だいたん)な 대담한
対等な	対等(たいとう)な 대등한
多角的な	多角的(たかくてき)な 다각적인
巧みな	巧(たく)みな 교묘한, 능숙한
達者な	達者(たっしゃ)な 능숙한
多忙な	多忙(たぼう)な 매우 바쁜
多様な	多様(たよう)な 다양한
短気な	短気(たんき)な 성미 급한
端正な	端正(たんせい)な (용모가) 단정한
単調な	単調(たんちょう)な 단조로운
丹念な	丹念(たんねん)な 정성스러운, 꼼꼼한
稚拙な	稚拙(ちせつ)な 치졸한
緻密な	緻密(ちみつ)な 치밀한
着実な	着実(ちゃくじつ)な 착실한
忠実な	忠実(ちゅうじつ)な 충실한(성실하고 꼼꼼한)
中途半端な	中途半端(ちゅうとはんぱ)な 어중간한
著名な	著名(ちょめい)な 저명한
痛快な	痛快(つうかい)な 통쾌한
痛切な	痛切(つうせつ)な 통절한, 절실한
痛烈な	痛烈(つうれつ)な 통렬한(날카롭고 매서운)
月並な	月並(つきなみ)な 평범한, 매우 흔한
つぶらな	つぶらな 둥근
低俗な	低俗(ていぞく)な 저속한
丁重な	丁重(ていちょう)な 정중한
手薄な	手薄(てうす)な 허술한, 불충분한
手軽な	手軽(てがる)な 간편한
適宜な	適宜(てきぎ)な 적당한, 시의적절한
適正な	適正(てきせい)な 적정한
手頃な	手頃(てごろ)な 알맞은, 적당한
唐突な	唐突(とうとつ)な 당돌한, 갑작스런
特殊な	特殊(とくしゅ)な 특수한
鈍感な	鈍感(どんかん)な 둔감한
貪欲な	貪欲(どんよく)な 욕심 많은

な행

和やかな	和(なご)やかな 부드러운, 온화한
滑らかな	滑(なめ)らかな 매끄러운
難解な	難解(なんかい)な 난해한
軟弱な	軟弱(なんじゃく)な 연약한
にわかな	にわかな 갑작스러운
熱烈な	熱烈(ねつれつ)な 열렬한

□ 濃厚な	□ 濃厚(のうこう)な 농후한
□ のどかな	□ のどかな 한가로운

は행

□ 薄情な	□ 薄情(はくじょう)な 박정한, 매정한
□ 華やかな	□ 華(はな)やかな 화려한
□ はるかな	□ はるかな 아득한
□ 煩雑な	□ 煩雑(はんざつ)な 번잡한
□ 半端な	□ 半端(はんぱ)な 어중간한, 애매한
□ 悲惨な	□ 悲惨(ひさん)な 비참한
□ 密かな	□ 密(ひそ)かな 은밀한
□ 否定的な	□ 否定的(ひていてき)な 부정적인
□ 批判的な	□ 批判的(ひはんてき)な 비판적인
□ 微妙な	□ 微妙(びみょう)な 미묘한
□ 卑劣な	□ 卑劣(ひれつ)な 비열한
□ 敏感な	□ 敏感(びんかん)な 민감한
□ 貧弱な	□ 貧弱(ひんじゃく)な 빈약한
□ 頻繁な	□ 頻繁(ひんぱん)な 빈번한
□ 不可欠な	□ 不可欠(ふかけつ)な 불가결한, 필수적인
□ 不機嫌な	□ 不機嫌(ふきげん)な 기분이 좋지 않은
□ 不吉な	□ 不吉(ふきつ)な 불길한
□ 不遇な	□ 不遇(ふぐう)な 불우한
□ 不自然な	□ 不自然(ふしぜん)な 부자연스러운
□ 不十分な	□ 不十分(ふじゅうぶん)な 불충분한
□ 不純な	□ 不純(ふじゅん)な 불순한, 순수하지 않은
□ 不順な	□ 不順(ふじゅん)な 순조롭지 못한
□ 不審な	□ 不審(ふしん)な 의심스러운, 수상한
□ 不調な	□ 不調(ふちょう)な 상태가 좋지 않은
□ 不当な	□ 不当(ふとう)な 부당한
□ 不備な	□ 不備(ふび)な 준비가 부족한
□ 不評な	□ 不評(ふひょう)な 평판이 나쁜
□ 不用意な	□ 不用意(ふようい)な 부주의한
□ 無礼な	□ 無礼(ぶれい)な 무례한
□ 平穏な	□ 平穏(へいおん)な 평온한
□ 平凡な	□ 平凡(へいぼん)な 평범한
□ 豊潤な	□ 豊潤(ほうじゅん)な 풍요롭고 윤택한
□ 膨大な	□ 膨大(ぼうだい)な 방대한
□ 保守的な	□ 保守的(ほしゅてき)な 보수적인

ま행

□ 前向きな	□ 前向(まえむ)きな 긍정적인
□ まばらな	□ まばらな 드문드문 있는, 듬성듬성한
□ 未熟な	□ 未熟(みじゅく)な 미숙한
□ 身近な	□ 身近(みぢか)な 가까운, 관계 깊은
□ 密接な	□ 密接(みっせつ)な 밀접한
□ 無意味な	□ 無意味(むいみ)な 무의미한
□ 無益な	□ 無益(むえき)な 무익한
□ 無口な	□ 無口(むくち)な 과묵한
□ 無残な	□ 無残(むざん)な 끔찍한, 잔인한

無邪気な	無邪気(むじゃき)な 순진한, 천진난만한
無神経な	無神経(むしんけい)な 무신경한, 배려 없는
無茶苦茶な	無茶苦茶(むちゃくちゃ)な 터무니없는, 엉망인
無茶な	無茶(むちゃ)な 무리한, 터무니없는
無念な	無念(むねん)な 1) 원통한, 분한 2) 아무 생각이 없는
無謀な	無謀(むぼう)な 무모한
明快な	明快(めいかい)な 명쾌한
明白な	明白(めいはく)な 명백한
明瞭な	明瞭(めいりょう)な 명료한
明朗な	明朗(めいろう)な 1) 명랑한 2) 공정한
面倒な	面倒(めんどう)な 귀찮은, 성가신
綿密な	綿密(めんみつ)な 면밀한
猛烈な	猛烈(もうれつ)な 맹렬한

や행

厄介な	厄介(やっかい)な 귀찮은
野蛮な	野蛮(やばん)な 야만적인
憂鬱な	憂鬱(ゆううつ)な 우울한
有益な	有益(ゆうえき)な 유익한
優雅な	優雅(ゆうが)な 우아한
勇敢な	勇敢(ゆうかん)な 용감한
優柔不断な	優柔不断(ゆうじゅうふだん)な 우유부단한
優勢な	優勢(ゆうせい)な 우세한
悠長な	悠長(ゆうちょう)な 느긋한
優美な	優美(ゆうび)な 우아하고 아름다운
裕福な	裕福(ゆうふく)な 유복한
有望な	有望(ゆうぼう)な 유망한
有力な	有力(ゆうりょく)な 유력한
緩やかな	緩(ゆる)やかな 완만한
容易な	容易(ようい)な 용이한

ら행

良好な	良好(りょうこう)な 양호한
良質な	良質(りょうしつ)な 양질의, 질이 좋은
冷酷な	冷酷(れいこく)な 냉혹한
冷淡な	冷淡(れいたん)な 냉담한
劣悪な	劣悪(れつあく)な 열악한
露骨な	露骨(ろこつ)な 노골적인

7 N1 필수 어휘 : 가타카나

ア행

アクセル	액셀, 가속 페달
アップ	업, 향상, 인상
アプローチ	어프로치, 접근
アポイント	약속, 어포인트먼트
アマチュア	아마추어
アリバイ	알리바이
アンケート	앙케트, 설문
アンコール	앵콜
インテリ	인텔리, 지식인
インパクト	임팩트
インフォメーション	인포메이션
インプット	인풋, 입력
インフラ	인프라, 기반시설(infrastructure)
インフレ	인플레이션
ウイルス	바이러스
ウエイト	웨이트, 중량
エアメール	항공우편
エリア	에리어, 지역
エレガント	고상함, 우아함
エンジニア	엔지니어
オーダー	오더, 주문
オートマチック	오토매틱, 자동
オープン	오픈
オリエンテーション	오리엔테이션
オンライン	온라인

カ행

ガイド	가이드
カット	컷, 삭감
カテゴリー	카테고리, 범주
カバー	커버
カムバック	컴백
カルテ	진료 기록 카드
カンニング	컨닝, 부정행위
キープ	보존, 확보
キャッチ	캐치, 포착
キャラクター	캐릭터, 성격, 등장인물
キャリア	커리어, 경력
クイズ	퀴즈
クレーム	클레임
グローバル	글로벌, 국제적
ケア	케어, 간호, 보살핌
ケース	케이스, 사례
ゲスト	게스트, 손님
コーナー	코너

□ ゴール	골, 결승점
□ コピー	카피, 복사
□ コマーシャル	방송 광고
□ コメント	코멘트, 견해
□ コンテスト	콘테스트, 경연대회
□ コンテンツ	컨텐츠, 내용
□ コントラスト	콘트라스트, 대조, 대비
□ コントロール	컨트롤, 조절
□ コンパス	컴퍼스

サ행

□ サイクル	사이클
□ シート	시트, 좌석
□ シェア	쉐어, 점유율
□ システム	시스템
□ シチュエーション	시추에이션, 상황
□ シックな	세련된
□ シナリオ	시나리오
□ シビアな	엄격한, 어려운
□ シャープな	샤프한, 날카로운
□ ジャンプ	점프
□ ジャンル	장르, 분야
□ ショック	쇼크
□ スケール	스케일, 규모
□ スタジオ	스튜디오
□ ストック	스톡, 재고
□ ストライキ	파업
□ ストレートに	직설적으로
□ ストロー	빨대
□ スペース	스페이스, 공간
□ スライス	슬라이스
□ セクション	섹션, 부문
□ セレモニー	세레모니, 의식
□ センス	센스
□ ソロ	솔로

タ행

□ ターゲット	타겟, 목표
□ タイトな	타이트한, 꼭 끼는
□ タイトル	타이틀, 표제
□ タイマー	타이머
□ タイミング	타이밍, 시기
□ タイムリー	시기적절함
□ ダウンロード	다운로드
□ ダブル	더블, 두 개
□ タレント	탤런트
□ タワー	타워, 탑
□ ダンプカー	덤프트럭
□ チームワーク	팀워크
□ チェンジ	체인지, 교체

□ チョイス 초이스, 선택
□ デコレーション 데코레이션, 장식
□ デジタル 디지털
□ デビュー 데뷔
□ デモンストレーション [1]시위, [2]발표
□ デリケートな 민감한
□ ドライ 드라이, 건조함
□ ドリル 드릴, 연습(반복연습)
□ トレンド 트렌드, 유행

ナ행

□ ナイター 야간 시합
□ ナチュラル 내추럴, 천연
□ ナンセンス 넌센스, 무의미함
□ ニーズ 니즈, 요구
□ ニュアンス 뉘앙스, 느낌
□ ノイローゼ 노이로제, 심리 불안
□ ノウハウ 노하우
□ ノルマ 노르마, 업무할당량

ハ행

□ パートナー 파트너
□ ハードル 허들, 장애물
□ バックアップ 백업, 지원
□ パトカー 순찰차
□ ハンガー 행거, 옷걸이
□ ビジネス 비즈니스
□ ヒント 힌트
□ ファイト 파이트, 투지
□ ファイル 파일
□ フィット 핏, 몸에 꼭 맞음
□ フィルター 필터
□ ブーム 붐
□ フォーム 폼, 양식
□ フォロー 지원, 원조
□ フォローする 보조하다, 지원하다
□ プライド 프라이드
□ プライベート 프라이빗, 개인적, 사적
□ ブランク 블랭크, 공백
□ ブレーキ 브레이크
□ プロセス 프로세스, 과정
□ フロント 프런트, 접수처
□ ペア 페어, 쌍
□ ペース 페이스, 속도
□ ベストセラー 베스트셀러
□ ボイコット 보이콧, 거부
□ ポジション 포지션, 직위
□ ボランティア 자원봉사

マ행

□ マーク	마크, 상표
□ マスコミ	매스컴
□ マッサージ	마사지
□ マナー	매너
□ マニュアル	매뉴얼, 취급 설명서
□ ミセス	미세스
□ ムード	무드
□ メーカー	메이커, 제조 업체
□ メカニズム	메커니즘, 구조
□ メッセージ	메시지
□ メディア	미디어, 매체
□ メロディー	멜로디
□ モニター	모니터, 감시
□ モラル	모럴, 도덕성

ヤ행

□ ユニークな	독창적인, 독특한
□ ユニフォーム	유니폼, 제복, 교복

ラ행

□ ライバル	라이벌
□ ラフな	러프한, 거친
□ ラベル	라벨
□ リアリティー	리얼리티
□ リード	리드, 선도
□ リクエスト	리퀘스트, 요구
□ リストアップ	리스트업, 목록 작성
□ リズム	리듬
□ リセット	리셋, 시동상태로 돌림
□ ルーズな	느슨한, 단정치 못한
□ ルール	룰, 규칙
□ レイアウト	레이아웃
□ レース	레이스, 경주
□ レギュラー	레귤러, 정식, 정규
□ レッスン	레슨, 교습
□ レバー	레버, 손잡이
□ レンタカー	렌터카
□ レントゲン	엑스레이
□ ロマン	로망, 낭만
□ ロマンチック	로맨틱

8 N1 필수 어휘 : 부사

あ행

□ あえて	□ あえて 굳이, 무리하게
□ あしからず	□ あしからず 언짢게 생각지마시기를(서간문)
□ あたかも	□ あたかも 마치, 흡사
□ あっさり	□ あっさり 시원스럽게, 간단히
□ 予め	□ 予め(あらかじ) 미리
□ ありありと	□ ありありと 뚜렷이, 역력히
□ 案の定	□ 案の定(あんのじょう) 역시, 예상대로
□ いかなる	□ いかなる 어떠한
□ いかに	□ いかに 1) 어떻게 2) 얼마나
□ いかにも	□ いかにも 정말로, 아무리 봐도
□ いざ	□ いざ 막상, 정작 (결단이 필요한 중대국면을 앞둔 모습)
□ 依然	□ 依然(いぜん) 여전히
□ 至って	□ 至って(いた) 지극히
□ 一概に	□ 一概に(いちがい) 한 마디로, 무조건 (부정을 유도)
□ 一様に	□ 一様に(いちよう) 똑같이
□ 一律に	□ 一律に(いちりつ) 일률적으로
□ 一気に	□ 一気に(いっき) 단번에, 단숨에
□ 一挙に	□ 一挙に(いっきょ) 단번에, 한꺼번에
□ 一見	□ 一見(いっけん) 언뜻 보기에

□ 一向に	□ 一向に(いっこう) 전혀
□ 一切	□ 一切(いっさい) 1) 일절, 전혀 2) 일체, 전부(명사)
□ 一心に	□ 一心に(いっしん) 열심히, 전념하여
□ 一体	□ 一体(いったい) 도대체
□ いとも	□ いとも 매우, 아주
□ 今更	□ 今更(いまさら) 이제 와서, 새삼스럽게
□ 未だに	□ 未だに(いま) 아직껏, 아직도
□ 今にも	□ 今にも(いま) 금방이라도
□ 今や	□ 今や(いま) 이제는
□ いやいや	□ いやいや 마지못해, 하는 수 없이
□ いやに	□ いやに 1) 이상하게, 2) 몹시, 매우
□ うっとり	□ うっとり 황홀히, 넋을 잃고
□ うんざり	□ うんざり 지긋지긋하게, 몹시 싫증나게
□ おいおい	□ おいおい 1) 차차, 머지않아, 2) 엉엉(목놓아 우는 모습)
□ 大方	□ 大方(おおかた) 대부분
□ おおむね	□ おおむね 대체로, 대강
□ おそくとも	□ おそくとも 늦어도
□ おどおど	□ おどおど 주저주저, 흠칫흠칫
□ 自ずから	□ 自ずから(おの) 저절로, 자연히

□ 自ずと □ 自(おの)ずと 저절로, 자연히

□ 折り返し □ 折(お)り返(かえ)し 즉시(바로 회답하는 모양, 명사로 쓰이는 경우는 '반환점'의 의미도 있음)

か행

□ 確たる □ 確(かく)たる (연체사)확실한

□ 格段に □ 格段(かくだん)に 현격히(차이가 심하게)

□ かつ □ かつ (접속사)또

□ がっくり □ がっくり 맥없이, 푹, 덜컥 (갑자기 기세가 약해지는 모습)

□ がっしり □ がっしり 튼튼히, 다부지게=がっちり

□ がっちり □ がっちり 1) 튼튼히, 다부지게 =がっしり, 2) 단단히, 꽉(빈틈없는 모습)

□ かつて □ かつて 일찍이, 예로부터

□ かねがね □ かねがね 이전부터

□ かねて □ かねて 미리, 진작, 전부터

□ がらっと □ がらっと 싹, 확(어떤 상태가 급변하는 모습)

□ 仮に □ 仮(かり)に 만약, 설령

□ 辛うじて □ 辛(かろ)うじて 겨우, 가까스로

□ 代わる代わる □ 代(か)わる代(が)わる 번갈아, 교대로

□ 元来 □ 元来(がんらい) 원래

□ きちっと □ きちっと 깔끔히, 말끔히

□ きっかり □ きっかり 딱, 정확하게

□ きっちり □ きっちり 딱, 꼭(정확하거나 빈틈이 없는 모습)

□ きっぱり □ きっぱり 단호하게

□ 急遽 □ 急遽(きゅうきょ) 급거, 갑작스럽게

□ 極力 □ 極力(きょくりょく) 극력, 힘껏

□ 極めて □ 極(きわ)めて 매우, 지극히

□ くっきり □ くっきり 뚜렷하게, 선명하게

□ ぐっと □ ぐっと 1) 꽉, 단숨에(한번에 강하게 힘을 넣는 모습), 2) 울컥, 뭉클(강한 감동)

□ くまなく □ くまなく 구석구석까지, 샅샅이

□ くよくよ □ くよくよ 끙끙(사소한 일을 걱정하는 모습)

□ げっそり □ げっそり 홀쭉 (갑자기 살이 빠져 여위는 모습)

□ こうこうと □ こうこうと 휘황찬란하게

□ 交互に □ 交互(こうご)に 번갈아=かわるがわる

□ こつこつ □ こつこつ 꾸준히

□ こっそり □ こっそり 살짝, 몰래

□ ことごとく □ ことごとく 전부, 모조리

□ 殊に □ 殊(こと)に 특히

□ ことによると □ ことによると 어쩌면, 혹시

□ こりごり □ こりごり 지긋지긋

さ행

□ さぞ □ さぞ 틀림없이, 필시, 아마

さっと	さっと 휙, 재빨리, 순식간에
さっぱり	さっぱり 1) 산뜻이, 말끔히, 2) 전혀
さほど	さほど 그다지, 별로
さも	さも 정말로, 아주(いかにも)
強いて	強いて 억지로, 굳이
しかしながら	しかしながら (접속사)그렇지만
しきりに	しきりに 자꾸, 연달아
じっくり	じっくり 차분하게, 곰곰이
じめじめ	じめじめ 1) 눅눅, 축축 (습기가 많은 모습) 2) 음침하고 우울한 모습
若干	若干 약간
終始	終始 시종, 계속
順繰りに	順繰りに 순서대로
しょっちゅう	しょっちゅう 항상, 언제나
しんなり	しんなり 나긋나긋, 부드럽게
ずばり	ずばり 정확히(정곡을 찌르는 모양)
ずらっと	ずらっと 죽, 줄줄이 (잇달아 늘어선 모습)
ずるずる	ずるずる 질질 (물건이나 시간을 끄는 모습)
すんなり	すんなり 수월하게, 순조롭게
整然と	整然と 정연하게
せかせかと	せかせかと 성급하게, 부산하게
せめて	せめて 적어도, 최소한

先だって	先だって 앞서, 지난 번에
総じて	総じて 대체로, 전반적으로
即座に	即座に 즉석에서, 그자리에서
それゆえ	それゆえ 그러므로
そわそわ	そわそわ 불안한 모습, 안절부절 못하는 모습
存分に	存分に 실컷, 마음껏

た행

大概	大概 대개, 대부분
大層	大層 매우
たった	たった 겨우, 고작
だぶだぶ	だぶだぶ 헐렁헐렁
断然	断然 단연, 월등히
単に	単に 단지, 그저
着々と	着々と 착착(일이 순조롭게 돌아가는 모양)
ちやほや	ちやほや 오냐오냐 (응석을 받아주거나, 비위 맞추는 모습)
ちょくちょく	ちょくちょく 가끔, 이따금
ちらっと	ちらっと 언뜻, 흘끗, 슬쩍
つくづく	つくづく 곰곰이, 절실히
努めて	努めて 애써, 힘써
てきぱき	てきぱき 척척
てっきり	てっきり 틀림없이(실제로는

그렇지 않지만 틀림없이 그렇다고 판단하는 모습)

☐ てんで	☐ てんで 전혀, 도무지
☐ 到底	☐ 到底(とうてい) 도저히, 아무리 해도
☐ 堂々と	☐ 堂々(どうどう)と 당당하게
☐ どうやら	☐ どうやら 아무래도, 어쩐지
☐ とかく	☐ とかく 1) 자칫하면, 2) 아무튼
☐ 時折	☐ 時折(ときおり) 가끔, 때때로
☐ とっくに	☐ とっくに 진작에, 훨씬 전에
☐ とっさに	☐ とっさに 순간적으로
☐ 突如	☐ 突如(とつじょ) 갑자기, 별안간
☐ 取り分け	☐ 取(と)り分(わ)け 특히
☐ どんより	☐ どんより 날씨가 우중충한 모습

な행

☐ ないし	☐ ないし 내지, 혹은＝または
☐ なおさら	☐ なおさら 더욱 더, 한층
☐ なにとぞ	☐ なにとぞ 부디, 제발
☐ なにぶん	☐ なにぶん 1) 부디, 제발, 2) 어쨌든, 아무튼
☐ なるたけ	☐ なるたけ 되도록, 가급적
☐ なんだか	☐ なんだか 왠지, 어쩐지＝なぜか
☐ なんだかんだ	☐ なんだかんだ 이러쿵저러쿵
☐ なんと	☐ なんと 이 무슨, 이 얼마나 (놀람이나 감탄)
☐ 何とか	☐ 何(なん)とか 그럭저럭, 어떻게든
☐ にわかに	☐ にわかに 갑자기
☐ 軒並み	☐ 軒並(のきな)み 일제히, 모두

は행

☐ 漠然と	☐ 漠然(ばくぜん)と 막연하게
☐ はなはだ	☐ はなはだ 매우, 몹시
☐ ひいては	☐ ひいては 나아가서는
☐ ひそひそ	☐ ひそひそ 소곤소곤
☐ ひたすら	☐ ひたすら 오로지
☐ びっしょり	☐ びっしょり 흠뻑
☐ 人一倍	☐ 人一倍(ひといちばい) 남달리, 남보다 갑절
☐ ひとまず	☐ ひとまず 일단, 우선
☐ ひょっと	☐ ひょっと 불쑥, 문득
☐ ひょっとすると	☐ ひょっとすると 어쩌면, 혹시
☐ ひんやり	☐ ひんやり 차가운, 썰렁한
☐ 不意に	☐ 不意(ふい)に 갑자기
☐ ぶかぶか	☐ ぶかぶか 헐렁헐렁
☐ 再び	☐ 再(ふたた)び 재차
☐ ふらふら	☐ ふらふら 휘청휘청, 비틀비틀, 어질어질
☐ ぶらぶら	☐ ぶらぶら 대롱대롱, 어슬렁어슬렁
☐ ふんだんに	☐ ふんだんに 듬뿍, 넉넉하게
☐ ぺこぺこ	☐ ぺこぺこ 굽실굽실
☐ へとへと	☐ へとへと 기진맥진

☐ ぼうぜん	☐ ぼうぜん 멍하니, 망연자실하여
☐ ほっと	☐ ほっと 안심하는 모습
☐ ぼつぼつ	☐ ぼつぼつ 슬슬, 조금씩
☐ ぼろぼろ	☐ ぼろぼろ 너덜너덜

ま행

☐ 前もって	☐ 前(まえ)もって 미리, 사전에
☐ 誠に	☐ 誠(まこと)に 정말로, 진정으로
☐ まごまご	☐ まごまご 우물쭈물
☐ まさしく	☐ まさしく 틀림없이, 확실히
☐ まして	☐ まして 하물며, 더구나
☐ まちまち	☐ まちまち 제각각, 가지각색
☐ 丸ごと	☐ 丸(まる)ごと 통째로
☐ 丸っきり	☐ 丸(まる)っきり 전혀
☐ まるで	☐ まるで 1)마치, 2)전혀
☐ まるまる	☐ まるまる 1)토실토실, 2)전부
☐ 自ら	☐ 自(みずか)ら 스스로
☐ 無性に	☐ 無性(むしょう)に 몹시, 까닭 없이
☐ むやみに	☐ むやみに 마구, 함부로
☐ 無論	☐ 無論(むろん) 물론
☐ めいめい	☐ めいめい 각자, 각각
☐ めきめき	☐ めきめき 눈에 띄게
☐ もしかして	☐ もしかして 혹시, 만일
☐ もしくは	☐ もしくは 혹은, 또는
☐ 専ら	☐ 専(もっぱ)ら 오로지, 한결같이
☐ もとより	☐ もとより 1) 원래 2) 물론, 말할 것도 없이
☐ もはや	☐ もはや 이제는, 이미, 벌써
☐ もろに	☐ もろに 직접, 정면으로

や행

☐ やけに	☐ やけに 매우, 몹시
☐ やたら	☐ やたら 마구, 함부로
☐ やむを得ず	☐ やむを得(え)ず 어쩔 수 없이
☐ やんわり	☐ やんわり 부드럽게, 온화하게
☐ 故に	☐ 故(ゆえ)に (접속사)고로, 그러므로
☐ よほど	☐ よほど 상당히

ら행

☐ 歴然と	☐ 歴然(れきぜん)と 분명하게, 또렷하게
☐ ろくに	☐ ろくに 충분히, 제대로 (부정을 유도)

Memo

문법

기반 다지기

N1 수험자도 알아야 할
N2 필수 문형 100

N1 필수 문형 정리

1 ～あげく ~한 끝에

접속 동사의 た형+あげく, 명사+の+あげく

・彼はいろいろと悩んだあげく、進学をあきらめてしまった。

그는 이것저것 고민한 끝에 진학을 포기해 버렸다.

2 ～あまり ~한 나머지

접속 동사/い형용사/な형용사/명사의 명사 수식형+あまり

・急ぐあまり、財布を家において来てしまった。서두른 나머지, 지갑을 집에 두고 와 버렸다.

3 ～以上は ~하는 이상은

접속 동사/い형용사의 보통형+いじょうは, な형용사의 어간/명사+である+いじょうは

・給料をもらっている以上、働かなければならない。월급(급여)을 받고 있는 이상은 일해야 한다.

4 ～一方だ ~하기만 한다, ~할 뿐이다

접속 동사의 사전형+いっぽうだ

・ここ数年、失業率は上がる一方だ。최근 수년간 실업률은 늘고만 있다.

5 ～上で ~한 후에

접속 동사의 た형+うえで, 명사+の+うえで

・家族と相談したうえで、お返事します。가족과 상담한 후에 답변해 드리겠습니다.

6 ～上に ~한 데다가

접속 동사/い형용사/な형용사/명사의 명사 수식형+うえに

・彼女は心が優しい上に勉強もよくできる。그녀는 마음이 상냥한 데다가 공부도 잘 한다.

7 ～うちに/～ないうちに ~하는 동안 / ~하기 전에

접속 동사의 사전형＋うちに, い형용사/な형용사/명사의 명사 수식형＋うちに

- 子供が寝ているうちに、家の掃除をする。아이가 자고 있는 동안에 집 청소를 한다.
- 暗くならないうちに、買い物に行ってこよう。어두워지기 전에 쇼핑하러 다녀오자.

8 ～うる/～えない ~할 수 있다 / ~할 수 없다

접속 동사의 ます형＋うる/えない

- 今から行っても人気商品だから買えないこともありうる。
  지금 가더라도 인기 상품이라서 살 수 없는 경우도 있을 수 있다.
- こんなことになるとは、だれも予想しえなかった。일이 이렇게 되리라고는 아무도 예상할 수 없었다.

9 ～おそれがある ~할 우려가 있다

접속 동사의 사전형＋おそれがある, 명사＋の＋おそれがある

- 台風が上陸するおそれがある。태풍이 상륙할 우려가 있다.

10 ～かぎり ~하는 한

접속 동사의 사전형＋かぎり, 동사의 ない형＋ないかぎり

- 大雨が降らない限り、水不足は解消されないでしょう。
  큰비가 내리지 않는 한, 물 부족(가뭄)은 해소되지 않을 것이다.

11 ～がたい ~하기 어렵다

접속 동사의 ます형＋がたい

- それは信じがたい話ですね。그것은 믿기 어려운 이야기로군요.

12 ～がちだ 자주 ~한다, ~하기 일쑤다

접속 동사의 ます형/명사＋がちだ

- 冬になると風邪を引きがちだ。겨울이 되면 감기에 걸리기 쉽다.

13 ~かねない ~할 수도 있다

접속 동사의 ます형+かねない

- このままではテストに落ちかねない。이대로는 시험에 떨어질 수도 있다.

14 ~かねる ~하기 곤란하다

접속 동사의 ます형+かねる

- どこが試験に出るのかと聞かれたが、そのようなことを聞かれてもちょっと答えかねる。
  어디가 시험에 나오는지 질문을 받았지만, 그러한 것을 질문 받아도 좀 대답하기 곤란하다.

15 ~かのようだ (마치) ~인 것 같다

접속 동사/い형용사의 보통형+かのようだ, な형용사의 어간/명사+である+かのようだ

- 彼はすべてを知っていたかのように言った。그는 모든 것을 알고 있던 것처럼 말했다.

16 ~からして ~부터가

접속 명사+からして

- プロの選手は練習方法からして普通の人とは違うようだ。
  프로 선수는 연습 방법부터가 보통 사람과는 다른 것 같다.

17 ~からすると ~로 보면

접속 명사+からすると

- 彼の実力からすると、志望大学に合格するに違いない。
  그의 실력으로 보자면 지망하는 대학에 합격할 것임에 틀림없다.

18 ～からといって ~라고 해서, ~라고 하더라도

접속 동사/い형용사/な형용사/명사의 보통형＋からといって

• いくらお金がたくさんあるからといって、使いすぎるのはよくない。
아무리 돈이 많다고 해도 낭비하는 것은 좋지 않다.

19 ～から～にかけて ~부터 ~에 걸쳐

접속 명사＋から＋명사＋にかけて

• 秋から冬にかけて渡り鳥がやってくる。 가을부터 겨울에 걸쳐 철새가 찾아온다.

20 ～からには ~하기 때문에는, ~한 이상에는

접속 동사/い형용사/な형용사/명사의 보통형＋からには

• 大会に出るからにはよい成績を取りたい。 대회에 출전하는 이상에는 좋은 성적을 거두고 싶다.

21 ～かわりに ~대신에

접속 동사/い형용사/な형용사/명사의 명사 수식형＋かわりに

• 映画を見に行く代わりに、家でテレビを見る。 영화를 보러 가는 대신에 집에서 텔레비전을 본다.

22 ～きり ~한 것을 끝으로, ~한 채

접속 동사의 た형＋きり

• 彼とは5年前に会ったきりで、その後会っていない。
그와는 5년 전에 만난 것을 끝으로, 그 후 만나고 있지 않다.

23 ～きる 전부 ~하다

접속 동사의 ます형+きる

・今日は仕事も忙しくて疲れきってしまった。오늘은 일도 바빠서 완전히 지쳐버렸다.

24 의문사～ことか ~던가!, ~란 말인가!

접속 동사/い형용사/な형용사의 명사 수식형+ことか

・今まで何度も酒をやめようと思ったことか。지금까지 몇 번이나 술을 끊으려 했던가!

25 ～ことだ ~해야 한다(충고)

접속 동사의 사전형+ことだ, 동사의 ない형+ないことだ

・合格したかったら勉強することだ。합격하고 싶으면 공부해야 한다.

26 ～ことだから ~이니까

접속 명사+の+ことだから

・まじめなあの人のことだから必ず来ますよ。착실한 그 사람이니까 틀림없이 올 거예요.

27 ～ことに ~하게도

접속 동사의 た형, い형용사의 명사 수식형, な형용사의 명사 수식형+ことに

・残念なことに、雨でピクニックは中止になってしまった。
유감스럽게도, 비 때문에 소풍은 중지되고 말았다.

28 ～ことはない ~할 필요는 없다

접속 동사의 사전형+ことはない

・お父さんの病気はすぐによくなるから、君は何も心配することはない。
아버지의 병은 금세 좋아질 테니, 자네는 아무것도 걱정할 필요 없네.

29 ～(で)さえ ~조차, ~도

접속 명사+さえ

・やさしい彼でさえそれを聞いて怒った。상냥한 그조차 그것을 듣고 화를 냈다.

30 ～さえ～ば ~만 ~하면

접속

동사의 ます형 い형용사 ~~い~~く な형용사 ~~だ~~で 명사	さえ	동사의 ば형 い형용사 ければ な형용사 なら 명사 なら

・暇さえあれば旅行に行きたい。시간만 있다면 여행을 가고 싶다.

31 ～ざるをえない ~하지 않을 수 없다, ~해야만 한다

접속 동사의 ない형+ざるをえない (단, 「する」는 「せざるをえない」가 된다.)

・商品というのは、高すぎて売れない場合には値下げせざるをえない。
상품이라고 하는 것은, 너무 비싸서 팔리지 않는 경우에는 가격을 낮추지 않을 수 없다.

32 ～しかない ~할 수밖에 없다

접속 동사의 사전형+しかない

・この病気を治すには、手術するしかない。이 병을 고치려면 수술할 수밖에 없다.

33 ～次第 ~하는 대로 (즉시)

접속 동사의 ます형+しだい

・品物が着き次第、送金します。물건이 도착하는 대로 송금하겠습니다.

34 ～次第だ ~여하에 달려 있다

접속 명사+しだいだ

- この機械をどう使うかはあなた次第だ。이 기계를 어떻게 사용할지는 당신에게 달려 있다.

35 ～末(に) ~끝에

접속 동사의 た형+すえ(に), 명사+の+すえ(に)

- 長時間にわたる話し合いのすえ、やっと結論が出た。장시간에 걸친 교섭 끝에 겨우 결론이 났다.

36 ～ずにはいられない ~하지 않을 수 없다

접속 동사의 ない형+ずにはいられない (단, 「する」는 「せずにはいられない」가 된다.)

- 会議中だったが、部長の話がおもしろくてみんな笑わずにはいられなかった。
  회의 중이었지만, 부장님의 이야기가 재미있어서 모두들 웃지 않을 수 없었다.

37 ～せい ~탓

접속 동사/い형용사/な형용사/명사의 명사 수식형+せい

- 失敗を人のせいにするな。실패를 다른 사람 탓으로 돌리지 마라.

38 ～だけあって/～だけに ~인 만큼 (당연히)

접속 동사/い형용사/な형용사의 명사 수식형+だけあって/だけに, 명사+だけあって/だけに

- 長い間待っていただけに、あきらめきれない。오랫동안 기다려 온 만큼, 단념하기 어렵다.

39 たとえ～ても 설령 ~할지라도

접속 たとえ+동사의 て형+も, い형용사 어간+くても, な형용사 어간+でも, 명사+でも

- たとえ本当だとしても証拠がない。설령 사실이라고 해도 증거가 없다.

40 ~たところ ~했더니

접속 동사의 た형+ところ

- 友達の家を訪ねたところ、留守だった。 친구 집을 방문했더니 부재중이었다.

41 ~たとたん(に) ~하자마자

접속 동사의 た형+とたん(に)

- 家を出たとたんに雨が降ってきた。 집을 나서자마자 비가 내리기 시작했다.

42 ~たびに ~할 때마다

접속 동사의 사전형+たびに, 명사+の+たびに

- この本を読むたびに、彼のことを思い出す。 이 책을 읽을 때마다 그가 생각난다.

43 ~ついでに ~하는 김에

접속 동사의 사전형/동사의 た형+ついでに, 명사+の+ついでに

- 出張で大阪に行ったついでに友だちの家に寄ってみた。
  출장으로 오사카에 간 김에 친구 집에 들러보았다.

44 ~つつ/~つつも ~하면서/~하면서도

접속 동사의 ます형+つつ

- お酒の飲み過ぎは体に悪いと思いつつも、つい飲んでしまう。
  과음은 몸에 해롭다고 생각하면서도 무심코 마셔버린다.

45 ～つつある ~하고 있다

접속 동사의 ます형+つつある

・窓から山の向こうに沈みつつある夕日を眺める。창에서 산 너머로 지고 있는 석양을 바라본다.

46 ～てからでないと/～てからでなければ ~하고 나서가 아니면

접속 동사의 て형+からでないと/からでなければ

・この件は、上司の意向を聞いてからでないと、決められません。
이 건은 상사의 의향을 듣고 나서가 아니면 결정할 수 없습니다.

47 ～てたまらない ~해서 견딜 수 없다, 너무 ~하다

접속 い형용사/な형용사의 て형+たまらない

・今日は暑くてたまらない。오늘은 더워서 견딜 수 없다.

48 ～てならない ~해서 견딜 수 없다, 너무 ~하다

접속 동사/い형용사/な형용사의 て형+ならない

・母が死んだときは悲しくてならなかった。어머니가 돌아가셨을 때는 슬퍼서 견딜 수 없었다.

49 ～ということだ ~라고 한다

접속 동사/い형용사/な형용사/명사의 보통형 +ということだ

・この本によると、昔ここにお寺があったということだ。이 책에 따르면, 옛날 여기에 절이 있었다고 한다.

50 ～といっても ~라고 해도

접속 동사/い형용사/な형용사/명사의 보통형+といっても

・旅行をするといっても、近くの温泉へ行くぐらいです。
여행을 한다고 해도, 가까운 온천에 가는 정도입니다.

51 ～どころか ~은커녕

접속 동사/い형용사의 사전형/な형용사 어간/명사 ＋どころか

・雨(あめ)がやむどころかますますひどくなってきた。비가 그치기는커녕 더욱더 거세졌다.

52 ～どころではない ~할 때(상황)가 아니다

접속 동사의 사전형/명사＋どころではない

・忙(いそが)しくて花見(はなみ)どころではない。바빠서 꽃놀이할 때가 아니다.

53 ～ところに/～ところへ ~하는 때(상황)에

접속 동사의 명사 수식형＋ところに/ところへ, い형용사＋ところに/ところへ

・勉強(べんきょう)しているところに友(とも)だちが遊(あそ)びに来(き)た。공부하고 있을 때에, 친구가 놀러 왔다.

54 ～としたら/～とすれば ~라고 한다면

접속 동사/い형용사/な형용사/명사의 보통형＋としたら/とすれば

・買(か)い物(もの)に行(い)くとすれば、車(くるま)で行(い)く。쇼핑하러 간다고 한다면 차로 가겠다.

55 ～とともに ~와 함께

접속 동사의 사전형/명사＋とともに

・大都市(だいとし)では、人口(じんこう)の増加(ぞうか)とともに、住宅問題(じゅうたくもんだい)が深刻(しんこく)になってきた。

대도시에서는 인구의 증가와 함께 주택 문제가 심각해졌다.

56 ～とは限(かぎ)らない ~라고는 단정할 수 없다

접속 동사/い형용사/な형용사/명사의 보통형＋とはかぎらない

・実力(じつりょく)のあるチームだからといって、いつも勝(か)つとは限(かぎ)らない。

실력이 있는 팀이라고 해서, 언제나 이긴다고는 단정할 수 없다.

57 ～ないことには ~하지 않고서는

접속 동사의 ない형/い형용사의 て형/な형용사의 て형/명사で＋ないことには

・実際(じっさい)に見(み)ないことには何(なん)ともいえません。 실제로 보지 않고서는 뭐라고도 말할 수 없습니다.

58 ～ないことはない/ないこともない ~하지 않는 것은 아니다, ~못할 것도 없다

접속 동사의 ない형/い형용사의 て형/な형용사의 て형/명사で＋ないことはない

・頼(たの)まれれば協力(きょうりょく)しないこともない。 부탁받으면 협력하지 못할 것도 없다.

59 ～ながら/～ながらも ~하면서/~이지만

접속 동사의 ます형/い형용사의 사전형/な형용사의 어간/명사＋ながら/ながらも

・彼(かれ)は知(し)りながら、知(し)らないふりをしていた。 그는 알면서 모른 체하고 있었다.

60 ～にあたって ~에 즈음해서

접속 동사의 사전형＋にあたって, 명사＋にあたって

・開会(かいかい)にあたって、一言(ひとこと)ごあいさつを申(もう)し上(あ)げます。 개회에 즈음하여, 한마디 인사 말씀드립니다.

61 ～にかかわらず ~에 관계없이

접속 동사의 사전형＋にかかわらず, 명사＋にかかわらず

・水泳(すいえい)は、年齢(ねんれい)や性別(せいべつ)にかかわらず、だれでも楽(たの)しめる。 수영은 연령이나 성별에 관계없이 누구든 즐길 수 있다.

62 ～にもかかわらず ~에도 불구하고

접속 동사/い형용사/な형용사/명사의 보통형＋にもかかわらず (단, な형용사와 명사에 「だ」는 붙지 않는다.)

・一生懸命練習(いっしょうけんめいれんしゅう)したにもかかわらず、試合(しあい)に負(ま)けてしまった。
열심히 연습했음에도 불구하고 시합에 지고 말았다.

63 ~にかけては ~에 관한 한, ~에 있어서는

접속 명사+にかけては

・魚の料理にかけては自信がある。생선 요리에 관한 한 자신이 있다.

64 ~に決まっている ~할 게 뻔하다

접속 동사/い형용사/な형용사/명사의 보통형+にきまっている

・勉強しないのだから、落ちるに決まっている。공부하지 않으니 떨어질 게 뻔하다.

65 ~にこたえて ~에 부응하여

접속 명사+にこたえて

・図書館の開館時間は学生の要望にこたえて 1 時間延長された。
도서관의 개관 시간은 학생들의 요망에 부응하여 1시간 연장되었다.

66 ~に先立って ~에 앞서

접속 명사+にさきだって

・試験開始に先立って、注意事項を説明する。시험 개시에 앞서 주의 사항을 설명한다.

67 ~にしたがって ~에 따라서

접속 동사의 사전형/명사+にしたがって

・医学が進歩するにしたがって平均寿命が延びた。의학이 진보함에 따라 평균수명이 늘었다.

68 ~にしては ~치고는(역접)

접속 동사/い형용사/な형용사/명사의 보통형+にしては (단, な형용사와 명사는 「だ」가 붙지 않는다.)

・彼は日本人にしては漢字が分からない。그는 일본인치고는 한자를 모른다.

69 ～にすぎない ~에 지나지 않는다

접속 동사의 보통형+にすぎない, な형용사 어간/명사+である+にすぎない

- 今回の事件で明らかになったことは、多くの不正の一部であるにすぎない。
  이번 사건으로 밝혀진 것은 많은 부정의 일부에 지나지 않는다.

70 ～に沿って ~을 따라서

접속 명사+にそって

- 道路の整備は、政府が立てた長期計画に沿って、進められることになっている。
  도로 정비는 정부가 세운 장기 계획을 따라 진행되게 되어 있다.

71 ～にちがいない ~임에 틀림없다

접속 동사/い형용사의 보통형+にちがいない, な형용사 어간/명사+にちがいない

- 彼が時間通りに来ないなんて、何か事故にでもあったにちがいない。
  그가 제시간에 오지 않다니 무엇인가 사고라도 당했음에 틀림없다.

72 ～につれて ~에 따라서

접속 동사의 사전형+につれて, 명사+につれて

- 台風が近づくにつれて、雨と風がしだいに強くなってきた。
  태풍이 가까워짐에 따라 비와 바람이 점점 강해졌다.

73 ～に伴って ~에 따라서

접속 동사의 사전형の+にともなって, 명사+にともなって

- 人口の増加に伴って出されるごみの量が増えてきた。 인구 증가에 따라 배출되는 쓰레기의 양이 늘어났다.

74 ～にほかならない ~임이나 다름없다(바로 ~이다)

접속 동사/い형용사의 보통형/な형용사 어간/명사+にほかならない

・今度の成功はみんなの努力の結果にほかならない。이번 성공은 바로 모두가 노력한 결과이다.

75 ～に基づいて ~에 근거하여

접속 명사+にもとづいて

・マニュアルに基づいて作業が行われる。매뉴얼에 근거하여 작업이 이루어진다.

76 ～によって ~에 의해

접속 명사+によって

・意見の対立は話し合いによって解決した方がいい。의견의 대립은 대화에 의해 해결하는 것이 좋다.

77 ～にわたって ~에 걸쳐서

접속 명사+にわたって

・参加者による討論は、6時間にわたって行われた。참가자에 의한 토론은 6시간에 걸쳐서 행해졌다.

78 ～に限って ~에 한해서

접속 명사+にかぎって

・本日に限って、全商品3割引にさせていただきます。오늘에 한해서 모든 상품을 30% 할인하겠습니다.

79 ～に限らず ~뿐 아니라

접속 명사+にかぎらず

・あの女優は、男性に限らず、女性にも人気がある。저 여배우는 남성뿐 아니라 여성에게도 인기가 있다.

80 ～に対して ~에 대해서, ~에게

접속 명사+にたいして

・それは、子どもが大人に対して使っていい言葉ではない。

그것은 아이가 어른에게 사용해도 좋은 말이 아니다.

81 ～に反して ~에 반해

접속 명사+にはんして

・多くの専門家の予想に反して試験は難しかった。 많은 전문가들의 예상에 반해 시험은 어려웠다.

82 ～のみならず ~뿐만 아니라

접속 동사/い형용사/な형용사/명사의 보통형+のみならず (단, な형용사와 명사는 「だ」가 붙지 않는다.)

・世界的な不景気により、中小企業のみならず大企業の倒産も増えている。

세계적인 불경기로 인하여, 중소기업뿐만 아니라 대기업의 도산도 증가하고 있다.

83 ～ばかりに ~탓에

접속 동사의 た형/い형용사의 사전형+ばかりに, な형용사 어간/명사+である+ばかりに

・私がミスをしたばかりに、おおぜいの人に迷惑をかけてしまった。

내가 실수를 한 탓에, 많은 사람들에게 폐를 끼치고 말았다.

84 ～ば～ほど ~하면 ~할수록

접속 동사의 사전형/い형용사의 사전형/な형용사의 명사 수식형/명사+ほど

・あの映画は見れば見るほどおもしろい。 저 영화는 보면 볼수록 재미있다.

85 ～べきだ/～べきではない ~해야 한다/~해서는 안 된다

접속 동사의 사전형+べきだ/べきではない (단, 「する」는 「すべきだ」도 사용한다.)

・暴力行為(ぼうりょくこうい)は、許(ゆる)すべきではない。폭력 행위는 용납해서는 안 된다.

86 ～ほど ~할 정도

접속 동사의 사전형/い형용사의 사전형/な형용사의 명사 수식형/명사+ほど

・泣(な)きたいほど腹(はら)が立(た)つ。울고 싶을 정도로 화가 난다.

87 ～ものか ~하나 봐라! ~하지 않겠다(강한 부정)

접속 동사/い형용사/な형용사의 명사 수식형+ものか

・あんなまずいレストランには二度(にど)と行(い)くものか。
저런 맛이 없는 레스토랑에 두 번 다시 가나 봐라!

88 ～ものだ ~하는 법이다

접속 동사/い형용사/な형용사의 명사 수식형+ものだ

・年(とし)をとれば体力(たいりょく)が落(お)ちるものだ。나이를 먹으면 체력이 떨어지는 법이다.

89 ～ものなら ~할 수만 있다면

접속 동사의 가능형+ものなら

・仕事(しごと)で忙(いそが)しいが、旅行(りょこう)に行(い)けるものなら行(い)きたい。일 때문에 바쁘지만, 여행을 갈 수만 있다면 가고 싶다.

90 ～ものの ~이긴 하지만

접속 동사/い형용사의 보통형+ものの, な형용사의 어간+ものの, 명사+である+ものの

・たばこは体(からだ)に悪(わる)いと分(わ)かってはいるものの、なかなかやめられない。
담배는 몸에 해롭다고 알고는 있지만, 좀처럼 끊을 수가 없다.

91 ～ようがない/～ようもない ~할 수가 없다/~할 수도 없다

접속 동사의 ます형+ようがない/ようもない

・部品(ぶひん)がないので、この時計(とけい)は直(なお)しようがない。부품이 없어서, 이 시계는 수리할 수가 없다.

92 ～ように ~하도록

접속 동사의 명사 수식형+ように

・時間(じかん)に遅(おく)れないように家(いえ)を出(で)た。시간에 늦지 않도록 집을 나섰다.

93 ～わけがない ~할 리가 없다

접속 동사/い형용사/な형용사/명사의 명사 수식형+わけがない

・彼(かれ)がそんなことを言(い)うわけがない。그가 그런 말을 할 리가 없다.

94 ～わけではない 반드시 ~하는 것은 아니다

접속 동사/い형용사/な형용사의 명사 수식형+わけではない

・学校(がっこう)の成績(せいせき)で人生(じんせい)が決(き)まるわけではない。학교 성적으로 인생이 결정되는 것은 아니다.

95 ～わけにはいかない/～ないわけにはいかない ~할 수는 없다/~하지 않을 수는 없다

접속 동사의 사전형+わけにはいかない, 동사의 ない형+ないわけにはいかない

・お世話(せわ)になった田中(たなか)さんの頼(たの)みなら、断(ことわ)るわけにはいかない。
신세를 진 다나카 씨의 부탁이라면, 거절할 수는 없다.

・約束(やくそく)したんですから、行(い)かないわけにはいきません。약속했으니, 가지 않을 수는 없습니다.

96 ～割(わり)に ~에 비해(역접)

접속 동사/い형용사/な형용사의 명사 수식형+わりに, 명사+の+わりに

・その子(こ)は年(とし)の割(わり)に背(せ)が高(たか)い。그 아이는 나이에 비해 키가 크다.

97 ～をこめて ~을 담아

접속 명사+をこめて

・あなたに、愛(あい)をこめてこの指輪(ゆびわ)を贈(おく)ります。 당신에게 사랑을 담아 이 반지를 보냅니다.

98 ～を問(と)わず ~을 불문하고

접속 명사+をとわず

・この試験(しけん)は、年齢(ねんれい)を問(と)わず、誰(だれ)でも受(う)けられる。 이 시험은, 연령을 불문하고 누구라도 응시할 수 있다.

99 ～をはじめ(として) ~을 비롯하여

접속 명사+をはじめ(として)

・京都(きょうと)にはこのお寺(てら)をはじめ、いろいろな古(ふる)い建物(たてもの)がある。
교토에는 이 절을 비롯하여 여러 가지 오래된 건물들이 있다.

100 ～をめぐって ~을 둘러싸고

접속 명사+をめぐって

・ゲーム市場(しじょう)をめぐって多(おお)くの会社(かいしゃ)が競(きそ)い合(あ)っている。
게임 시장을 둘러싸고 많은 회사가 서로 경쟁하고 있다.

N1 문형 정리

접속 형태에 대하여

문법은 문법 표현이 포함된 문장을 이해하고 암기하는 것이 중요하다. 또한, 문법 표현에 따라서 접속 방법이 다르기 때문에 접속 방법 또한 정확하게 이해해 두어야 한다. 본서에 제시된 문법 표현들에 사용된 접속 관련 표현들은 다음과 같이 정리할 수 있다.

1. 동사

[사전형]	書く、見る
[ます형]	書き(ます)、見(ます)
[て형]	書いて、見て
[ない형]	書か(ない)、見(ない)
[가능형]	書ける、見られる
[た형]	書いた、見た
[의지형]	書こう、見よう
[ば형]	書けば、見れば
[보통형]	書く、書いた、書かない、書かなかった 見る、見た、見ない、見なかった

2. い형용사

[사전형]	おいしい、さむい
[て형]	おいしくて、さむくて
[ない형]	おいしく(ない)、さむく(ない)

[た형]	おいしかった、さむかった
[ば형]	おいしければ、さむければ
[보통형]	おいしい、おいしかった、おいしくない、おいしくなかった さむい、さむかった、さむくない、さむくなかった

3. な형용사

[사전형]	すきだ、きれいだ
[て형]	すきで、きれいで
[ない형]	すきでは(ない)、きれいでは(ない)
[た형]	すきだった、きれいだった
[ば형]	すきなら(ば)、きれいなら(ば)
[보통형]	すきだ、すきだった、すきではない、すきではなかった きれいだ、きれいだった、きれいではない、きれいではなかった

4. 명사

[보통형]	学生だ、学生だった、学生ではない、学生ではなかった 存在だ、存在だった、存在ではない、存在ではなかった

1 ～あっての ~가 있고 나서야

접속 명사＋あっての＋명사

해설 AあってのB의 형태로 사용한다. A가 있어야 B가 성립할 수 있다는 조건을 나타낸다.

- 今の彼の成功は過去の失敗あってのものだ。
  지금 그의 성공은 과거의 실패가 있어서의 것이다. (과거의 실패가 있기에 존재하는 것이다.)
- お客様あっての商売だ。サービスを忘れてはならない。
  고객이 있고 나서의 장사다. 서비스를 잊어서는 안 된다. (고객이 있어야 장사도 되는 것이다.)

2 ～いかんで/～いかんによって ~여하로, ~여하에 따라

접속 명사＋(の)＋いかんで/いかんによって

해설 앞의 내용이 중요한 조건이 된다는 것을 강조한다.

- 試験の結果いかんによっては、卒業できないこともありうる。
  시험의 결과 여하에 따라서는 졸업하지 못할 수도 있다.
- 商品の説明のしかたいかんで、売れ行きに大きく差が出てきてしまう。
  상품의 설명 방법 여하로 매출에 큰 차이가 나 버린다.

3 ～いかんによらず/～いかんにかかわらず/～いかんを問わず
~여하에 관계없이/~여하에 관계없이/~여하를 불문하고

접속 명사＋の＋いかんによらず/いかんにかかわらず/いかんをとわず

해설 앞에 제시되는 내용에 관계없이 뒤의 내용이 성립한다는 의미를 나타내는 격식 차린 표현이다.

- 事情のいかんによらず、欠席は欠席だ。사정 여하에 관계없이 결석은 결석이다.
- 一度提出した書類は、理由のいかんを問わずお返ししません。
  한 번 제출한 서류는 이유 여하를 불문하고 돌려드리지 않습니다.

4 ～至り 극치, 지극함

접속 명사＋の＋いたり

해설 정도가 매우 심하다는 느낌을 나타내는 고풍스러운 표현이다.

・こんな素晴らしい賞をいただき、光栄の至りです。이런 훌륭한 상을 받게 되어 영광스럽기 그지없습니다.

・こんな失敗をするとは、まったく赤面の至りだ。이런 실수를 하다니 정말이지 부끄럽기 짝이 없다.

5 ～か否か ~인지 아닌지

접속 동사/い형용사/な형용사/명사의 보통형 ＋ かいなか
(다만, な형용사와 명사 뒤에 「だ」는 붙이지 않는다.)

해설 주로 문장 뒤에 붙어서, 명확히 판단을 내릴 수 없다는 불확실성을 나타낸다. 「かどうか」의 딱딱한 표현이라고 이해해도 좋다.

・転職するべきか否か迷っている。이직할지 말지 망설이고 있다.

・できるか否か、やってみなければ分からない。할 수 있을지 어떨지 해 보지 않으면 알 수 없다.

6 ～かいもなく ~한 보람도 없이

접속 동사의 た형＋かいもなく, 명사＋の＋かいもなく

해설 보람, 성과 등의 의미를 지닌 「かい(甲斐)」를 응용한 문형이다. 노력했지만 유감스럽게도 일이 바람직하지 않은 방향으로 진행되었을 때 사용한다. 문장 끝은 반드시 완료의 의미를 나타내는 た형으로 끝난다는 것을 주의하도록 하자.

・練習したかいもなく、試合に負けてしまった。연습한 보람도 없이 시합에 지고 말았다.

・話し合いのかいもなく、二人は別れてしまった。대화한 보람도 없이 두 사람은 헤어지고 말았다.

7 ～かぎりだ ~하기 그지없다(매우 ~하다)

접속 い형용사의 사전형/な형용사의 명사 수식형/명사の＋かぎりだ

해설 감정을 나타내는 표현 뒤에 붙어서, 화자의 감정을 강조하여 나타낸다.

・来日したばかりのころは、知り合いも少なくて、心細い限りだった。

일본에 막 왔을 무렵에는 아는 사람도 적어서, 불안하기 그지없었다.

・毎日寝る時間さえ惜しんで練習に励んだので、優勝できてうれしい限りだ。

매일 자는 시간조차 아껴가며 연습에 힘썼기 때문에 우승할 수 있어서 기쁘기 그지없다.

8 ～が最後 ~하면(한 번 ~했다하면)

접속 동사의 た형+がさいご

해설 일단 그런 행동이 이루어지면, 좋지 않은 상황이 그대로 유지된다는 의미를 지닌다. た형에 접속하며, 뒤에는 부정적인 결과가 온다.

・山田さんは歌好きで、一度マイクを握ったが最後、だれにも渡さない。

야마다 씨는 노래를 좋아해서 한 번 마이크를 잡았다 하면 누구에게도 건네주지 않는다.

・チャンスは一度逃したが最後、二度と戻らないかもしれない。

기회는 한 번 놓쳤다 하면 다시는 돌아오지 않을지도 모른다.

9 ～かたがた ~(할) 겸해서, ~하는 김에

접속 명사+かたがた

해설 하나의 행위가 두 가지 목적을 위해 이루어지는 경우에 사용하는 격식 차린 표현이다.

・お誕生日のお祝いかたがた、祖父に会いに行った。생신 축하도 드릴 겸 할아버지를 만나러 갔다.

・お礼かたがた新年のご挨拶にまいりました。감사의 말도 할 겸 신년 인사를 하려고 찾아왔습니다.

10 ～かたわら ~하는 한편으로

접속 동사의 사전형+かたわら, 명사+の+かたわら

해설 그것과 동시에 다른 일이나 상황을 전개할 때 사용한다. 어떤 일(직업)을 하면서 오랫동안 다른 일도 병행한다는 의미로 사용되는 경우가 많다.

・大学院での勉強のかたわら、作家活動もしている。

대학원에서 공부하는 한편으로 작가 활동도 하고 있다.

・彼女は、会社勤めのかたわら自分の勉強も続けている。

그녀는 직장 생활을 하는 한편, 자신의 공부도 계속하고 있다.

11 ~がてら ~겸해서, ~하는 김에

접속 동사의 ます형/명사+がてら

해설 「がてら」는 한 가지 행동에 두 가지 의미를 부여한다. 뒤에 주로 '걷다, 가다, 외출하다'와 같은 이동과 관련된 동사가 오는 경우가 많다. 「かたがた」와 거의 같은 의미를 갖는다.

- 運動がてら、駅前のスーパーへ歩いて買い物に行ってくる。
  운동 겸 역 앞 슈퍼에 걸어서 장을 보러 다녀온다.
- 散歩がてら、ちょっと銀行まで行ってきます。 산책할 겸 잠시 은행까지 다녀오겠습니다.

12 ~が早いか ~하자마자

접속 동사의 사전형/동사의 과거형+がはやいか

해설 어떠한 동작이 이루어진 후에 바로 다른 동작이나 상태가 발생하는 경우에 사용한다.

- 子どもはご飯を食べ終わるが早いか、ボールを持って外へ飛び出した。
  아이는 밥을 먹자마자 공을 들고 밖으로 뛰쳐나갔다.
- 怪しい男は警官の姿を見るが早いか逃げ出した。 수상한 남자는 경찰의 모습을 보자마자 도망쳤다.
- 信号が緑に変わるが早いか、彼はアクセルを踏み、車を発車させた。
  신호가 녹색으로 바뀌자마자, 그는 가속 페달을 밟아 차를 출발시켰다.

13 ~からある ~나 되는

접속 명사+からある

해설 수량을 나타내는 명사 뒤에 붙어서 그것보다 크거나 많다는 느낌을 강조한다.

- 100キロからある荷物を運ぶのは大変だ。 100킬로그램이나 되는 짐을 옮기는 것은 힘이 든다.
- ２年前から書いていた400枚からある論文をやっと仕上げた。
  2년 전부터 쓰고 있던 400페이지나 되는 논문을 겨우 마무리했다.

14 ~からなる ~으로 구성된

접속 명사+からなる

해설 제시된 요소나 내용으로 구성되어 있다는 의미를 나타내는 문장체 표현이다.

- 水は酸素と水素からなる。물은 산소와 수소로 구성된다.
- 夫婦と未婚の子供からなる家族を核家族という。
  부부와 미혼 자녀로 이루어진 가족을 핵가족이라고 한다.

15 ~きらいがある ~하는 경향이 있다

접속 동사의 사전형+きらいがある, 명사+の+きらいがある

해설 자연히 그렇게 되기 쉬운 바람직하지 않은 경향을 나타낸다.

- 彼女は困ったことになると、うそをつくきらいがある。그녀는 곤란해지면 거짓말을 하는 경향이 있다.
- 彼は他人の考えを無視するきらいがある。그는 다른 사람의 생각을 무시하는 경향이 있다.

16 ~極まる/~極まりない ~하기 그지없다, ~하기 짝이 없다

접속 な형용사의 어간+きわまる/きわまりない

해설 더 이상 없을 정도로 상태가 부정적이라는 느낌을 표현한다.

- 線路を、踏み切りでもないのに横断するのは危険極まりないことだ。
  선로를 건널목도 아닌데 횡단하는 것은 위험천만한 일이다.
- 電車の中で、大声で携帯電話を使い続けるなんて迷惑極まる行為だ。
  전철 안에서 큰 소리로 휴대전화를 계속 사용하다니 너무나도 민폐가 되는 행위이다.

17 ~極み 극치

접속 명사+の+きわみ

해설 이 이상 없을 정도로 상태가 극에 달해 있다는 의미를 나타낸다.

- 大好きな歌手のサインをもらって感激の極みだ。좋아하는 가수의 사인을 받아 감격스럽기 그지없다.
- 決勝戦で負けるなんて痛恨の極みだ。결승전에서 지다니 원통하기 그지없다.

18 ～ごとき/ごとく ~같은 / ~같이

접속 동사의 사전형, 동사의 た형+ごとき/ごとく, 명사+の+ごとき/ごとく

해설 비유나 예시를 나타내며, 「ごとき」는 「ような」, 「ごとく」는 「ように」의 의미를 지닌다. 격식 차린 장소나 딱딱한 문장에서 사용한다.

- 彼のごとき優秀な人でも失敗することがあるのだ。
  그와 같은 뛰어난 사람이라도 실패하는 경우가 있는 것이다.
- 今回のごとき事件は二度と起こしてはならない。 이번 일과 같은 사건은 두 번 다시 일으켜서는 안 된다.
- みなさんご承知のごとく、総会は、来週の月曜日に開催されます。
  여러분 아시는 바와 같이, 총회는 다음 주 월요일에 개최됩니다.
- 入社して半年、時は矢のごとく過ぎ去った。 입사한 지 반년, 시간은 쏜살같이 지나갔다.

19 ～ことだし ~이니, ~이기도 하니

접속 동사/い형용사/な형용사/명사의 명사 수식형 ＋ことだし

해설 어떤 일을 할 때 그 이유를 강조하여 나타내는 표현으로, 뒤에 결단, 권유와 같은 내용이 온다.

- 仕事も一段落したことだし、今夜一杯やりませんか。
  일도 일단락되었으니 오늘 밤에 한잔하지 않겠습니까?
- 読書も一区切りついたことだし、そろそろ寝ようかな。 독서도 일단락되었으니, 슬슬 잘까.

20 ～こととて ~라서

접속 동사/い형용사/な형용사/명사의 명사 수식형 ＋こととて

해설 원인, 이유를 나타내는 「ので」에 해당하는 표현으로, 격식 차린 문장에서 사용한다.

- 不景気のこととて、就職先をさがすのは大変なことだ。 불경기라서 취직자리를 찾는 것은 힘든 일이다.
- 休み中のこととて、うまく連絡がつかなかった。 휴가 중이라서 잘 연락이 닿지 않았다.

21 ～ことなしに ~하지 않고

접속 동사의 사전형＋ことなしに

해설 그 일은 하지 않고 뒤에 오는 동작을 한다는 의미로, 딱딱한 표현이다.

・このカードで現金を持ち歩くことなしに買い物ができます。
　이 카드로 현금을 지니지 않고 쇼핑을 할 수 있습니다.

・実際にその人の話を聞くことなしに、判断するのはよくないと思う。
　실제로 그 사람의 이야기를 듣지 않고 판단하는 것은 좋지 않다고 생각한다.

22 ～しかるべきだ ~해야 마땅하다

접속 동사/い형용사/な형용사의 て형＋しかるべきだ

해설 동사, い형용사, な형용사의 て형에 붙어, '본래 그렇게 하는 것이 당연하다'라는 의미를 나타낸다. 당연한 것이 이루어지지 않는 것에 대한 불만을 나타내는 경우가 많다.

・責任者がきちんと謝罪してしかるべきだ。 책임자가 제대로 사과해야 마땅하다.

・となりに引っ越してきたら、一言の挨拶があってしかるべきだ。
　옆집으로 이사 왔다면 한마디의 인사가 있어야 마땅하다.

23 ～始末だ ~지경이다, ~모양이다, ~꼬락서니다

접속 동사의 사전형＋しまつだ, この＋しまつだ

해설 결국 그런 좋지 않은 상태로 되어 버렸다는 비난의 느낌을 나타낸다.

・山田君は学校に遅れたうえに、宿題も家に忘れてくる始末だ。
　야마다 군은 학교에 늦은 데다, 숙제도 집에 두고 오는 지경이다.

・彼は泥酔して道で寝込んでしまい、救急車で病院に運ばれる始末だった。
　그는 술에 취해 길에 드러누워 버려, 구급차로 병원에 실려 가는 지경이었다.

24 ～ずくめ ~일색

접속 명사＋ずくめ

해설 「いいこと」, 「黒」, 「規則」 등과 같은 명사에 쓰이는 경우가 많다.

- 今日の山田さんはジャケットから靴まで黒ずくめだ。오늘 야마다 씨는 재킷에서 신발까지 검정 일색이다.
- 規則ずくめの学校生活は息苦しい。규칙으로 가득 찬 학교생활은 숨이 막힌다.

25 ～ずじまい ~하지 못하고 끝남

접속 동사의 ない형＋ずじまい

해설 그 일을 끝내지 못한 상태로 되어 버렸다는 의미를 나타낸다.

- 彼の言いたいことが何なのか、結局分からずじまいだった。
  그가 말하고 싶은 것이 무엇인지 결국 알 수 없었다.
- 東京まで来たのに、仕事に忙しく、友人にも会わずじまいだった。
  도쿄까지 왔는데, 일에 쫓겨 결국 친구도 만나지 못했다.

26 ～ずにはおかない 반드시 ~하고야 말겠다(강한 의지), 자연히 ~하게 만든다(확신)

접속 동사의 ない형＋ずにはおかない

해설 그렇게 하겠다는 강한 의지나 그렇게 될 것이라는 확신을 나타낸다.

- 今度こそ、彼に謝らせずにはおかない。이번에야말로 그에게 사과하게 만들겠다.
- あの事件は周辺の人々を不安にさせずにはおかなかった。
  그 사건은 주변 사람들을 불안하게 만들었다.

27 ～ずにはすまない ~해야만 한다, ~하지 않으면 해결되지 않는다

접속 동사의 ない형＋ずにはすまない

해설 그때의 상황으로 보아, '그렇게 하지 않으면 해결되지 않는다', '자신의 입장에서 꼭 그렇게 해야 한다'고 말하고 싶을 때 사용한다.

- 大切なものを壊してしまったのだから弁償しないではすまないでしょう。
  소중한 물건을 망가뜨렸으니 변상하지 않을 수 없겠지요.
- 検査の結果によっては、手術せずにはすまないだろう。
  검사 결과에 따라서는 수술하지 않을 수 없을 것이다.

28 ～すら ~조차

접속 명사＋すら/にすら/ですら

해설 「すら」 앞에 오는 명사를 강조하여 나타내며, 「さえ」보다 격식 차린 표현이다.

- 祖母は、車の運転はおろか、自転車すら乗れない。 할머니는 운전은커녕 자전거조차 탈 수 없다.
- 彼は両親にすら結婚のことを話さなかった。 그는 부모에게조차 결혼한다는 사실을 말하지 않았다.

29 ～そばから ~하는 족족, ~하자마자

접속 동사의 사전형/동사의 た형＋そばから

해설 어떠한 일이 여러 번 반복적으로 이루어진다는 의미를 나타낸다.

- 習うそばから、忘れてしまうので困る。 배우는 족족 잊어버리기 때문에 곤란하다.
- その商品は大変人気があって、店に並べたそばから飛ぶように売れていった。
  그 제품은 매우 인기가 있어서, 가게에 진열하는 족족 불티나게 팔려나갔다.

30 ～そびれる ~못하고 말다, ~에 실패하다

접속 동사의 ます형＋そびれる

해설 어떤 일을 할 기회를 놓쳐서, 그것을 하려고 해도 할 수 없다는 의미를 표현한다. 「寝そびれる(잠을 못 자다)」, 「食べそびれる(먹지 못하다)」, 「言いそびれる(말을 못 하고 말다)」 등의 표현이 대표적이다.

- 今朝は忙しくて、朝食を食べそびれてしまった。 오늘 아침은 바빠서 아침 식사를 못 하고 말았다.
- 周りがうるさくて、寝そびれてしまった。 주변이 시끄러워서 잠을 못 자고 말았다.

31 ～だけのことだ ~하면 되는 일이다, ~일 뿐이다

접속 동사/い형용사/な형용사의 명사 수식형＋だけのことだ

해설 '그것만으로 한정하여 생각할 필요는 없다'는 생각이나 입장을 분명하게 제시할 때 사용한다.

- 担当者が不在なら、書類を他の人に預ければいいだけのことだ。
  담당자가 부재중이라면 서류를 다른 사람에게 맡기면 되는 일이다.
- テストと言っても、ただ習った内容をもう一度復習するだけのことだ。
  테스트라고 해도 그저 배운 내용을 한 번 더 복습하면 되는 일이다.

32 ~だけましだ ~만으로도 다행이다

접속 동사/い형용사/な형용사의 명사 수식형+だけましだ

해설 좋지 않은 상태이지만, 최악의 상황보다는 그래도 낫다는 안도감을 나타낸다.

・地震で家が壊れたが、命が助かっただけましだ。
  지진으로 집이 무너졌지만, 목숨을 구한 것만으로 다행이다.

・前年度より会社の業績が悪化したが、損失が出ないだけましだ。
  전년도보다 회사의 실적이 악화되었지만, 손실이 나지 않은 것만으로 다행이다.

33 ~たところで ~한다 해도, ~한 들

접속 동사의 た형+ところで

해설 가정한 내용이 무의미하다, 쓸모가 없다는 의미를 나타낸다.

・心配したところでどうしようもない。 걱정한다고 한들 어쩔 수가 없다.

・今から走って行ったところで、どうせ間に合わないだろう。
  지금부터 달려간들 어차피 늦을 것이다.

34 ~だに ~하는 것만으로도, ~하는 것조차

접속 명사+だに

해설 「察する」, 「考える」, 「想像する」, 「予想する」 등과 같은 생각과 관련된 동사나 명사에 붙는다. 뒤에는 부정적인 표현이 오는 경우가 많다.

・今回の人事異動で田中さんが課長に昇進するとは、だれも予想だにしなかった。
  이번 인사이동으로 다나카 씨가 과장으로 승진하다니, 아무도 예상조차 하지 않았다.

35 ~だの~だの ~라느니 ~라느니, ~며 ~며

접속 동사/い형용사/な형용사/명사의 보통형+だの (다만, な형용사와 명사 뒤에 「だ」는 붙이지 않는다.)

해설 사물을 나열할 때 사용하는 표현으로 주로 부정적인 예를 들 때 사용한다.

・散策路には空き缶だのペットボトルだのが投げ捨てられている。

산책로에는 빈 깡통이며 페트병 같은 것이 버려져 있다.

・彼女はケーキだのチョコだの、甘い物ばかり食べている。

그녀는 케이크며 초콜릿이며 단 것만 먹고 있다.

36 ～たりとも ~라고 할지라도

접속 수량 표현+たりとも

해설 「一円」, 「一瞬」, 「一粒」 등과 같은 매우 적은 수량을 나타내는 수사 뒤에 붙어서, 그렇게 하지 않겠다는 의지를 강조하여 나타낸다.

・試合の最中は、一瞬たりとも油断はできない。 시합이 한창일 때는 한순간이라 할지라도 방심할 수 없다.

・苦労して手に入れた金だから、一円たりとも無駄にはできない。

고생해서 손에 넣은 돈이라서 1엔이라 할지라도 헛되게 할 수 없다.

37 ～たる者 ~ 정도 되는 사람

접속 명사+たるもの

해설 그런 입장에 있는 사람에 대해 당연한 행동을 나타낼 때 사용한다.

・学生たる者、勉学に励むべし。 학생된 자, 면학에 힘써야 한다.

・政治家たる者は常に国民の声を聞くべきだ。 정치가 정도 되는 사람은 항상 국민의 목소리를 들어야 한다.

38 ～っぱなし ~한 채

접속 동사의 ます형+っぱなし

해설 어떤 상태가 계속 진행 중이라는 것을 나타낸다. 타동사는 주로 방치한다는 느낌을 나타낸다.

・夕べ、部屋の電気をつけっぱなしで寝てしまった。 어젯밤 방의 전기를 켜 놓은 채로 자버렸다.

・この仕事は、一日中立ちっぱなしなので疲れますよ。 이 일은 하루 종일 선 채로 하기 때문에 피곤해요.

39 ～つ～つ ~하거니 ~하거니, ~하기도 하고 ~하기도 하고

접속 동사의 ます형+つ、동사의 ます형+つ

해설 대조적인 내용의 동사를 나란히 사용하는 경우가 많다.

- ホームで後ろに並んでいた乗客らに押しつ押されつの状態で、電車に乗った。
  승강장에서 뒤에 줄 서 있던 승객들에게 밀고 밀리는 상태로 전철을 탔다.
- 変な男の人が家の前を行きつ戻りつしている。이상한 남자가 집 앞을 왔다 갔다 하고 있다.

40 ～であれ ~이든, ~라 할지라도

접속 な형용사의 어간/명사/의문사+であれ

해설 예를 들어 화자의 생각을 나타내는 표현이다.「でも」의 격식 차린 표현으로 생각하면 된다.

- 何であれ、何かを学ぶということはいいことだ。무엇이든 뭔가를 배운다는 것은 좋은 일이다.
- 相手がだれであれ、全力を尽くして戦います。상대가 누구든 최선을 다해 싸우겠습니다.

41 ～であれ～であれ ~이든 ~이든

접속 な형용사의 어간/명사+であれ、な형용사의 어간/명사+であれ

해설 어떠한 내용을 열거하여, 그 어느 것에도 판단이나 행위가 영향을 받지 않는 것을 나타낸다.

- 晴れであれ、雨であれ、出社しなければならない。맑든 비가 오든 출근해야 한다.
- 海であれ山であれ家族と一緒ならどこでも楽しい。바다든 산이든 가족과 함께라면 어디든 즐겁다.

42 ～てからというもの ~하고 나서 줄곧, ~한 이래로

접속 동사의 て형+からというもの

해설 이전과는 다른 어떤 변화가 오랫동안 계속된다는 의미를 나타낸다.

- タバコをやめてからというもの、目覚めがよくなった。
  담배를 그만두고 나서부터는 가뿐하게 일어나게 되었다.
- 今年になってからというもの、急激に円高傾向が進んでいる。
  올해 들어서부터 급격히 엔고 경향이 진행되고 있다.

43 ~でなくてなんだろう ~이 아니고 무엇이란 말인가!

접속 명사+でなくてなんだろう

해설 이것이야말로 바로 그러하다고, 화자가 자신의 생각을 강하게 주장하는 표현이다.

・数々の名曲を作曲した彼が天才でなくてなんだろう。
수많은 명곡을 작곡한 그가 천재가 아니고 무엇이란 말인가!

・山川さんは常にみんなのためを考えている。これが指導者の姿勢でなくてなんだろう。
야마카와 씨는 항상 모든 사람들의 이익을 생각하고 있다. 이것이 지도자의 자세가 아니고 무엇이란 말인가!

44 ~ではあるまいし ~이 아니기 때문에, ~도 아닐 테고

접속 명사+ではあるまいし

해설 「Aではあるまいし」의 형태로 사용되어, 'A가 아니기 때문에 그렇게 할 수 없다'는 부정적 내용이 뒤따르는 경우가 많다. 회화 표현에서는 주로 「Aじゃあるまいし」의 형태로 사용한다. 또한 「Aでもあるまいし」의 유형으로 쓰이는 경우도 있다.

・子供じゃあるまいし、そんな派手な飾りはつけられませんよ。
아이도 아니고, 그런 화려한 장식은 달 수 없어요.

・専門家ではあるまいし、そんなことが分かるわけがない。 전문가도 아니고, 그런 것을 알 리가 없다.

45 ~てもさしつかえない ~해도 좋다, ~해도 문제없다

접속 동사/い형용사/な형용사/명사의 て형+もさしつかえない

해설 격식 차린 표현으로, 소극적으로 허용하는 듯한 느낌을 준다.

・何かありましたらご連絡ください。遅くてもさしつかえありません。
무슨 일이 있으면 연락 주세요. 늦어도 좋습니다(늦은 시간에도 상관없습니다).

・手術後の経過が順調だから、来週は散歩に出てもさしつかえないでしょう。
수술 후 경과가 순조로우니까 다음 주는 산책하러 나가도 좋겠지요.

46 ～てかなわない ~해서 곤란하다, ~해서 참을 수가 없다

접속 동사/い형용사/な형용사의 て형+(は)かなわない

해설 정도가 너무 심해서 그런 상황을 견딜 수 없다, 그런 상태라서 곤란하다는 의미를 나타낸다.

- 彼(かれ)の言動(げんどう)に腹(はら)が立(た)ってかなわない。 그의 언동에 화가 나서 견딜 수가 없다.
- 日本(にほん)の夏(なつ)は蒸(む)し暑(あつ)くてかなわない。 일본의 여름은 무더워서 참을 수가 없다.

47 ～てこそはじめて ~하고서야 비로소

접속 동사의 て형+こそはじめて

해설 문장에 제시된 조건이 충족되면 뒤따르는 내용이 성립되지만, 조건이 충족되지 않으면 불가능하다는 의미를 강하게 주장하는 표현이다.

- 失敗(しっぱい)を経験(けいけん)してこそはじめて成長(せいちょう)するものだ。 실패를 경험하고서야 비로소 성장하는 것이다.
- 情報(じょうほう)は、相手(あいて)に伝(つた)わってこそはじめて価値(かち)がある。 정보는 상대방에게 전달되어야 비로소 가치가 있다.

48 ～てはばからない ~하기를 주저하지 않는다

접속 동사의 て형+はばからない

해설 거리낌 없이 당당하게 행동하거나 말하는 경우에 사용한다.

- 彼(かれ)は、今回(こんかい)の選挙(せんきょ)に必(かなら)ず当選(とうせん)してみせると断言(だんげん)してはばからなかった。
  그는 이번 선거에 반드시 당선되고야 말겠다고 단언하기를 주저하지 않았다.
- 彼(かれ)は自分(じぶん)のお姉(ねえ)さんを最高(さいこう)の美人(びじん)だと言(い)ってはばからない。
  그는 자신의 누나를 최고의 미인이라고 말하기를 주저하지 않는다.

49 ～ては～ては ~하고서는, ~하고서는

접속 동사의 て형+は+ 동사의 ます형、동사의 て형+は+ 동사의 ます형
(동사의 て형+は+ 동사의 ます형、동사의 て형+は+ 동사의 て형으로 끝나는 경우도 있다.)

해설 동작이나 작용이 반복해서 일어남을 나타내는 표현이다. 「～ては、～ては」의 형태로 반복되어 사용되는 경우가 많다.

- 渋滞(じゅうたい)で車(くるま)は走(はし)ってはとまり、走(はし)ってはとまりでなかなか進(すす)まない。
  교통정체로 자동차는 달렸다가 멈추고, 달렸다가 멈추는 상황으로 좀처럼 앞으로 나아가지 못한다.
- 雪(ゆき)が降(ふ)ってはやみ、やんでは降(ふ)っている。 눈이 내렸다가는 그치고, 그쳤다가는 내리고 있다.

50 ～手前(てまえ) ~이므로, ~체면에

접속 동사의 사전형/동사의 과거형+てまえ, 명사+の+てまえ

해설 어떠한 이유를 나타내어, 그 이유 때문에 '~할 수 없다', '~해야만 한다'는 의미가 뒤따른다. 화자의 입장이나 명예를 지키기 위해서 뒤의 동작을 해야만 한다는 의미로 쓰이는 경우가 많다.

- 一緒(いっしょ)に行(い)くと約束(やくそく)した手前(てまえ)、行(い)かないわけにはいかない。 함께 가자고 약속했으니 안 갈 수는 없다.
- 任(まか)せると言(い)った手前(てまえ)、結果(けっか)に文句(もんく)は言(い)えない。 맡기겠다고 말했으니 결과에 불평은 할 수 없다.

51 ～てまで ~해서 까지

접속 동사의 て형+まで

해설 극단적인 예를 제시하는 표현이다. 후반부에는 바람직하지 못하거나 부정적인 의견을 제시하는 경우가 많다.

- 借金(しゃっきん)してまで旅行(りょこう)に行(い)くのはやめた方(ほう)がいい。 빚을 내면서까지 여행을 가는 것은 그만두는 것이 좋다.
- 1時間(じかん)も並(なら)んでまで、そのレストランで食(た)べたいとは思(おも)わない。
  1시간이나 줄을 서면서까지 그 레스토랑에서 먹고 싶다고는 생각하지 않는다.

52 ～てみせる ~해 보이겠다

접속 동사의 て형+みせる

해설 반드시 그렇게 하겠다는 화자의 강한 의지를 나타낸다.

- 約束は絶対に守ってみせる。 약속은 반드시 지켜내 보이겠다.
- 今度こそ合格してみせる。 이번에야말로 합격해 보이겠다.

53 ～てやまない 간절히 ~하다, 매우 ~하다

접속 동사의 て형+やまない

해설 마음속으로부터 오랫동안 그런 감정을 지니고 있다는 의미를 나타낸다.

- 今後も会員の皆さまのご活躍を願ってやみません。
  앞으로도 회원 여러분의 활약을 바라 마지않겠습니다(간절히 바랍니다).
- 二度とこのような事件が起こらないように祈ってやまない。
  다시는 이런 사건이 일어나지 않도록 기도해 마지않는다(간절히 기도한다).

54 ～とあいまって ~맞물려

접속 명사+とあいまって

해설 「AがBとあいまって」 or 「AとBがあいまって」 모두 쓰이며, 둘 이상의 것이 서로 상호작용을 하여 어떠한 결과를 나타낼 때 사용한다.

- 彼の才能と人一倍の努力とがあいまって、実を結んだ。
  그의 재능과 남다른 노력이 맞물려 결실을 맺었다.
- 忍耐力と体力があいまって彼は名選手になった。 인내력과 체력이 맞물려 그는 명선수가 되었다.

55 ～とあって ~라서, ~이기 때문에

접속 동사/い형용사/な형용사/명사의 보통형+とあって(다만, な형용사와 명사의 「だ」는 붙지 않는 경우가 많다.)

해설 어떤 일이 그러한 상황에 이르게 된 원인을 나타낸다.

・久しぶりの晴天とあって、公園は人でいっぱいだ。오랜만의 맑은 날씨라서 공원은 사람들로 가득하다.

・人気歌手のコンサートとあって、チケットは早々と売り切れになった。
인기 가수의 콘서트라서 티켓은 일찌감치 매진됐다.

56 ～とあれば ~라면

접속 동사/い형용사/な형용사/명사의 보통형＋とあれば(다만, な형용사와 명사의 「だ」는 붙지 않는 경우가 많다.)

해설 그러한 상황이라면 어떤 일이라도 한다는 의미를 나타내는 경우에 주로 사용한다.

・あなたの頼みとあれば、何でも協力します。당신의 부탁이라면 무엇이든 협력하겠습니다.

・子供のためとあれば、親は何でもしてやりたいと思うものだ。
아이를 위해서라면 부모는 무엇이든 해주고 싶다고 생각하는 법이다.

57 ～といい ～といい ~도 ~도

접속 명사＋といい、명사＋といい

해설 화자가 강조하고자 하는 내용을 예시하는 표현이다. 주로, 비슷하거나 대조적인 두 가지 내용을 예시하는 경우가 많다.

・このコーヒーは味といい、香りといいすばらしい。이 커피는 맛도 향기도 훌륭하다.

・この製品は値段といい品質といい申し分ない。이 제품은 가격도 품질도 더할 나위 없다.

58 ～といわず ～といわず ~며 ~며 모두 (전부)

접속 명사＋といわず、명사＋といわず

해설 예외 없이 전부 그러한 상태라는 것을 강조한다.

・彼は手といわず足といわず傷だらけだ。그는 손이며 발이며 모두 상처투성이다.

・うちの母ときたら、昼といわず、夜といわず、電話をかけてくる。
우리 어머니는 낮이며 밤이며 가리지 않고 전화를 걸어온다(밤낮없이 전화를 걸어온다).

59 ～という ~라고 하는, ~라는

접속 명사＋という＋명사

해설 「명사＋という＋명사」의 형태로, 제시된 것 모두를 강조하여 나타낸다. 「花という花はすべて(꽃이라는 꽃은 모두)」, 「会社という会社は全部(회사라는 회사는 전부)」와 같이 뒤에는 '전부', '모두' 등과 같은 표현이 따르는 경우가 많다.

- 秋になり、山という山は紅葉で赤く染まっていた。
  가을이 되어 산이라는 산은 모두 단풍으로 붉게 물들어 있었다.
- 連休明けの月曜日、道路という道路は車であふれていた。
  연휴가 끝난 후의 월요일, 도로라는 도로는 모두 자동차로 넘쳐나고 있었다.

60 ～といったところだ 대략 ~정도이다

접속 명사＋といったところだ

해설 주로 수량이나 시간 등의 대략적인 정도를 나타내는 경우가 많다.

- 学校まで近いといっても、自転車で20分といったところだ。
  학교까지 가깝다고는 해도, 자전거로 대략 20분 정도다.
- このクラスの今回のテストの平均点は70点といったところだ。
  이 반의 이번 테스트의 평균 점수는 70점 정도다.

61 ～といえども ~라고 할지라도

접속 동사/い형용사/な형용사/명사의 보통형＋といえども
(다만, な형용사와 명사의 「だ」는 붙지 않는 경우가 많다.)

해설 주로 명사 뒤에 붙어서 '설령 그러한 상황이라 할지라도'라는 역접의 의미를 나타내어, 뒤 문장의 내용을 강조한다.

- 大企業といえども倒産の可能性がないわけではない。
  대기업이라 할지라도 도산 가능성이 없는 것은 아니다.
- 日本人といえども刺身の嫌いな人は、たくさんいる。
  일본인이라고 할지라도 생선회를 싫어하는 사람은 많이 있다.

62 ～といったら(ありはし)ない 매우 ~하다

접속 동사의 사전형/い형용사의 사전형/な형용사의 어간/명사+といったら(ありはし)ない

해설 어떠한 것의 정도가 매우 심하다는 의미를 나타낸다.

- こんな番組(ばんぐみ)、つまらないといったらありはしない。이런 프로그램, 너무나 시시하다.
- 富士山(ふじさん)の頂上(ちょうじょう)に立(た)ったときの感激(かんげき)といったらなかった。후지산 정상에 섰을 때의 감격은 최고였다.

63 ～といっても過言(かごん)ではない ~라고 해도 과언이 아니다

접속 동사/い형용사/な형용사/명사의 보통형+といってもかごんではない
(다만, な형용사와 명사의 「だ」는 붙지 않는 경우가 많다.)

해설 '그렇게 말해도 과장된 것은 아니다', '정말로 그럴만하다'와 같은 일종의 강조 표현이다.

- 桜(さくら)は日本(にほん)の代表的(だいひょうてき)な花(はな)といっても過言(かごん)ではない。벚꽃은 일본의 대표적인 꽃이라고 해도 과언이 아니다.
- コンピューターなくしては現代社会(げんだいしゃかい)は成(な)り立(た)たないといっても過言(かごん)ではない。
  컴퓨터 없이는 현대 사회는 성립되지 않는다고 해도 과언이 아니다.

64 ～と思(おも)いきや ~라고 생각했더니

접속 동사/い형용사/な형용사/명사의 보통형+とおもいきや
(다만, な형용사와 명사의 「だ」는 붙지 않는 경우가 많다.)

해설 「～と思(おも)うと」, 「～と思(おも)ったら」의 격식 차린 문형으로, 뒤에는 생각했던 것과는 다른 뜻밖의 결과가 오는 경우가 많다.

- 頑固(がんこ)な父(ちち)だから姉(あね)の結婚(けっこん)には反対(はんたい)するかと思(おも)いきや、何(なに)も言(い)わずに賛成(さんせい)した。
  완고한 아버지라서 언니의 결혼에 반대할 것으로 생각했는데, 아무 말도 없이 찬성했다.
- 与党(よとう)が圧勝(あっしょう)すると思(おも)いきや、野党(やとう)が大躍進(だいやくしん)を果(は)たした。
  여당이 압승할 것으로 생각했는데, 야당이 대약진을 이루어냈다.

65 ～ときたら ~는, ~로 말할 것 같으면

접속 명사＋ときたら

해설 「ときたら」 앞에 오는 명사에 대한 비난, 놀람 등의 느낌을 나타낸다.

- うちの子(こ)ときたら、試験(しけん)の前(まえ)でもテレビばかり見(み)て勉強(べんきょう)しないんだから。
  우리 아이는 시험 전인데도 TV만 보고 공부하지 않는다니까.
- このプリンターときたら、しょっちゅう故障(こしょう)するので、取(と)り替(か)えた方(ほう)がいい。
  이 프린터는 툭하면 고장이 나기 때문에 교체하는 것이 좋다.

66 ～ところを ~인데도

접속 주로 い형용사의 사전형＋ところを, 명사＋の＋ところを

해설 어떤 상황 속에서 예상되는 동작이 올 때 사용한다. 다만, 표현 의도 상으로는 「～ところを」의 앞뒤문장이 역접 관계가 된다는 것을 강조하기보다는 예의를 갖춘 표현의 일종으로 이해하면 된다. 그러므로 인사말에서 주로 사용된다.

- お忙(いそが)しいところをおいでいただきまして恐縮(きょうしゅく)です。 바쁘신데 행차해 주셔서 송구스럽습니다.
- お休(やす)み中(ちゅう)のところをお邪魔(じゃま)して、申(もう)し訳(わけ)ありませんでした。
  쉬시는 데 찾아와서 죄송했습니다.

67 ～とは ~라니

접속 동사/い형용사/な형용사/명사의 보통형＋とは
(다만, な형용사와 명사의 「だ」는 붙지 않는 경우가 많다.)

해설 앞에 오는 내용을 강조하여 놀람이나 감탄을 유도하는 표현이다.

- こんな遅(おそ)い時間(じかん)に電話(でんわ)とは、いったい何事(なにごと)だろう。 이런 늦은 시간에 전화라니 도대체 무슨 일일까?
- パソコンでこんなことまでできるとは、本当(ほんとう)に驚(おどろ)いた。 PC로 이런 일까지 할 수 있다니 정말 놀랐다.

68 ～とはいえ ~라고는 해도

접속 동사/い형용사/な형용사의 보통형＋とはいえ, 명사＋とはいえ
(다만, な형용사와 명사의 「だ」는 붙지 않는 경우가 많다.)

해설 「といっても」와 거의 같은 의미이지만, 「とはいえ」 쪽이 딱딱한 표현이다.

- 不況とはいえ、うちの会社は黒字が続いている。 불황이라고는 해도 우리 회사는 흑자가 지속되고 있다.
- 運転免許を持っているとはいえ、ほとんど運転していない。
  운전면허를 지니고 있기는 하지만 거의 운전하지 않는다.

69 ～とばかりに 마치 ~할 듯이

접속 동사/い형용사/な형용사/명사의 보통형＋とばかりに
(다만, な형용사와 명사의 「だ」는 붙지 않는 경우가 많다.)

해설 「と」 앞에 오는 내용을 인용하여 그러한 느낌이 든다는 의미를 나타낸다.

- 彼は来いとばかりに大きく手を振った。 그는 오라는 듯이 크게 손을 흔들었다.
- 彼女が舞台に出ると待っていたとばかりに拍手が起こった。
  그녀가 무대에 나오자 기다렸다는 듯이 박수가 터져 나왔다.

70 ～とみえる ~인 것 같다

접속 동사/い형용사/な형용사의 보통형＋とみえる

해설 눈으로 보아 그렇게 보이거나, 그러한 느낌이 든다는 의미를 나타낸다.

- 彼はかなり疲れているとみえて、一言もしゃべらなかった。
  그는 매우 피곤한 것인지 한마디도 하지 않았다.
- 彼はカメラがほしいとみえて、カタログを集めている。
  그는 카메라를 갖고 싶은 것인지 카탈로그를 모으고 있다.

71 ～ともなく/～ともなしに 무심코, 특별히 ~하지 않고

접속 동사의 사전형+ともなく/ともなしに

해설 특별히 어떤 일을 하려고 생각하지 않고 그 동작을 하고 있다는 의미를 나타낸다.

- ラジオから流(なが)れる音楽(おんがく)を聞(き)くともなしに雑誌(ざっし)を読(よ)んだ。
  라디오에서 흘러나오는 음악을 무심코 들으며 잡지를 읽었다.
- 昨日(きのう)は一晩中(ひとばんじゅう)眠(ねむ)れず、テレビを見(み)るともなしに見(み)ていた。
  어제는 밤새 잠을 못 자고, TV를 무심코 보고 있었다.

72 ～ともなると/～ともなれば ~라도 되면

접속 명사+ともなると/ともなれば

해설 정작 그러한 특별한 상황이나 입장이 되는 경우를 강조하여 나타내는 표현이다.

- ふだんは静(しず)かなこの町(まち)も、行楽(こうらく)シーズンともなると観光客(かんこうきゃく)でにぎわう。
  평소 조용한 이 마을도 관광 시즌이라도 되면 관광객들로 붐빈다.
- 大学(だいがく)4年生(ねんせい)ともなれば、就職(しゅうしょく)やら卒論(そつろん)やらで忙(いそが)しくなる。
  대학 4학년이라도 되면 취업이나 졸업논문으로 바빠진다.

73 ～ないまでも ~까지는 아닐지라도, ~까지는 하지 않더라도

접속 동사의 ない형+ないまでも

해설 그럴 정도는 아니지만 적어도 그에 가까운 것을 희망하거나 생각할 때에 사용한다.

- これだけ勉強(べんきょう)したんだから、100点(てん)とは言(い)わないまでも、80点(てん)は取(と)れるだろう。
  이만큼 공부했으니 100점이라고는 말하지 않아도 80점은 취득할 수 있을 것이다.
- 優勝(ゆうしょう)はできないまでも、せめて入賞(にゅうしょう)ぐらいはしたいものだ。
  우승은 못하더라도 적어도 입상 정도는 하고 싶다.

74 ～ないものでもない ~못할 것도 없다, ~하지 않는 것도 아니다

접속 동사의 ない형+ないものでもない

해설 단정할 수는 없지만, 그렇게 못할 것도 없다는 의미를 나타낸다.

- 酒(さけ)は好(す)きではないが、全然(ぜんぜん)飲(の)まないものでもない。 술은 좋아하지 않지만, 전혀 마시지 않는 것도 아니다.
- 危険(きけん)な仕事(しごと)ではあるが、条件次第(じょうけんしだい)では引(ひ)き受(う)けないものでもない。
  위험한 일이기는 하지만, 조건에 따라서는 받아들이지 못할 것도 없다.

75 ～ながらに/～ながらの ~인 채로/~인 채로의

접속 동사의 ます형+ながらに/ながらの, 명사+ながらに/ながらの

해설 그 상태 그대로 어떠한 상황이나 동작이 이루어진다는 의미를 나타낸다. 실제로는 동사는 「居(い)る, 生(う)まれる」, 명사는 「涙(なみだ), 昔(むかし), いつも」 등에 한정된 관용표현으로 사용된다.

- 彼女(かのじょ)には生(う)まれながらに備(そな)わっている品格(ひんかく)があった。 그녀에게는 천부적으로 갖추어진 품격이 있었다.
- この会社(かいしゃ)では、昔(むかし)ながらの製法(せいほう)で日本酒(にほんしゅ)を作(つく)っている。
  이 회사는 전통적인 제조 방식으로 술을 만들고 있다.

76 ～ながら(も) ~이지만

접속 동사의 ます형/い형용사의 사전형/な형용사의 어간/명사+ながらも

해설 「けれども」, 「のに」와 같은 역접의 의미를 강조하여 나타낸다.

- 彼(かれ)は本当(ほんとう)のことを知(し)っていながらも、私(わたし)には何(なに)も話(はな)してくれなかった。
  그는 사실을 알고 있으면서도 나에게 아무 말도 해주지 않았다.
- 狭(せま)いながらも一戸建(いっこだ)ての家(いえ)が買(か)えてうれしい。 좁지만 단독주택을 살 수 있어서 기쁘다.

77 ～なくして ~없이

접속 명사+なくして

해설 그것이 없으면 뒤의 일이 이루어질 수 없다는 의미를 나타낸다. 「なくしては(없이는)」의 형태로 강조하여 사용하기도 한다.

・何事も努力なくしては成功することはできない。무슨 일이든 노력 없이는 성공할 수 없다.

・あの映画は涙なくしては見られない。그 영화는 눈물 없이는 볼 수 없다.

78 ～なくはない ~못할 것도 없다

접속 동사의 ない형+なくはない

해설 단정할 수는 없지만, 경우에 따라서는 그러한 가능성이 있다는 부분적인 긍정을 나타내는 표현이다. 「～ないものでもない」를 부드럽게 나타내는 회화체 표현으로 이해해도 좋다.

・彼の意見には賛成しないが、その意見は分からなくはない。
그의 의견에는 찬성하지 않지만, 그 의견은 이해할 수 없는 것도 아니다.

・料理は出来なくはないが、見た目が悪い。
요리는 못하는 것은 아니지만 겉보기가 좋지 않다(예쁘게 못 만든다).

79 ～なしに ~없이

접속 명사+なしに

해설 「なしに」 앞에 오는 그것이 없으면 불가능하거나 곤란하다는 부정적인 의미를 표현한다. 「なしには(없이는)」의 형태로 강조하여 사용하기도 한다.

・許可なしに入室することを禁止する。허가 없이 입실하는 것을 금지한다.

・醤油なしには日本の食文化は語れない。간장 없이는 일본의 음식 문화는 말할 수 없다.

80 ～ならいざしらず ~라면 몰라도

접속 명사+ならいざしらず

해설 「ならいざしらず」 앞에 제시된 어떤 상황이라면 어쩔 수가 없지만, 뒤에는 그렇지 않기 때문에 실제로 납득할 수 없다는 내용이 온다.

- 小学生(しょうがくせい)ならいざ知(し)らず、大学生(だいがくせい)にもなってまだテレビゲームばかりなの。
  초등학생이라면 몰라도 대학생이나 되어서 아직 비디오 게임만 하다니!
- 素人(しろうと)ならいざしらず、ベテランの君(きみ)がこんなミスをするとは。
  아마추어라면 몰라도 베테랑인 자네가 이런 실수를 하다니!

81 ～ならではの ~만의

접속 명사+ならではの+명사

해설 바로 그것만이 그런 특징이나 장점을 지닐 수 있다는 의미를 나타낸다. 주로 긍정적인 내용을 강조할 때 쓰인다.

- 小(ち)さいレストランには小(ち)さいレストランならではのよさがある。
  작은 레스토랑은 작은 레스토랑만의 장점이 있다.
- 彼女(かのじょ)のトップ女優(じょゆう)ならではの深(ふか)い表現力(ひょうげんりょく)に感動(かんどう)した。 그녀의 최고 여배우만의 깊은 표현력에 감동했다.

82 ～ならまだしも ~라면 몰라도. ~라면 이해할 수 있지만

접속 동사/い형용사의 보통형+ならまだしも, な형용사의 어간/명사+ならまだしも

해설 어느 정도라면 이해할 수 있지만, 실제로는 그렇지 못한 더 나쁜 상태라는 의미를 나타낸다. 수량이나 정도를 나타내는 표현 뒤에 붙는 경우가 많다.

- 1万円(まんえん)ならまだしも、2万円(まんえん)は高(たか)すぎる。 1만엔이라면 몰라도 2만엔은 너무 비싸다.
- この問題(もんだい)は、高校生(こうこうせい)ならまだしも中学生(ちゅうがくせい)には無理(むり)だ。
  이 문제는 고등학생이라면 몰라도 중학생에게는 무리다.

83 ～なり ~하자마자

접속 동사의 사전형＋なり

해설 앞의 동작이 끝나자마자 바로 다른 동작이 발생하는 경우를 나타낸다.

- 子どもは母親の顔を見るなり、泣き出した。아이는 어머니의 얼굴을 보자마자 울기 시작했다.
- 彼はひどく疲れていて部屋に入るなりソファに座りこんでしまった。
  그는 몹시 지쳐 있어서 방에 들어가자마자 소파에 주저앉아 버렸다.

84 ～なり～なり ~하든 ~하든

접속 동사의 사전형/명사＋なり、동사의 사전형/명사＋なり

해설 유사한 내용을 예시하여 선택하는 경우에 사용한다.

- 必要なものは、買うなり借りるなりして準備しておきなさい。
  필요한 것은 사든지 빌리든지 해서 준비해두세요.
- コーヒーなり、ジュースなり、好きな物を飲んでください。
  커피든 주스든 좋아하는 것을 마시도록 하세요.

85 ～なりに/～なりの ~나름대로 / ~나름의

접속 い형용사의 사전형＋なりに/なりの, 명사＋なりに/なりの

해설 「なりに」 앞에 제시된 내용에 상응한다는 의미를 나타낸다.

- 部屋が狭ければ狭いなりに工夫して使っています。방이 좁으면 좁은 대로 궁리해서 사용하고 있습니다.
- 子どもには子どもなりの悩みがある。아이들은 아이들 나름의 고민이 있다.

86 ～に(は)あたらない ~할 필요 없다

접속 동사의 사전형/명사+に(は)あたらない

해설 「驚く」, 「喜ぶ」, 「恐れる」, 「感心する」, 「ほめる」 등의 감정을 나타내는 동사에 붙는 경우가 많다.

- 彼が難しい試験に合格したからといって、驚くにはあたらない。
  그가 어려운 시험에 합격했다고 해서 놀랄 필요는 없다.
- 一度くらい失敗したからといって、がっかりするにはあたらない。
  한 번쯤 실패했다고 해서 낙심할 필요는 없다.

87 ～にあって ~에, ~에서

접속 명사+にあって

해설 조사 「に」를 「で」로 바꿀 수 있다. 시간, 상황, 장소 등을 나타내는 딱딱한 표현이다.

- 不況下にあって、逆に成長している企業もある。 불황 속에서 반대로 성장하고 있는 기업도 있다.
- この非常時にあって、あなたはどうしてそんなに平気でいられるのですか。
  이 비상 상황에 당신은 어째서 그렇게 태연하게 있을 수 있는 것입니까?

88 ～に至る/～に至って ~에 이르다, ~에 이르러서

접속 동사의 사전형/명사+にいたる/にいたって

해설 어떤 극단적이 상태나 목표로 하는 결과에 도달한다는 의미를 나타낸다.

- 彼が起こした会社か発展を続け、海外に支店を出すに至った。
  그가 세운 회사가 발전을 계속하여, 해외에 지점을 내기에 이르렀다.
- 実際に事故が起こるに至って、政府は本格的に対策を講じはじめた。
  실제로 사고가 일어나기에 이르러, 정부는 본격적으로 대책을 강구하기 시작했다.

89 ~に言(い)わせれば ~에게 말하라고 한다면, ~의 의견으로는

접속 명사+にいわせれば (주로 사람을 나타내는 명사 뒤에 붙는다.)

해설 어떠한 사람의 의견이나 입장을 강하게 인용한다.

・7,000円(えん)という値段(ねだん)は、父(ちち)に言(い)わせれば安(やす)い方(ほう)らしい。
7,000엔이라는 가격은 아버지 의견으로는 싼 편인 것 같다.

・大人(おとな)に言(い)わせれば、わたしの悩(なや)みなどつまらないことなんだろう。
어른들 생각에는 나의 고민 같은 것은 하찮은 것이겠지?

90 ~にかかっている ~에 달려 있다

접속 명사+にかかっている

해설 그것이 매우 중요해서, 그것에 의해 결정된다는 의미를 나타낸다.

・合格(ごうかく)するかどうかは自分(じぶん)の熱意(ねつい)にかかっている。 합격할지 어떨지는 자신의 열의에 달려 있다.

・きれいな街(まち)を作(つく)るのは市民(しみん)の協力(きょうりょく)にかかっている。 깨끗한 거리를 만드는 것은 시민들의 협력에 달려있다.

91 ~にかかわる ~에 관련된

접속 명사+にかかわる

해설 제시된 내용과 매우 중대한 관련성이 있다는 의미를 표현한다.

・交通事故(こうつうじこ)にあったが、命(いのち)にかかわるようなけがではなかった。
교통사고를 당했지만, 생명과 직결되는 부상은 아니었다.

・個人(こじん)のプライバシーを守(まも)るということは人権(じんけん)にかかわる大切(たいせつ)な問題(もんだい)です。
개인의 프라이버시를 보호하는 것은 인권에 관련된 중대한 문제입니다.

92 ～にかこつけて ~을 구실로, ~을 구실 삼아

접속 명사+にかこつけて

해설 직접적인 이유나 원인이 아닌데도 그것을 핑계로 자신의 행동을 정당화한다는 의미를 나타낸다.

- 親の病気にかこつけて、彼は学校を欠席した。 부모의 병을 구실 삼아 그는 학교를 결석했다.
- 出張にかこつけて、大阪にいる友人に会いに行った。
  출장을 구실 삼아 오사카에 있는 친구를 만나러 갔다.

93 ～にかたくない 간단히 ~할 수 있다, ~하는 일은 어렵지 않다

접속 동사의 사전형/명사+にかたくない

해설 어떠한 일을 커다란 어려움 없이 이해하거나 받아들일 수 있다는 의미를 나타낸다. 보통 「想像／察する+にかたくない」의 형태로 사용한다.

- 受賞の知らせを受けて、彼がどんなに喜んだか想像にかたくない。
  수상 소식을 받아들고 그가 얼마나 기뻐했을지 상상하기에 어렵지 않다.
- 交通事故で子供をなくした親の悲しみは、察するにかたくない。
  교통사고로 아이를 잃은 부모의 슬픔은 헤아리고도 남는다.

94 ～にかまけて ~에 매달려서, ~에 얽매여서

접속 명사+にかまけて

해설 어떤 일에 정신이 팔려 다른 것이 소홀해진다는 의미를 나타낸다.

- 子どもにかまけてテレビを見る時間もない。 아이에게 얽매여 텔레비전을 볼 시간도 없다.
- 新入社員の世話にかまけて、自分の仕事が全然進んでいない。
  신입 사원을 서포트하는 일에 매달려, 자신의 일이 전혀 진행되지 않는다.

95 ～にとどまらず ~에 그치지 않고

접속 명사+にとどまらず

해설 그것뿐 아니라 더욱더 넓은 범위에까지 상황이 전개된다는 의미를 표현한다.

・彼の歌は日本国内にとどまらず、アジアの国々でも人気がある。

그의 노래는 일본 국내에 그치지 않고 아시아 여러 나라에서도 인기가 있다.

・火山の噴火の影響は、ふもとにとどまらず、広範囲に及んだ。

화산 폭발의 영향은 산기슭에 그치지 않고 광범위한 지역에 이르렀다.

96 ～にこしたことはない ~하는 것이 최고다

접속 동사/い형용사/な형용사/명사의 보통형＋にこしたことはない
(다만, な형용사와 명사 뒤에 「だ」는 붙이지 않는다.)

해설 그렇게 하는 편이 상식적으로 생각하여 당연하다는 의미를 강조하여 나타낸다.

・旅行の荷物は少ないにこしたことはない。 여행 짐은 적은 것이 최고다.

・同じ仕事をするなら、給料がいいにこしたことはない。 같은 일을 한다면 월급이 좋은 것이 최고다.

97 ～にして ~이기 때문에, ~라 할지라도, ~인 동시에, ~에

접속 명사＋にして

해설1 ～이기 때문에: 원인을 강조하여 나타낸다.

・こんなに想像力あふれる作品は、子供にしてはじめて作れるものだ。

이렇게 상상력 넘치는 작품은 아이이기에 비로소 만들 수 있는 것이다.

해설2 ～라 할지라도: 당연하게 예상되는 것과는 다른 내용을 유도한다. 즉, 역접 표현에 속한다.

・専門家の彼にして、解決できないのだから、素人の私には無理だ。

전문가인 그 사람일지라도 해결할 수 없으니까, 초보자인 나에게는 무리다.

해설3 ～인 동시에: 비슷한 내용을 나열한다.

・彼は会社の社長にして、文学者でもある。 그는 회사의 사장이자 문학가이기도 하다.

해설4 ～에(시간): 어떠한 일이 이루어지는 시간을 나타낸다.

・彼は40歳にして自分のやりたい仕事を見つけ出した。

그는 40세에 자신이 하고 싶은 일을 찾아냈다.

98 ～に即して/～に即した ~에 입각하여/~에 입각한

접속 명사+にそくして, 명사+にそくした+명사

해설 '～에 적합하게', '～에 맞추어', '～에 근거하여' 등 어떠한 기준을 강조하는 의미를 나타낸다.

- 試験中の不正行為は、校則に即して処理する。 시험 중의 부정행위는 교칙에 근거하여 처리한다.
- その時の経済状況に即した政策を進める必要がある。

  그때의 경제 상황에 입각한 정책을 추진할 필요가 있다.

99 ～にたえない (차마) ~할 수 없다

접속 동사의 사전형/명사+にたえない

해설 그러한 상황을 견뎌낼 수 없을 정도로 심하다는 의미를 나타낸다. 「聞くにたえない」, 「見るにたえない」와 같은 동사의 사전형에 붙는 경우가 많다.

- 最近の若者の言葉づかいは、聞くにたえないものが多い。

  요즘 젊은이들의 말투는 차마 듣고 있을 수 없는 것이 많다.
- 受験に失敗し落胆している様子は、気の毒で見るにたえない。

  수험에 실패하여 낙담하고 있는 모습은 측은해서 차마 보고 있을 수 없다.

100 ～にたえる (그런대로) ~할 만하다

접속 동사의 사전형/명사+にたえる

해설 어떠한 것을 할 만한 능력이 있거나, 어떠한 일이 충분한 가치가 있다는 의미를 나타내는 관용적인 표현이다.

- 次の展覧会には大勢の人々の鑑賞にたえる作品を出品したい。

  다음 전시회에는 많은 사람이 감상할 만한 작품을 출품하고 싶다.
- 工場で使う機械は、長期間の使用にたえるものでなければならない。

  공장에서 사용하는 기계는 장기간 사용할 수 있는 것이 아니면 안 된다.

101 ～に足る/～に足りる ~하기에 충분하다, ~할 가치가 있다

접속 동사의 사전형/명사+にたる/にたりる

해설 어떠한 일에 합당한 자격이나 가치가 있다는 의미를 나타낸다.

・今回のテスト成績は満足に足るものではなかった。이번 시험 성적은 만족할 만한 것이 아니었다.

・彼は信頼するに足りる人物だ。그는 신뢰할 만한 인물이다.

TIP

「～に足る/～に足りる」와는 반대로, 어떠한 일에 합당한 자격이나 가치가 없다고 할 때는 「～に足らない/～に足りない(～하기에 부족하다, ～할 가치가 없다)」를 사용한다.

・口ばかりで行動しない男だから彼など信頼するにたりない。
말만 하고 행동하지 않는 남자라서 그 같은 사람은 신뢰하기에 부족하다.

・取るにたらないことでそんなに悩むことはない。하찮은 일로 그렇게 고민할 필요는 없다.

102 ～に(は)およばない ~할 것까지도 없다, ~할 필요도 없다/~에 미치지 못하다

접속1 동사의 사전형+に(は)およばない

해설1 ~할 것까지도없다, ~할 필요도 없다: 그렇게 할 필요가 없다는 의미를 나타낸다.

・電話一本で済むことだから、わざわざ行くには及ばないよ。
전화 한 통으로 끝날 일이니까 일부러 갈 필요는 없다.

・大した怪我ではありませんので、早いうちに処置すればそう心配するには及びません。
대단한 부상이 아니기 때문에 빠른 시기에 처치하면 그렇게 걱정할 필요는 없습니다.

접속2 명사+に(は)およばない

해설2 ~에 미치지 못하다: 「にはおよばない」 앞에 제시되는 대상이 나타내는 수준에 도달하지 못한다는 의미를 나타낸다.

・家庭用ゲーム機はまだパソコン環境には及ばない。가정용 게임기는 아직 PC 환경에는 못 미친다.

・A国の原油の埋蔵量は、サウジアラビアには及ばない。
A국의 원유 매장량은 사우디아라비아에는 못 미친다.

103 ～にひきかえ ~과는 달리, ~과는 대조적으로

접속 명사+にひきかえ
(동사/い형용사/な형용사 뒤에는「の」를 써서 명사화 한 후에「にひきかえ」를 붙인다.)

해설 두 가지 사항을 비교하여 앞의 것과는 완전히 다르다는 의미를 강조하여 나타낸다.

- 米不足(こめぶそく)だった去年(きょねん)にひきかえ、今年(ことし)は豊作(ほうさく)のようだ。
  쌀이 부족했던 작년과는 대조적으로, 올해는 풍작인 것 같다.
- 勉強家(べんきょうか)の兄(あに)にひきかえ、弟(おとうと)の方(ほう)は遊(あそ)んでばかりいる。
  공부를 잘하는 형과는 대조적으로, 동생 쪽은 놀고만 있다.

104 ～にもまして ~보다도

접속 명사+にもまして

해설 앞에 오는 사항보다도 정도가 더 강하다는 의미를 나타낸다.「誰(だれ)にもまして(누구보다도)」,「いつにもまして(어느 때보다도)」,「去年(きょねん)にもまして(작년보다도)」 등에 붙는 경우가 많다.

- ゴミ問題(もんだい)は何(なに)にもまして急(きゅう)を要(よう)する問題(もんだい)だ。 쓰레기 문제는 무엇보다도 시급한 문제다.
- 今年(ことし)は、猛暑(もうしょ)だった去年(きょねん)にもまして暑(あつ)い。 올해는 무더위였던 작년보다도 덥다.

105 ～はおろか ~은커녕, ~은 물론

접속 명사+はおろか

해설 A와 B를 비교하는 경우가 많으며, 놀람이나 비판을 나타내는 표현이 뒤따르는 경우가 많다.

- 忙(いそが)しかったので食事(しょくじ)はおろかコーヒーを飲(の)む時間(じかん)もなかった。
  바빴기 때문에 식사는커녕 커피를 마실 시간도 없었다.
- 祖母(そぼ)は、車(くるま)の運転(うんてん)はおろか、自転車(じてんしゃ)すら乗(の)れない。
  할머니는 자동차 운전은커녕 자전거조차 탈 수 없다.

106 ～ばこそ (정말로) ~라서, ~이기에

접속 동사의 ば형/い형용사의 어간+ければ/な형용사+であれば/명사+であれば+こそ

해설 원인이나 이유를 강조하는 표현이다.

- 君の将来を考えればこそ、忠告するのだ。너의 미래를 생각하기에 충고하는 것이다.
- 妻の内助の功があればこそ、今の成功がある。아내의 내조의 공이 있었기에 지금의 성공이 있다.

107 ～は欠かせない ~은 빼놓을 수 없다, ~은 필수적이다

접속 명사+はかかせない

해설 「欠かす」의 가능형에 「ない」가 붙은 표현으로, 그것이 없으면 안 된다, 그것이 없는 상태는 있을 수 없다는 의미를 표현한다.

- 日本料理にしょうゆは欠かせない。일본 요리에 간장은 빼놓을 수 없다.
- 上達するには、基本練習は欠かせない。숙달되려면 기본 연습은 필수적이다.

108 ～はさておき ~은 어쨌든, ~은 제쳐두고

접속 명사+はさておき

해설 그것에 대해서 지금은 문제 삼지 않고 더 중요한 주제를 제시할 때 사용한다.

- 冗談はさておき、まじめに議論しましょう。농담은 제쳐두고, 진지하게 논의합시다.
- 何はさておき、まずは乾杯しましょう。만사 제쳐두고 우선 건배합시다.

109 ～はしない ~하지는 않는다, ~하지는 않겠다

접속 동사의 ます형+はしない

해설 「동사의 ます형+は+しない」의 형태로, 어떤 동작을 강하게 부정할 때 사용한다.

- 私は決してあなたのご親切を忘れはしません。나는 결코 당신의 친절을 잊지는 않겠습니다.
- 予想はしていたので、そう驚きはしなかった。예상은 하고 있었기 때문에, 그렇게 놀라지는 않았다.

110 ～ばそれまでだ ~하면 그것으로 끝이다

접속 동사의 ば형+それまでだ

해설 그러한 상황이 되면 어쩔 방도가 없다는 의미를 나타낸다.

・どんなにいい機械があっても、使い方が分からなければそれまでだ。
아무리 좋은 기계가 있어도 사용 방법을 모르면 그걸로 끝이다.

・いくらお金をためても、死んでしまえばそれまでだ。아무리 돈을 모아도 죽어버리면 그만이다.

111 ～べからざる ~해서는 안 될

접속 동사의 사전형+べからざる+명사

해설 그것을 해서는 안 된다는 금지의 의미를 나타낸다.「べからざる」뒤에 명사가 온다는 점에 주의하도록 한다.「するべからざる」는「すべからざる」로 표현하는 경우도 있다.

・日本料理にしょうゆは欠くべからざるものである。일본 요리에 간장은 없어서는 안 될 것이다.

・教師が子供たちに体罰を加えるなど許すべからざることだ。
교사가 아이들에게 체벌을 가하다니 용서해서는 안 될 일이다.

112 ～べからず ~하지 말 것

접속 동사의 사전형+べからず

해설 게시물이나 간판 등에 사용되는 금지 표현이다.「するべからず」는「すべからず」로 표현하는 경우도 있다.

・関係者以外立ち入るべからず。관계자 이외에는 출입하지 말 것.

・ここにゴミを捨てるべからず。이곳에 쓰레기를 버리지 말 것.

113 ～べく ~하기 위해서

접속 동사의 사전형+べく

해설 목적을 나타내는 표현으로, 「ために」보다 딱딱한 느낌을 주며, 당위성이 강조된다. 「するべく」는 「すべく」로 표현하는 경우도 있다.

- 試験に受かるべく一生懸命勉強する。 시험에 합격하기 위해서 열심히 공부한다.
- 社長は経営責任をとるべく辞任した。 사장은 경영 책임을 지기 위해 사임했다.

114 ～べくして ~할 만해서

접속 동사의 사전형+べくして

해설 그런 상황이 되는 것이 당연하다는 의미를 나타낸다.

- 十分練習できなかったので、試合は負けるべくして負けた。
  충분히 연습하지 못했기 때문에 경기는 질 만해서 졌다.
- 彼は努力を重ねてきたのだから、受かるべくして受かったのだ。
  그는 노력을 거듭해 왔기 때문에, 합격할 만해서 합격한 것이다.

115 ～べくもない ~가능할 리가 없다

접속 동사의 사전형+べくもない

해설 제시되는 내용이 이루어질 가능성이 전혀 없다는 의미를 나타낸다.

- 土地が高い都会では、家などそう簡単に手に入るべくもない。
  토지가 비싼 도시에서는 집 같은 것은 그렇게 간단히 손에 넣을 수 없다.
- 彼の優れた能力には到底及ぶべくもない。 그의 뛰어난 능력에는 도저히 미칠 수 없다.

116 ～放題 실컷 ~함

접속 동사의 ます형+ほうだい, 동사의 ます형+たい+ほうだい

해설 아무런 제한 없이 마음대로 그 동작을 한다는 의미를 나타낸다.

- この店のランチは何でも食べ放題です。 이 가게의 점심은 무엇이든 무한제공입니다.

・彼女は人の気持ちを考えず、いつも言いたい放題である。

그녀는 남의 감정을 생각하지 않고, 언제나 실컷 자기가 하고 싶은 말만 한다.

117 ～まじき ~해서는 안 될

접속 동사의 사전형＋まじき＋명사

해설 그러한 입장에 있는 사람은 당연히 그런 일을 해서는 안 된다는 의미를 나타낸다. 뒤에는 명사가 온다는 점에 주의하도록 한다. 또한, 「する」는 「すまじき」로 표현하는 경우도 있다.

・子どもを虐待するなど親にあるまじき行為だ。아이를 학대하다니 부모로서 해서는 안 될 행위이다.

・政治家が利権に走ることはあるまじき行為である。

정치인들이 이권을 위해 치닫는 것은 해서는 안 될 행위이다.

118 ～まで(のこと)だ ~하면 된다, 단지 ~했을 뿐이다

접속1 동사의 사전형＋まで(のこと)だ

해설1 ~하면 된다(결단, 의지): 어쩔 수 없으니 그렇게 하겠다는 결심이나 의지를 나타낸다.

・今年の試験がだめなら来年また頑張るまでだ。올해 시험에 실패하면 내년에 또 분발하면 된다.

・終電に乗り遅れたら、歩いて帰るまでのことだ。마지막 전철을 놓치면 걸어서 돌아가면 되는 일이다.

접속2 동사의 た형＋まで(のこと)だ

해설2 단지 ~했을 뿐이다: 이유를 단적으로 설명할 때 사용한다.

・近くを通ったので、ちょっと寄ったまでです。근처를 지나고 있었기 때문에, 잠시 들른 것뿐입니다.

・任務ですから当然の事をしたまでです。임무라서 당연한 일을 했을 뿐입니다.

119 ～までもない ~할 필요도 없다

접속 동사의 사전형＋までもない

해설 너무나 당연하여 그렇게 할 필요가 없다.

・近いから車で行くまでもない。가까우니까 차로 갈 것까지도 없다.

・そんな失礼な質問には答えるまでもない。그런 무례한 질문에는 답할 필요도 없다.

120 ～まみれ ~범벅, ~투성이

접속 명사+まみれ

해설 표면 전체에 무언가가 잔뜩 붙어 있는 상태를 나타낸다.

- 押入れからほこりまみれのアルバムが見つかった。벽장에서 먼지 범벅이 된 앨범이 발견되었다.
- 犯人は泥まみれのくつを履いていた。범인은 진흙투성이 신발을 신고 있었다.

121 ～めく ~한 듯한 느낌이 들다

접속 명사+めく

해설 어떤 상태가 되거나 어떤 느낌이 든다는 의미를 나타낸다.

- 日差しも暖かくなり、だいぶ春めいてきた。햇볕도 따뜻해져서 꽤 봄다워지기 시작했다.
- 彼女は皮肉めいた言い方をするので、みんなに嫌われている。
  그녀는 비꼬는 듯한 말투로 말하기 때문에, 모두에게 미움받고 있다.

122 ～もさることながら ~도 그러하지만, ~은 물론이거니와

접속 명사+もさることながら

해설 둘 다 중요하지만, 특히 뒤에 오는 명사 쪽에 더 중점을 두는 표현이다.

- ストーリーの良さもさることながら、映像も美しい映画だ。
  스토리가 좋다는 점도 그러하지만, 영상도 아름다운 영화다.
- 進学は親の意向もさることながら、子供自身の気持ちがまず大切だろう。
  진학은 부모의 뜻도 그러하지만, 아이 자신의 마음이 우선 중요할 것이다.

123 ～も同然(どうぜん)だ ~과 다름없다, ~과 마찬가지다

접속 동사/い형용사의 명사 수식형+もどうぜんだ, な형용사의 어간/명사+もどうぜんだ

해설 사실은 그렇지 않지만 「も同然(どうぜん)だ」 앞에 제시된 내용과 같은 일이라는 의미를 나타낸다.

- ギターは十年(じゅうねん)も弾(ひ)いていないので、初心者(しょしんしゃ)も同然(どうぜん)だ。

  기타는 십 년이나 연주하지 않았기 때문에 초보자나 마찬가지다.

- 後(あと)は目次(もくじ)を作成(さくせい)するだけだから、論文(ろんぶん)はもうできたも同然(どうぜん)だ。

  나머지는 목차를 작성하기만 하면 되니까, 논문은 이미 완성된 것과 마찬가지다.

124 ～ものを ~텐데

접속 동사/い형용사의 보통형+ものを

해설 그랬으면 좋았을 텐데 그렇게 하지 않아서 아쉽다는 유감이나 불만을 나타낸다.

- 慌(あわ)てなければ、いい点(てん)がとれたものを。당황하지만 않았더라면 좋은 점수를 얻을 수 있었을 텐데.
- 引(ひ)っ越(こ)しすると言(い)ってくれれば、手伝(てつだ)ったものを。이사한다고 말해 주었더라면 도와주었을 텐데.

125 ～や否(いな)や ~하자마자

접속 동사의 사전형+やいなや

해설 그 동작과 동시에 바로 뒤의 동작이 발생한다는 의미로 사용한다. 「や否(いな)や」를 줄여서 「や」만을 사용하는 경우도 있다.

- デパートの入(い)り口(ぐち)が開(あ)くや否(いな)や客(きゃく)がどっと入(はい)ってきた。

  백화점의 입구가 열리자마자 손님들이 우르르 들어왔다.

- 人気女優(にんきじょゆう)が現(あらわ)れるや否(いな)や、記者(きしゃ)が彼女(かのじょ)を取(と)り囲(かこ)んだ。

  인기 여배우가 등장하자마자 기자가 그녀를 둘러쌌다.

126 ～矢先(に) 막 ~하려던 때에

접속 동사의 た형＋やさきに

해설 무엇을 시작하려는 마침 그때 어떤 일이 발생한다는 의미를 나타낸다.

- 出かけようとした矢先に、電話のベルが鳴った。 외출하려던 바로 그때, 전화벨이 울렸다.
- 洗濯をはじめようとした矢先に雨が降り出した。 세탁을 시작하려는 바로 그때, 비가 내리기 시작했다.

127 ～ゆえ(に) ~때문에

접속 동사/い형용사/な형용사/명사의 명사 수식형＋ゆえ
(다만, な형용사는 「な」, 명사는 「の」가 붙지 않는 경우가 많다.)

해설 이유를 나타내는 문장체 표현이다. 동사와 い형용사 뒤에는 「～がゆえ」라는 형태로 사용되기도 한다.

- 学生時代、最後の大会ゆえに、ぜひとも優勝したい。 학창 시절 마지막 대회이기에 꼭 우승하고 싶다.
- 貧しいがゆえに進学を断念した。 가난하기에 진학을 포기했다.

128 ～よう ~하는 모습

접속 동사의 ます형＋よう

해설 「喜ぶ、笑う、悲しむ、苦しむ、怒る、驚く」 등의 감정을 나타내는 동사의 ます형에 붙어서, 그러한 감정이 나타나는 상황을 제시한다.

- 彼女は、事故で友達を失い、ひどい悲しみようだった。
  그녀는 사고로 친구를 잃고 몹시 슬퍼하는 모습이었다.
- おもちゃをプレゼントした時の子どもたちの喜びようは言葉では表現できない。
  장난감을 선물했을 때의 아이들이 기뻐하는 모습은 말로는 표현할 수 없다.

129 ~(よ)うか~まいか ~해야 할지 ~말아야 할지

접속 동사의 의지형+か+동사의 사전형+まいか
(동사의 사전형+まいか는 2, 3그룹의 경우에는 ない형+まいか로도 사용한다.)

해설 그것을 해야 할지 어떨지에 대하여 망설일 때 사용하는 표현이다.

- 今度の旅行に参加しようかしまいか、迷っている。이번 여행에 참가할지 말아야 할지 망설이고 있다.
- とても高いので買おうか買うまいか決めかねている。
매우 비싸기 때문에 사야 할지 말아야 할지 결정하지 못하고 있다.

130 ~(よ)うが/~(よ)うと ~할지라도, 설령 ~할지라도

접속 동사의 의지형 +が/と

해설 역접의 내용을 강조하여 나타내는 문장체 표현이다. 강한 의지를 나타내는 문장에서 사용되는 경우가 많다.

- 周りがどんなに反対しようが、自分の決心は変わらない。
주위가 아무리 반대할지라도 자신의 결심은 변하지 않는다.
- 誰が何と言おうと、私の気持ちは変わらない。누가 뭐라고 하든 내 마음은 변하지 않는다.

131 ~(よ)うが~まいが/~(よ)うと~まいと ~하든 말든

접속 동사의 의지형+が/と+동사의 사전형+まいが/まいと
(동사의 사전형+まいが는 2, 3그룹의 경우에는 ない형+まいが로도 사용한다.)

해설 같은 동사를 두 번 반복하여 어느 쪽이든 같다는 의미를 나타낸다.

- 勝とうが勝つまいが参加することに意義がある。이기든 지든 참가하는 것에 의의가 있다.
- 彼が来ようと来るまいと、私には関係ないことだ。그가 오든 말든 내게는 상관없는 일이다.

132 ~(よ)うにも~ない ~하려고 해도 할 수 없다

접속 동사의 의지형+にも+동사의 가능형의 부정

해설 무언가를 하려고 해도 방법이 없어서 그렇게 할 수 없다는 의미를 나타낸다.

・料理の材料がないので、作ろうにも作れない。요리 재료가 없기 때문에 만들려고 해도 만들 수 없다.

・もう終電が行ってしまったので、うちに帰ろうにも帰れない。
이미 마지막 전철이 가버렸기 때문에 집에 돌아가려고 해도 돌아갈 수가 없다.

133 ~(よ)うものなら ~하게 되면, ~라도 하면

접속 동사의 의지형+ものなら

해설 그러한 상황이 된다면 커다란 문제가 생길 것이라는 화자의 감정을 나타낸다.

・そんなことを先生に言おうものなら、怒られるにきまっている。
그런 말을 선생님에게 하게 된다면 꾸중을 들을 것임에 틀림없다.

・約束の時間に少しでも遅れようものなら、彼にひどいことを言われるだろう。
약속 시간에 조금이라도 늦기라도 하면 그에게 심한 말을 들을 것이다.

134 ~をおいて ~외에는, ~을 제외하고

접속 명사+をおいて

해설 그것밖에 없다는 의미를 우회적으로 강조하여 나타내는 표현이다. 뒤에는 「~ない」와 같은 부정적인 표현이 온다.

・話し合いをおいて他に問題解決の道はない。대화 외에는 달리 문제 해결의 길은 없다.

・日本を代表する山は富士山をおいて他にはない。일본을 대표하는 산은 후지산 외에는 달리 없다.

135 ~を限りに ~을 마지막으로

접속 명사+をかぎりに

해설 주로 「今日」, 「今月」, 「今年」와 같은 시간 표현 뒤에 붙어, 시간적 한계점을 나타낸다.

・今日を限りに禁煙することにしました。오늘을 끝으로 금연하기로 했습니다.

・村山選手は今日の試合を限りに引退する。무라야마 선수는 오늘 시합을 끝으로 은퇴한다.

TIP

「～を限りに」는, '한도껏, 한계에 달하도록'이라는 의미를 나타내는 관용적 표현으로도 쓰인다.
「声を限りに(목청껏, 가능한 한 큰 소리로)」, 「力の限りに(힘껏, 온 힘을 다해서)」

- 声を限りに応援したが、私のチームは負けてしまった。
  목청껏 응원했지만, 우리 팀은 지고 말았다.

136 ～を皮切りに ~을 시작으로

접속 명사+をかわきりに

해설 그것을 시작으로 관련된 일이 계속된다는 의미를 나타낸다.

- 彼の発言を皮切りにして、活発に議論が行われた。
  그의 발언을 시작으로 활발하게 논의가 이루어졌다.
- その展覧会は東京を皮切りに、全国６都市を回りながら開催される。
  그 전시회는 도쿄를 시작으로 전국 6개 도시를 돌며 개최된다.

137 ～を禁じえない ~을 금할 수가 없다

접속 명사+をきんじえない

해설 감정 표현 뒤에 붙어서, 그러한 감정을 억제할 수가 없다는 의미를 나타낸다.

- その映画のラストシーンは感動的で涙を禁じえなかった。
  그 영화의 마지막 장면은 감동적이어서 눈물을 금할 수가 없었다.
- 事故で子どもを亡くした親のお気持ちを思うと同情を禁じえない。
  사고로 아이를 잃은 부모의 심정을 생각하면 동정을 금할 수가 없다.

138 ～を控(ひか)えて ~을 앞두고

접속 명사＋をひかえて

해설 어떤 일이 바로 직전으로 다가온 상태를 나타낸다.

・入学試験(にゅうがくしけん)を控(ひか)えて、学生(がくせい)たちは、真剣(しんけん)に勉強(べんきょう)している。

입학시험을 앞두고, 학생들은 진지하게 공부하고 있다.

・一週間後(いっしゅうかんご)に開幕戦(かいまくせん)を控(ひか)えて、選手(せんしゅ)たちは練習(れんしゅう)に励(はげ)んでいる。

일주일 후로 개막전을 앞두고, 선수들은 연습에 힘쓰고 있다.

139 ～を踏(ふ)まえて ~을 토대로, ~에 입각하여

접속 명사＋をふまえて

해설 무언가를 근거나 전제로 하여 어떠한 행동을 하거나 고려하는 경우에 사용한다. 「経験(けいけん)」, 「成果(せいか)」, 「結果(けっか)」, 「状況(じょうきょう)」 등의 표현에 주로 붙는다.

・現状(げんじょう)を踏(ふ)まえて今後(こんご)の計画(けいかく)を立(た)てたい。 현 상황을 토대로 앞으로의 계획을 세우고 싶다.

・目撃者(もくげきしゃ)の証言(しょうげん)を踏(ふ)まえて、警察(けいさつ)は犯人(はんにん)を逮捕(たいほ)した。 목격자의 증언을 토대로 경찰은 범인을 체포했다.

140 ～をものともせず(に) ~을 대수롭지 않게 여기고

접속 명사＋をものともせず(に)

해설 어려운 상황에서도 포기하지 않고 극복한다는 느낌을 나타내는 경우가 많다.

・彼(かれ)は、危険(きけん)をものともせず火(ひ)の中(なか)へ飛(と)び込(こ)んで幼(おさな)い子供(こども)の命(いのち)を救(すく)った。

그는 위험에도 아랑곳하지 않고 불에 뛰어들어 어린아이의 생명을 구했다.

・彼(かれ)は周囲(しゅうい)の反対(はんたい)をものともせず自分(じぶん)の意志(いし)を貫(つらぬ)いた。

그는 주위의 반대를 대수롭지 않게 여기고 자신의 의지를 관철시켰다.

141 ～をもって ~로, ~로써

접속 명사+をもって

해설 다양한 의미가 있으나, 크게 수단을 나타내는 경우나 시간을 나타내는 경우가 있으므로, 구체적인 상황은 다음 예문을 통해 익혀두도록 하자.

해설1 수단, 방법

- 誠実な彼は最大限の努力をもって問題解決に当たった。
  성실한 그는 최대한의 노력으로 문제 해결에 임했다.
- 試験の結果は、書面をもってお知らせします。시험 결과는 서면으로 알려드리겠습니다.

해설2 시간(시작 또는 끝)

- 当店は、本日をもって閉店することになりました。당 점포는 오늘로써 폐점하게 되었습니다.
- 本日は８時をもって営業を終了いたします。오늘은 8시에 영업을 종료합니다.

142 ～を余儀なくされる ~을 어쩔 수 없이 하게 되다

접속 명사+をよぎなくされる

해설 어쩔 수 없이 그러한 동작을 하게 되거나, 그러한 상태로 될 수밖에 없다는 의미를 나타낸다.

- 地震で家を失った人々は避難所での生活を余儀なくされた。
  지진으로 집을 잃은 사람들은 어쩔 수 없이 대피소에서의 생활을 하게 되었다.
- 登山者たちは大雨のため下山を余儀なくされた。등산객들은 폭우 때문에 어쩔 수 없이 하산하게 되었다.

143 ～をよそに ~을 뒷전으로, ~에도 아랑곳하지 않고

접속 명사＋をよそに

해설 그것을 신경 쓰거나 돌아보지 않고 내버려 둔다는 의미를 나타낸다. '무시한다'는 의미로 이해하면 된다.

・彼は家族の心配をよそに就職もせずぶらぶらしている。
그는 가족의 걱정을 뒷전으로 취직도 하지 않고 빈둥거리고 있다.

・政府は国民の苦しみをよそに、税率の引き上げに踏み切った。
정부는 국민의 고통에도 아랑곳하지 않고, 세율 인상을 단행했다.

144 ～んがため(に)/～んがための ~하기 위해서

접속 동사의 ない형＋んがため(に)/んがための

해설 목적을 나타내는 문장체의 딱딱한 표현이다. 「する」는 「せんがため」가 된다.

・研究を完成させんがため、彼は昼夜を問わずがんばった。
연구를 완성시키기 위해 그는 주야를 불문하고 노력했다.

・あのチームは勝たんがためには、どんな反則でもする。
그 팀은 이기기 위해서는 어떤 반칙이라도 한다.

145 ～んばかりだ ~할 듯하다

접속 동사의 ない형＋んばかりだ

해설 실제로는 그런 동작을 하지는 않았지만, 뒤에 오는 내용으로 그 분위기나 상황을 알 수 있는 경우를 나타낸다.

・あふれんばかりに、ビールをついで飲んだ。 넘칠 듯이 맥주를 부어 마셨다.

・子どもはプレゼントをもらって飛び上がらんばかりに喜んだ。
아이는 선물을 받고 뛸 듯이 기뻐했다.

敬語(けいご)

경어란, 말하는 사람이 상대방에 대하여 경의를 나타내는 표현을 가리킨다. 경어는 회사의 상사, 고객 등에 대하여 사용하는 경우가 많다.

경어는 일반적으로 다음의 세 가지로 분류한다.

(1) **정중어:** 정중어는 정중하고 조심스럽게 말함으로써 상대방에게 경의를 나타내는 말로서, 평소에 자연스럽게 사용하고 문장에서 항상 접하는 형태이다. 어떠한 단어에 「です」나 「ます」를 붙이거나, 「お＋순수 일본어」, 또는 「ご＋한자어」의 형태로 사용한다.

(2) **존경어:** 존경어는 상대방이나 대화 속에 등장하는 사람을 높여서 나타내는 말이다.

(3) **겸양어:** 겸양어는 자신이나 자기 쪽(자신의 가족, 자신의 회사, 자신이 소속하는 그룹 등)을 낮춰 표현함으로써, 상대방에 대한 경의를 나타낸다. 즉, 우리말로는 겸손을 말한다.

본서에서는 존경어와 겸양어를 중심으로 정리하기로 한다.

경어 〈존경〉

1. 일반적인 존경 표현

1 **お+ます형+になる**
お(ご)+명사+になる ~하시다(존경)

- 夏休(なつやす)みはどこかへお出(で)かけになりましたか。 여름 휴가는 어딘가로 떠나셨습니까?
- お気(き)に召(め)さない質問(しつもん)は回答(かいとう)なさらなくても結構(けっこう)です。
  마음에 드시지 않는 질문은 답하지 않으셔도 좋습니다.

2 **~れる/られる** ~하시다(존경)

- となりの山田(やまだ)さんは朝早(あさはや)く起(お)きられますね。 옆집의 야마다 씨는 아침 일찍 일어나시네요.

3 **お+ます형+くださる**
お(ご)+명사+くださる ~해 주시다

- ご助言(じょげん)くださりありがとうございます。 조언해주셔서 감사합니다.
- 結構(けっこう)なものをお送(おく)り下(くだ)さり、ありがとうございます。 귀한 물건을 보내주셔서 감사합니다.

4 **お+ます형+ください**
お(ご)+명사+ください ~해 주십시오

- どうぞ、こちらへお座(すわ)りください。 자, 이쪽으로 앉으십시오.

2. 특수한 존경 표현

동사가 「お+ます형+になる」나 「れる・られる」라는 형식으로 모두 존경의 표현이 되는 것은 아니다. 「来る」「行く」「いる」「食べる」「見る」 등은 특별한 단어를 사용하여 존경을 나타낸다. 이러한 동사를 경어 동사라고 한다.

***경어 동사(존경)**

보통체	존경어
いる(있다)	いらっしゃる おいでになる
行く(가다)	いらっしゃる おいでになる
来る(오다)	いらっしゃる おいでになる お越しになる お見えになる
する(하다)	なさる
言う(말하다)	おっしゃる
食べる(먹다)	召し上がる
飲む(마시다)	召し上がる
見る(보다)	ご覧になる
知っている(알고 있다)	ご存じだ
くれる([나에게] 주다)	くださる
寝る(자다)	お休みになる
着る(입다)	お召しになる
気に入る(마음에 들다)	お気に召す

명사의 존경 표현에는 「お休み」, 「お仕事」, 「ご住所」, 「ご氏名」처럼, 접두사 「お」, 「ご」를 사용하는 것과 자체적으로 특수한 형식을 지닌 명사가 있다.

접두사 「お」는 고유한 일본어에 붙으며, 「ご」는 한자어에 주로 붙는다.

***존경의 명사**

お	お名前(なまえ)(이름), お仕事(しごと)(일), お休(やす)み(휴식, 휴일)
ご	ご住所(じゅうしょ)(주소), ご氏名(しめい)(성명), ご職業(しょくぎょう)(직업)
貴(き)	貴社(きしゃ)(귀사), 貴校(きこう)(귀교), 貴兄(きけい)(귀형: 친한 선배나 동료), 貴職(きしょく)(귀직: 상대방의 직함)
高(こう)	ご高評(こうひょう)(비평), ご高配(こうはい)(배려), ご高説(こうせつ)(고견, 의견)
기타	令嬢(れいじょう)(따님: 남의 딸), 令息(れいそく)(아드님: 남의 아들), 芳名(ほうめい)(남의 이름), 御社(おんしゃ)(귀사: 상대방의 회사)

경어 〈겸양〉

1. 일반적인 겸양 표현

1 **お+ます형+する/いたす**
お(ご)+명사+する/いたす ~하다(겸손)

- 当社では、皆様のご意見、ご感想をお待ちしております。
  당사에서는 여러분의 의견이나 감상을 기다리고 있습니다.
- 私にできることがあればご協力いたします。 제가 할 수 있는 일이 있다면 협력하겠습니다.

2 **~ていただく** ~해 받다(의역: ~해 주십시오)

- 申し込み用紙に必要事項を記入していただきます。 신청 용지에 필요 사항을 기입해 주십시오.

3 **お+ます형+いただけませんか**
お(ご)+명사+いただけませんか ~해 주실 수 없겠습니까?

- どなたかご存知の方、お教えいただけませんか。 어느 분인지 아시는 분은 가르쳐주실 수 없겠습니까?
- このアンケートにご協力いただけませんか。 이 설문조사에 협력해주실 수 없겠습니까?

4 **~させていただく** ~하다(겸손)

- 明日は定休日に付き、休業させていただきます。 내일은 정기휴일이므로 휴업합니다.

2. 특수한 겸양 표현

***경어 동사(겸양)**

보통체	겸양어
いる(있다)	おる
行く(가다)	参る／伺う
来る(오다)	参る／伺う
する(하다)	いたす
言う(말하다)	申す／申し上げる
食べる(먹다)／飲む(마시다)	いただく
聞く(묻다)	伺う
聞く(듣다)	伺う／拝聴する
見る(보다)	拝見する
借りる(빌리다)	拝借する
知っている(알고 있다)	存じておる
思う(생각하다)	存じる
会う(만나다)	お目にかかる
あげる([남에게] 주다)	差し上げる
受ける(받다, 수용하다)	承る
見せる(보여주다)	お目にかける／ご覧に入れる
分かる(이해하다)	承知する かしこまる
もらう(받다)	いただく／賜る／頂戴する
訪ねる(방문하다)	伺う／上がる

3. 겸양의 명사

명사의 겸양 표현에는 접두어를 사용하여 겸양의 의미를 나타내는 것과, 자체적으로 겸양의 의미를 지닌 명사가 있다.

***겸양의 명사**

小（しょう）	小生(소생: 1인칭 대명사)、小品(작은 물건)、小店(저희 가게)、小著(저의 저서)
拙（せつ）	拙著(저의 저서)、拙作(저의 작품)、拙宅(저의 집)
弊（へい）	弊社(폐사: 저희 회사)、弊店(폐점: 저희 가게)、弊校(폐교: 저희 학교)
拝（はい）	拝見(봄)、拝借(빌림)、拝聴(들음)、拝読(읽음)
기타	卑見(의견: 자신의 의견)、粗品(작은 선물, 경품)

「拝見、拝借、拝聴、拝読」는「する」를 붙여 각각 '보다, 빌리다, 듣다, 읽다'의 의미를 나타낸다.

정답 및 청해 스크립트

〈실전편〉의 실전 문제 및 'N1 모의고사 2회분'의 정답 및 청해 스크립트입니다. 학습 편의를 위하여 〈실전편〉의 실전 문제와 해답 및 청해 스크립트를 각각의 분권으로 구성하여 제공하고 있으며, 실전 문제 및 모의고사의 자세한 해설 및 보충 설명은 아래 홈페이지에서 별도로 다운로드하실 수 있습니다. 또한 본 부록에 수록되어 있는 QR코드를 이용하여 해설을 열람하실 수도 있습니다.

http://www.pagodabook.com

정답 및 스크립트

언어지식 (문자 · 어휘)

QR 해설 부록

問題1

1 한자 읽기 [1]

정답

1 4　2 3　3 1　4 1　5 3　6 1

2 한자 읽기 [2]

정답

1 4　2 4　3 3　4 3　5 3　6 4

3 한자 읽기 [3]

정답

1 3　2 2　3 1　4 1　5 2　6 1

4 한자 읽기 [4]

정답

1 2　2 4　3 3　4 3　5 1　6 2

5 한자 읽기 [5]

정답

1 1　2 1　3 3　4 3　5 2　6 1

6 한자 읽기 [6]

정답

1 1　2 3　3 1　4 3　5 1　6 3

7 한자 읽기 [7]

정답

1 4　2 1　3 3　4 3　5 1　6 2

8 한자 읽기 [8]

정답

1 3　2 4　3 4　4 2　5 1　6 2

9 한자 읽기 [9]

정답

1 3　2 4　3 1　4 1　5 2　6 2

10 한자 읽기 [10]

정답

1 3　2 3　3 4　4 2　5 3　6 2

11 한자 읽기 [11]

정답

1 1　2 2　3 1　4 3　5 3　6 2

12 한자 읽기 [12]

정답

1 4　2 2　3 2　4 1　5 1　6 3

13 한자 읽기 [13]

정답

1 2　2 3　3 4　4 2　5 2　6 2

14 한자 읽기 [14]

정답

1 4　2 1　3 2　4 4　5 1　6 2

15 한자 읽기 [15]

정답

1 3　2 1　3 2　4 4　5 3　6 2

16 한자 읽기 [16]

정답

1 2　2 1　3 4　4 2　5 2　6 4

17 한자 읽기 [17]

정답

1 3　2 3　3 3　4 1　5 2　6 3

18 한자 읽기 [18]

정답

1 2　2 4　3 3　4 2　5 2　6 3

19 한자 읽기 [19]

정답

1 3　2 1　3 1　4 3　5 1　6 3

20 한자 읽기 [20]

정답

1 3　2 1　3 2　4 2　5 3　6 4

언어지식 (문자 · 어휘)

QR 해설 부록

問題 2

21 문맥 규정 [1]

정답

1 3　2 1　3 3　4 1　5 4　6 1
7 2

22 문맥 규정 [2]

정답

1 4　2 4　3 1　4 1　5 1　6 4
7 4

23 문맥 규정 [3]

정답

1 1　2 3　3 3　4 4　5 4　6 2
7 1

24 문맥 규정 [4]

정답

1 1　2 3　3 1　4 3　5 3　6 3
7 3

25 문맥 규정 [5]

정답

1 3　2 2　3 2　4 3　5 4　6 1
7 1

26 문맥 규정 [6]

정답

1 1　2 4　3 3　4 3　5 3　6 1
7 4

27 문맥 규정 [7]

정답

1 4　2 2　3 2　4 1　5 1　6 4
7 1

28 문맥 규정 [8]

정답

1 1　2 1　3 1　4 2　5 1　6 2
7 1

29 문맥 규정 [9]

정답

1 2　2 3　3 2　4 1　5 3　6 1
7 2

30 문맥 규정 [10]

정답

1 4　2 1　3 2　4 3　5 2　6 1
7 3

31 문맥 규정 [11]

정답

1 4 2 1 3 2 4 3 5 3 6 4
7 3

32 문맥 규정 [12]

정답

1 3 2 4 3 2 4 4 5 2 6 4
7 3

33 문맥 규정 [13]

정답

1 4 2 2 3 2 4 2 5 2 6 2
7 4

34 문맥 규정 [14]

정답

1 1 2 1 3 4 4 1 5 1 6 1
7 3

35 문맥 규정 [15]

정답

1 4 2 3 3 4 4 1 5 2 6 2
7 1

36 문맥 규정 [16]

정답

1 4 2 2 3 2 4 1 5 1 6 3
7 3

37 문맥 규정 [17]

정답

1 1 2 4 3 1 4 1 5 2 6 1
7 4

38 문맥 규정 [18]

정답

1 3 2 4 3 1 4 2 5 3 6 2
7 4

39 문맥 규정 [19]

정답

1 4 2 2 3 2 4 3 5 3 6 2
7 4

40 문맥 규정 [20]

정답

1 2 2 2 3 4 4 2 5 3 6 1
7 2

언어지식 (문자 · 어휘)

QR 해설 부록

問題3

41 교체 유의어 [1]

정답

1 2 2 2 3 4 4 4 5 2 6 2

42 교체 유의어 [2]

정답

1 2 2 3 3 4 4 3 5 1 6 2

43 교체 유의어 [3]

정답

1 3 2 3 3 2 4 2 5 2 6 1

44 교체 유의어 [4]

정답

1 2 2 1 3 1 4 2 5 1 6 4

45 교체 유의어 [5]

정답

1 4 2 1 3 3 4 1 5 2 6 1

46 교체 유의어 [6]

정답

1 1 2 2 3 2 4 4 5 2 6 2

47 교체 유의어 [7]

정답

1 1 2 2 3 3 4 1 5 3 6 1

48 교체 유의어 [8]

정답

1 4 2 3 3 3 4 4 5 2 6 4

49 교체 유의어 [9]

정답

1 3 2 2 3 1 4 1 5 4 6 1

50 교체 유의어 [10]

정답

1 4 2 2 3 3 4 1 5 2 6 3

51 교체 유의어 [11]

정답

1 1 2 4 3 2 4 4 5 3 6 3

56 교체 유의어 [16]

정답

1 1 2 3 3 4 4 2 5 2 6 4

52 교체 유의어 [12]

정답

1 4 2 3 3 1 4 3 5 3 6 2

57 교체 유의어 [17]

정답

1 2 2 2 3 1 4 1 5 3 6 3

53 교체 유의어 [13]

정답

1 2 2 3 3 3 4 2 5 4 6 1

58 교체 유의어 [18]

정답

1 1 2 4 3 1 4 1 5 4 6 1

54 교체 유의어 [14]

정답

1 1 2 1 3 2 4 2 5 2 6 2

59 교체 유의어 [19]

정답

1 4 2 1 3 4 4 4 5 4 6 3

55 교체 유의어 [15]

정답

1 2 2 3 3 2 4 1 5 2 6 4

60 교체 유의어 [20]

정답

1 2 2 4 3 2 4 4 5 2 6 1

정답 및 스크립트

언어지식 (문자 · 어휘)

QR 해설 부록

問題4

61 용법 [1]

정답

1 1　2 2　3 2　4 1　5 3　6 1

62 용법 [2]

정답

1 2　2 2　3 3　4 2　5 3　6 4

63 용법 [3]

정답

1 2　2 4　3 2　4 2　5 3　6 3

64 용법 [4]

정답

1 1　2 3　3 4　4 1　5 2　6 2

65 용법 [5]

정답

1 2　2 1　3 1　4 4　5 2　6 4

66 용법 [6]

정답

1 4　2 1　3 1　4 1　5 3　6 4

67 용법 [7]

정답

1 4　2 3　3 3　4 1　5 4　6 3

68 용법 [8]

정답

1 1　2 1　3 4　4 4　5 4　6 3

69 용법 [9]

정답

1 1　2 4　3 1　4 4　5 1　6 1

70 용법 [10]

정답

1 3　2 2　3 3　4 3　5 3　6 1

언어지식 (문법)

QR 해설 부록

問題 5

71 문법 형식 판단 [1]

정답

1 1　2 2　3 2　4 1　5 1　6 4
7 3　8 3　9 3　10 4

76 문법 형식 판단 [6]

정답

1 1　2 4　3 4　4 2　5 3　6 4
7 1　8 2　9 4　10 3

72 문법 형식 판단 [2]

정답

1 2　2 3　3 3　4 4　5 4　6 2
7 3　8 3　9 3　10 1

77 문법 형식 판단 [7]

정답

1 3　2 3　3 1　4 1　5 2　6 2
7 4　8 4　9 3　10 4

73 문법 형식 판단 [3]

정답

1 4　2 3　3 2　4 3　5 1　6 1
7 1　8 1　9 2　10 2

78 문법 형식 판단 [8]

정답

1 1　2 3　3 4　4 1　5 4　6 1
7 4　8 2　9 3　10 1

74 문법 형식 판단 [4]

정답

1 2　2 1　3 1　4 4　5 4　6 1
7 4　8 1　9 4　10 2

79 문법 형식 판단 [9]

정답

1 1　2 4　3 4　4 2　5 4　6 3
7 2　8 1　9 2　10 3

75 문법 형식 판단 [5]

정답

1 1　2 3　3 4　4 2　5 2　6 3
7 3　8 1　9 1　10 2

80 문법 형식 판단 [10]

정답

1 1　2 4　3 3　4 4　5 1　6 3
7 1　8 3　9 1　10 4

언어지식 (문법)

QR 해설 부록

問題6

81 문장 완성 [1]

정답

1 2　2 1　3 1　4 3　5 3

82 문장 완성 [2]

정답

1 2　2 3　3 1　4 2　5 4

83 문장 완성 [3]

정답

1 2　2 1　3 4　4 3　5 3

84 문장 완성 [4]

정답

1 1　2 4　3 3　4 2　5 4

85 문장 완성 [5]

정답

1 4　2 1　3 2　4 1　5 4

86 문장 완성 [6]

정답

1 3　2 4　3 3　4 2　5 1

87 문장 완성 [7]

정답

1 1　2 2　3 3　4 3　5 4

88 문장 완성 [8]

정답

1 2　2 1　3 2　4 4　5 3

89 문장 완성 [9]

정답

1 1　2 2　3 1　4 3　5 1

90 문장 완성 [10]

정답

1 4　2 2　3 2　4 4　5 3

언어지식 (문법)

QR 해설 부록

問題7

91 글의 문법 [1]

정답

1 3 2 4 3 2 4 2 5 1

92 글의 문법 [2]

정답

1 2 2 2 3 1 4 4 5 3

93 글의 문법 [3]

정답

1 1 2 4 3 2 4 2 5 3

94 글의 문법 [4]

정답

1 3 2 1 3 2 4 2 5 3

95 글의 문법 [5]

정답

1 4 2 3 3 1 4 4 5 3

독해

QR 해설 부록

問題8

96 단문 이해 [1]

정답

1 4 2 3 3 2 4 3

97 단문 이해 [2]

정답

1 2 2 4 3 2 4 2

98 단문 이해 [3]

정답

1 2 2 2 3 3 4 3

정답 및 스크립트

독해

問題 9

QR 해설 부록

99 중문 이해 [1]

정답

1 (1) 2 (2) 3 (3) 3
2 (1) 3 (2) 4 (3) 4
3 (1) 4 (2) 3 (3) 3

100 중문 이해 [2]

정답

1 (1) 3 (2) 3 (3) 2
2 (1) 4 (2) 2 (3) 2
3 (1) 2 (2) 3 (3) 1

101 중문 이해 [3]

정답

1 (1) 2 (2) 3 (3) 3
2 (1) 2 (2) 4 (3) 4
3 (1) 3 (2) 3 (3) 4

독해

問題 10

QR 해설 부록

102 장문 이해 [1]

정답

1 1 2 4 3 2 4 2

103 장문 이해 [2]

정답

1 4 2 4 3 3 4 1

104 장문 이해 [3]

정답

1 4 2 3 3 2 4 3

독해

問題 11

QR 해설 부록

105 통합 이해 [1]

정답

1 4 2 4

106 통합 이해 [2]

정답

1 2 2 1

107 통합 이해 [3]

정답

1 4 2 3

독해

問題 12

QR 해설 부록

108 주장 이해 [1]

정답

1 1 2 3 3 4 4 3

109 주장 이해 [2]

정답

1 4 2 3 3 3 4 2

110 주장 이해 [3]

정답

1 2 2 3 3 1 4 1

독해

問題 13

QR 해설 부록

111 정보 검색 [1]

정답

1 4 2 1

112 정보 검색 [2]

정답

1 4 2 3

113 정보 검색 [3]

정답

1 3 2 4

정답 및 스크립트

QR 해설 부록

114 과제 이해 [1]

정답

1 3 2 1 3 2 4 4 5 1 6 4

스크립트

1番

女の人が電話で旅行の手続きの確認をしています。女の人はこの後、何をすればいいですか。

女：もしもし、あのう。昨日「北九州グルメの旅」に申し込んだ平野ですが……。

男：はい。４月１３日からのですね。

女：はい。

男：ありがとうございます。２名様でご参加ですね。ご予約、承っております。

女：それで、お金を振り込んで、どうすればいいんでしたっけ。

男：えーと。旅行代金の入金が確認されましたら、集合場所など旅行の細かい日程を書いた冊子をお送りしますので、よくお読みください。

女：はい、それで、いつまでに振り込めばいいんですか。

男：明日の午後５時までにお願いいたします。

女：分かりました。では、よろしくお願いします。

女の人はこの後、何をすればいいですか。

1　旅行の日程を相談し、費用を決める
2　集合場所など細かい日程を聞きに行く
3　旅行の費用を振り込み、冊子が来たら日程を確認する
4　旅行の冊子で日程を確認してから、費用を振り込む

2番

男の人と女の人が駅のホームで電車を待っています。二人は大川駅までどうやって行くことにしましたか。

アナウンサー：まもなく、３番線に急行列車が参ります。この列車は当駅を出ますと、北野駅まで停まりません。北野駅までの各駅をご利用のお客様は、次の普通列車をお待ちください。

女：大川駅は、北野駅の二つ先だよね？じゃあ、急行に乗ろっか。

男：でも、大川駅は急行は停まらないだろう。

女：そうねえ、北野駅で普通列車に乗り換えなきゃいけないね。

男：急行はいつも混んでるしさあ、乗り換えも面倒だから、次の電車にしない？

女：そうだね。北野駅の乗り換え、ちょっと歩くしね。急いでないし、そうしようか。

二人は大川駅までどうやって行くことにしましたか。

1　普通列車に乗ります
2　急行列車に乗ります
3　普通列車に乗って急行列車に乗り換えます
4　急行列車に乗って普通列車に乗り換えます

3番

会社で女の人と男の人が話しています。男の人は製品のホームページをどのように変更しますか。

女：新しい食器乾燥機のホームページなんだけど、アクセスがあまり伸びてないみたいだね。

男：はい、トップページはそこそこなんですけど、製品紹介や使用体験のページにすすむ人が少なくて。

女：そうか。やっぱり体験のほうを見てもらいたいんだよね。そこへ誘導する方法をもっと考えられない？

男：ページのデザインですよね。

女：うん、トップページのリンクが貼ってあるところ、目立つような色にしてみよう。それと、体験ページへのほうもよろしく。これいいよっていう声を受けて、決める人もいるだろうから。

男：セール中っていうのも、もっと全面に押し出しましょうか。

女：うーん、それはいじらなくてもいいと思うよ。あんまり派手になりすぎるのちょっとね。

男の人は製品のホームページをどのように変更しますか。

1　セール中であることを強調する

2　使用体験のリンクを目立たせる

3　体験できる場所を知らせる

4　製品紹介をトップページに載せる

4番

学校で女の学生と男の学生が発表会について話しています。女の学生は何をしなければなりませんか。

男：あさっての発表会の件なんだけど。

女：はい。

男：学校のほうから、発表会の進め方っていうのが来てるんだ。

女：はい。

男：それでね、まず発表会の開始時間だけど、原則として、９時から１２時までの間って書いてある。

女：ああ。発表は１０時からの予定です。

男：あっ、そうだったね。それから、発表時間なんだけど、１時間を越えちゃいけないって。

女：ああ、それは問題ありません。

男：それと、発表者は３人以下にして、発表内容を明日までにメールで学校の担当者に知らせておくこと。

女：あっ、そうなんですか。では、今日のうちにやっておきます。

男：そうね、じゃあ、準備、よろしくね。

女の学生は何をしなければなりませんか。

1　発表の時間を短くする

2　発表する時間を決める

3　発表者にメールを送る

4　発表の内容を事前に知らせる

5番

会社で女の人と男の人が新しく発売する商品について話しています。男の人はこのあと、まず、何をしますか。

女：あの、新しいワインの件だけど、ニーズ調査はどうなった？

男：あ、はい。で、対象者なんですけど、最初の企画書ではあいまいだというご指摘をいただきましたので、再度検討して、高級感をアピールして、中年男性に対象をしぼることにしました。

女：そう。

男：それで、先週40代の男性にニーズ調査を行ったんですが、狙いどおりの結果が出ています。

女：じゃあ、次の会議に向けて、企画書の修正が必要なのね。調査結果を反映させて、販売対象を明確にね。

男：はい、わかりました。

女：会議で企画が通ったら試飲会を行って、対象者の生の声もきいてみましょう。

男の人はこのあと、まず、何をしますか。

1　企画書を修正する
2　販売の対象者を決める
3　需要調査を実施する
4　試飲会を実施する

6番

電話で男の人と女の人が話しています。女の人はこの後すぐどうしますか。

男：はい、もしもし。

女：お疲れ様です。平井です。

男：あ、お疲れ様です。

女：あのう、吉川商事との打ち合わせは無事終わったんですが。

男：えっ、どうしたの？

女：実は、今まだ中山駅にいるんです。電車が止まってまして。

男：そっか。

女：復旧に2時間はかかるとのことで、予定より社に戻るのがだいぶ、遅れそうなんですが。

男：そうか。帰ってきたらいっしょに次の取引先に行ってもらおうと思っていたんだが。

女：すみません。

男：まあ、駅で待ってるのも何だな。そういえば、そっちの方の取引先を田中が回ってるはずだから。

女：そうなんですか。

男：今日は予定を変えて田中と合流してくれ。携帯の連絡先、わかるな。

女：はい、わかります。ご迷惑をおかけします。

女の人はこの後すぐどうしますか。

1　吉川商事と会議をする
2　男の人と取引先に行く
3　駅で電車の復旧を待つ
4　田中さんに連絡をする

115 과제 이해 [2]

정답

1 1 2 4 3 2 4 2 5 2 6 2

스크립트

1番 007

お父さんとお母さんが遊園地の入場料金のお知らせを見て、話しています。この人たちは料金をどのように払いますか。

男：さあ、着いたぞ。入場券買わなきゃ。

女：ちょっと、お父さん、料金の改定だって。

男：へえ。「子供の料金は、大人一人につき、子供一人が無料となります。二人目のお子さんからは、子供料金をお支払い願います。」って書いてある。改定前は、大人が一人いれば、子供は二人まで無料だったのにね。

女：そう、じゃ、子供二人つれて来ても、一人しか無料にならないのね。今日はお父さんと私とそれから子供たち３人だから……。

この人たちは料金をどのように払いますか。

1 大人二人分と子供一人分払う

2 大人二人分と子供二人分払う

3 大人二人分と子供三人分払う

4 大人二人分だけ払う

2番 008

大学で教授と学生が論文について話しています。学生は論文をこれからどのように直しますか。

教授：それで今回の調査だけど、調査の対象者が１０人だけというのは、ちょっと少ないかもね。

学生：ええ、ですが、今回は量的な調査ではなく、１０人のデータを詳細に観察した、質的な調査を目的としているわけで。

教授：まあ、それはそれで意味はあるし、結論は変わらないにしても、今回の調査にはそうした制限があることをきちんと認識したうえでやってますってことがわかる書き方にしないと。

学生：そうですか。それはわかっているつもりなんですが。

教授：今の書き方だと、これだけの人数でどうしてこんなに一般化できるんだろうみたいな印象を持たれちゃうでしょうね。

学生：わかりました。もう一度書き直してみます。

学生は論文をこれからどのように直しますか。

1 調査の対象者を増やす

2 図や表を増やす

3 論文の結論を変える

4 表現の仕方を変える

3番 009

夫と妻が今日の天気について話しています。夫は傘をどうしますか。

男：今日の天気はどう？

女：曇ってるわよ。

男：傘持っていったほうがいいかなあ。

女：この前、傘持っていって、会社において来ちゃったのがあるんでしょう。

男：あ、そうだね。もし帰りに雨が降ってきたら、それをさして帰ればいいや。

女：ああ、でも、待って。もし行きに雨が降ってきたらどうするの？

男：そのときは駅の売店で買えばいいよ。

女：駅の売店じゃ、傘なんか売ってないわよ。

男：じゃ、やっぱり傘持っていくか。でも、長いのは面倒くさいから。折畳みのを待っていくか。

女：ああっ、天気予報やってるわ。

男：ここじゃ、聞こえないよ。何だって？

女：えーとね、午前中は曇り、午後は一時雨、ところによっては強く降るんだって。

男：やっぱり雨か。でも、会社ので十分だな。じゃ、行ってきます！

ご主人は傘をどうしますか。

1　駅の売店で買います
2　傘を持っていきません
3　長い傘を持っていきます
4　折畳みの傘を持っていきます

4番 010

会社で男の人と女の人が話しています。女の人は、明日何をしなければなりませんか。

男：今度の海外拠点強化プロジェクトについてなんだけど。

女：はい、来週から予備調査のために、アメリカの支社をいくつか回る予定です。

男：あっ、そう。それでね。この件で明日アメリカの会社から責任者がくるんだけど、君に通訳を頼めないかな。実は予定していた人が急に来られなくなってね。

女：えっ？急に言われても。

男：できそうな人は君しかいないんだよ。会議の資料を読み込んで準備してくれないかな。頼むよ。

女：えっ、できるかどうかちょっと自信ないんですが。

男：何とかお願いします。

女：はい。

男：ああ、そうそう、例の工場視察の件は許可が下りたから、そっちのほうの準備もよろしく。

女：はい、わかりました。

女の人は、明日何をしなければなりませんか。

1　工場視察に出かける
2　会議に参加する
3　会議の資料を作成する
4　海外出張に出かける

5番 011

会社で、男の人と女の人が話しています。男の人はこれからまず何をしなければなりませんか。

男　：課長、企画中のパン、味見してもらえましたか。

課長：ええ。

男　：いかがでしたか。今回はこれからの季節に合わせて、小豆の代わりにさつま芋を生地に練りこんでみたんですが。

課長：うーん、うちのさつま芋クリームのパンと若干方向性が重なっちゃうんじゃない？ 同じさつま芋の味だから。まあ、さつま芋がパンの中にあるか生地に練りこまれているかの違いだけじゃね。

男　：そうですか。

課長：練りこむっていう発想はいいと思うから、後はいかに味の差別化をはかるかが課題ね。改善案をまとめて出して。

男　：はい。

課長：あ、作業に入る前に、さつま芋クリームパンについての消費者アンケートの結果も出たみたいだから、それを先に読んで、参考になる意見もあると思うし。竹下さんのところにあるから。新商品も開発が進んだところで一度アンケートを取ってみてね。

男：分かりました。

課長：それから、商品名も考えなきゃね。商品の特徴を考慮した名前ね。

男　：はい。

男の人はこれからまず何をしなければなりませんか。

1　新商品のアンケートをとる
2　既存製品のアンケートの結果を見る
3　新商品の商品名を提案する
4　既存製品の味の改善案を提出する

6番 012

会社で男の人と女の人が話しています。女の人はこの後、まず何をしなければなりませんか。

男：内田さん、ちょっといいかな。

女：はい。

男：今度の新製品発表会の件なんだけど、総務課から、明日の朝までにもっと詳しい資料を出せって言われてるんだ。それでね、悪いんだけど、とりあえず資料を至急作ってくれないかな。

女：はい、分かりました。それなら、先週の打ち合わせの記録を元に作成すればよろしいでしょうか。

男：うん、そうだね。具体的なこともほとんど決まったから。それを反映させて。

女：はい、分かりました。あのー、何時までに……。

男：5時くらいまでに頼めるかなあ。今朝頼んだ備品の見積もりのほうはおいといてもらってもいいし、ほかの人に任せてもらってもいいから。

女：そうですか。でも、ほかの人に頼むと、かえって時間がかかると思いますので、後でやります。

男：じゃあ、悪いけど、頼むよ。

女の人はこの後、まず何をしなければなりませんか。

1　打ち合わせの記録を作成する
2　総務課に出す資料を作成する
3　備品の見積もりをほかの人に頼む
4　今朝頼まれた仕事をつづけてやる

정답 및 스크립트

116 과제 이해 [3]

정답

1 2 2 4 3 1 4 4 5 1 6 1

스크립트

1番 013

女の人と男の人が電話で話しています。女の人はこれから何をしなければなりませんか。

女：ありがとうございます。青山トラベル、石田です。

男：もしもし、わたくし太平洋電気の吉本と申しますが、村上部長いらっしゃいますか。

女：お世話になっております。あいにく村上は出張中で、明後日、戻りますが。

男：そうですか。できれば早めに連絡を取りたいんですが……。

女：それでは、今日中に村上からそちらへ連絡を入れさせます。

男：そうしていただけると助かります。今日はオフィスにおりますので。

女：かしこまりました。今日中には必ずご連絡いたします。

男：よろしくお願いいたします。

女の人はこれから何をしなければなりませんか。

1 部長の連絡先を調べて鈴木さんに教えます
2 部長に連絡を取ります
3 部長が戻ってくるのを待ちます
4 部長が戻ったら伝言のメモを渡します

2番 014

夫婦が話しています。二人はどうすることにしましたか。

男：そろそろ出かけようか。レストランの予約7時だよね。

女：うん。車でいけばここから３０分くらいね。

男：へえ？タクシーにしようよ、今日はゆっくり飲みたいし。

女：じゃ、今日は私は我慢してもいいけど。私が運転するわ。

男：一人で飲んでもつまらないよ。そうだ。帰りは代行サービスに頼もう。

女：代行サービス？

男：ほら、自分の代わりに車を運転してくれるサービス。

女：でも、あれ、高いんじゃないの？

男：タクシーに乗るのと変わらないよ。

女：じゃ、そうしましょ。

二人はどうすることにしましたか。

1 タクシーで往復する
2 自分たちの車で行って、帰りは妻が運転する
3 自分たちの車で行って、帰りは夫が運転する
4 自分たちの車で行って、帰りは業者に運転を頼む

3番 (015)

先生と学生が卒業論文の目次を見ながらはなしています。学生は論文のどの部分を書き直さなければなりませんか。

男：先生、論文のことなんですが。

女：論文、読みましたよ。

男：ありがとうございます。あの、どうでしょうか。４章がちょっと気になるんですけど。

女：大体いいんだけど。４章のデータ分析にもう少し自分の意見を書いたほうがよかったかな。自分の視点というのが大事だから。でも、今回はもう時間がないから、いいでしょう。

男：はい。

女：あと、１章の研究の背景だけど、これまでの研究について、ただ並べてあるだけで、読みやすいとは決していえないですよ。

男：あ、はい。すみません。

女：２章の研究目的につながるようにそのあたりをわかりやすく書かないと。ここだけはちょっと手を入れたほうがいいと思います。あと一週間あるから。

男：わかりました。

女：最後のまとめのところは自然な流れになっているからいいと思いますよ。

男：はい、わかりました。では、ご指摘いただいたところを書き直して、来週持ってきます。

学生は論文のどの部分を書き直さなければなりませんか。

1　研究の背景

2　研究の目的

3　研究の方法

4　研究のまとめ

4番 (016)

会社で女の人と男の人がパソコンについて話しています。女の人はこれからまず何をしなければなりませんか。

女：あのう、故障していた例のパソコンの件ですが、修理をしてもらったんですが、まだ調子が悪くて。

男：そうか、困ったな。やっぱり、これを機に買い替えるしかないか。そうなると、まず、新しい機械の見積りがいるな。あしたから連休だから、急いで業者に頼んどいてくれない？

女：はい、わかりました。

男：見積もりが届いたら、部長の許可をとって、それから注文することになるからね。

女：はい、わかりました。すぐに手配します。

女の人はまず、これから何をしなければなりませんか。

1　パソコンの修理を頼む

2　パソコンを注文する

3　パソコンの買う許可を得る

4　パソコンの見積もりを頼む

5番 (017)

会社で男の人と女の人が話しています。女の人はこの後、何をしなければなりませんか。

男：星野さん、この間頼んだメール送ってくれた？来月のお客様座談会の参加者に。

女：はい、昨日、当日の日程やお願いなどお伝えしておきました。

男：ありがとう。でも、最近は迷惑メール扱いになって、ちゃんと読んでもらえないこともあるからね。それは大丈夫？

女：はい。メールを受け取った方には必ずその旨、返信してくださるよう一言添えてあります。

男：そう。じゃ、数日経っても返信がない人には電話するしかないか。それは僕がするよ。

女：はい。あのう、当日参加者には３つのグループに分かれて話を進めてもらうんでしたよね。まだグループ分けまで手が回ってないので、これについては連絡できていません。

男：参加者に知らせるのは当日でいいんだろうから、グループ分けはやっといて。なるべく性別や年齢が偏らないように。

女：はい。

男：それから、参加者リストを印刷しといてくれる？

女：それなら、メールの受取確認用に作って、プリントしたものがあります。

男：さすが、仕事が早いね。

女の人はこの後、何をしなければなりませんか。

1　参加者のグループ分けをする

2　参加者のリストを印刷する

3　参加者に電話をする

4　参加者にメールを出す

6番 018

男の人が農業体験教室の参加者に話しています。参加者はこの後すぐ何をしますか。

男：皆さん。おはようございます。今日の体験教室のスケジュールについてご説明します。ええ、皆さんに事前に配布しました案内では、午前中にブドウ畑で収穫体験、午後からこの地域の名産物を生産する工場を回る予定となっていました。それが、準備の都合上、午前と午後の日程を入れ替えて実施いたします。ええと、午後の日程が終わったら、この地域の名産である牛肉や新鮮な野菜を使ったバーベキュー料理を農家の方たちといっしょに作ります。最近の農業の取り組みなどについて話を聞いていただければと思います。では、よろしくお願いします。

参加者はこの後すぐ何をしますか。

1　地域の工場を訪問する

2　食事の準備をする

3　ブドウを収穫する

4　地元農家の話を聞く

QR 해설 부록

117 포인트 이해 [1]

정답

1 4 2 4 3 3 4 4

5 3 6 3 7 3

스크립트

1番

テレビで女の人が話しています。この人は出生率の低下の一番の理由は何だと言っていますか。

女：現在、日本では出生率の低下は大きな問題となっています。女性の社会進出で結婚年齢が上昇したことや、未婚の女性が増加したことが原因だと言われています。でも、若い時に結婚しても、子供を持たない夫婦も増えてきました。子供を育てるには母親が仕事を持っているかどうかにはかかわらず、周囲の助けと支援が必要です。私は出生率の低下を抑えるためには、小さな子供を持つ親を社会全体で応援する環境を作っていくことが何より必要だと考えています。そういった仕組みが十分でないことこそ、子育ての不安を招き、出生率の低下の原因になっているんじゃないでしょうか。

この人は出生率の低下の一番の理由は何だと言っていますか。

1 結婚しない女性が増加したから
2 女性が社会で活躍するようになったから
3 女性の結婚年齢が上昇したから
4 育児を支えるシステムがまだ不十分だから

2番

テレビで男の人が話しています。男の人はどうして怒っているのですか。

男：大体ですね。私らの山に「道路を作るな」と、反対している人間っていったい何を考えているんでしょう。みんな、よそ者、都会人ですよ。そういう連中は週末だけやってきて、ああ、自然がいいなあ、いつまでもこれを残してほしい、なんて言って帰っていく。そこに住んでいる人間の暮らしが便利になるようなことは、環境破壊だとか何とか言って頭から反対するんです。自分は都会生活を楽しんでおいて、たまに田舎に遊びに来る時のために、昔のままにしておいてほしいと言うのは、これはどういうことですか。

男の人はどうして怒っているのですか。

1 道路の建設で自然環境が破壊されるから
2 道路を建設しても便利にならないから
3 都会の人が環境を破壊しているから
4 都会の人が自分たちのことばかり考えているから

3番

会社で上司と女の社員が話しています。女の社員は今度の社員研修で何についてプレゼンテーションをしますか。

男：吉川さん。吉川さんの上半期の売り上げ、去年よりすごく伸びたね。担当してる店からの信頼も厚いって聞いてるよ。

女：ありがとうございます。

男：で、お願いなんだけど、来月の社員研修でプレゼンやってくれないかな。
どうやって取引先と信頼関係を築いてきたかとか、何か営業成績が上がった秘訣について話してもらいたいんだけど。

女：あ、はい。ただ信頼関係は相手によるところもありますし。もう少し具体的なこと、たとえば、売り場での商品の陳列の仕方など見せ方を工夫したことも売り上げに影響したように思いますので。

男：今度の会議は新入社員にも出てもらう予定だから、それなら現場ですぐ実践できそうだね。

女：新入社員も出席するんですか。でしたら、取引先に新商品をどうやって説明するかというのもいいと思います。実は私が入社したばかりのころ一番苦労したところなんです。

男：ああ、それについては新人研修のときに商談の進め方とあわせて時間を取ってしっかり指導することになってるからいいよ。今回は店頭での工夫のほうをお願いします。

女：はい。わかりました。

女の社員は今度の社員研修で何についてプレゼンテーションをしますか。

1　新商品の説明の仕方
2　取引先と信頼を築く方法
3　店での商品の並べ方
4　営業成績をあげる秘訣

4番 (022)

男の人と女の人がチョコレートについて話しています。このチョコレートが売れている一番の理由は何だと言っていますか。

女：ねえ、知ってる？このチョコレート、今すごく人気だって。

男：へえ。確か去年ぐらいから出てきたよね。

女：うん、去年からブームになって、今すごい売り上げなんだって。

男：うーん、やっぱり人気スターを使ったテレビコマーシャルの影響力ってすごいね。

女：それもあるけど。カロリー控えめっていうのも理由らしいよ。

男：そうか。今、太るのを気にしている人は多いからね。

女：でもこれが売れる一番の理由は、パッケージがおしゃれだからだって。

男：ふうん。

このチョコレートが売れている一番の理由は何だと言っていますか。

1　チョコレートがブームだから
2　人気スターがコマーシャルに出ているから
3　カロリーが低いから
4　チョコレートの見た目がいいから

5番 (023)

会社で昼休みに、女の人と男の人が話しています。男の人が今の会社に入った理由は何ですか。男の人です。

女：石田さんはどうしてこの会社に就職しようと思ったんですか。私の場合、ここしか受からなかったんですけど。

男：うーん、そうだな。最初はとにかく知名度の高い会社に入りたいと思ったんだけど、いろいろ調べてるうちに、考えが変わってね。

女：へえ。

男：仕事だけじゃなくて、プライベートの時間も大事だから、自分のやりたいことができる会社が一番だと思ったんだ。

女：そうなんですか。で、この会社には満足してるんですか。

男：あのね。実を言うと、君と同じ理由なんだ。ほかの選択肢がなくってね。

女：なんだ。

男：でも、今はこの会社に入って正解だったって思ってるよ。

男の人が今の会社に入った理由は何ですか。

1　残業が少ないから

2　会社の知名度が高かったから

3　この会社しか受からなかったから

4　やりがいのある仕事ができるから

6番 (024)

女の人と男の人が話しています。男の人が音楽をやめた理由は何だと言っていますか。

女：青木さんって大学時代、バンドですごく活躍していらっしゃったそうですね。

男：いやあ、昔の話ですよ。趣味でやってるバンドに夢中になっちゃって。今はもっぱら鑑賞するだけですが。

女：でも、どうしてやめちゃったんですか。やっぱり自分で歌うより客席で公演を見るほうが気楽ですか。

男：いいえ、親の反対さえなければもっと続けていたでしょうね。僕みたいに作曲とか音楽の才能がない者でも、舞台のうえで歌ったりすることにはやっぱり特別な魅力がありますから。あのころはお金はなかったけど充実してましたね。

男の人が音楽をやめた理由は何だと言っていますか。

1　歌に才能がなかったから

2　客席で舞台を見ると落ち着いたから

3　親に反対されたから

4　貧乏で生活が苦しかったから

7番 (025)

家具メーカの人が話しています。この人はどのような机について話していますか。

部長：同じ姿勢を続けると疲労の原因になりやすいと言われています。長時間座り続けるのも立ち続けるのも、体には良くありません。座りっぱなしだと、足の疲れ、首や肩の筋肉への負担が発生します。それを背景にスタンディングデスクが発売されました。ただ、立ちっぱなしだと、腰の痛みや足のむくみ、筋肉疲労などの可能性が高くなります。

そこで当社ではこの度、上げたり下げたり操作を行い、座っても立っても使える机を発売しました。メールチェック、簡単な書類作成は立ってやるといいでしょう。また、レポートのような集中しなければならないような仕事の場合は座って進めたほうがいいでしょう。

この人はどのような机について話していますか。

1　立ったまま使えるデスク
2　座ったまま使える机
3　立っても座っても使える机
4　腰の痛みを治してくれる机

118 포인트 이해 [2]

정답

1 1 2 3 3 3 4 2
5 4 6 1 7 1

스크립트

1番 026

男の人が引っ越しについて話しています。この人はどうして引っ越しを業者に頼むのですか。

男：今度引っ越すことにしたんだ。
女：あ、そう、大変ね。で、いつ？
男：うん、来月の初めの土曜日にしようと思ってるんだ。
女：もう友だちとかに頼んだの？
男：いや。土曜はバイトやってる人もいるし。で、業者にやってもらおうと思ってるんだ。
女：ええ？業者に頼むと高いでしょう？
男：うん、でも、思ったほど高くないんだよ。
女：そう？
男：友だちに頼むと、家具やテレビなんか破損しやすいし、何より昔のアルバム見られたりするから嫌なんだよね。

男の人はどうして引っ越しを業者に頼むのですか。

1　友だちに見られたくないものがあるから
2　友だちに頼むより安くなるから
3　手伝ってくれる友だちがいないから
4　友だちはみんなバイトがあるから

2番 027

電話で女の人と男の人が話しています。男の人はどうして会議を来週に延期しましたか。

女：はい、坂本物産です。
男：川村商事の大森です。いつもお世話になっております。
女：あ、大森さん、こちらこそ、いつもお世話になっております。
男：先日、会議のための資料をお送りいただき、ありがとうございました。お忙しい中、無理を申しまして、申し訳ありませんでした。
女：いえいえ、とんでもないです。何か不備などございませんでしたか。
男：いいえ、データも最新で完璧だと思います。
女：それはよかったです。
男：あのう、明日おいでいただくことになっている会議の件ですが、実は突然で大変恐縮ですが、日程を変更させていただくことは可能でしょうか。急なことで、大変申し訳ありません。
女：え、どうかなさいましたか。

男：はい、それが担当の中山が海外出張で、今日帰国予定だったんですが、悪天候で飛行機が飛ばないという連絡が先ほど入りまして。

女：あ、それは大変ですね。

男：はい、それで、誠に申し訳ないんですが、会議は来週の月曜にさせていただけないかと。

女：まあ、そういう事情でしたら。わかりました。

男：会議の場所については、改めてご連絡いたします。本当に申し訳ございませんでした。

男の人はどうして会議を来週に延期しましたか。

1　データが古くて問題があるから
2　男の人が海外出張に行くから
3　担当の人が出席できなくなったから
4　会議の場所が確保できなかったから

3番 (028)

ある島の紹介映像です。男の人はなぜ歩くことを勧めていますか。

男：ようこそ石島へ。この石島は本土から遠く離れたパラダイスのような島です。青い海に浮かび、また、島のおよそ80%が森林に覆われています。海岸は海水浴にもってこいで、家族連れや若いカップルでにぎわっています。島の人口は約2万人ほどで、その大半は島の南部にある市街地に住んでいます。島での生活は、東京や大阪のような大都市に比べると、かなりゆったりしていると感じるでしょう。

この島は大陸と交流してきたことから、こうした島の歴史を石島博物館で見ることができます。さて、島のおよそ80%を占める森林ですが、ここにはこの島特有の植物が生い茂っています。これがこの島の大きな魅力です。それを見るにはとにかく歩くこと。約２０キロの道。そのほとんどが海岸沿いの道で、魅力たっぷりです。

この人はなぜ歩くことうを勧めていますか。

1　日本本土とは違う文化を味わうことができるから
2　海水浴場に行くには歩くしかない
3　貴重な植物を見ることができるから
4　島の歴史を知ることができるから

4番 (029)

ラジオでアナウンサーがある人について話しています。清水さんが今回賞を受賞した理由は何ですか。

女：小川町在住の元県職員清水さんが今年の市民賞を受賞しました。清水さんは、長女が56年前、町の小学校に入学した際、自宅の庭にブドウを記念として植えました。それを機に、翌年から同小学校の新入生に入学記念の苗木を贈り続けてきたそうです。55年目となる今年もさくら、かき、みかんなどの苗木を贈りました。清水さんは子どもたちに、「苗木に負けないように大きく元気に育ってほしい」と語りかけています。小学校の石田校長は学校に対する地域社会の支援に感謝すると述べています。

清水さんが今回賞を受賞した理由は何ですか。

1　地元の農業発展に貢献したから
2　児童に対する地域の取り組みを示したから
3　子どもの安全を守ってくれたから
4　人々に自然の大切さを教え続けてきたから

5番 030

男の人と女の人が話しています、男の人は就職するとき何が大切だと言っていますか。

女：あ、タカシ君、久しぶり。
男：あ、おばさん、お久しぶりです。
女：ね、来年の春は卒業じゃない？
男：はい、
女：あっという間ね。で、卒業したらどうするの？就職先は決まった？
男：それが、なかなか。大学で勉強したことが活かせる仕事なら、どんな会社でも、いいと思っているんですけど。
女：なるほどね、でも、給料が多くて、残業が少ないところとか言わないのは偉いね。いいところ、見つかるといいね。
男：はい。ありがとうございます。

男の人は就職するとき何が大切だと言っていますか。

1　給料が高いこと
2　勤務時間が短いこと
3　休みが取れやすいこと
4　専門が生かせること

6番 031

男の人と女の人が電話で話しています。男の人は何のために電話しましたか。

男：もしもし坂口さんのお宅でしょうか。
女：はい。そうですが。
男：こんにちは。船橋コーポレーションの石田と申します。
女：はあ。
男：実はこの度ですね、花丸駅の近くに２０階建てのマンションができたんですが、ご存知でしょうか。
女：いいえ、知りませんが。
男：公園や駅も近いし環境の面では最高だと思います。それに建物もモダンな洗練されたデザインになっていますよ。
女：うちはマンションには興味、ありませんから。
男：今お住まいの所は一戸建てですか。
女：そうです。
男：今ですね。ご自分で住まなくても他にお貸しになって家賃収入を得るという方もいらっしゃるんですよ。
女：すみません。今ちょっと忙しいんで。

男の人は何のために電話しましたか。

1　マンションを販売するため
2　自分の住む部屋を探すため
3　住宅の形態を調べるため
4　家賃を催促するため

7番 (032)

母親と娘が話しています。母親は娘の部屋が片付かないのはなぜだと考えていますか。

母：部屋の掃除。まだやってるの？２時間も経つのにちっともきれいになっていないじゃないの。

娘：もう、お母さん、ひどい。

母：まじめにやってないでしょう。

娘：ちゃんとやってるわよ。

母：じゃ、物が多すぎるのね。

娘：そんなことないわよ。私、友だちと比べたら少ないほうだよ。

母：そう？収納場所が少ないわけでもないしね。

娘：きちんと整理してしまいたいから。

母：あ、わかった。それじゃだめなのよ。そんなにこまめに分け始めたら、終わらないでしょう。

娘：だって。

母：掃除が苦手な人はね。物を大まかに整理する方法を考えた方がいいのよ。

母親は娘の部屋が片付かないのはなぜだと考えていますか。

1　片づけ方が細かすぎるから

2　片づけ方がおおざっぱだから

3　物をしまうスペースが少ないから

4　物がたくさんありすぎるから

119 포인트 이해 [3]

정답

1 3 2 1 3 3 4 4

5 4 6 4 7 4

스크립트

1番 (033)

男の人が話しています。男の人が車を使わなくなった一番の理由は何ですか。

男：運転ですか。この頃、しなくなりましたね。実は医者に、車で通勤するのをやめて電車に乗るように言われたんです。腰が痛くなって病院に行ったら、運動不足が原因だって言われちゃいましてね。

まあ、駐車場がなかなか見つからないとか、家の近くに新しい駅ができて多少便利になったとか、他にもいろいろ理由はありますが。それに最近、飲み会も多くなりましたしね。

男の人が車を使わなくなった一番の理由は何ですか。

1　お酒を飲む機会が増えたから

2　市内には駐車場が少ないから

3　歩くように医者に勧められたから

4　電車のほうが便利だから

2番 (034)

ラジオでアナウンサーと大手コンビニの社長が話しています。社長は、最近のコンビニの出店で何が一番大切だと言っていますか。

女：今日は、業界で急成長を遂げているスマイルコンビニの山田一郎社長にお話をうかがいます。さて、社長。最近、住宅街やオフィス街にとどまらず、大学の中にも出店を増やしていると聞きましたが。

男：そうなんです。普通のお店と比較すると、どれくらいご来店数が違うと思いますか。

女：やっぱり大学の中にあるので多いとは思うんですが……。二倍くらいですか。

男：昨日も午後以降、校内にいた学生さんに数多くご利用いただきました。客数では数千人となります。

女：え？すごいですね。

男：もともと、出店戦略において、学校というのは重要な要素なんです。学校の中となると、利用客がこんなに増えるんだなと実感できます。しかし、学校って休みが多いんですよね。そうすると売り上げが落ちてしまいます。なので、何より学校内外の主婦の方に日常的に使ってもらう工夫もしていかなければいけないのです。

女：コンビニというと自分一人のために利用するイメージが強いですが、家族というイメージを取り入れるということですね。

男：はい。そのために、今まであまり置いていなかった野菜や果物などの生鮮食品などのラインナップも充実をはかっているところです。学生の平均単価が600円ですが、主婦の方になるとその倍近くの単価になるので、この方たちに魅力をアピールしていきたいですね。
また、我々の強みであるファーストフードの強化もしています。店を改装したり、カキ氷のようなデザートを投入したり。

女：デザートだけでなく、さまざまな場面に即したフードを提供することで、需要を呼び起こしていくということですね。

社長は、最近のコンビニの出店で何が一番大切だと言っていますか。

1　主婦の利用を増やすこと
2　学校の近くにたくさんの店舗を出すこと
3　店で扱うデザートの数を増やすこと
4　一人客の利用を促進すること

3番 (035)

会社で、男の人と女の人が話しています。女の人が会社を辞めようと思っている理由は何ですか。

男：岡田さん、話って何？

女：あのう、中野先輩。実は私、今年いっぱいでこの会社を辞めることになったんです。

男：ええ？辞めてどうするの？

女：転職先はいくつか当たっているんですけど、なかなか厳しくて。

男：そっか。せっかく商品開発っていう自分の専門が生かせる部門にいるのに、もったいないな。

女：それが、来年度以降、会社の方針により、商品開発部は縮小されることになったんです。

男：えっ、そうなの。

女：はい、私も来年度から他の部署に異動することになって。私、この開発の仕事にやりがいを感じていたんです。それだけに、これからも自分の専門を生かせるどこか新しい職場で力を試してみたいと思ってるんです。一度は大学院への進学も考えたんですが。経済的に余裕がなくて。

男：そっか。応援するよ。

女の人が会社を辞めようと思っている理由は何ですか。

1　大学院に入って専門性を高めたいから
2　やりたい仕事ができる職場が見つかったから
3　自分の専門を生かした仕事ができなくなるから
4　今の開発の仕事に自分が向いていないと思うから

4番 036

男の人が話しています。最近どんなことが問題になっていると言っていますか。

男：ええ、最近、マラソンを楽しむ中高年の方が増えています。でも、気をつけていただきたいことがあります。実は、ここ最近、マラソンをするときに、急に倒れて病院に運び込まれたり、最悪の場合には死亡するケースが相次いでいます。アスファルトは土より暑いから熱中症になる場合もありますね。慣れていない方が急に走ると危険なので、絶対に無理をしないで、ゆっくり走ってください。

最近どんなことが問題になっていると言っていますか。

1　マラソンで怪我をした人が続出していること
2　病気なのに無理して走ること
3　走る途中、道に迷う人がいること
4　マラソンをするときに、急に体調が悪くなる人がいること

5番 037

料理の先生がインタビューに答えています。先生は子供にとって何が一番大切だと言っていますか。

男：沢村先生、食べることの大切さを子供たちに伝えるには、どうしたらいいんでしょうか。

先生：そうですね。最近感じるのは家族でおいしいねと言いながら食事をするという、ごく当たり前の光景がみられにくくなっているということなんです。

男：はあ。確かに。

先生：どんなに学校とかで食事の大切さを教えたとしても、家族で食べる食事の楽しさを肌で感じていないと、子供たちには伝わらないんですよ。

男：そうすると、家庭の役割って大きいですね。うちも、このところ忙しいので、外で買ってきたものを食べさせているだけで、ちゃんと料理をしていません。

先生：いえいえ、家の食事というと、すぐに手作りだの、栄養のバランスだの、と考えがちですが、それよりも大切なのは、いっしょに食事をするという幸福感ではないでしょうか。

先生は子供にとって何が一番大切だと言っていますか。

1　学校における食生活の教育
2　栄養のバランスがいい食事を作ること
3　親が作った料理を食べさせること
4　家族でいっしょに食事を楽しむこと

6番 (038)

天気予報を聞いています。西日本の天気は来週の後半どうなると言っていますか。

女：週間予報をお伝えします。東日本や西日本は週はじめは変わりやすい天気になりますが、週半ば以降は晴天が続くでしょう。北日本はずっと晴天が続きますが、週末以降大雨の恐れもあります。気温は全国的に平年より高めになるでしょう。今週に比べて少しだけ猛暑の度合は緩和される見込みです。それでも厳しい暑さが続きますので熱中症などにご注意ください。

西日本の天気は来週の後半どうなると言っていますか。

1　雨が降りやすく、気温は今週より上がる
2　雨が降りやすく、気温は今週より下がる
3　晴れが続き、気温は今週と同じぐらいになる
4　晴れが続き、気温は今週より下がる

7番 (039)

男の人と女の人が話しています。男の人はどうして、体の不調を訴える人が増えていると言っていますか。

男：うちの会社、新しい５０階建てのビルに移ってから、体の調子が悪い人が増えてるんだよね。
女：へえ、そうなの？
男：ぼくはね、ビルの構造と関係あるんじゃないかと思うんだ。
女：ええ、あんな立派な最新式のビルなのに？
男：うーん、あのビルはね、１階から最上階の５０階まで、全部窓が開かないようになっているから、その威圧感がすごいんだよ。きっと。
女：へえ。窓が原因ですって？そんなことあるの？高層ビルになって、いつも高いところにいることが精神的に影響しているからじゃない？
男：うーん、そういうこともあるだろうね。やっぱり高いところは誰だって怖いだろうからね。
女：そうよ。それに上の階に行けば行くほど気圧が下がるから、その影響も考えられるでしょう？
男：うーん。
女：ああっ、エレベーターが原因かもね、みんなしょっちゅう使うでしょう？
男：うん。でもね。高い階で働く人だけじゃなくて、低い階の人たちも同じような症状が出てるんだよ。だから、本当の原因はやっぱりあれだよ。

男の人はどうして、体の不調を訴える人が増えていると言っていますか。

1　高いところを嫌がるから
2　エレベーターを使うから
3　気圧が低いから
4　窓が閉めっぱなしだから

QR 해설 부록

120 개요 이해 [1]

정답

1 3 2 1 3 4 4 4 5 1 6 4

스크립트

1番 040

留守番電話の録音を聞いています。

女：もしもし、こちらはマツヤ電気の今井です。先日お問い合わせいただいたカメラなんですが、ただいま在庫が切れておりまして、メーカーからのお取り寄せになります。そのため、２週間ほどお時間をちょうだいすることになります。また、お値段は現在少し値上がりしておりますが。はじめにお問い合わせいただいた時のお値段でご提供させていただきます。それでは失礼いたします。

店の人はカメラをどのように提供できるといっていますか。

1　値段が少しあがったが、すぐに買える
2　値段が少しあがったが、２週間後に買える
3　あがる前の値段で、2週間後に買える
4　あがる前の値段で、すぐに買える

2番 041

留守番電話のメッセージを聞いています。

男：お世話になっております。丸山商事の水谷です。あの、先日ご注文いただいた商品の件なんですが、ご依頼の２００個は入手できませんでしたが、１５０個はなんとか確保いたしました。で、この１５０個でよろしいかどうか、お教えください。商品の価格はご希望の範囲に抑えられそうですし、お届けの日も先日お伝えしたとおりで変更はありません。後ほどこちらからお電話いたしますので、ご指示お願いいたします。それでは失礼致します。

何についてのメッセージですか。

1　商品の数の確認
2　商品の価格の交渉
3　商品の配達日の変更
4　注文方法の変更

3番 042

女の人が話しています。

日本は世界的に見て自転車が多く、一人当たりの保有率も高くなっています。このため交通システムの中で自転車の占める割合も非常に高いです。今問題なのは自転車を決められた場所に止めないことです。駅前にはいつも多くの自転車が止めてあります。自転車置き場がないわけではないんですが、とにかく止める人が後を絶ちません。自転車がおいてあるため、遠回りしないと駅に行けない場合もあります。自転車が倒れて子供が怪我をしたこともあります。何より私が不安なのは地震の時、自転車が倒れて道を防いでしまったら、どうなるんでしょうか。逃げようにも逃げられないのではないでしょうか。

女の人が一番困ると考えているのはどんなこと

ですか。

1　自転車置き場がないこと
2　通行人の邪魔になること
3　子どもがけがをすること
4　災害のとき、道をふさぐこと

4番 043

ラジオの育児相談の番組で、専門家が話しています。

女：子供はとにかく甘いおやつが大好きです。甘いものを食べると虫歯になりやすいと言われています。それは甘いものを食べると、口の中の酸性度が高まって、歯に悪い影響を与えるからです。甘いもののような酸性の飲食物をとった時の対策としては、お茶や水で口をすすぐようにすること、そしてすぐに歯みがきをしないことです。食後すぐに歯をみがくと酸によって歯の表面が溶け始めている状態で、歯ブラシによる刺激を与えてしまうと、よけいに歯が削れてしまうことがあるからです。

専門家は主に何について話していますか。

1　正しい歯磨きの仕方
2　子供のおやつの必要性
3　育児ストレスの対処法
4　子供の虫歯の予防法

5番 044

テレビでアナウンサーが話しています。

女：大きな地震や台風などの災害があったときは、電気や水道、ガスなどが止まることがあります。このため、料理をしなくても食べることができる「災害食」を準備する役所や会社が増えています。食品の会社などが作った災害食の中から、おいしい災害食などを選ぶコンテストが東京で初めてありました。会場には、火や水を使わなくてもおいしくて栄養があるごはんや野菜のスープなどが並びました。審査をした専門家は「災害で避難しているときは、心も体もとても疲れているので、いつもよりおいしい食事が必要です」と話していました。

女の人は何について話していますか。

1　災害食の必要性
2　災害食の値段
3　災害食のおいしさ
4　災害食の調理法

6番 045

選挙で男の人が演説をしています。

男：今回の選挙でみなさまの関心を集めている問題が、ごみ処理場の移転と高速道路の建設です。環境汚染とか、周辺住民への被害などを理由に、移転すべきだとおっしゃる方もおられます。しかし、移転には多額の予算が必要となりますが、そのわりにはあまりメリットがないと判断されますので、現状を維持することにします。また、高速道路の建設ですが、予算の無駄使いと批判する意見もありますが、今後の発展のためにはなくてはならないものです。地方経済の活性化と雇用創出のために重要なキーワードだと思われます。もし私が国会議員になったら、この二つの公約を積極的に進めていきます。

男の人はどう考えていますか。

1 ゴミ処理場の移転にも、道路の建設にも賛成だ。
2 ゴミ処理場の移転にも、道路の建設にも反対だ。
3 ゴミ処理場の移転には賛成だが、道路の建設には反対だ。
4 ゴミ処理場の移転には反対だが、道路の建設には賛成だ。

121 개요 이해 [2]

정답

1 4 2 2 3 2 4 4 5 1 6 3

스크립트

1番 046

ニュースで男の人が話しています。

男：下田市の飲み水を供給している下田川上流の上田村にゴルフ場の建設が計画されている問題で下田市は今日上田村にゴルフ場の建設中止を求める要望を出しました。これは一般にゴルフ場では雑草や虫をとるために人体に有害な農薬を使う場合が多く、飲み水への影響が懸念されるからです。これに対して、上田村では、村の人口が減少しているので、経済活性化の一環として、予定どおりゴルフ場を建設したいとの考えを示しました。しかし、上田村では下田市との話し合いがつかない限り、ゴルフ場の建設は強行しない方針です。

下田市と上田村はゴルフ場の建設に関してどのような意見ですか。

1 上田村も下田市も賛成です
2 上田村も下田市も反対です
3 下田市は賛成で、上田村は反対です
4 下田市は反対で、上田村は賛成です

2番 047

留守番電話のメッセージを聞いています。

女：内田です。明日のことでお電話したんですけど。あのう、大変申し訳ないんですが、母が急に倒れて。あっ、母は今横浜にいるんですけど、姉が横浜に行くことになったんです。それで、私が姉の子供たちの世話をすることになりまして。大変申し訳ありませんが、明日のお約束、別の日にしていただければと思いまして……。またこちらからお電話いたします。失礼します。

留守番電話の内容はどのようなことですか。

1 子供の面倒を見てほしい
2 約束を変更してほしい
3 いっしょに横浜に行きたい
4 会う場所を決めたい

3番 048

テレビで農業の専門家が水耕栽培について話し

ています。

女：水耕栽培ってご存知ですか。土を使わずに無機物の培地で栽培する方法です。土がなくても室内で清潔な野菜を育てることができるのです。この水耕栽培、農家じゃ葉物野菜の栽培にも採用されています。成長も早く収穫も効率的に行えるのもメリットです。また、主に室内やビニールハウスのような閉鎖された環境で育てるため、虫がつきにくく気候による収穫への影響もほとんどありません。農家のように大規模じゃなくても窓際やベランダなど、土のないちょっとした場所でも簡単に育てられます。水耕栽培を通してお家で野菜作りに挑戦してみませんか。

専門家の話のテーマはなんですか。

1　質のいい野菜の選び方
2　野菜の育て方
3　野菜の調理方法
4　野菜の保存方法

4番 (049)

町内放送で男の人が話しています。

男：こんにちは。白川町夏祭り実行委員会からのお知らせです。８月１５日から１７日まで毎年恒例の夏祭りが開催されます。今年は７０周年に当たるため、抽選会や花火大会も同時に開催され、例年を上回る来場者が見込まれます。そこで、夏祭り開催中来場される方々に気持ちよく過ごしていただくため、ボランティアによる清掃活動を行いたいと思います。時間は午前８時より約１時間程度で、集合場所は白川公園の駐車場です。皆様、是非ご協力くださいますよう、お願い申し上げます。

男の人は何を呼びかけていますか。

1　抽選会への参加
2　実行委員会への参加
3　花火大会への参加
4　清掃ボランティアへの参加

5番 (050)

大学の授業で男の人が話をしています。

男：私は幼いときからアトムのようなマンガやアニメを見て育ちました。そして、このマンガの中に登場するロボットを見て、ロボットは困ったときの相談の相手になってくれたり、時にはけんかもしたりする、自分の意思を持った人間のような存在だと思っていました。中学生になって、ゲームなどでコンピューターに勝てなかった経験から、膨大な情報量を持つロボットは人間以上の力を発揮すると思いました。しかし、その後、実際にロボットの開発に携わるようになって、ロボットの限界にも気づきました。現段階のロボットは自らの意思で行動することはできません。ロボットは人間と対等の仲間ではなく、人間が使う道具の一つに過ぎないと私は思います。

この男の人は今ロボットについてどのように考えていますか。

1　人間に使われる存在
2　人間より優れた存在

3　人間と対等な存在
4　人間を支配する存在

6番

社長が社員に話しています。

男：みなさんもご存じのように不景気が続く中、わが社も業績の悪化に伴い、売り上げが伸びず、ここ数年、赤字が続いています。それで赤字解消のため、いろいろな案を検討してみました。まず人員の削減。現在の５０００人の従業員のうち、２０００人を削減するという案です。それから、銀行からの資金の融資とか、大手企業との合併などいろいろな案が出ましたが、わが社がこの不況を乗り越え生き残るためには、販路の拡大を目指すしかありません。今後は国内だけでなく、海外での販路の開拓にも力を入れていきたいと思っています。みなさんのご協力をお願いします。

社長はこれからどのようにすると言っていますか。

1　他の会社と合併する
2　銀行からお金を借りる
3　海外市場を開拓する
4　従業員の賃金を削減する

122 개요 이해 [3]

정답

1 4 2 3 3 1 4 4 5 4 6 3

스크립트

1番

男の人がテレビで話しています。

男：それでは、サッカーの試合についてお伝えします。今日行われた東京対大阪の試合ですが、前半の立ち上がりから、実力で勝る東京が優勢に試合を進め、先に1点をとります。引き続き大阪のゴールをおびやかす場面が数多く見られましたが、しかし、１点のまま前半終了。後半に入っても、東京がボールを持つ時間が多く、何度もゴール前でチャンスを作りますが、いずれも得点にはつながりません。そして、両チーム疲れが見え始めた後半終了直前、大阪が一瞬のすきをついて得点し、そのまま試合終了。延長戦に入り、結局大阪が２対１で勝ち、大方の予想を覆す結果となりました。

男の人はサッカーの試合はどのような結果になったといっていますか。

1　予想通り東京が勝った
2　予想通り大阪が勝った
3　予想に反して東京が勝った
4　予想に反して大阪が勝った

2番

大学の授業で先生が話しています。

女：コットンは微細な繊維でして吸湿力が高いんです。コットンには内側と外側に温度差ができてしまうと、内側の水分を吸い取って外側へ発散しようとする性質があるんです。また、通気性にも優れています。このような性質からコットンは肌着に最適な繊維なんですね。 また、コットンは乾いているときよりも、ぬれたときの方が強いので洗濯機で洗っても安心です。コットンは肌着の素材として、まさにうってつけなのです。

先生はどのようなテーマで話していますか。

1　コットンの作り方
2　コットンの乾燥方法
3　コットンの用途
4　コットンの流行

3番 (054)

ニュースでアナウンサーが話しています。

男：社会人として日々働いていても、「もう一度大学に行って勉強し直したい」という人もいれば、「スキルアップのためにもっと専門的な知識を身につけたい」と学びに意欲を持つ人は少なくありません。近年は仕事を続けながらでも学習に取り組める環境が整備されてきています。社会的には、雇用に対する不安などの経済的な問題や、より高度なキャリアを要求する時代的背景があるようです。また、少子化の影響を受け、学生数を確保したいという大学側の狙いもあるということです。

アナウンサーは社会人の進学について、何を話していますか。

1　進学する人が増えている理由
2　進学に必要な条件
3　進学が大学に与える影響
4　進学のための経済的支援

4番 (055)

大学の授業で先生が話しています。

先生：近年、短時間の大雨により、浸水の被害が発生することが多くなりました。都市部では、コンクリートやアスファルトに覆われた地表面積が極めて多く、雨が降るとすぐに路面を流れ、すぐ下水道に集中するため、排水しきれなくなり、都市型水害が起きるのです。このような水害を防止するため、河川の改修はもちろん、水をためておくタンクを設置する取り込みが広がっています。タンクに雨水を貯めることで下水道に流れ込む雨水をできるだけ抑えることができます。

先生は何について話していますか。

1　大雨が降る理由
2　雨水を利用する取組み
3　雨水を下水道に流す仕組み
4　浸水被害の原因と対策

5番 (056)

ショッピングセンターの役員が新入社員に話しています。

女：皆さん、デパートの店員として、お客様に適切な情報やご満足のいただけるサービスを提供すること。これは誰でもしようとすることです。でも、何が大切か。正しい言葉づかいでしょうか。いいえ。ちょっと私たちの日常を思い浮かべてみましょう。お客様の中には品物を見るだけの方がいたり、買う気もないのに試着する方がいたりします。そんなときには知らず知らず対応が邪険になりがちです。お客様が、それに気づかないはずはありません。そんなときにこそ、感謝の気持ちを持ってお客様に接してください。買うつもりのないときでも、暖かく迎えられたなら、お客様はその店の雰囲気に引かれ、店員を信頼し、多少高くとも、お買い上げくださるものです。

この人が強調していることは何ですか。

1　お客様に適切な情報を与えるということです

2　言葉遣いを正しくするということです

3　買い物したお客様にいいサービスをするということです

4　買う気もないお客様にも親切にするということです

6番 057

テレビで男の人が話しています。

都市部の駅ビルや商業施設の屋上で野菜を育てることができます。家族で買い物したついでに、また、会社帰りに、手軽に季節の野菜をつくって食べることができるのです。今そんな「都市型屋上菜園」にはまる人が増えているそうです。とはいえ、野菜を育てるのは意外に手間がかかります。水をやったり、土を管理したり、また害虫対策など日常的な管理が不可欠です。でも、特別な知識はいりません。菜園では日々の管理は専門スタッフが行ってくれるので、週1回程度しか出かけられない人でも安心できるのです。道具も貸してくれます。

男の人は何について話していますか。

1　会社の屋上で行う野菜の試食会

2　野菜の栽培に関する農業指導

3　ビルの屋上を利用した都市型農業

4　野菜を作る社員の募集

QR 해설 부록

123 즉시 응답 [1]

정답

1 3　2 2　3 3　4 3　5 3　6 1

7 3　8 2　9 3　10 3　11 2　12 2

13 2　14 2

스크립트

1番 058

すみません、営業の川上さんにお会いしたいんですが。

1　ご案内いただけますか。

2　こちらに通してください。

3　今、呼んでまいります。

2番 059

あのう、このペン、拝借してもよろしいですか。

1　じゃあ、拝見しましょう。

2　これでよろしければ。

3　すぐお返しします。

3番 (060)

今度のプロジェクトは外国語に堪能な君がうってつけだと思うんだ。

1 期待してたのに、もう打ち切りになったんですか。

2 私じゃ、語学力が足りないんですか。

3 ご期待に添えるよう頑張ります。

4番 (061)

新人の大山君が、クレーム処理一人でやったって？ たよりになるな。

1 まだ、経験が浅いのでミスばかりですね。

2 すみません。本人によく注意しておきます。

3 見かけによらず、しっかりしてますよ。

5番 (062)

女：あのう、先月の利用代金なんですけど、まだ振り込まれてないようですが。

男：

1 では、またご利用くださいませ。

2 あ、すぐにいただきますので。

3 すみません、うっかりしてて。

6番 (063)

女：西田さんのプレゼン、人を圧倒するものがありますね。

男：

1 本当、文句のつけようがなかったよ。

2 何が言いたいのかさっぱりわからなかったよ。

3 これからは気をつけてほしいね。

7番 (064)

おめでとう。今月の営業成績、トップなんだって。かなわないなあ。

1 そうですね。かなり高いですね。

2 今度こそがんばります。

3 いやいや、運がよかっただけです。

8番 (065)

男：今日の決勝戦、見に来たかいあったね。

女：

1 都合をつけて見に行くつもりだったのに。

2 本当、来てよかったよ。

3 今度の決勝も見に行こうね。

9番 (066)

この店、味もさることながら雰囲気作りにも気をつかいました。

1 じゃ、味はそれほどでもないんですね。

2 味にこだわりが感じられますね。

3 素晴らしいインテリアですね。

10番 (067)

今日の月例会議、議題が山ほどありますね。

1 思ったほど難しくはないですよ。

2 何か重大な内容があるみたいですね。

3 あまり長引かないといいんですけど。

11番 (068)

あ、松本さん、こんなところでお目にかかれるなんて思いもよりませんでした。

1 まあ、わざわざ来てくださるなんて。

2 あら、本当、偶然ですね。

3　初めまして。よろしくお願いします。

12番

男：あんな映画見るくらいなら、うちで寝てたほうがましだったよな。

女：

1　ほんと、時間が経つのを忘れるほどだった。

2　うーん、評判の割には今一だったよね。

3　やっぱり見に来たかいがあったね。

13番

清水先生って建築の分野ではちょっと名の通った先生らしいね。

1　今日、先生は学校に来ないって。

2　本もたくさん書いてるもんね。

3　ありふれた名前だからね。

14番

もし新築をお考えでしたら、ご自宅に案内を送らせて頂きたいのですが。

1　わざわざ来ていただいては恐縮ですから。

2　今のところ、特に予定はありませんので。

3　いいえ、家まで案内してくださらなくでも。

124 즉시 응답 [2]

정답

1 1　2 2　3 3　4 2　5 2　6 2

7 2　8 1　9 2　10 1　11 2　12 1

13 3　14 1

스크립트

1番

発表会のときこの服じゃまずいかな。

1　そんなことないと思うけど。

2　そういうわけじゃないんだね。

3　うまいとは言えないね。

2番

女：あのう、こちらの帽子、お忘れじゃないですか。

男：

1　どうぞ、お気をつけください。

2　あっ、どうもおそれいります。

3　お見せしましょうか。

3番

この間、駅のホームで幼馴染にばったり出くわしてね。

1　普段電車に乗らないからだよ。

2　駅は人が多いからしょうがないよ。

3　へえ、それはすごい偶然だね。

4番

おそれいりますが、カードでのお支払いは承っておりません。

1　ご遠慮なさらず、どうぞ。

2　あっ、どうしよう。現金がないのに。

3　じゃ３回払いでお願いします。

5番

この件ですが、高橋部長にもお伝えいただけるとありがたいんですが。

1　よろしく伝えてください。

2　では、あとで伝えておきます。

3　お伝えいただけると幸いです。

6番 (077)

店長、今日はにわか雨で、店で売っている傘が売り切れてしまったんですが。

1　天気が悪いと、お客さんこないよね。
2　急に降ってきたからね。
3　昨日からずっと降っているからだよ。

7番 (078)

この料理、関口さんが作っただけあって、手が込んでるよね。

1　関口さんはこの料理しかできないの？
2　関口さん、料理得意だもんね。
3　関口さん、最近忙しかったからね。

8番 (079)

この乾燥機、広告を見て買ったんだけど、使わずじまいなのよ。

1　衝動買いって結局、無駄になるんだよね。
2　へえ、よく使い込んでますね。
3　うん、いまならセール中で安く買えるよ。

9番 (080)

忘年会、野球部の中山さんが来なかったら、盛り上がらなかっただろうね。

1　中山さんのせいで座が白けちゃったね。
2　中山さんが来てくれてよかったよね。
3　中山さんの試合、そんなにおもしろかったの？

10番 (081)

君、スキー、初めてにしては、やるね。

1　いえ、どんでもございません。
2　すみません、大変迷惑をかけました。
3　人にスキーを教えるのは初めてです。

11番 (082)

男：明日のパーティーなんだけど、実験やらレポートやらでそれどころじゃなくなっちゃったんだ。

女：

1　私も楽しみにしているんだ。
2　そんなに忙しいわけ？
3　だったらいっしょに行こうよ。

12番 (083)

今度行く温泉宿、景色もさることながら、食事も格別なんだよ。

1　どっちも楽しみよね。
2　うーん、食事は別料金なの？
3　えっ、景色はだめってこと？

13番 (084)

え？もうこんな時間？資料作成に追われて、昼、たべそこなったよ。

1　昼ご飯はどこで食べたんですか。
2　相当急いで食べたんだね。
3　今からでも食堂行ってきたらどう？

14番 (085)

見た？彼女の演技。日本一と呼ばれるだけのことはあるよね。

1　うん、さすが格が違うよね。

2　えっ？あの人は日本が初めてなの？

3　そう？結構上手だと思うけど。

125 즉시 응답 [3]

정답

1 2　2 3　3 1　4 2　5 3　6 3

7 3　8 3　9 1　10 2　11 1　12 2

13 2　14 3

스크립트

1番 086

男：加藤さん、頼んでた資料の作成、今日中になんとかならないかな。

女：

1　えっ、もう仕上がってるんですか。

2　急いでやってはいるんですけど。

3　何とかしていただけないでしょうか。

2番 087

もういい加減にしてよ。こんなに待たせるなんて。

1　次はもっと早く来てね。

2　一体、どれぐらい待ったと思う？

3　ごめん、次からは遅れないようにするから。

3番 088

お茶、どうぞ。せっかく来ていただいたのに、何もなくて。

1　いえいえ、おかまいなく。

2　どうぞ、遠慮なさらずごゆっくり。

3　では、後日改めて伺いますので。

4番 089

男：沢田課長の仕事ぶりには、本当に頭が下がりますね。

女：

1　自分のミスなら認めて謝罪するべきでしょ？

2　本当。私も見習わなきゃ。

3　ああ、大変なことになりましたね。

5番 090

社長、新製品の売上、なんとしても目標を達成してみせます。

1　新製品はどこでみられるんですか。

2　おめでとう、頑張りましたね。

3　いい結果を期待していますよ。

6番 091

女：課長、こちら、明後日の会議の資料です。事前にご覧いただければと存じます。

男：

1　いや、まだ読んでいないんだ。

2　会議の資料、明後日までに作ればいいの？

3　うん、わかった。目を通しておくよ。

7番 092

古田さん、今日のプレゼン、古田さんの助言のおかげでうまくいったよ。

1　これからもご助言、よろしくお願いします。

2　すみません。次はもっと頑張ります。

3　あ、いえ、お役にたててうれしいです。

8番 093

では、この件につきましては見合わせるということでよろしいですか。

1　ええ、どこで会うことにしましょうか。

2　では、さっそく取り掛かりましょう。

3　そうですね、日を改めて話し合いましょう。

9番 094

あの人がしたことは社会人としてあるまじき行為ですよ。

1　本当、無責任にもほどがあるからね。

2　そう、賞賛に値する行動ですよね。

3　みんな見習うべきですよ。

10番 095

説明会の資料なんだけど、多めに用意しとくに越したことはないよ。

1　なるほど、出席者少ないですし。

2　じゃ、余分にコピーしておきます。

3　資料は余ったら無駄ですもんね。

11番 096

池田商事との交渉、なんとか契約にこぎつけたよ。

1　やっと苦労が報われたね。

2　そんな～、簡単にあきらめないでよ。

3　結局、契約は取れずじまいだったのか。

12番 097

あ～、もう、泣きたくなるよ。今週でプロジェクト打ち切りだなんて。

1　やれば出来ないことはないってことだね。

2　いい結果が出ると期待してたのに。

3　評価が高かっただけのことはあるよね。

13番 098

ご連絡した件ですが、明日までにお返事を頂戴できればと。

1　確かに頂戴いたしました。

2　今日中に必ずご連絡いたします。

3　お返事お待ちしております。

14番 099

ディズニーの新作映画、いよいよ来週公開なんだ。待ちきれないよ。

1　諦めるにはまだ早いよ。

2　君もあんまり期待してないんだね。

3　来週なんてもうすぐだよ。

QR 해설 부록

126 통합 이해 [1]

정답

1 3　2 2　3 (1) 1 (2) 2

스크립트

1番 100

家電製品売り場で女の人が店員と話しています。

女：空気清浄機を買いたいんですが。できるだけ、小型で、静かで、うーん、予算は２万５千円までで。

男：えーと。小型で人気があるのは、ヤマト電気のこれですね。価格が３万円になってしまうんですが、もともと４万５千円の商品

まうんですが、もともと４万５千円の商品ですから、お買い得ですよ。

女：はーあ。

男：このフタバ電気のは、小型掃除機がおまけについて、ちょうど２万５千円です。別々に買えば、４万円は軽く超えます。絶対、お得ですよ。シグマ電気のも、小さくて、軽いですよ。基本的な機能だけなんですが、その分お値段は２万２千円と抑えられています。

女：うーん。

男：あとは、フジ電気のこれですね。ご覧のとおり、便利な機能が満載です。ただいま、キャンペーン実施中で、３万円となっています。

女：うーん、でも、予算は超えたくないし、いらない機能やおまけがついてても、使わないのよねえ。じゃ、これにします。

女の人はどんな会社の家電製品を買いますか。

1　ヤマト電気の空気清浄機
2　フタバ電気の空気清浄機
3　シグマ電気の空気清浄機
4　フジ電気の空気清浄機

2番 (101)

不動産屋で３人で話しています。

不動産屋：こっちの物件は、駅からも近くて、交通の便もいいので、家賃５万は安い方ですよ。

男　　　：間取りもいい。部屋数も広さもちょうどいいよな。

女　　　：押し入れや、物入れがもっとあればな〜。でも家具があるからいいわ。

不動産屋：ただ、この家は家賃が安い分、敷金・礼金など、最初にちょっとお金がかかりますが、その点は大丈夫ですか。

男　　　：それはどこも一緒だから、しょうがないと思います。

女　　　：あ、すぐそばに高速道路がある。

男　　　：残念。うるさくなきゃ、申し分ないのに。

女　　　：そうよね。商店街も近いし、となりにコンビニもあるのにね。

二人はこの家のどこが一番気に入りませんでしたか。

1　家賃
2　騒音
3　収納
4　位置

3番 (102)

ラジオを聴きながら、女の人と男の人が話しています。

ラジオ：今日は寒い冬、暖かいお宅でのんびり読める４冊をご紹介します。まずは昨年の文学賞を受賞した「ハウス」。４０代の女性弁護士と２０代の女子学生、そして３０代のフリーターの男性、この３人で一軒屋を借りて暮らすというストーリーです。世代の違う３人の交流を巧みに描いています。続いて「夕暮れ」、一人暮らしの老人が訪問ボラ

るうちに、互いの孤独から解放されていく話です。三冊目は「シンドローム」。大手銀行の経営権を巡るサスペンスですが、同時に主人公の成長も描かれています。最後は「鼻歌」。旅行代理店に勤める主人公の目を通して、人々のエピソードで綴ったエッセイ集です。

女：これ、私もう全部読んじゃった。老人の話が一番面白かったなあ。
男：僕もどれか読んでみようかなあ。
女：銀行の話なんかがいいんじゃない。
男：うーん、うちに帰ってまた仕事のことなんか考えたくないよ。
女：そうか、サスペンスだから好きだと思うけど。ええと、エッセイはあまり読まないでしょう。結構面白いけど。
男：そうだね。どっちかっていうと、現代もののほうがいいかな。うーん、老人の話がいいかな。ね、三人の共同生活の話って恋愛ものなの？
女：いや、そうなりそうになるんだけど、ならないんだよね。そこが面白いかなっと。
男：そうか。じゃ、そっちを先に読もうかな。

質問1

男の人はどの本を最初に読むことにしましたか。

1　ハウス　　　　2　夕暮れ
3　シンドローム　4　鼻歌

質問2

女の人はどの本が一番面白いと思いましたか。

1　ハウス　　　　2　夕暮れ
3　シンドローム　4　鼻歌

127 통합 이해 [2]

정답

1 3 2 1 3 (1) 1 (2) 2

스크립트

1番 (103)

デパートで案内放送をしています。

女１：本日もご来店いただきまして、誠にありがとうございます。お客様にご案内申し上げます。ただ今当店１階では、お中元ギフトの１０パーセント割引セールを行っております。また、ギフト３万円以上お買い上げのお客様にはもれなく素敵なプレゼントを差し上げております。また、３階、婦人服売り場では冬物の大売り出しセールを行っております。大変お得になっております。８階催し物会場におきましては地方の特産物の展示販売会を開催しております。米やネクタイ、靴などもご用意しております。普段は手に入りにくい商品が手軽にご購入いただけます。地下食品売り場では２時からタイムセールを致します。肉類半額、野菜と果物３割引となっております。２時からの３０分間ですので、お急ぎください。
男　：へー、わざわざその地方まで行かなくても特産物が買えるのはいいな～。

女２：でも、タイムセールよ。もうすぐ２時だし、そっちが先よ。

男　：え？今日の夕食は田中君たちと外食するんじゃなかったっけ？

女２：あ、そうだったわね。今日は買わなくていいもんね。じゃ、あそこから回りましょう。私も大阪の名物がほしいわ。

このあと何階に行きますか。

１　１階　　２　３階
３　８階　　４　地下

2番 (104)

スポーツショップで店員と大学生の姉と弟が話しています。

店員：いらっしゃいませ。何かお探しでしょうか。

姉　：誕生日のプレゼントなんですけどね。母が最近ランニングを始めて、何か使えるものをあげたいんです。ランニングシューズはどこですか。

店員：ランニング関連用品はこちらにございます。こちらの黒いシューズは新素材を使っておりまして、大変人気がございます。デザインも若々しいですし、ほかの色もございます。お母様にもきっと気に入ってもらえると思いますが。

姉　：いいじゃない。この黒の。今年の流行は黒だし。

弟　：でも、母さん、赤が好きで、よくはいてるじゃない。この赤いのがいいよ。

姉　：たまには違う色もいいんじゃない。

弟　：それもそうだね。そういえば、母さん、ヘアーバンド持ってなかったな。

店員：では、こちらへ。こちらなんかはお手ごろですよ。赤いのもございますよ。もちろん流行の黒も。先ほどのランニングシューズと同じブランドのものですので、お揃いでお求めいただけますと素敵かと思います。

弟　：ふーん、姉さん、予算オーバーだよ。

姉　：ほんとだ。うん、やっぱりさっきのだけにしようか。

母親への贈り物は何になりましたか。

１　黒いランニングシューズ
２　赤いランニングシューズ
３　黒いヘアバンド
４　赤いヘアバンド

3番 (105)

ラジオでアナウンサーが展示会について話しています。

女１：今日は４つの美術館で現在開催中の展示会をご紹介します。山谷美術館では１８世紀から１９世紀にかけて描かれたフランスの風景画展が行われています。ほとんどの作品は日本初公開の貴重なものです。１９世紀に最盛期を迎えるまでの風景画の変遷を見ることができます。清流美術館は再生アート展です。空き缶や使用済みのペットボトルなど廃棄された素材を使った作品が見るものに訴えかけてきます。リプル美術館は写真作家の高倉次郎の回顧展です。生誕100年を記念し、開催されます。生涯を通して、人を撮ることにこだわり続けたその足跡をたどることができます。最後はピクト美術館美の体感アート展です。展示された作品を目で見るだけでなく、聞く、触れる、かぐといった体験を通して楽しむことができます。

女２：中村君、次の週末一緒にどれか見に行かない？

男　：うん、いいね。一人の画家の描く絵がどんなふうに変化していくのかって、面白そうじゃない。

女２：私はそれよりも、ヨーロッパの風景画の変遷に興味あるな。日本に来るのは初めてってものも多いみたいだし、めったに見られないだろうから、この機会に見ておきたいなあ。

男　：うんん、確かに見るチャンスなかなかないと思うんだけど、ぼく、景色だけっていうのは、どうもね。

女２：そっか。じゃあ、それは私、学校の帰りにでも一人で行くことにするね。それ以外だったら、捨てられたものがどんなふうになるかっていうのも興味あるんだけど。

男　：それ、僕もメッセージ性があって面白そうって思った。じゃあ、そこにする？あっ、それか、いろいろな感覚を使うってのもあるね。

女２：それも実際に触ったりできて楽しそうなんだけど、すごく人気だって聞いたよ。週末だと、きっと込んでるから、それは別の機会にしない？

男　：そうだね。じゃ、決まり。週末、楽しみだね。

質問１

女の人は一人でどの美術館に行きますか。

1　山谷美術館　　2　清流美術館
3　リプル美術館　　4　ピクト美術館

質問２

二人は次の週末どの美術館に一緒に行きますか。

1　山谷美術館　　2　清流美術館
3　リプル美術館　　4　ピクト美術館

128 통합 이해 [3]

정답

1 2 2 3 3 (1) 1 (2) 4

스크립트

1番 106

家族３人で娘の就職について話しています。

母：就職の内定、もらったの？

娘：一応、もらったのはもらったけど、迷うな。

母：え、どうしたの？給料が安いとか。

父：こんな不景気じゃ就職できただけでいいじゃないか。贅沢言うなよ。

ゃないか。贅沢言うなよ。

娘：それはそれでいいんだけど、帰りが遅いのはね。終わってから自分の好きなことができないのは、ちょっと。何か資格でも取ろうかな。

父：目的もなく、資格を取ろうと奔走しても、なんの役にも立たん。後で後悔するだけだぞ。業界で有名な会社だし、何より大学で勉強した英語が生かせるんだからそれだけでいいじゃないか。専攻と無関係の仕事に就いて悩んでる人がどれだけいると思うんだ、お前は。

娘：そうね。一番大切なことを忘れるところだった。

娘の就職を決める時、最も重要なのは何ですか。

1　資格　　2　専攻
3　給料　　4　勤務時間

2番 (107)

会社で、男の人と女の人が話しています。

男１：来月発売される新製品の宣伝用ポスターはどうなっている？そろそろどこに作ってもらうか決めたいんだけど。

男２：はい。今のところ、前回お願いしたところと、先日サンプルをもらった新しいところの二社に見積もりを取っていて。これが見積もりです。

男1：どれ？うーん。これだと、新しいところのほうがだいぶ高いね。

女　：そうなんです。私は前回のところがいいんじゃないかなって思ってるんですけど、お互いやり方もわかってますし。

男２：でも、前回のは、デザインがあんまり面白くなかったし、僕としては新しいほうにお願いして、斬新なイメージを出したいんですけど。

男１：うん、確かにこの間もらったサンプル、結構よかったなあ。

男２：はい。予算のことはまだ話し合いの余地があると思いますし。

女　：確かにデザイン面ではこっちのほうはいいんですけど。でも、値下げに応じてくれるかどうか。

男１：わかった。じゃあ、とりあえずそこにかけあってみてくれる？それで、下げてもらえるようなら、依頼する方向で。

男２：わかりました。連絡とってみます。

新製品の宣伝用ポスターについて、これからまずどうすることになりましたか。

1　前回の広告会社から制作を依頼する
2　前回の会社からサンプルをもらう
3　新規の会社と価格の交渉をする
4　新規の会社に製作を依頼する

3番 (108)

テレビでアナウンサーが市長選挙について話しています。

今月行われる石川市の市長選挙には４人が立候補しています。

現職の市長である星野氏は、過疎が進む町の活性化には工業団地の建設が欠かせないと主張しています。

自然破壊につながるとして、工業団地の建設に異議を唱えています。そして今回３８歳という異例の若さで立候補した河野氏は、工業団地の建設を支持しつつ、さらに工業団地の建設だけでなく、年間を通して観光客の誘致が見通せるようにすべきだとしています。
野村氏は市町村合併による財政支出の削減を進めるべきだと訴え、工業団地建設は税金の無駄遣いだとしています。

男：今の市長ってもう10年以上やってるよな。思い切って新しい人、いいんじゃない？
女：そうかな。もう工業団地の用地買収は一部始まってるし、いまさら白紙に撤回したら、これまでの費用とかも無駄になっちゃうでしょう。
男：それはそうだけど、建設しても工場が入らなかったら、それこそもったいないよ。
女：でも、やりかけちゃったんだし。自然破壊っていうのもわかるけど、それより、過疎化を食い止めてほしいな。私はこれまでの実績を評価したい。
男：うん、開発によって町がいつも賑わうようになればいいとは思うけど。でもそうなる保証、ないでしょ。だから膨大なコストをかけるリスクは避けるべきだと思う。
女：そっか。
男：僕は自治体がまとまることによって無駄を省いてほしいな。

質問1

女の人はどの候補者がいいと言っていますか。

1　星野氏　　2　森氏
3　河野氏　　4　野村氏

質問2

男の人はどの候補者がいいと言っていますか。

1　星野氏　　2　森氏
3　河野氏　　4　野村氏

실전모의고사 1~2회

정답 및 스크립트

정답 및 스크립트

QR 해설 부록

모의고사 1회

언어지식 (문자 · 어휘 · 문법)

問題 1

[1] 3　[2] 1　[3] 4　[4] 2　[5] 1　[6] 4

問題 2

[7] 3　[8] 1　[9] 4　[10] 3　[11] 1　[12] 2
[13] 4

問題 3

[14] 1　[15] 2　[16] 1　[17] 4　[18] 3　[19] 3

問題 4

[20] 4　[21] 3　[22] 1　[23] 4　[24] 2　[25] 3

問題 5

[26] 4　[27] 2　[28] 2　[29] 3　[30] 4　[31] 1
[32] 1　[33] 3　[34] 4　[35] 2

問題 6

[36] 1　[37] 2　[38] 3　[39] 4　[40] 2

問題 7

[41] 4　[42] 2　[43] 1　[44] 4　[45] 3

독해

問題 8

[46] 3　[47] 4　[48] 2　[49] 4

問題 9

[50] 3　[51] 4　[52] 1
[53] 3　[54] 1　[55] 4
[56] 2　[57] 3　[58] 2

問題 10

[59] 4　[60] 3　[61] 3　[62] 4

問題 11

[63] 4　[64] 1　[65] 4

問題 12

[66] 2　[67] 4　[68] 4　[69] 1

問題 13

[70] 1　[71] 1

청해

問題 1

[1] 1　[2] 4　[3] 4　[4] 3　[5] 2　[6] 3

問題 2

[1] 1　[2] 3　[3] 1　[4] 3　[5] 4　[6] 4
[7] 4

問題 3

[1] 2　[2] 3　[3] 4　[4] 2　[5] 1　[6] 4

問題 4

[1] 3　[2] 3　[3] 1　[4] 3　[5] 1　[6] 2
[7] 2　[8] 1　[9] 2　[10] 1　[11] 3　[12] 2
[13] 1　[14] 1

問題 5

[1] 2　[2] 3　[3] （質問 1）2　（質問 2）3

스크립트

問題 1

1番

スーパーで二人の職員が話しています。男の人がこの後補充しなければならないものは何ですか。

女：木村君、ちょっと開店までに補充してほしいものがあるんだけど、えーと、まず飲料コーナーだけど、牛乳を入れといてほしいの。それからコーラもね。

男：分かりました。

女：あ、あとね、お菓子なんだけど、箱から半分くらい出して入れておいてくれる？飲み物もお菓子も倉庫においてあるから。

男：はい。あの、さきほど倉庫にバナナを入れたんですが、どうしましょう。

女：うん、それはいいよ。トイレットペーパーとバナナは今日のお買い得品だから私が前に出しとくわ。あ、ごめん。あと、もうひとついい？

男：ええ。

女：終わったら、タバコの自動販売機、チェックしてくれない？残りが数少なかったら、あとで補充したいんだけど。とりあえず商品の数だけ確認してこの紙に書いてもらいたいの。

男：分かりました。

男の人がこの後補充しなければならないものは何ですか。

1　飲料、お菓子
2　飲料、お菓子、トイレットペーパー
3　飲料、バナナ、たばこ
4　トイレットペーパー、バナナ、たばこ

2番 110

ある調査の結果です。１０代の回答はどうなっていますか。10代です。

男：「この夏遊びに行くとしたら海と山どちらに行きたいですか。」というアンケートを実施し、各世代や各性別それぞれ100人の方々から回答をいただきました。10代は「海」と答えた方が半数を超えています。しかし、60代以上になると「山」と答えた方が過半数になっていますね。男女とも若い年代は「海」、年を重ねてくると「山」というように人気がきれいに変わりました。性別で見てみますと、男性は、30代からだんだん海の人気が落ちていき、50代になったところで海と山が逆転という結果でした。女性は男性と比べると、年代によって海と山の人気がはっきりしているようです。特に10代の海の人気はスゴイなあと思います。30代から少し海の人気が落ちてきて、40代で早くも逆転という結果でした。

１０代の回答はどうなっていますか。

1　男性は山、女性は海を好む
2　男性は海、女性は山を好む
3　男女ともに山を好む
4　男女ともに海を好む

3番 111

会社で課長と女の人が新製品のパンフレットについて話しています。女の人はこのあと、まず何をしなければなりませんか。

女：課長、この間、おっしゃったパンフレットの修正なんですが。表紙の修正が終わったので、一度見ていただきたいんですが。

男：ちょっと、見せて。商品のタイトルの位置は、ああ、直したんだ。いいじゃない。

女：はい。で、このタイトル、どうでしょうか。みんなで相談して、変更したんですが。

男：うーん、そうね。タイトルにしては、ちょっとインパクトが足りないような気がするよな。ちょっと考えさせてくれる。あっ、あと、写真の説明文はもっと簡潔にしたほうがいいよ。そうしたら、写真は後でもう少し大きくすることもできるんじゃない。

女：はい。

男：じゃ、とりあえずそっちからやりましょう。写真の大きさは、今はそのままにしといて。
女：分かりました。

女の人はこのあと、まず何をしなければなりませんか。

1　タイトルの位置を変える
2　新製品のタイトルを変更する
3　写真を大きくする
4　写真の説明を書き直す

4番 (112)

電話で女の人と男の人が話しています。女の人はこのあと、どうしますか。

女：もしもし。インターネットでアルバイト募集の広告を見てお電話したんですが。少しお聞きしたいことがあって。
男：はい、どうぞ。
女：仕事の内容についてなんですが、「パソコンを使っての新しいお仕事」って具体的にどういう仕事なんでしょうか。パソコンのスキルはあまりないので。
男：パソコンのスキルに関係なく、メールの送受信とインターネット程度が可能でしたら大丈夫ですよ。パソコン初心者の方でも安心して取り組んでいただけます。
女：そうですか。応募にはどうすればいいですか。
男：ご覧いただいたネットのホームページに応募フォームがありますから、まずはそこに記入して応募してください。記入したフォームを送信したら応募は完了ですので。
女：面接はいつでしょうか。
男：そうですね。自宅面接をご希望の場合は映像チャットも行っておりますが、まずは応募フォームを受け取らないと。
女：分かりました。ありがとうございます。

女の人はこのあと、どうしますか。

1　面接に行く
2　映像チャットで面接を受ける
3　パソコンから応募する
4　郵便局に行って応募フォームを送る

5番 (113)

男の人と女の人が今週の飲み会について話しています。男の人は何をしなければなりませんか。

男：今週の飲み会、場所はとれた？
女：うん。人数多いし、金曜だから予約とるの難しかったけど、何とか。
男：そう。ありがとう。で、時間は7時、駅の前だったっけ。
女：うん、でも、それがね。お店の予約が8時からなの。駅から10分くらいで行けるとこだからもとの時間より30分くらい遅らせてもいいかなって。
男：じゃ、集合時間を30分延ばすってことだよね。みんなにメールで知らせるね。で、飲み会の場所は知らせなくていいのかな。
女：うん、駅前に集まってみんなで行くから別にいいと思う、あ、そういえば遅れてくる人がいる。田中さん残業で1時間くらい遅れるって言ってたわ。
男：分かった。田中さんには場所教えとくよ。

女：うん、よろしく。

男の人は何をしなければなりませんか。

1　お店の予約を変更する
2　集合時間の変更を知らせる
3　田中さんと駅前で会う
4　田中さんと残業をする

6番 (114)

女の人と男の人が話しています。女の人はこの後、どうしますか。

女：ね、このパソコン動かないんだけど。
男：うん？先月買ったばかりだし、そんなわけないだろう。
女：だって、突然動かなくなってるわよ。
男：ちょっと見せて。うーん、ウィルスなのかな。迷惑メールでも開けちゃったんじゃないの？
女：ううん、何もしてないわ。ワードで文章書いてるだけだったのに。まったく。
男：保証書どこかにあるでしょ。近くのサービスセンターに修理に出した方がいいね。保証期間内の修理はただだしね。電話してみる？
女：うん、電話番号は……。
男：でも、修理に出す前にちゃんとチェックしたほうがいいね。まさかプラグ入れるの忘れちゃって充電足りなくなったってことじゃないだろうね。
女：えっ、ちょっとコンセントのとこ見てくれる？
男：ほら、入れてないじゃない。

女の人はこの後、どうしますか。

1　サービスセンターに電話をする。
2　先生に変更があったことを伝える
3　プラグを入れる。
4　自分でパソコンを修理する。

問題2

1番 (115)

会社で男の人と女の人が話しています。男の人はどうしてたばこをやめられないと言っていますか。

男：ちょっと一服してきます。
女：中村さん、またおたばこですか。
男：ええ、僕も少し減らしたいとは思うんですが。
女：それはいいですね。喫煙は健康によくないに決まってるし。
男：やめたいと思ってもなかなか難しいんですよね。
女：最近は禁煙のためのガムとか電気たばことかいろいろ出てるんじゃないですか。そういうのでもダメなんでしょうかね。
男：いや、それはともかく禁煙しようという決心が立たないんですよ。
女：どうして？
男：確かにたばこのニコチンには中毒性があるとは思いますが、何しろ仕事に役に立つところがあって。例えば、取引先の相手とたばこ吸いながら話してると意外と仕事の話がスムーズに進んだりするんですよね。

女：まあ、それはあるでしょうけど。とにかくけっこうヘビースモーカーですから体には気をつけてくださいね。

男の人はどうしてたばこをやめられないと言っていますか。

1　仕事に役に立つこともあるから
2　ニコチン中毒だから
3　禁煙の方法を知らないから
4　健康に悪いことを知らないから

2番 (116)

女の人と男の人が話しています。女の人が旅行に行けない理由は何ですか。

女：こないだの同窓会、楽しかった？
男：うん、けっこう集まった。京子も来ればよかったのにね。
女：ここんとこ子育てに忙しくて。
男：そうなんだ。で、同窓会に出た話なんだけど、来月みんなでフィリピンに遊びに行くことになったの。みんな仕事で忙しいから長くはいられないけど、きれいなビーチで2泊くらい休んで来ようって。京子も一緒に行かない？
女：へえ。フィリピンのビーチってきれいだもんね。私は、行きたいけど、やめとくわ。子供がいるから身動きがとれないの。
男：え、そんなに大変？
女：うん、昨日なんか夜中に泣かれて何度も起こされたのよ。ママになるってこんなに大変だって知らなかったわ。
男：そうか。でも頑張ってるから、えらいよ。
女：ありがとう。帰ってきたら、話聞かせてね。

女の人が旅行に行けない理由は何ですか。

1　行きたくないから
2　仕事が忙しいから
3　育児で忙しいから
4　同窓会に行けなかったから

3番 (117)

男の人と女の人が話しています。男の人が中国語の勉強をはじめた理由は何ですか。

男：ニーハオ。
女：あら、中国語？どうしたの？
男：うん、勉強はじめたんだ。漢字を読んでもまだわからないレベルなんだけどね。
女：え、何かきっかけとかあったの？
男：こないだ旅行で上海に行ってきたって言ったでしょ？
女：うん、楽しかったって言ってたよね。中国人の恋人でもできちゃったわけ？
男：メル友はできたけど、恋人っていうほどじゃないよ。
女：ふ～ん、でも、中国語勉強してるのはその人とコミュニケーションするためじゃないの？
男：しゃべれるようになったらいいなとは思うけど、上海行ったときね、レストランに食事にいったら、頼みもしないビールを出されちゃってね。それでも断ることができなくて悔しかったんだよ。で、勉強して少しはしゃべれるようになりたいなって。
女：そうなんだ。まあ、きっかけはとにかく新しい言語を勉強するっていいことだよね。頑張ってね。

男の人が中国語の勉強をはじめた理由は何ですか。

1 旅行で悪い思いをしたから
2 中国人の恋人ができたから
3 中国でビールを注文したいから
4 勉強はいいことだから

4番 (118)

会社の食事会で女の人が男の人と話しています。女の人はどうして料理を食べないのですか。

男：恵子さん、どうしました？あまり食べてませんね。おなかすいてるって言ってたでしょう。
女：あの、かにのにおいがしてるんですが、この料理にかに入ってませんか。
男：ええ、海鮮なべですから確か入ってるはず、あ、入ってますね。かには好きじゃありませんか。
女：とても好きですが、実は私、甲殻類アレルギーだってついこないだ知ったんです。
男：えー、甲殻類っていうと、かにとかえびとかですか。
女：ええ、どちらも好きだったんですが、先週食べてから調子がおかしくて病院で検査を受けたんです。これからはあまり食べないようにってお医者さんに注意されました。
男：へえ。好きなものを食べられないってつらいことでしょう。
女：ええ、でも、普通にお魚は食べられるし、大丈夫です。
男：それじゃ、ほかに何か別の料理を頼みましょう。すみません。

女の人はどうして料理を食べないのですか。

1 料理がおいしくないから
2 かにはあまり好きじゃないから
3 甲殻類は避けたいから
4 魚にアレルギーがあるから

5番 (119)

男の人とお母さんが話しています。男の人はどうして足に怪我をしたのですか。

女：ね、ちょっと。足どうしたの？ずるずる引きずってるじゃない。
男：あ、友達とバスケットボールに行ってさ。
女：だから、運動するときは怪我しないように気をつけてってあれほど言ってたのに。
男：いや、それがね。バスケットボールのときはすごく楽しかったけど、帰りに自転車に乗っててね。
女：え、交通事故とかにあったわけ？
男：ううん、ちょっときいて。自転車でちょうど狭い路地に入ろうとしたときにね、突然野良猫が跳びだしてきてびっくりしちゃって「がっしゃーん」ってね。
女：え、大丈夫だった？
男：うん、見ての通り。もう痛くはないよ。
女：ううん、あなたじゃなくてその猫ちゃん。
男：何だって。

男の人はどうして足に怪我をしたのですか。

1　運動中怪我をしたから
2　交通事故にあったから
3　猫にかまれたから
4　自転車で転んでしまったから

6番 (120)

女の人が通信販売について話しています。女の人は通信販売が好きな一番の理由は何だと言っていますか。

女：私は通信販売が大好きです。まず家にいながら買い物ができるということはとても大きいですね。お店を歩き回らなくていいから体も楽だし、時間も有効に使えるので大変いいと思います。通信販売のいい点は他にもありますが、商品を実際見て選ぶわけではないので、落とし穴もあるといわれています。確かにこのことには注意しなければならないと思うんですが、こういう悪いところは気にもとめないほど好きな理由があります。それは、プレゼントが届いたような楽しみがあるからです。確かに自分が自分にプレゼントしてるわけですが、包装を解く時の気持ちの高まりは、誰かからのプレゼントを開けることを疑似体験している感じがするのです。これからもしばらくは通信販売を楽しもうと思います。

女の人は通信販売が好きな一番の理由は何だと言っていますか。

1　悪い点はないから
2　家にいながら買い物ができるから
3　疑似体験できる商品があるから
4　贈り物をもらった気分になるから

7番 (121)

電話で女の人と男の人が話しています。女の人は何が不安だと言っていますか。

女：昨日、飲み会から家帰ってきたら部屋中ものが散らかってて泥棒に入られたみたい。
男：え？大丈夫？警察に通報した？
女：うん、さっき警察が捜査に来てたわ。でも、証拠なんて何も残ってないし、警察が言うには空き巣は犯人捕まえるの大変だって。
男：何か盗まれた？
女：うん。引き出しの中に入れといた現金とクレジットカード。まあ、現金は数千円だったからまだいいし、カード会社にも紛失届を出しといたから特に心配ないけど、運転免許証、持って行かれちゃったみたいでね。名前や住所、顔写真が載ってるから、怖いわ。
男：え、それは、不安でしょ。当分帰り道、気をつけないとね。明日から帰り、送ってあげようか。
女：あ、ありがとう。1週間くらいでいいから、お願いね。
男：うん、任せて。このたくましいボディーガードがいるんだから。
女：ええ～、冗談言ってる気分じゃないわよ。

女の人は何が不安だと言っていますか。

1　お金を盗まれたこと
2　警察に通報したこと

3　クレジットカードを盗まれたこと

4　泥棒が自分について知っていること

問題3

1番

大学で先生が話しています。

男：えー、今日はグループに分かれて実習を行います。簡単に説明しましょう。各グループに5人ずつ集まってもらいます。黒板の前に作品が5点置いてありますが、これらは16世紀ルネサンス時代の美術作品で、すべて本物です。取り扱いには十分気をつけてください。えーと、それぞれの作品は白い布に包まれていますが、各グループで一点ずつ持って行って、布から取り出してもらいます。それから作品が壊れてないのか、そして汚れはついてないのかなど、保存状態を観察して紙に記入してもらいます。現在の保存状態を観察することによって作品保存における問題点や改善点が見えてくるわけです。観察が終わりましたら、またもとの状態と同じようにしといてください。授業中はこちらの白い手袋を着用してもらいます。では、各グループからひとり、前に出てきて作品を持って行ってください。

この授業でとりあげる内容はどのようなことですか。

1　16世紀の歴史

2　美術作品の保存

3　ルネサンス時代の美術

4　グループ調査における問題点

2番

政治家が大学の講堂で演説をしています。

女：皆さん、私たちは参政権を持っています。私の若い頃は政治に対して文句があればデモ行進をしたり選挙に行ったりしていました。しかし、今の若者は政治家が悪いと言いながらも、選挙には行きません。若者の投票率が上がれば政治がどうにかなるとは思いませんが、国民が、テレビや新聞の報道に惑わされず、冷静にどうあるべきかを自分の1票で表すのが選挙ですから、投票率を上げていけば候補者も変わっていくし、政治も少しずつ変わっていくのではないでしょうか。いい候補者が出ないことを嘆くよりも、有権者が利口になったことを示すのも選挙の形だと思います。

この政治家が言いたいことは何ですか。

1　いい政治家がたくさん出てほしい

2　自分に投票してほしい

3　若者がもっと投票してほしい

4　昔と今の若者は大きく違う

3番

男の人が本を紹介しています。

男：日本の文化は千年以上にわたって中国の影響を受けてきました。近代には西洋、特にイギリスやアメリカの影響を受けて発展してきたと言えるでしょう。この本はグローバル化時代の今後、日本語はどうなるかについて話しています。英語はいまや、世界の共通語となりました。今では中国でさえ英語学習熱が高いのです。そこで著者は日本語における問題点として、日本語が一国でしか使われていない点を指摘しています。複数の国にまたがる言語は生きのびられますが、日本語はそうではないわけですね。となると、日本の国際力を高めることが日本語が生きのびるために必要であって、今こそ、グローバル化に対応する言語戦略を立てなければならないと著者は言っています。

この本の名前は何だと思われますか。

1 『日本の文化と中国の影響』
2 『グローバル化時代を生きる』
3 『英語はなぜ世界の共通語になったのか』
4 『日本語は生きのびるか』

4番 (125)

女の人が「3D テレビ」について話しています。

女：2010年、いよいよ3D テレビが一般市場に出てきました。といっても、まあ、まだまだトレンドに敏感な一部の人たちだけが騒いでいるに過ぎない状態なんですが。注目しといて損はないと思うんですよね。そもそも「3D テレビ」とは何か知らない方も多いと思いますが、簡単に言いますと、これは「専用のメガネをかけると3D映像が見えるテレビの事」です。おそらくはじめのうちは、3D映画ぐらいしかコンテンツはないと思います。最近では「アバター」という3D映画が世界的に大ヒットしましたね。今後も3D映画は増えていくでしょうが、3Dテレビの購入は、まずコストが高いんですね。それにコンテンツが充実してからでも遅くはないでしょうから、しばらく様子を見た方がいいかもしれないですね。

女の人は「3D テレビ」をどう思っていますか。

1 すぐに買いに行きたい
2 購入はまだ早い
3 3D映像が見られるのでとてもいい
4 コンテンツがないから注目しなくていい

5番 (126)

男の人が大学の講堂で話をしています。

男：えー、省エネルギーとは、同じ社会的・経済的効果をより少ないエネルギーで得られるようにすることを言います。略して「省エネ」と言われることも多いですね。今や各企業からも積極的に省エネ対策に取り組んでいます。どうしたら少ない材料で、無駄のない製品を作ることができるのか、どのようにして化石材料を効率よく利用できるのかなどについて研究を進めているわけです。各企業は「より小さく、より軽く、省エネルギー」を実現することで CO2排出量削減に多くの成果を出しているのです。中でも各電子機器メーカーは環境にやさしい材料の研究開発や機能が最大限にいかせる電子回路の設計などに積極的に取り組んでいます。

この講義のテーマは何ですか。

1　企業の省エネ対策

2　家庭でできる省エネプラン

3　省エネの経済的効果

4　日本の主なエネルギー源

6番 127

大学で先生が授業のプログラムについて説明しています。

女：本授業について説明します。本授業の目的は、幼児に対して適切なあそび環境を設定できる能力を高めることにあります。実際には、まるまる幼稚園の子どもたちを対象として「わくわくチャレンジ」というあそびプログラムを提供します。プログラムを提供し、子どもたちの動きや表情を観察していきます。それから、それをフィードバックして得た情報を基にプログラムを直していくのです。このサイクルを繰り返しながら、年齢や運動発達の程度が異なる子どもたちに対して、どうしたらそれぞれの子どもに適切なあそび環境を設定できるのか、保育者としての資質を高めていきたいと考えています。

このプログラムの目的は何だと言っていますか。

1　いい親になること

2　子どもに教えること

3　データ整理の仕方を学ぶこと

4　保育者としての能力を高めること

問題4

1番 128

男：今度のプロジェクトの企画書、読んでもらえたかな。

女：

1　はい、もう更新済みです。

2　ええ、時間がなくてまだ書きかけですが。

3　ええ、ざっとですが。

2番 129

女：え、けっこうもりあがってるじゃない。

男：

1　そうだね、みんな疲れきってるね。

2　そうだね、少しもりあげたいね。

3　そうだね、みんな楽しそうだね。

3番 130

男：今時の若い子は何考えてるかよくわからないんだよな。

女：

1　まったく、その通り。

2　もう一度聞いてみたら？

3　それに比べると、今時の子はどうだろうね。

4番 131

女：近藤さんってほんとに気が短いですね。

男：

1　そんなに短いんですか。

2　ええ、ほんとに気の利く人です。

3　ええ、ちょっとしたことですぐ怒るんです。

5番 132

男：お好み焼きはお好きですか。

女：

1　ええ、大好物です。

2　いいえ、陶芸や焼き物にはあまり趣味がありません。

3　いいえ、あまり焼けたくないんで……。

6番 133

男：何あのふたり、こそこそしちゃって。

女：

1　そうね、申し訳ないね。

2　何か内緒話でもしてるのかな。

3　うん、楽しそうだもんね。

7番 134

女：いや～、久しぶりの晴天だね。

男：

1　そうね、たくさん降ってくるといいね。

2　ずっと家の中にいるのはもったいないね。

3　偶然だけど、久しぶりに会ったね。

8番 135

男：あの親子、ほんとよく似てる。

女：

1　そうね、話し方もそっくりだわ。

2　本当。しっかり食べてるね。

3　私にもぴったりだわ。

9番 136

女：朝、きちんと食べてる？

男：

1　うん、はっきりとね。

2　そうね、努力はしてるけど。

3　いや、すっきりしたよ。

１０番 137

男：今年は雨が多いね。

女：

1　そのせいで、野菜の値段が上がる一方だけど。

2　そうね、干ばつで大変だよね。

3　うん、梅雨はなかったね。

１１番 138

女：いくら一生懸命働いたところで、給料は同じなんだよなあ。

男：

1　努力しただけのことはあるよね。

2　うん、やる気が出ていいよね。

3　そうだね、適当にやろう。

１２番 139

男：これからの夢はなんですか。

女：

1　これから駅に向かいますが。

2　そうですね。社長になることかな。

3　そうですね。毎晩怖い夢ばかり見てるもんで。

１３番

女：あの人は自分がミスをしても知らん顔してますね。

男：

1　ええ、他人のミスは見逃さないくせに。

2　ほんとですね。気配りのいい人です。

3　愛想のいい人ですから。

１４番

男：3月なのに、まだ少し肌寒く感じますね。

女：

1　ええ、寒くてたまりませんね。

2　ええ、まだ気が抜けませんね。

3　お肌にはよくないと思いますが。

問題5

1番

女の子がお父さんとテレビのニュースを見ながら話しています。

男：12日現地時間16時53分にハイチ共和国でマグニチュード7.0の大きな地震が起こりました。ハイチからの報道によりますと、ベルリブ首相は、12日に $起きた大地震による死者20万人以上を確認したと述べました。またこの地震による損害額は、ハイチの国内総生産の６割にのぼるとの推計も明らかにしました。

女：え、お父さん、ハイチって国、どこにあるか知ってる？

男：えーと、ハイチって中米なんだけどね、確かキューバの南の方にあるんだよな。大地震で大変そうだね。

女：うん、世界各国からも支援に行ってるらしいけど、救助活動大変みたいよ。

男：そうだろうね。でね、ハイチって日本のおかれている環境ととても良く似てるって。数年前は新潟地震あっただろ。

女：こういうニュース見てるとやっぱり怖いわよ。

男：そうだね、でも日本では多くの建物が厳しい建築基準によって建てられてるから、ハイチほどの建物被害が発生することはありえないだろうけど。これ以上の大きな地震が、ごく近いうちに起こることはきっと避けられないだろうね。だからこそ日ごろからの防災に対する意識と備えが大切なんだよなあ。

お父さんは地震について何と言っていますか。

1　地震は非常に恐ろしいものだ

2　普段から地震に備えておくべきだ

3　地震は避けることができる

4　日本は地震に安全な国である

2番

学生たちが雑誌を見ながら話しています。

女1：美香って誕生日6月だっけ。

女2：うん、何見てるの？あ、12星座占いか。

女1：うん、ふたご座なのね。ふ～ん。運勢ランキング最低だわ。「誠実さを大切にしましょう」って。

女２：へえ、見ないほうがよかったかもね。で、開運グッズとかある？

女１：えーと、「ドラッグストアで、最近気になっている新商品を1つ選んで買ってみましょう」って書いてあるわ。

女２：えー、化粧品でも買えってことかな。

女１：美香、いいじゃない？最近ピンクの口紅はやってるでしょ。

男　：二人で何してんの？楽しそうじゃない。

女１：あ、良太。あなたも見てあげようか。こないだ誕生日だったから、さそり座だよね。

男　：うん、何、星占い？

女１：うん。えーと、運勢ランキング1位〜。「あなたの評価が高まりそう」って。

女２：へえ〜、良かったじゃない。

女１： ちなみに「フルーツを食べる前に、今調子の悪い体の部分を思い浮かべてから口に入れましょう」って。

男　：そうなんだ。ちょっとここんとこ腰が痛いんだけど、そうしてみるよ。

女１：基本的にこういうの信用してはないんだけど、まあ楽しいね。私のは……。

美香ちゃんはこの後、何を買うと思われますか。

1　薬

2　ピンク色の服

3　化粧品

4　雑誌

3番 (144)

男の人と女の人が飲み会の予約のため、お店に来ています。

女：10人ほどの飲み会なんですが。コースメニューは何がありますか。

店員：コースメニューはこちらです。

男　：え、1から４までいろいろあるね。

女　：そうね、メニューによって値段の設定が違うんだろうね。

店員：ええ、どちらのコースにもサラダとお飲み物が一杯付いております。基本料理6品を揃えた１コースが2,000円で、これが一番安いコースですね。4コースにいくほど値段は千円ずつ高くなりますが、お料理のメニューと数が違ってきます。2コースからはお肉料理が、3コースからデザートが、４コースにはお刺身が基本料理に追加されます。

男　：どうしようかな。お肉も食べられるし値段も手頃だから、こっちがいいと思うんだけど。

女　：でもお刺身も食べたいわよ。

男　：費用のことも考えないとね。基本料理が6品も付いてるからお刺身出してもらったって食べきれないだろ。

女　：ふ〜ん、そうね。みんな余裕はないだろうからコストは少し抑えた方がいいわね。でも、一歩譲ってもやっぱりデザートくらいはほしいな。

男　：じゃ、一応みんなの意見を聞いてからにしようか。

女　：そうだね。でも、みんなに意見聞いたところで、たぶん「学生の懐に一番優しいコースでお決まり」ってなっちゃうと思うんだよね。

男　：そうかな。

質問１

男の人はどのコースがいいと言っていますか。

1　１コース

2　２コース

3　３コース

4　４コース

質問２

女の人はどのコースがいいと言っていますか。

1　１コース

2　２コース

3　３コース

4　４コース

정답 및 스크립트

QR 해설 부록

모의고사 2회

언어지식 (문자 · 어휘 · 문법)

問題 1

[1] 2 [2] 3 [3] 3 [4] 2 [5] 1 [6] 2

問題 2

[7] 2 [8] 2 [9] 1 [10] 1 [11] 2 [12] 4
[13] 3

問題 3

[14] 1 [15] 4 [16] 4 [17] 4 [18] 4 [19] 3

問題 4

[20] 1 [21] 3 [22] 1 [23] 2 [24] 4 [25] 2

問題 5

[26] 3 [27] 1 [28] 2 [29] 3 [30] 4 [31] 2
[32] 3 [33] 4 [34] 1 [35] 4

問題 6

[36] 1 [37] 4 [38] 3 [39] 2 [40] 3

問題 7

[41] 2 [42] 2 [43] 3 [44] 1 [45] 4

독해

問題 8

[46] 2 [47] 3 [48] 4 [49] 2

問題 9

[50] 2 [51] 4 [52] 3
[53] 1 [54] 2 [55] 3
[56] 1 [57] 3 [58] 1

問題 10

[59] 2 [60] 4 [61] 3 [62] 3

問題 11

[63] 1 [64] 3 [65] 4

問題 12

[66] 4 [67] 3 [68] 3 [69] 1

問題 13

[70] 2 [71] 1

청해

問題 1

[1] 3 [2] 3 [3] 2 [4] 3 [5] 1 [6] 1

問題 2

[1] 4 [2] 4 [3] 3 [4] 4 [5] 1 [6] 2
[7] 3

問題 3

[1] 4 [2] 1 [3] 1 [4] 3 [5] 2 [6] 2

問題 4

[1] 1 [2] 1 [3] 3 [4] 2 [5] 2 [6] 1
[7] 3 [8] 1 [9] 3 [10] 2 [11] 1 [12] 3
[13] 1 [14] 3

問題 5

[1] 3 [2] 1 [3] (質問1) 1 (質問2) 3

스크립트

問題 1

1番 (145)

プールの受付で、男の人が係の人と話しています。この後、男の人は受付から何をもらって行きますか。

男：こちらのプールの利用カードって、今すぐ作れますか。

女：はい、もちろんです。今、お作りいたしますね。

男：はい、お願いします。

女：入会費が300円でございますが、よろしいですか。

男：はい、わかりました。

女：それから、水着と帽子はお持ちでしょうか。

両方とも付けるのが決まりでして、無料でお貸ししております。

男：あ、そうなんだ。水泳は明日からやるつもりだったんですけど、全部貸してくれるなら、今すぐやろうかな。水中眼鏡の方も貸してもらえるんですか。

女：あ、申し訳ございませんが、それは今あいにく全て貸し出し中です。

この後、男の人は受付から何をもらって行きますか。

1　300円、水着、水泳帽子
2　300円、プール利用カード、水着
3　プール利用カード、水着、水泳帽子
4　プール利用カード、水着、水中メガネ

2番 (146)

大学で男の人と女の人が話しています。この後、女の人は何をしますか。

男：鈴木さん、何見てるの？

女：ああ、これ？アパートの情報が載っている雑誌。アパート移ろうと思って。そういえば、山田君ってついこの前引越ししたよね？どうやって部屋探したの？

男：そうだなあ。もちろん不動産屋にも行ったんだけど、その前に、絶対譲れない条件をまとめといたんだ。築５年以内とか、駅から10分以上はだめだとか、バスとトイレは別々だとか。

女：へえー、細かいな。そこまですると、家賃が高くなるじゃん。私は今お金足りなくて、せめて礼金なしってところだけでもいいんだけどな。

男：そうか。それなら、ネットで当たってみたら？ネット上ではそういうのがけっこうあるらしいよ。

女：よっし！今日はもう授業も終わったことだし、探してみよっと。

この後、女の人は何をしますか。

1　すぐ不動産屋に行って、問い合わせる
2　自分の条件をノートに整理してみる
3　インターネットで条件に合うものを検索する
4　礼金のないところを直接歩き回って探す

3番 (147)

男の人が電話で話しています。男の人は体験料をどう払わなければなりませんか。

男：もしもし、あのー、ゴルフ体験教室に参加したいんですが。

女：はい。 ただ今受け付けております。 お名前と連絡先をお願いします。

男：えーと、その前に体験料1,000円の支払い、カードでできるか確認したいんですが。

女：あ、それは現金のみとなりまして、体験教室の前日までに、受付でお支払いいただくことになっております。

男：えー、面倒くさいな。 せめて当日払いにしてもらうことはできないんですか。

女：当日はお支払いいただいた領収書と引き換えに入場券をお渡しすることになっておりますので、ご了解くださいませ。

男の人は体験料をどう払わなければなりませんか。

1　前日、体験料1,000円をカードで支払う
2　前日までに受付に1,000円を現金で支払う
3　体験教室の当日に支払うしかない
4　入場券と引き換えに当日、現金で支払う

4番 148

高校の校長が先生と補講について話しています。この後、先生は何をしなければなりませんか。

男：田村先生、例の月曜日の補講の件なんだけど。
女：あー、はい。
男：文部科学省から、新たな補講の指針っていうのが来てるんだけど。
女：はい。
男：補講は週末にしちゃいけないって書いてあるよ。
女：あ、祝日となっていますが。
男：あ、そうか。ならいいんだ。あと、補講時間なんだけど、4時間を越えないようにって。
女：そうですか。5時間の予定でしたが、1時間の差なら何とかなりますね。
男：それと、科目数は一日二つ以下にすること。ここまでのことを保護者に報告して同意の印をもらったら、遅くとも前日までには向こうに送っといて。
女：あー、そうなんですか。では、今日のうちに始めます。科目はもともと一つしかないので、問題ありません。
男：そうか。じゃあ、準備、よろしくね。
女：はい、わかりました。

この後、先生は何をしなければなりませんか。

1　補講を平日に変更したと知らせること
2　補講時間を減らすことに保護者の同意をもらうこと
3　補講事項について、親に判子をもらうこと
4　補講科目の数を変更すること

5番 149

ホテルで女の人がフロントに電話しています。フロントの人は、この後、客室係にどんな指示を出しますか。

男：はい、フロントでございます。
女：あのう、ここ、お湯が出ないんですよ。タオルもないし。
男：大変、申し訳ございません。あの、お客様、タオルのほうは浴室の棚の上に用意しております。お湯のほうは係りの者に伺わせますので、しばらくお待ちいただけますでしょうか。
女：どのくらいかかりますか。早くひとシャワーあびて、くつろぎたいんですけど。
男：それでしたら、他のお部屋にお移りいただくことも可能ですが。
女：うーん、荷物開けちゃったし……。
男：それはこちらからすぐに手配いたしますので。
女：あ、そうしてもらえるなら……。あと、毛布も一枚じゃ足りません。
男：はい、承知いたしました。

フロントの人は、この後、客室係にどんな指示を出しますか。

1　毛布を持って、部屋の荷物を移す
2　タオルを持って、部屋の荷物を移す
3　毛布を持って、シャワーを直す
4　タオルを持って、シャワーを直す

6番 150

弁当屋の女の人が、お客さんの男の人と話しています。この後、女の人はどうしますか。

男：ここって団体注文もできるんですよね。
女：はい、承っております。何になさいますか。
男：えーと、こっちの洋風コースと和風コースを別々に組み合わせてもいいんですか。
女：ええ、中華コース以外ならできます。
男：じゃ、洋風コースのナポリタンスパゲッティに和風コースのピリ辛こんにゃく煮の組み合わせで20人分お願いします。
女：はい、かしこまりました。
男：あとですね。大学芋も入れてください。
女：あ、さつまいもとかぼちゃのマヨネーズ和えというのはございますが、それは……。
男：それを何とかできませんか。マヨネーズにアレルギーの人がいまして。
女：あ、そうですか。でも、それだと、したごしらえをしていないので、今すぐにはご用意できませんが。
男：あ、夕方までにもらえればいいんで、お願いします。

この後、女の人はどうしますか。

1　大学芋を特別に作る
2　大学芋をマヨネーズ和えにする
3　もともとメニューになかったソースのスパゲッティを作る
4　したごしらえをしていなかった従業員に注意する

問題2

1番 151

女の人が高校時代の先生と話しています。女の人は今何に一番がっかりしたと言っていますか。

女：先生、お久しぶりです。
男：おう～松本じゃないか。元気そうだね。どう？大学のほうは？大学っていうのは、いろいろ高校と違って大変だろう。
女：ええ、何もかも自分で何とかしなきゃいけないって感じです。本当に高校と違って、誰も何も教えてくれないんですよ。先輩たちとの飲み会も多すぎて、お酒の苦手な私にはそれが苦痛でたまらないんです。
男：そうだろうね。大学は社会のウォーミングアップとも言うからな。でも、専攻のほうは楽しいんだろう。確か漢字が大好きだから中国語にしたんだよね。
女：実はそこが一番の悩みなんです。私が好きなのは漢字だけだったんです。でも中国語は実はもう漢字がほとんど崩れていて、元の形がほとんど残っていません。新しい文字を習っている感じです。
男：なるほど、それも言えるかもな。

女の人は今何に一番がっかりしたと言っていますか。

1　漢字が思ったほどおもしろくないこと
2　大学では何も学べることがないこと
3　お酒を飲まざるを得ないこと
4　自分が思っていた専攻ではないこと

2番 (152)

男の人と女の人が話しています。女の人はこの店が閉店する原因は何だと言っていますか。

女：ね、あのスーパーもう潰れちゃうんだって。
男：えー、そうなの？ 安くてよかったのに。
女：確かに、安いことは安かったわね。
男：でも、まあ質がいまいちだからな。この前買った寿司は腐る寸前だったし。
女：まあ、もともとあのスーパーって生ものは大して売りにしてなかったし、別にいいんだけど。それより、あそこは営業時間がね。夕方8時でもう閉まっちゃうし、日曜日は開けもしなかったのよ。専業主婦以外は使うなっていうこと？
男：そうか。 僕は平日が休みだから、そういうところは気づかなかったな。
女：最近は仕事してない女性って少ないからね。

女の人はこの店が閉店する原因は何だと言っていますか。

1　安すぎたから
2　品質が良くなかったから
3　生ものをあまり売ってなかったから
4　営業時間が短すぎたから

3番 (153)

女の人と男の人が話しています。女の人はどうして金魚が死んだと言っていますか。

男：あのう、僕は金魚すくいが得意で毎回、ゲットしちゃうんですけど、それが一週間も経たないうちに死んじゃうんです。水槽に砂利やエアーポンプもちゃんと入れてるし、水槽の水もしょっちゅう換えてるし、餌もこまめにやってるのに、どうしてでしょうか。
女：ふーん、あ、カルキ抜きはやってますか。
男：カルキ抜き？それ何ですか。
女：水道水にはカルキというのが入ってまして、それが金魚に大きな害を及ぼします。カルキ抜きがない場合は水道水を一晩くらいおいとくだけでも抜けますので。
男：なるほど、いつも水道水をそのまま入れてたから。
女：あと、金魚は環境の変化で体調が悪いと消化不良になりやすいので、初めの２、３日は餌を与えないほうが安全です。

女の人はどうして金魚が死んだと言っていますか。

1　水槽にエアーポンプや砂利などを入れ忘すれたから
2　金魚は環境の変化に敏感だから
3　水道水をそのまま使ったから
4　初日に餌をやりすぎたから

4番 (154)

テレビ番組で医者が若さの維持についてアドバイスをしています。医者はどんなアドバイスをしていますか。

男：いつまでも若くてきれいでいたいなら、エステや高価な化粧品に散財する前に、睡眠にこだわってほしいです。不規則な生活や運動不足、ストレスで体内時計のリズムが乱れると、睡眠の質が悪化し、疲れが抜けにくくなり、吹き出物ができたりします。体内リズムを整えるには、起床や就寝、朝晩の食事を毎日同じ時間にすることが重要です。あと、光で睡眠の質が改善されます。睡眠を促すホルモンが暗くなると盛んになりますので、朝、目覚めたら日の光を浴びて、夜は徐々に部屋を暗くするような心がけも必要です。

医者はどんなアドバイスをしていますか。

1　定期的に光を浴びることによって、肌に張りを与える
2　朝起きる時間を一定にして、起きたらすぐ運動をする
3　ストレスなどにより、体内時計のリズムが乱れないように心がける
4　規則正しい生活と熟睡を取る

5番 (155)

女の人が笑顔について話しています。女の人は笑顔がどんな効果をもたらすと言っていますか。

女：人は楽しくなると財布の紐を緩めてしまうということは、多くの人がデートや旅行中に体験していることでしょう。こんな笑顔の経済効果を商売に活用しようという試みが「笑顔研修」という形で広がってきました。各企業やデパートでは「笑顔研修」を取り入れてから、売り上げが伸びたとその効果を証言しています。似たような商品が世にあふれ、物だけなら通販でも手に入る時代。人の関心が物から心に移り、笑顔は心を伝える技術として、これからますます重要になるでしょう。

女の人は笑顔がどんな効果をもたらすと言っていますか。

1　消費心理を促進する効果
2　相手を信頼させる効果
3　心に感動を与える効果
4　相手に対する警戒心を和らげる効果

6番 (156)

男の人と女の人が話しています。女の人は何が一番問題だと言っていますか。

男：日本の出生数が6年ぶりに増加したそうです。
女：景気回復に伴う雇用者数の増加が背景にあるようですね。
男：雇用増加に比例して、結婚数も増加していますからね。
女：就職による経済的な安定が、結婚や出産を後押ししているんでしょうね。
男：経済的な余裕がないと、子供が産めないという現状が悲しいですね。政府が支援金を

増やすべきだと思いますよ。

女：そうですね。子供の教育にかかるお金って馬鹿にならないものですから。私はお金がないと結婚しないという考えが一番間違っていると思います。二人で一緒に人生をゼロから築きあげるのが結婚というものじゃないでしょうか。

男：じゃ、田中さんは貧乏な男性とも結婚できるというわけですか。

女：もちろんです。相性が合うかどうかの問題です。

女の人は何が一番問題だと言っていますか。

1　出産に関する政府の支援が足りないこと
2　経済的な要素で結婚を決めること
3　景気回復で出生率が上がること
4　経済的な安定が続かないこと

7番 (157)

男の人と女の人が話しています。男の人は何が残念だと言っていますか。

男：甲子園出場をかけて、全国各地で高校野球の熱戦が続いていますね。

女：甲子園大会への出場は、高校球児の夢ですからね。

男：甲子園に行くために転校する生徒もいるそうですよ。

女：レギュラーになれなかったら、試合に出られないんですもの。

男：今は自分のキャリアだけが重要になってきて、みんなで一つの夢を目指しながら、力を合わせる青春の汗といったようなものがなくなってきて、とても悲しいです。

女：個人主義の影響が高校の運動部にも出てきているのかもしれません。でも、自分の将来がかかっていますから、しょうがないですね。

男：昔みたいに、一番弱かったチームが一つになって初めての勝利を挙げ、みんなが熱い涙を流すといった青春が味わえない今の高校生がかわいそうです。

男の人は何が残念だと言っていますか。

1　甲子園に出場する夢を見続けること
2　甲子園に出場するために転校すること
3　みんなで何かを成し遂げる喜びを知らないこと
4　熱い涙を流せないこと

問題3

1番 (158)

英会話教室の職員が話しています。

女：スカイ英会話教室では英語を習いたくても時間がなくてできなかった方や、飲み会や急な用事ができて登録した授業料を無駄にしてしまった方などのために新たなシステムを今月から導入しました。それは回数券方式で、都合のいい日に気軽にいらっしゃって、デスクに回数券を一枚出せばいいわけで、一時間前の予約だけで、すべての手続きは済みます。通常のシステムは一ヶ月4回の授業で1万3千円ですが、この回数券は10枚あり、料金は授業8回分に当たる

2万6千円でございます。

この話の主な内容は何ですか。

1　新しくできた英会話教室の宣伝
2　英会話教室の授業料の変化
3　忙しい人のための勉強の仕方
4　今までと違う方法の授業の受け方

2番 (159)

テレビで男の人が話しています。

男：ペニシリンとは1929年、アレクサンダー・フレミングによって発見された、世界初の抗生物質です。 これは現代医学に著しい発展をもたらした張本人ですが、誤ると命の危険にさらされることもあります。 それはアレルギーです。アレルギーは副作用の症状の一つで、特定の人の体質に限って出る症状です。 ショック症状とも呼ばれるもので、呼吸困難、脈拍と血圧の異常、めまいなどがあります。こういった症状が出る場合、念のため次回はペニシリン系を避け、セフェム系の薬剤を処方してもらうことをお勧めします。

男の人の話のテーマは何ですか。

1　ペニシリンの副作用
2　ペニシリンの誤った使い方
3　ショッキングなペニシリン
4　ペニシリンの症状

3番 (160)

女の人がゼミで話しています。

女：最近、ほとんどの親が子供に習い事をさせています。しかし他の親もそうしているからではなく、子供の素質や性格を見極めた上で、何を習わせるかを決めるべきだと思います。ただ、家のお財布事情にも限りがあります。その中で、子供にとって最良の習い事をさせるのは、なかなか大変なことです。でも、子供の頃のいろんな経験は、将来きっと役立つことでしょう。とても難しいことですが、しっかりと子供を見つめることで、見えてくるものもあるのではないでしょうか。保護者の方のあたたかい眼差しこそ、子供を伸ばす第一歩になるはずです。

このゼミで取り上げている内容はどのようなものですか。

1　習い事の前提
2　習い事の大事さ
3　習い事の影響
4　習い事の種類

4番 (161)

ニュースで男のアナウンサーが話しています。

男：大阪で民家のタンスから高齢男性の遺体が見つかった事件で、男性の長女が逮捕されました。この長女は、男性が死亡して受給資格がないにもかかわらず、厚生労働省から厚生年金を数年間にわたり詐取した疑いが持たれています。この男性の口座には2カ月ごとに約30万円の年金が振り込まれていました。全国的に高齢者の所在が不明なケースが相次いだ問題を受け、政府は90歳以上の所在不明者を調査している途中、訪問した家で、遺体が見つかったとのことです。ＤＮＡ鑑定の結果、男性は生きていれば91歳で6年前に死亡したと推定されています。

このニュースの内容はどのようなことですか。

1　６年前、娘に誘拐された老人
2　貯金狙いで、父を殺した娘
3　年金のため、父の死亡を隠した娘
4　行方不明になった高齢者の実態

5番 162

男の人が産婦人科医不足について話しています。

男：地方の病院では産婦人科医不足が深刻な社会問題になっています。調査によると、診療のみで出産を取り扱っていない病院が３５％もあるそうです。当直や深夜の緊急呼び出しなど、勤務環境が苛酷なことや医療訴訟などのリスクが高いのも回避の原因と見られています。しかし、一番の原因は出生率の低下により将来性がないと判断され、医学部の学生にこの科が好まれていないことです。これは少子化問題にもつながっています。また最近は独身主義の若者の増加や、昔と違い結婚年齢がだんだん高くなっていることも無視できません。

男の人は産婦人科医不足の主な理由は何だと言っていますか。

1　勤務環境が良くないうえに、訴えられることも多いため
2　晩婚化や少子化で産婦人科の必要性が低くなってきているため
3　診療だけで出産は扱わない病院が増えてきているため
4　若者の好みが独身主義へ移りつつあるため

6番 163

大学の先生が講義で話しています。

女：日本人はカルシウムの摂取量が不足しています。乳製品や小魚を積極的に取り入れたり、また味噌汁や吸い物がよく食卓に並ぶ家庭であれば、カルシウムを多く含む野菜などを具として用いるのもいいと思います。カルシウムは体に吸収されにくい栄養素です。一度に大量に摂取しても、それがすべて吸収されるわけではありませんから、栄養バランスのよい食事で、毎日こつこつ摂取するように心がけてください。栄養補助食品なども便利ですが、カルシウムは食事中にとった方が吸収率が上がります。それに、栄養素は本来、食事からとるのが基本です。やはり食事として心豊かに楽しみたいものです。幸せな食生活は心と体の健康の秘訣です。

先生はどのようなテーマで話していますか。

1　カルシウム不足の理由
2　カルシウムのとり方
3　カルシウムの特徴
4　カルシウムの効果

問題4

1番 164

これは私に払わせてください。

1　えっ、この前もごちそうになったのに、いいんですか。
2　じゃ、喜んでおごらせてもらいます。
3　割り勘だと、負担がなくていいですね。

2番 165

最近、どうも体がだるいんですよ。

1　春だからかも。
2　あ、そう。それはよかった。
3　休みだからって毎日だらだらしちゃだめですよ。

3番 166

具合、悪そうだね。早めに帰ったら。

1　お言葉に甘えて、変えさせていただきます。
2　おかげさまで、早く帰らせてもらえました。
3　えっ、本当にもうあがってもいいんですか。

4番 167

年末のボーナス、出ないってことはないでしょうけど。

1　いつもらってもありがたいもんですよね。
2　かなり削られることは間違いないですね。
3　出ないことは目に見えてますよ。

5番 168

あれっ、その企画書、高橋さんが書くはずだったんだけど。

1　ところが、高橋さんが書いているんですよ。
2　ええ、それが何だか私に回ってきたんですよ。
3　それなのに、どうしてあなたが書いているんですか。

6番 169

昨日の昇進試験はどうでしたか。

1　それが、山が外れちゃって……。
2　それが、的に当たらなくて……。
3　それが、ポイントが取れなくて……。

7番 170

この一年間、休みも返上してやってきたことなのに……。

1　本当にお疲れ様でした。パーティーでもしなきゃ。
2　返済はきちんと期日を守らなくちゃ。
3　まだ、はっきり決まったわけじゃないんだから。

8番 171

すみません、営業の鈴木さんにお会いしたいんですが……。

1　今、お呼びします。
2　ご案内いたしました。
3　さっそくお願いしております。

9番 172

お忙しいようでしたら、私が代わりに参りましょうか。

1　じゃ、すぐ支度するから、ちょっと待ってて。
2　じゃ、今回はあきらめるしかないかな。

3　じゃ、悪いけどそうしてもらおうかな。

１０番 (173)

時間も時間ですし、そろそろおいとまさせていただきます。

1　そうですか。では、私もご一緒させていただきます。

2　そうですか。またぜひ遊びにいらしてくださいね。

3　そうですね。では、さっそく始めることにしましょう。

１１番 (174)

お酒ばかり飲んでると、体が持たないよ。

1　しょうがないよ。これも仕事だから。

2　朝はちゃんとご飯を食べるようにしてるから。

3　ビール２本ぐらいならまだ飲めると思うよ。

１２番 (175)

50歳ぐらいの方への贈り物なんですが。

1　いつもいただいてばかりで申し訳ございません。

2　最近の若者たちの間でこれがはやっているんですよ。

3　夏ですので、涼しいブルー系のものが人気です。

１３番 (176)

次の試合に主力メンバーが抜けるのは痛いわね。

1　何とか引き分けに持っていくだけでも精一杯かも。

2　相手をあまりにも甘く見すぎた結果だろうね。

3　決勝戦に向けて力を温存しておこうってわけだね。

１４番 (177)

さっきからあくびばかりしてどうしたんですか。

1　接待を頼まれたんですが、どうも気が進まないんですよ。

2　ちょっと風邪気味で体の具合が悪いんですよ。

3　昨日借りた本、おもしろくて4時まで読んでしまったんです。

問題5

1番 (178)

電気屋のパソコン売り場で、女の人が店員と話しています。

客　(女)：ノートパソコンを買いたいんですが、予算は10万円までで、できるだけ小型のほうが……。

店員 (男)：小型で人気があるのは、東パソコンのこれですね。値段が13万になってしまいますが、もともと15万の物ですから、お買い得ですよ。

客　：へえ。

店員：この南パソコンはプリンターをお付けしてちょうど10万円です。別々に買えば、もう3万はかかりますので絶対にお得ですよ。 北パソコンのものも小さくて軽いのはいいんですが、基本的な機能だけで、速度も遅いので、映画などを見るにはちょっと不便です。でもその分値段は8万しかしませんよ。

客　：はあ、そうですか。

店員：あとは西パソコンのこれですね。これは便利な機能がたくさんついていて、いろいろ楽しめます。ただ今キャンペーン中で12万円です。

客　：うーん、でも、予算は超えたくないし、機能がいろいろついていても、使えないし、プリンターももうあるから、じゃ、これにします。

女の人はどの会社のパソコンを買いますか。

1　東パソコン

2　南パソコン

3　北パソコン

4　西パソコン

2番 (179)

家族三人で相談しています。

父　：結局、花子さんは仕事辞めないことにしたのかい。

息子：うん、まだ俺の収入が安定してないし、家賃も20万もするマンションなんだよ。花子が家の問題は譲らないから。

母　：それなら、いっそ一緒に住めばどう？

父　：最近の若者はそういうの嫌がるんじゃないの？

母　：あら、そんなことないわよ。最近は子供の面倒を見てくれるからってことで、キャリアウーマンのお嫁さんは親との同居を喜ぶんだって。

息子：うーん、どうかな。でも、花子の職場ってここから遠いから。通うには無理があるよ。残業で遅くなることも多いし。親父やお袋の迷惑になるかもよ。

母　：うん、じゃ、二階建てのところに引っ越しましょうよ。どうせ、この家ももうぼろぼろで、改築でもしようかなって思ってたところだし。邦夫と花子さんの職場の間ぐらいのところがちょうどいいんじゃない？

息子：そこまでしてくれるつもりなの？じゃ、花子にすぐ電話してみるよ。

父　：じゃ、詳しいことは花子さんの返事を聞いてからにしよう。

母　：受け入れてくれるといいわね。

どんなことについて相談していますか。

1　住まいのこと

2　職場のこと

3　引っ越しのこと

4　家賃のこと

3番 180

映画館の前の広告のスクリーンを見ながら男の人と女の人が話しています。

広告：今月ベスト4の映画をご紹介いたします。第一位、「ラン・オブ・ザ・デッド」。これはゾンビ映画の常識を打ち破る、圧倒的スピードと恐怖で描かれたアクション・ホラーです。第二位、「トワイライト」。ヴァンパイアと人間の越えてはならない禁断の愛を描いたラブ・ストーリーです。第三位、「赤ちゃんと僕」。高校生が子育てに奮闘する韓国のハートフル・コメディです。第四位、「シカゴ」。第75回アカデミー賞で最優秀作品賞のほか6部門を受賞したミュージカル映画です。

女　：どれにしようか。今日は時間たっぷりあるから、二人で一つずつ好きなもの選んで、二つとも見ない？

男　：お～それ、いいね。じゃ、君はやっぱラブ・ストーリー？

女　：そのつもりだったけど、ヴァンパイアの話っていうのがちょっと。ゾンビはもっと嫌だし。ミュージカルなんかも、うん……。いまいちだわ。

男　：それならこれしかないじゃん。俺はやっぱりゾンビだな。でも超ホラーだってよ。君、大丈夫かよ。叫んだりするなよ。恥ずかしいから。

女　：はい、はい、わかりました。

男　：じゃ、チケット買ってくる。

質問1

男の人はどの映画を選びましたか。

1　「ラン・オブ・ザ・デッド」
2　「トワイライト」
3　「赤ちゃんと僕」
4　「シカゴ」

質問2

女の人はどの映画を選びましたか。

1　「ラン・オブ・ザ・デッド」
2　「トワイライト」
3　「赤ちゃんと僕」
4　「シカゴ」

Memo

파고다 JLPT

일본어능력시험

파고다교육그룹 언어교육연구소, 김성곤 저

최신 개정판

N1 실전편

실전 모의고사 2회분 수록
MP3 · 해설서 무료 제공
단어 시험지 생성기 무료 제공
www.pagodabook.com

PAGODA Books

N1

실전편

PAGODA Books

N1
실전편

1 실전 시험 한자 읽기 [1]

회 (　　/6) 2회 (　　/6) 3회 (　　/6)

問題１　＿＿＿の言葉の読み方として最もよいものを、１・２・３・４から一つ選びなさい。

1　彼は最後まで自分の主張を貫いた。

1　すらぬいた　　2　すらむいた　　3　つらむいた　　4　つらぬいた

2　部屋の窓を開けると、心地よい風が入ってきた。

1　しんちよい　　2　しんじよい　　3　ここちよい　　4　こころちよい

3　暑さで何をするのも煩わしい。

1　わずらわしい　　2　うたがわしい　　3　まぎらわしい　　4　なげかわしい

4　需要拡大のため、海外市場を開拓する必要に迫られている。

1　かいたく　　2　かいほう　　3　かいせき　　4　かいさい

5　子どもたちはピアノの伴奏に合わせて歌を歌った。

1　はんそ　　2　ばんそ　　3　ばんそう　　4　ほんそう

6　資料の閲覧は午後8時までです。

1　えつらん　　2　えつけん　　3　はいけん　　4　はいらん

2 실전 시험 한자 읽기 [2]

회 (/6) 2회 (/6) 3회 (/6)

問題1 ＿＿＿の言葉の読み方として最もよいものを、1・2・3・4から一つ選びなさい。

1 環境保全は、人類の生存にかかわる<u>極めて</u>重要な課題となっている。

1 つとめて　2 つきつめて　3 あらためて　4 きわめて

2 この会議では、少子化問題が議論の<u>焦点</u>になりそうだ。

1 さいてん　2 そうてん　3 しゅうてん　4 しょうてん

3 新しい社長は、前社長の経営戦略を<u>踏襲</u>すると発表した。

1 としょう　2 としゅう　3 とうしゅう　4 とうしょう

4 与えられた任務を<u>遂行</u>しなければならない。

1 すいぎょう　2 しつぎょう　3 すいこう　4 しっこう

5 銀行から借金の返済を<u>督促</u>された。

1 さいぞく　2 とくぞく　3 とくそく　4 さいそく

6 彼は誠実な人柄で周囲の人から<u>慕われて</u>いる。

1 うやまわれて　2 ともなわれて　3 したがわれて　4 したわれて

3 실전 시험 한자 읽기 [3]

1회 (　　/6)　2회 (　　/6)　3회 (　　/6)

問題1 ＿＿＿の言葉の読み方として最もよいものを、1・2・3・4から一つ選びなさい。

1 あの子は大人の言うことがよくわかる賢い子だ。

1 おさない　2 いさぎよい　3 かしこい　4 こころよい

2 彼は車の騒音が気になって眠れないと嘆いている。

1 おもむいて　2 なげいて　3 くいて　4 たたいて

3 交通渋滞を緩和させるため道路を拡張した。

1 かんわ　2 だんわ　3 がんわ　4 たんわ

4 両社は株主の承認を経て、合併が完了した。

1 がっぺい　2 がっぺん　3 ごうべん　4 ごうべい

5 会社側は、脱税疑惑について釈明する記者会見を行った。

1 たくめい　2 しゃくめい　3 やくめい　4 しゅくめい

6 戦争であの町はすっかり廃れてしまった。

1 すたれて　2 つたれて　3 ちぢれて　4 よごれて

4 실전 시험 한자 읽기 [4]

회 (/6) 2회 (/6) 3회 (/6)

問題 1 ＿＿＿＿の言葉の読み方として最もよいものを、1・2・3・4から一つ選びなさい。

1 この公園は、市民の憩いの場として人気がある。

1 にぎわい　2 いこい　3 つどい　4 うるおい

2 工場の跡地が公園になった。

1 せきち　2 せきじ　3 あとじ　4 あとち

3 彼の告白は、人々に大きな衝撃を与えた。

1 しょげき　2 しょけき　3 しょうげき　4 しょうけき

4 野党は政府の案に異議を唱えた。

1 かなえた　2 うったえた　3 となえた　4 たたえた

5 彼は論文を書くため、日夜研究に励んでいる。

1 にちや　2 じつや　3 じつよ　4 にちよ

6 新しい企画のため、構想を練っているところだ。

1 ほって　2 ねって　3 つのって　4 けずって

5 실전 시험 한자 읽기 [5]

1회 (/6) 2회 (/6) 3회 (/6)

問題1 ＿＿＿の言葉の読み方として最もよいものを、1・2・3・4から一つ選びなさい。

1 株の<u>相場</u>を見て売買する時期を判断する。

1 そうば　2 そうじょう　3 あいじょう　4 あいば

2 8月半ばになると、この高原には秋の気配が<u>漂い</u>始める。

1 ただよい　2 におい　3 うるおい　4 さまよい

3 自分の将来に対して<u>漠然</u>とした不安を持っている。

1 もうぜん　2 ぼうぜん　3 ばくぜん　4 まくぜん

4 <u>枠</u>で囲んだ部分が重要ですから覚えてください。

1 みぞ　2 ふち　3 わく　4 かべ

5 費用の請求にあたっては、領収書を<u>添付</u>してください。

1 でんぷ　2 てんぷ　3 てんふ　4 でんふ

6 彼女は、一日のほとんどを読書に<u>費やして</u>いる。

1 ついやして　2 はやして　3 もやして　4 ひやして

6 실전 시험 한자 읽기 [6]

1회 (/6) 2회 (/6) 3회 (/6)

問題1 ＿＿＿の言葉の読み方として最もよいものを、1・2・3・4から一つ選びなさい。

1 店内は淡い光に包まれ、落ち着いた雰囲気だった。

1 あわい　2 きよい　3 はかない　4 あさい

2 勇敢な市民は逃げる犯人を押さえ込んだ。

1 ようかん　2 さかん　3 ゆうかん　4 かかん

3 このアルバムは、500曲を超える膨大な作品をほぼ網羅している。

1 もうら　2 ぼうら　3 もうろう　4 ぼうろう

4 その音楽家は生涯独身でした。

1 せいかい　2 せいがい　3 しょうがい　4 しょうかい

5 自分の主張の根拠を示す必要がある。

1 こんきょ　2 こんぎょ　3 こんじょ　4 こんしょ

6 このカーテンは、日中でもかなりの光を遮ることができる。

1 せばめる　2 へだてる　3 さえぎる　4 さまたげる

7 실전 시험 한자 읽기 [7]

1회 (　　/6)　2회 (　　/6)　3회 (　　/6)

問題1 ＿＿＿の言葉の読み方として最もよいものを、1・2・3・4から一つ選びなさい。

1 彼女は人気女優として、華々しい活躍をしている。

1 ものものしい　2 そうぞうしい　3 おもおもしい　4 はなばなしい

2 この椅子は頑丈にできている。

1 がんじょう　2 けんじょう　3 けんこ　4 がんこ

3 このお寺は500年前に建てられた由緒ある建築物です。

1 ゆうしょう　2 ゆいしょう　3 ゆいしょ　4 ゆうしょ

4 その僧は、辛抱強く修行を続けた。

1 しゅうこう　2 しゅこう　3 しゅぎょう　4 しゅうぎょう

5 社長の発言に強い憤りを感じる。

1 いきどおり　2 こだわり　3 とどこおり　4 いかり

6 この件に関する彼の判断は偏っていると思う。

1 やしなって　2 かたよって　3 こだわって　4 あやまって

8 실전 시험 한자 읽기 [8]

1회 (/6) 2회 (/6) 3회 (/6)

問題1 ＿＿＿の言葉の読み方として最もよいものを、1・2・3・4から一つ選びなさい。

1 巧妙な話術で、犯人から自白を引き出した。

1 きみょう　2 きしょう　3 こうみょう　4 こうしょう

2 この業界では不正な取引が頻繁に行われている。

1 ひはん　2 ほはん　3 もはん　4 ひんぱん

3 この会社は短い期間に様々な分野で躍進を遂げて来た。

1 たくしん　2 とうしん　3 ようしん　4 やくしん

4 団体の名前を一般から募集することにした。

1 ぼしゅ　2 ぼしゅう　3 ほしゅ　4 ほしゅう

5 社長の話は、本筋からそれることがよくある。

1 ほんすじ　2 ほんきん　3 もときん　4 もとすじ

6 しくじらないよう、十分に準備をして試験に臨みたい。

1 はげみたい　2 のぞみたい　3 いどみたい　4 からみたい

9 실전 시험 한자 읽기 [9]

1회 (　　/6)　2회 (　　/6)　3회 (　　/6)

問題１ ＿＿＿＿の言葉の読み方として最もよいものを、１・２・３・４から一つ選びなさい。

1 画一的な教育はもう限界が来ていると言えるだろう。

1　がいちてき　　2　がいつてき　　3　かくいつてき　　4　かくいちてき

2 少子化対策に手遅れ感があるのは否めない事実だ。

1　こばめない　　2　ゆがめない　　3　ひめない　　4　いなめない

3 この文は抽象的で、わかりにくい。

1　ちゅうしょうてき　　2　ちょうしょうてき

3　しゅうしょうてき　　4　しょうしょうてき

4 この町の自動車産業は、地域経済の中枢を担っている。

1　ちゅうすう　　2　ちゅうきゃく　　3　じゅうかく　　4　じゅうすう

5 ときには妥協することも必要だ。

1　たきょう　　2　だきょう　　3　だぎょう　　4　たきょ

6 新人のときは、仕事の手際が悪く、先輩に手伝ってもらった。

1　しゅさい　　2　てぎわ　　3　てきわ　　4　しゅざい

10 실전 시험 한자 읽기 [10]

1회 (　　/6)　2회 (　　/6)　3회 (　　/6)

問題1 ＿＿＿の言葉の読み方として最もよいものを、1・2・3・4から一つ選びなさい。

1 長雨の影響で農作物の<u>収穫</u>が減少した。

1 しゅうげき　2 しゅうけき　3 しゅうかく　4 しゅうがく

2 このケーキは、砂糖の量を<u>控えて</u>あります。

1 ととのえて　2 かかえて　3 ひかえて　4 おさえて

3 <u>厳正</u>な選考の結果、受賞作品を下記の通り決定しました。

1 がんせい　2 がんしょう　3 げんしょう　4 げんせい

4 今回のことについては、もう少し<u>柔軟</u>に対応する必要がありそうだ。

1 しゅうなん　2 じゅうなん　3 じゅうけつ　4 しゅうけつ

5 神社の周りには<u>樹木</u>が茂っている。

1 しゅうもく　2 じゅうもく　3 じゅもく　4 しゅもく

6 人の命を救った、彼の勇気ある行動は尊敬に<u>値する</u>。

1 ちょくする　2 あたいする　3 ねする　4 ちする

11 실전 시험 한자 읽기 [11]

1회 (/6) 2회 (/6) 3회 (/6)

問題1 ＿＿＿の言葉の読み方として最もよいものを、1・2・3・4から一つ選びなさい。

1 カラフルな装飾は年末年始の街を<u>華やか</u>に演出している。

1 はなやか　2 かろやか　3 あざやか　4 なごやか

2 社長室のドアは、いつも開けておくのがわが社の<u>慣例</u>になっている。

1 かんれつ　2 かんれい　3 こうれつ　4 こうれい

3 この会社では、現在優秀な人材を<u>募って</u>いる。

1 つのって　2 やとって　3 したって　4 いのって

4 この国の<u>貧富</u>の格差は広がる一方だ。

1 びんふ　2 びんぷ　3 ひんぷ　4 ひんふ

5 人間関係や<u>人脈</u>を日頃から大切にしておく必要がある。

1 にんまく　2 じんまく　3 じんみゃく　4 にんみゃく

6 中村部長が大阪支店に<u>赴任</u>することになった。

1 ふじん　2 ふにん　3 とにん　4 とじん

12 실전 시험 한자 읽기 [12]

1회 (　　/6)　2회 (　　/6)　3회 (　　/6)

問題 1 ＿＿＿＿の言葉の読み方として最もよいものを、1・2・3・4から一つ選びなさい。

1 貨幣の偽造は、経済的取引の信用を損なうおそれがある。

1 おぎなう　　2 やしなう　　3 まかなう　　4 そこなう

2 また同じ間違いをするなんて、本当に愚かなことだ。

1 すみやか　　2 おろか　　3 ひそか　　4 したたか

3 欠陥のある商品を販売したことが発覚した。

1 けっきん　　2 けっかん　　3 けっそん　　4 けってん

4 今回の製品は人気があり、生産が需要に追いつかない。

1 じゅよう　　2 しゅうよう　　3 じゅうよう　　4 しゅよう

5 泥棒は会社の警備が手薄な時間をねらって侵入したらしい。

1 てうす　　2 てはく　　3 しゅはく　　4 しゅうす

6 今回の発見は、これまでの学説を覆す歴史的なものだ。

1 まどわす　　2 ゆるがす　　3 くつがえす　　4 ひるがえす

13 실전 시험 한자 읽기 [13]

회 (　　/6)　2회 (　　/6)　3회 (　　/6)

問題1 ＿＿＿の言葉の読み方として最もよいものを、1・2・3・4から一つ選びなさい。

1 語学には復習が<u>肝心</u>だ。

1 たんじん　2 かんじん　3 かんしん　4 たんしん

2 自分を侮辱した相手に<u>償い</u>を求めるために、訴訟を起こした。

1 あつかい　2 あらそい　3 つぐない　4 つきあい

3 ベンチに座って<u>夕闇</u>の迫る街角を眺めた。

1 ゆやみ　2 ゆうぐれ　3 ゆぐれ　4 ゆうやみ

4 こんなに<u>名誉</u>ある賞をいただいて、光栄です。

1 めいよう　2 めいよ　3 めいゆ　4 めいゆう

5 突然のできごとだったので、事態を<u>把握</u>するのに時間がかかった。

1 ばあく　2 はあく　3 はおく　4 ばおく

6 災害に備えて、食料品や水を<u>蓄えて</u>おく。

1 かかえて　2 たくわえて　3 そなえて　4 たずさえて

14 실전 시험 한자 읽기 [14]

1회 (　　/6)　2회 (　　/6)　3회 (　　/6)

問題 1　＿＿＿の言葉の読み方として最もよいものを、1・2・3・4から一つ選びなさい。

1　工業化により、この国でも大都市への集中現象が顕著に表れている。

1　かんちょ　　2　がんちょ　　3　げんちょ　　4　けんちょ

2　あの人は融通のきかないところがある。

1　ゆうずう　　2　ゆうつう　　3　かくつう　　4　かくずう

3　仕事が軌道に乗り、生活も少し潤ってきた。

1　あきなって　　2　うるおって　　3　まかなって　　4　もうかって

4　サッカーの決勝戦は大接戦で、観客は興奮した。

1　きょうぶん　　2　こうぶん　　3　きょうふん　　4　こうふん

5　日本における建築構造の変遷について研究を行っている。

1　へんせん　　2　へんてん　　3　へんさい　　4　へんさん

6　どこからかパンを焼く匂いが漂ってくる。

1　にかよって　　2　ただよって　　3　かたよって　　4　さまよって

제한 시간 : 1분

15 실전 시험 한자 읽기 [15]

회 (　　/6)　2회 (　　/6)　3회 (　　/6)

問題1 ＿＿＿の言葉の読み方として最もよいものを、1・2・3・4から一つ選びなさい。

1 人々に環境保全の重要性を説く。

1 あく　　2 ほどく　　3 とく　　4 いだく

2 子どもたちは、皆健やかに育っている。

1 すこやか　　2 さわやか　　3 おだやか　　4 しとやか

3 社会に貢献した人の伝記を読んだ。

1 けいけん　　2 こうけん　　3 きょうけん　　4 くうけん

4 首相がリーダーシップを発揮して行政改革を実行に移した。

1 かいがく　　2 かいごく　　3 かいこく　　4 かいかく

5 入会の申込は随時受け付けています。

1 すいじ　　2 しゅうじ　　3 ずいじ　　4 じゅうじ

6 事件の目撃者は法廷での証言を拒んでいる。

1 にくんで　　2 こばんで　　3 おがんで　　4 うらんで

16 실전 시험 한자 읽기 [16]

회 (　　/6) 2회 (　　/6) 3회 (　　/6)

問題 1 ＿＿＿の言葉の読み方として最もよいものを、1・2・3・4から一つ選びなさい。

1 優勝を祝うパーティーが盛大に催された。

1 もてなされた　2 もよおされた　3 もたらされた　4 もらされた

2 彼女は子どもの成長を克明に記録していた。

1 こくめい　2 こうめい　3 きょうめい　4 きょくめい

3 博物館に昔の珍しい陶器が陳列されている。

1 ちんれい　2 しんれい　3 しんれつ　4 ちんれつ

4 上司の承諾を得て早退する。

1 しゅうにん　2 しょうだく　3 しょうにん　4 しゅうだく

5 会社側はお客さんの要求に迅速に対応した。

1 しんそく　2 じんそく　3 しっそく　4 じっそく

6 先行きが不安で住宅を 購入する動きが鈍っている。

1 おとって　2 やしなって　3 とどこおって　4 にぶって

17 실전 시험 한자 읽기 [17]

1회 (/6) 2회 (/6) 3회 (/6)

問題 1 ＿＿＿の言葉の読み方として最もよいものを、1・2・3・4から一つ選びなさい。

1 専門家に不動産の鑑定を依頼することにした。

1 けんてい　2 けんじょう　3 かんてい　4 かんじょう

2 犯行現場の状況から犯人を推理する。

1 どうり　2 ろんり　3 すいり　4 しんり

3 税関で果物などが没収されることがある。

1 もっしゅう　2 もしゅう　3 ぼっしゅう　4 ぼしゅう

4 友人は北海道で酪農に携わっている。

1 たずさわって　2 いつわって　3 そなわって　4 よこたわって

5 その政治家は群衆に向かって演説をした。

1 ぐんしゅ　2 ぐんしゅう　3 かんしゅう　4 かんしゅ

6 花壇に花の苗を植えた。

1 ね　2 め　3 なえ　4 くき

18 실전 시험 한자 읽기 [18]

회 (/6) 2회 (/6) 3회 (/6)

問題 1 ＿＿＿の言葉の読み方として最もよいものを、1・2・3・4から一つ選びなさい。

1 繁盛している店には特徴がある。

1 はんせい　2 はんじょう　3 びんじょう　4 びんせい

2 選手たちは優勝を目指して日々練習に励んでいる。

1 いどんで　2 しのんで　3 さけんで　4 はげんで

3 パーティーの会場を決めるときは、交通の便も考慮した方がいい。

1 こうろう　2 こうりょう　3 こうりょ　4 こうろ

4 彼の一生の研究の成果がこの論文に凝縮されている。

1 ぎしゅく　2 ぎょうしゅく　3 うんしゅく　4 のうしゅく

5 彼は小さいころからテニスの技を磨いてきた。

1 すべ　2 わざ　3 えだ　4 うで

6 事件の発端を偶発的な事故だと供述しているが、動機や手口に疑問点が多い。

1 はったん　2 はつだん　3 ほったん　4 ほつだん

19 실전 시험 한자 읽기 [19]

회 (　　/6) 2회 (　　/6) 3회 (　　/6)

問題1 ＿＿＿の言葉の読み方として最もよいものを、1・2・3・4から一つ選びなさい。

1 契約の内容については、こちらの書類をご確認ください。

1 こうやく　2 ようやく　3 けいやく　4 せいやく

2 空は澄み、雲ひとつない。

1 すみ　2 とみ　3 すずみ　4 かすみ

3 はじめに事件の概略をご説明します。

1 がいりゃく　2 きりゃく　3 きかく　4 がいかく

4 川田教授はたくさんの本を執筆している。

1 しゅうひつ　2 しゅっぴつ　3 しっぴつ　4 しつひつ

5 彼は株の売買で大きな利益を得たらしい。

1 りえき　2 りじゅん　3 りそく　4 りし

6 長距離を歩くときは、靴の紐をしっかり締めましょう。

1 ゆるめましょう　2 はめましょう　3 しめましょう　4 あきらめましょう

20 실전 시험 한자 읽기 [20]

1회 (　　/6) 2회 (　　/6) 3회 (　　/6)

問題 1 ＿＿＿の言葉の読み方として最もよいものを、1・2・3・4から一つ選びなさい。

1 包装が破損している場合は、本品は使用しないでください。

1 ひいん　2 ひそん　3 はそん　4 はいん

2 ようやく景気回復の兆しが見えてきた。

1 きざし　2 しるし　3 あかし　4 ひざし

3 古代遺跡の発掘調査を行う。

1 ゆいしき　2 いせき　3 ゆいせき　4 いしき

4 臓器移植には倫理的な問題も絡んでいる。

1 ふくんで　2 からんで　3 はらんで　4 ひそんで

5 彼女はモデル、女優、歌手など多岐にわたって活躍している。

1 たぎ　2 たしゅ　3 たき　4 たし

6 都会の人ごみを逃れて、きれいな山の空気を吸いたい。

1 おそれて　2 まぬがれて　3 はなれて　4 のがれて

21 실전 시험 문맥 규정 [1]

1회 (　　/7) 2회 (　　/7) 3회 (　　/7)

問題 2 (　　　)に入れるのに最もよいものを、1・2・3・4から一つ選びなさい。

1 鉄道設備の夜間作業は、ミスが発生すると電車の運行に(　　　)をきたすことになるため、現場では緊張感が高まる。

1 苦境　2 不況　3 支障　4 停滞

2 清水さんは、いつも(　　　)洋服を着ているので、みんなのあこがれの的だ。

1 エレガントな　2 コントロールな　3 ナンセンスな　4 プラスチックな

3 この漫画は全14巻で(　　　)する。

1 停止　2 成就　3 完結　4 終息

4 幹線道路の騒音対策は、地域の(　　　)に応じて行われるべきである。

1 実情　2 実況　3 実権　4 実在

5 最近、食欲の(　　　)に負けず、ダイエットに励んでいる。

1 勧誘　2 作用　3 保養　4 誘惑

6 私は消極的な性格なので、ささいなことでも(　　　)悩んでしまいがちだ。

1 くよくよ　2 のろのろ　3 ひっそり　4 ふんわり

7 あの人は「申請書は期限内に提出した」と、まだ(　　　)いる。

1 言い慣れて　2 言い張って　3 言い渡して　4 言い放って

22 실전 시험 문맥 규정 [2]

1회 (/7) 2회 (/7) 3회 (/7)

問題 2 (　　　)に入れるのに最もよいものを、1・2・3・4から一つ選びなさい。

1 この辺りは、鉄道と国道が(　　　)している。

1 同化　2 並列　3 同伴　4 並行

2 自分の(　　　)を積む良いチャンスだと考え、海外転勤を受け入れた。

1 ベテラン　2 ポジション　3 サプライ　4 キャリア

3 彼は自分の意見を(　　　)主張して一歩も譲らない。

1 強硬に　2 果敢に　3 軽快に　4 厳密に

4 よくそんな(　　　)ことばかり言えるね。

1 ばかばかしい　2 はなはだしい　3 はなばなしい　4 はかばかしい

5 私には履歴書に書けるような(　　　)は何もない。

1 特技　2 特権　3 特産　4 特集

6 人口の減少が続けば、地域経済は大変なことになる。なんとか人口減少を(　　　)いい方法はないだろうか。

1 投げ出す　2 取り締まる　3 打ち切る　4 食い止める

7 彼女は感情の(　　　)が激しいので、付き合いにくい。

1 高低　2 出没　3 明暗　4 起伏

23 실전 시험 문맥 규정 [3]

1회 (　　/7)　2회 (　　/7)　3회 (　　/7)

問題 2（　　　）に入れるのに最もよいものを、1・2・3・4から一つ選びなさい。

1 この小説は歴史（　　　）の事実にもとづいて書かれたという。

1　上　　2　面　　3　側　　4　内

2 今回の仕事は、入社したばかりの新人には（　　　）が重いだろう。

1　量　　2　肩　　3　荷　　4　職

3 一度失った社会的信用を（　　　）のは大変なことだ。

1　引き寄せる　　2　呼び込む　　3　取り戻す　　4　受け入れる

4 両国は経済的に（　　　）な関係にある。

1　精密　　2　過密　　3　密度　　4　密接

5 手持ちのプリントは、報告書の内容を（　　　）して要約したものです。

1　抽選　　2　摘出　　3　採取　　4　抜粋

6 営業の（　　　）に追われて気が休まらない。

1　キャリア　　2　ノルマ　　3　チーフ　　4　コスト

7 中川さんは、ホテルの予約が難しいと聞いただけで、（　　　）旅行をあきらめた。

1　あっさり　　2　うんざり　　3　げっそり　　4　じっくり

24 실전 시험 문맥 규정 [4]

1회 (　　/7)　2회 (　　/7)　3회 (　　/7)

問題 2（　　）に入れるのに最もよいものを、1・2・3・4から一つ選びなさい。

1 あの弁護士は、放送局のアナウンサーから弁護士へという（　　　）の経歴を持っている。

1 異色　　2 格差　　3 変形　　4 別途

2 うちのチームはあきらめずに最後まで（　　　）攻め続けた。

1 だるく　　2 でかく　　3 しぶとく　　4 たやすく

3 お気に（　　　）ようなことがありましたなら、どうかお許し下さい。

1 障る　　2 及ぶ　　3 絡む　　4 挑む

4 テレビや新聞など、様々な（　　　）を通して世界の出来事を知ることができる。

1 データベース　　2 コミュニケーション
3 メディア　　4 コメント

5 両社の交渉が（　　　）進み、無事に契約することができた。

1 過敏に　　2 柔軟に　　3 円滑に　　4 零細に

6 事務所ではアルバイトを３名（　　　）している。

1 案内　　2 応募　　3 募集　　4 捜索

7 食材の（　　　）が残りわずかなので、注文しておいた。

1 キープ　　2 チャージ　　3 ストック　　4 シェフ

25 실전 시험 문맥 규정 [5]

1회 (/7) 2회 (/7) 3회 (/7)

問題 2 (　　　)に入れるのに最もよいものを、1・2・3・4から一つ選びなさい。

1 毎日雨ばかりで、家の中が(　　　)してうっとうしい。

1 からっと　2 しっとり　3 じめじめ　4 がさがさ

2 社員同士の(　　　)を深めるために、社員旅行を企画した。

1 結成　2 結束　3 綿密　4 緊密

3 肉に味が(　　　)ように、弱火でじっくりと煮込んでください。

1 溶ける　2 染みる　3 沈む　4 潤う

4 子どもに見せたい(　　　)な番組が少なくなった。

1 保健　2 壮健　3 健全　4 健在

5 政府がベンチャー設立を支援するとはいえ、資金調達に関していえば、まだ(　　　)が高い。

1 リミット　2 ブロック　3 エリア　4 ハードル

6 最先端のテクノロジーを(　　　)し、美しい映像を作り上げた。

1 駆使　2 引用　3 充当　4 拡充

7 市の観光開発計画の(　　　)は順調に進んでおり、何ら問題も無い。

1 大筋　2 大幅　3 大口　4 大台

26 실전 시험 문맥 규정 [6]

1회 (　　/7) 2회 (　　/7) 3회 (　　/7)

問題 2 (　　　)に入れるのに最もよいものを、1・2・3・4から一つ選びなさい。

1 この犯罪の(　　　)には、少年時代の貧しい環境がある。

1 背景　　2 基盤　　3 後援　　4 発端

2 私は目が悪くて、眼鏡をかけないと物が(　　　)見える。

1 とぼけて　　2 ふやけて　　3 とろけて　　4 ぼやけて

3 新しく開発した技術が(　　　)するのを防ぐため、現在の保安対策を見直した。

1 展開　　2 発散　　3 流出　　4 発揮

4 相次ぐ製品のトラブルで、企業の品質管理に対する信頼が(　　　)いる。

1 励んで　　2 震えて　　3 揺らいで　　4 浮かれて

5 資金繰りが困難な状況であり、万一に備えて対策を(　　　)おかなければならない。

1 培って　　2 築いて　　3 練って　　4 磨いて

6 彼女のファッションはいつも(　　　)だ。

1 シック　　2 センス　　3 デザイン　　4 フォーム

7 本書の改訂(　　　)は来月中旬頃の発行を予定しています。

1 集　　2 刊　　3 誌　　4 版

27 실전 시험 문맥 규정 [7]

1회 (　　/7)　2회 (　　/7)　3회 (　　/7)

問題 2（　　　）に入れるのに最もよいものを、1・2・3・4から一つ選びなさい。

1 この薬は痛みを（　　　）効能がある。

1　なだめる　　2　とどめる　　3　せばめる　　4　やわらげる

2 せっかく「一緒に行こう」と言ったのに、（　　　）断られた。

1　ばかばかしく　　2　そっけなく　　3　すまなく　　4　いやしく

3 ベストを（　　　）悔いのない人生を送りたいものだ。

1　遂げて　　2　尽くして　　3　果たして　　4　極めて

4 今年の夏は、蒸し暑く（　　　）日が続いた。

1　うっとうしい　　2　気味悪い　　3　あつかましい　　4　生ぬるい

5 仕事の（　　　）にほかの用事をすませました。

1　合間　　2　手間　　3　空間　　4　仲間

6 素晴らしい作品ばかりだったが、（　　　）彼の作品は際立っていた。

1　いよいよ　　2　まさしく　　3　いっそう　　4　とりわけ

7 彼は人柄がよくて、服装の（　　　）が抜群でうらやましい。

1　センス　　2　タイミング　　3　ポリシー　　4　ニュアンス

28 실전 시험 문맥 규정 [8]

1회 (　　/7)　2회 (　　/7)　3회 (　　/7)

問題 2 (　　　)に入れるのに最も よいものを、1・2・3・4から一つ選びなさい。

1 常に安全を(　　　)に置いて作業をすすめるべきだ。

1 念頭　　2 本心　　3 念願　　4 内心

2 この機械を(　　　)にはかなりの技術が必要だ。

1 使いこなす　　2 使いおわる　　3 使いはたす　　4 使いすてる

3 警察に早く事件の真相を(　　　)してほしい。

1 究明　　2 照明　　3 察知　　4 探知

4 高原の朝は空気がきれいなので、とても(　　　)。

1 わかわかしい　　2 すがすがしい　　3 めざましい　　4 たくましい

5 不審な人物を(　　　)警察に通報してください。

1 見かけたら　　2 見直したら　　3 見習ったら　　4 見過ごしたら

6 彼はいつも聞かれたことにはっきり答えず、(　　　)ことばかり言っている。

1 あべこべな　　2 あやふやな　　3 だぶだぶな　　4 ふわふわな

7 学生時代、駅前の本屋に(　　　)通った記憶がある。

1 頻繁に　　2 緊密に　　3 活発に　　4 円滑に

29 실전 시험 문맥 규정 [9]

1회 (/7) 2회 (/7) 3회 (/7)

問題 2 (　　　)に入れるのに最もよいものを、1・2・3・4から一つ選びなさい。

1 サッカーの試合に優勝したとき、胸に熱いものが(　　　)きた。

1 こぼれて　2 こみあげて　3 そそいで　4 ながれて

2 今日は仕事が忙しくて体も心も(　　　)なってしまった。

1 すっきり　2 からからに　3 へとへとに　4 ぎっしり

3 引っ越しの費用を業者に(　　　)もらった。

1 見計らって　2 見積もって　3 見逃して　4 見通して

4 長年使ってきた家具には(　　　)があってなかなか捨てられない。

1 愛着　2 心境　3 誠意　4 感心

5 最近は似たような名前の会社が多いので、(　　　)。

1 著しい　2 疑わしい　3 紛らわしい　4 悩ましい

6 必死に働いてきた結果、最近ようやく生活に(　　　)が出てきた。

1 ゆとり　2 たまり　3 たるみ　4 めぐみ

7 合格発表の当日は朝5時に起きてしまい、(　　　)しながら発表を待った。

1 ぐらぐら　2 そわそわ　3 ぶらぶら　4 めそめそ

30 실전 시험 문맥 규정 [10]

1회 (　　/7)　2회 (　　/7)　3회 (　　/7)

問題 2（　　　）に入れるのに最もよいものを、1・2・3・4から一つ選びなさい。

1　この会社は、原油を（　　　）した製品を外国に輸出し、利益を得ている。

1　変換　　2　転換　　3　細工　　4　加工

2　地震により生活の（　　　）を壊され、多くの人が不便な避難生活を強いられている。

1　基盤　　2　基準　　3　基調　　4　基点

3　ためらってしまい、上司に退職の話を（　　　）ことができずにいる。

1　押し込む　　2　切り出す　　3　割り当てる　　4　持ち上げる

4　今後とも、（　　　）よろしくお願い申し上げます。

1　何だか　　2　何でも　　3　何とぞ　　4　何より

5　新製品の売れ行きは好調で、工場の機械を24時間フル（　　　）しても生産が追いつかない状況である。

1　展開　　2　稼働　　3　動作　　4　運行

6　清水さんは、次期社長の重大な責任を（　　　）人物と言えるだろう。

1　になう　　2　いたわる　　3　やしなう　　4　かかげる

7　退院したら無理をせず、一週間くらい（　　　）をとってください。

1　休日　　2　休業　　3　休養　　4　休憩

31 실전 시험 문맥 규정 [11]

1회 (/7) 2회 (/7) 3회 (/7)

問題 2 (　　　) に入れるのに最もよいものを、1・2・3・4から一つ選びなさい。

1 (　　　)的な立場から見ると、その言葉づかいは正しいとは言えない。

1 規格　2 規準　3 規定　4 規範

2 この授業では具体例を挙げて経営の(　　　)を教えている。

1 ノウハウ　2 データベース　3 ベテラン　4 アポイント

3 大学の創立百周年を迎え、記念式典が盛大に(　　　)。

1 施された　2 催された　3 設けられた　4 慕われた

4 料理研究家の岡田さんは数々の人気テレビ番組で料理の(　　　)を披露している。

1 しぐさ　2 しわざ　3 腕前　4 手間

5 毎日汗(　　　)になって働いても、生活はなかなか楽にならない。

1 ぐるみ　2 がらみ　3 まみれ　4 ずくめ

6 世界を駆け巡る貨物の量は(　　　)勢いで増加している。

1 慌ただしい　2 わずらわしい　3 悩ましい　4 すさまじい

7 彼はいつかこの国の首相になるという(　　　)を抱いている。

1 一心　2 内心　3 野心　4 関心

32 실전 시험 문맥 규정 [12]

1회 (　　/7) 2회 (　　/7) 3회 (　　/7)

問題 2 (　　　)に入れるのに最もよいものを、1・2・3・4から一つ選びなさい。

1 これといって趣味はないんですが、(　　　　)言えば映画鑑賞でしょうか。

1 よほど　　2 いっそう　　3 しいて　　4 いかにも

2 冬になると、この湖には(　　　　)数の渡り鳥がやってくる。

1 目まぐるしい　　2 限りない　　3 いちじるしい　　4 おびただしい

3 新人の頃、よくミスをしたが、周りの先輩たちが(　　　　)してくれたのでとても心強かった。

1 キープ　　2 フォロー　　3 マッチ　　4 アップ

4 子どもたちが仲良く川遊びに(　　　　)いる。

1 案じて　　2 報じて　　3 演じて　　4 興じて

5 長い交渉の末、ようやく(　　　　)案ができあがった。

1 同調　　2 妥協　　3 合致　　4 融合

6 将来我が社を担う(　　　　)を発掘し、育てる体制を作らなければならない。

1 玄人　　2 大家　　3 巨匠　　4 逸材

7 電車の中で突然気分が悪くなったが、親切な人が(　　　　)してくれた。

1 救済　　2 養護　　3 介抱　　4 奨励

33 실전 시험 문맥 규정 [13]

1회 (/7) 2회 (/7) 3회 (/7)

問題 2（　　）に入れるのに最もよいものを、1・2・3・4から一つ選びなさい。

1 （　　）の凶悪犯罪には、共通した社会背景があるのだろうか。

1 一括　2 一帯　3 一同　4 一連

2 この時計には（　　）があって12時になると人形が出てきて踊る。

1 しあげ　2 しかけ　3 しつけ　4 しわけ

3 ちょっとしたヒントをもらうだけで、問題が（　　）と解けることがあります。

1 ふんわり　2 すんなり　3 こっそり　4 ほっそり

4 久しぶりに友人に会い、話が（　　）時間が経つのも忘れてしまった。

1 沈んで　2 弾んで　3 歪んで　4 跳ねて

5 世界中で野生の生物が絶滅の危機に（　　）している。

1 隣接　2 直面　3 近接　4 対面

6 転職を勧められて返事を（　　）いるうちに、チャンスを失ってしまった。

1 遠ざけて　2 ためらって　3 案じて　4 よけて

7 海外旅行中、祖母が危篤となり（　　）帰国することになった。

1 即座に　2 断然　3 猛烈に　4 急遽

34 실전 시험 문맥 규정 [14]

1회 (　　/7)　2회 (　　/7)　3회 (　　/7)

問題 2 (　　　)に入れるのに最もよいものを、1・2・3・4から一つ選びなさい。

1　あの政治家は若者から(　　　　)な支持を受けている。

1　絶大　　2　膨大　　3　偉大　　4　強大

2　今回の発掘が日本史研究の発展に(　　　　)するところは大きいだろう。

1　寄与　　2　普及　　3　供与　　4　言及

3　大事な書類は、他の書類に(　　　　)しまわないように、ラベルを貼って引き出しに入れておく。

1　なじんで　　2　絡んで　　3　おさまって　　4　紛れて

4　募集条件に(　　　　)する人は、なかなか見付からなかった。

1　該当　　2　順応　　3　相当　　4　適応

5　負けるとはわかっているが、(　　　　)彼と戦いたい。

1　あえて　　2　以って　　3　まして　　4　努めて

6　一人暮らしに必要なものを購入するため、まず(　　　　)してみた。

1　リストアップ　　2　エントリー　　3　ストック　　4　バーゲン

7　必要書類の(　　　　)により申請が認められない場合があるので、ご注意ください。

1　不服　　2　不当　　3　不備　　4　不順

35 실전 시험 문맥 규정 [15]

1회 (　　/7)　2회 (　　/7)　3회 (　　/7)

問題 2（　　　）に入れるのに最もよいものを、１・２・３・４から一つ選びなさい。

1 あの人はおとなしそうに見えるが、することが（　　　）でびっくりさせられる。

1 盛大　　2 膨大　　3 大体　　4 大胆

2 この漫画は（　　　）なところがおもしろい。

1 バランス　　2 ユーモア　　3 ナンセンス　　4 ニュアンス

3 この町の祭りは伝統があり、今年は10万人を超える（　　　）が予想されている。

1 人込み　　2 人様　　3 人通り　　4 人出

4 季節外れの商品は、値引きをして在庫を（　　　）するほうがよい。

1 一掃　　2 追放　　3 削除　　4 排出

5 両社の主張は平行線を（　　　）、結局交渉は決裂してしまった。

1 あゆみ　　2 たどり　　3 なぞり　　4 つたい

6 仕事上のトラブルでこじれてしまった人間関係の（　　　）を試みることにした。

1 修繕　　2 修復　　3 復旧　　4 復興

7 海外の忘年会に出席するとは言ったが、（　　　）を言えば、あまり行きたくない。

1 本音　　2 本気　　3 弱音　　4 弱気

36 실전 시험 문맥 규정 [16]

1회 (　　/7)　2회 (　　/7)　3회 (　　/7)

問題 2 (　　　)に入れるのに最もよいものを、1・2・3・4から一つ選びなさい。

1 (　　　)駅では終日禁煙となっております。

1 自　　2 主　　3 実　　4 当

2 このレストランは、駐車場がついているのが(　　　)だ。

1 深み　　2 強み　　3 高み　　4 重み

3 デートの誘いを(　　　)断った。

1 しんなり　　2 やんわり　　3 うんざり　　4 ひんやり

4 本授業は実習に(　　　)を置いて進めていきます。

1 ウエイト　　2 トップ　　3 パワー　　4 メイン

5 紛争が(　　　)、市民の生活に落ち着きがもどった。

1 おさまり　　2 さだまり　　3 まとまり　　4 よわまり

6 受験勉強をがんばった結果、(　　　)の大学に合格した。

1 志願　　2 欲望　　3 念願　　4 展望

7 失恋した人の(　　　)気持ちは、私にもよくわかります。

1 たやすい　　2 あくどい　　3 せつない　　4 いやしい

37 실전 시험 문맥 규정 [17]

1회 (　　/7)　2회 (　　/7)　3회 (　　/7)

問題 2 (　　　)に入れるのに最もよいものを、1・2・3・4から一つ選びなさい。

1 この都市は、周辺から人が集まりすぎて(　　　　)状態だ。

1　過密　　2　窮屈　　3　不潔　　4　不服

2 今回の失敗の(　　　　)を生かして次の課題に向かっていく。

1　触発　　2　啓発　　3　教養　　4　教訓

3 信号が赤から青に変わると、その車は(　　　　)スピードで走り去った。

1　猛　　2　強　　3　頑　　4　厳

4 熱があるのだろうか、体が(　　　　)。

1　だるい　　2　うつろだ　　3　かすかだ　　4　なさけない

5 夏の暑さも(　　　　)、そろそろ秋が近づいてきました。

1　縮まって　　2　和らいで　　3　薄まって　　4　安らいで

6 何時間にも及ぶ話し合いの末、やっと(　　　　)に達した。

1　合意　　2　帰結　　3　標識　　4　適応

7 患者の容態は今のところ安定しているが、(　　　　)を許さない状況である。

1　予期　　2　見通し　　3　見込み　　4　予断

38 실전 시험 문맥 규정 [18]

1회 (　　/7) 2회 (　　/7) 3회 (　　/7)

問題 2 (　　　)に入れるのに最もよいものを、1・2・3・4から一つ選びなさい。

1 突然の事故に遭って入院した時に費用が払えず、親に(　　　)もらった。

1 積み立てて　2 引き落として　3 立て替えて　4 差し引いて

2 エネルギーの確保は多くの国で(　　　)な問題になっている。

1 迅速　2 厳重　3 極端　4 切実

3 来週のパーティーへの参加は、(　　　)はしませんので、希望者は申し込んでください。

1 強制　2 緩和　3 束縛　4 迫害

4 料理の勉強もせず、店を出すなんて(　　　)すぎると思う。

1 無残　2 無謀　3 無断　4 無縁

5 商店街での駐車違反を厳しく(　　　)ようになった。

1 取り消す　2 取り組む　3 取り締まる　4 取り上げる

6 商品開発の際、(　　　)市場調査をしても顧客のニーズがつかめない場合がある。

1 零細な　2 綿密な　3 繊細な　4 濃密な

7 彼はいつも手際よく(　　　)仕事をこなす。

1 すくすくと　2 さらさらと　3 めきめきと　4 てきぱきと

39 실전 시험 문맥 규정 [19]

1회 (　　/7)　2회 (　　/7)　3회 (　　/7)

問題 2 (　　　)に入れるのに最もよいものを、1・2・3・4から一つ選びなさい。

1 高齢者の介護保険関連法の改正が、賛成多数で(　　　　)された。

1　判別　　2　採取　　3　選別　　4　可決

2 図書館の(　　　　)室で本を読む。

1　一覧　　2　閲覧　　3　回覧　　4　観覧

3 本日の委員会では結論が出せず、結局議長に(　　　　)することにした。

1　依存　　2　一任　　3　従属　　4　委託

4 新しいビールは、価格と味のバランスを考えると、(　　　　)の出来と言えるだろう。

1　核心　　2　真心　　3　会心　　4　気心

5 テレビは、大地震の被害を刻々と(　　　　)。

1　投じた　　2　封じた　　3　報じた　　4　応じた

6 竹下さんは明るくて(　　　　)な性格だから、そんな細かいことは気にしないと思うよ。

1　あざやか　　2　おおらか　　3　すみやか　　4　ゆるやか

7 彼は真相を知っているくせに、私が聞いても「僕は何も知らない」と(　　　　)いる。

1　もらして　　2　こぼして　　3　ぼやいて　　4　とぼけて

40 실전 시험 문맥 규정 [20]

1회 (/7) 2회 (/7) 3회 (/7)

問題 2 (　　　)に入れるのに最もよいものを、1・2・3・4から一つ選びなさい。

1 「正義」という(　　　)を、わかりやすく正確に説明するのは難しい。

1 意識　2 概念　3 文脈　4 様相

2 いつも相談に乗ってくれた友達が、遠くに引っ越してしまって(　　　)かぎりだ。

1 かすかな　2 心細い　3 ひそかな　4 心無い

3 この会社は、去年(　　　)された新しい会社です。

1 確立　2 自立　3 樹立　4 設立

4 大学生になったら、専門にかたよることなく、(　　　)知識を身につけたい。

1 分厚い　2 幅広い　3 広大な　4 重厚な

5 言葉の微妙な(　　　)を理解するためには、その国の文化も知っておく必要がある。

1 センス　2 キャラクター　3 ニュアンス　4 アイディア

6 円安が日本経済に(　　　)影響は大きい。

1 及ぼす　2 授ける　3 費やす　4 掲げる

7 彼の偉そうな態度に、(　　　)腹が立つ。

1 ひたむきに　2 むしょうに　3 かたくなに　4 いちずに

41 실전 시험 교체 유의어 [1]

1회 (　　/6)　2회 (　　/6)　3회 (　　/6)

問題3 ＿＿＿＿の言葉に意味が最も近いものを、1・2・3・4から一つ選びなさい。

1 故意に売上をごまかしていたことが発覚した。

1 さっさと　2 わざと　3 うっかり　4 いやいや

2 転びそうになったので、とっさに隣の人の腕をつかんだ。

1 ゆっくり　2 すぐさま　3 徐々に　4 もっと

3 今回開発されたエンジンの構造は画期的なものだ。

1 広く知られている　2 最近ではめずらしい

3 非常に問題の多い　4 今までになく新しい

4 この車はデザインはもちろん、性能も抜群だ。

1 ほかより劣っている　2 ほかより人気がある

3 ほかと比べて特に問題はない　4 ほかと比べて特によい

5 委員長が交代したが、委員会の方針は従来と変わらない。

1 決定的に　2 これまでと　3 ひたすら　4 絶えず

6 思ったより作業がはかどっている。

1 予想外に遅れている　2 順調に進んでいる

3 徐々に減っている　4 急激に増えている

42 실전 시험 교체 유의어 [2]

1회 (　　/6) 2회 (　　/6) 3회 (　　/6)

問題 3 ＿＿＿＿の言葉に意味が最も近いものを、1・2・3・4から一つ選びなさい。

1 案の定、連休中の新幹線は込んでいた。

1 なぜか　2 やはり　3 あいにく　4 たしか

2 最近やけに元気がないね。悩みでもあるの？

1 やっと　2 ちらっと　3 非常に　4 次第に

3 大臣の不用意な発言が批判を浴びている。

1 慎重な　2 不利な　3 無意味な　4 不注意な

4 パソコンが故障したが、休みなので連絡をとるすべがなかった。

1 必要　2 内容　3 方法　4 理由

5 二人の姿は雑踏に紛れて見えなくなった。

1 人込み　2 風景　3 混乱　4 暗闇

6 相手に対して自分の非を詫びる。

1 文句を言う　2 謝る　3 お礼を言う　4 断る

43 실전 시험 교체 유의어 [3]

1회 (　　/6)　2회 (　　/6)　3회 (　　/6)

問題 3 ＿＿＿＿の言葉に意味が最も近いものを、1・2・3・4から一つ選びなさい。

1 この料理の作り方はいたって簡単です。

1 割に　2 意外に　3 非常に　4 確かに

2 朝のすがすがしい空気を吸うと元気が出てきます。

1 けわしい　2 暖かい　3 さわやかな　4 真剣な

3 休日の大学のキャンパスは学生の姿がまばらだ。

1 たやすい　2 すくない　3 まじめだ　4 まぶしい

4 みんなで手分けして作業を進める。

1 分配　2 分担　3 分解　4 分別

5 電話につながらないので事情も説明できずお手上げ状態だ。

1 あわただしい　2 どうしようもない
3 急いでいる　4 びっくりした

6 収益性向上のため、新しい分野への進出をもくろんでいる。

1 計画して　2 果たして　3 開始して　4 あきらめて

44 실전 시험 교체 유의어 [4]

1회 (　　/6)　2회 (　　/6)　3회 (　　/6)

問題3 ＿＿＿＿の言葉に意味が最も近いものを、1・2・3・4から一つ選びなさい。

1 テストの結果、かろうじて進級することはできたが、成績はひどかった。

1 なぜか　2 何とか　3 すぐに　4 たまたま

2 相撲の優勝決定戦はたった１０秒であっけなく終わってしまった。

1 意外につまらなく　2 意外におもしろく

3 予想通りつまらなく　4 予想通りおもしろく

3 両社は合併の交渉をひそかに進めている。

1 こっそり　2 むやみに　3 のんびり　4 さっそく

4 やっぱり東京の花火大会はスケールが違う。

1 方針　2 規模　3 教訓　4 意義

5 青と黄色のくっきりとしたコントラストはさわやかな印象を与えてくれる。

1 対比　2 効果　3 繊細　4 豊富さ

6 新入生は学校生活にかなりなじんできたようだ。

1 恵まれて　2 逆らって　3 飽きて　4 慣れて

45 실전 시험 교체 유의어 [5]

1회 (　　/6)　2회 (　　/6)　3회 (　　/6)

問題 3 ＿＿＿＿の言葉に意味が最も近いものを、1・2・3・4から一つ選びなさい。

1 犬がしきりにほえるので外に出てみた。

1 小さく　　2 次第に　　3 常に　　4 何度も

2 終電に乗り遅れ、やむをえずタクシーに乗った。

1 仕方なく　　2 まもなく　　3 思いがけなく　　4 限りなく

3 役所の手続きは、時間がかかって煩わしい。

1 地味だ　　2 頻繁だ　　3 面倒だ　　4 退屈だ

4 客たちはバーゲン会場に殺到した。

1 一度に大勢来た　　2 急に来なくなった

3 増え続けた　　4 減り続けた

5 彼からの朗報を待っている。

1 意外な知らせ　　2 うれしい知らせ

3 大切な知らせ　　4 めずらしい知らせ

6 一生懸命作ったものをけなされて腹がたちます。

1 悪く言われる　　2 高く評価される

3 反対される　　4 喜ばれる

46 실전 시험 교체 유의어 [6]

1회 (　　/6)　2회 (　　/6)　3회 (　　/6)

問題3 ＿＿＿＿の言葉に意味が最も近いものを、1・2・3・4から一つ選びなさい。

1　空が暗くなり、<u>にわかに</u>雨が降ってきた。

1 すぐに　　2 意外に　　3 すなおに　　4 簡単に

2　彼は少し時間に<u>ルーズな</u>ところがある。

1 ずうずうしい　　2 だらしない　　3 うるさい　　4 こまやかな

3　牛肉で何か作りたいが、<u>ありきたりの</u>メニューしか思い浮かばない。

1 的確な　　2 平凡な　　3 斬新な　　4 否定的な

4　古い写真を見て、若かったころを<u>回想した</u>。

1 反省した　　2 考え直した　　3 後悔した　　4 思い返した

5　彼女たちは姉妹ではないかと<u>錯覚する</u>ほどよく似ている。

1 疑う　　2 勘違いする　　3 妬む　　4 油断する

6　子どもは、大きな犬を見て<u>おびえて</u>いるようだ。

1 焦って　　2 怖がって　　3 悩んで　　4 悔やんで

47 실전 시험 교체 유의어 [7]

1회 (　　/6)　2회 (　　/6)　3회 (　　/6)

問題 3 ＿＿＿の言葉に意味が最も近いものを、1・2・3・4から一つ選びなさい。

1 今日は朝からどんよりした天気だった。

1 曇っていて暗かった　　2 晴れていて明るかった
3 風が吹いて寒かった　　4 雨が降って蒸し暑かった

2 そんなあらい計画では、予定どおり終わらないだろう。

1 おおらかな　2 おおざっぱな　3 おおがかりな　4 おおげさな

3 彼はささいなことですぐに怒り出す。

1 重要な　2 新たな　3 小さな　4 深刻な

4 国会での首相の発言を聞いて仰天した。

1 とても驚いた　2 とても喜んだ　3 深く感動した　4 深く同情した

5 彼女には物事を誇張して言う癖がある。

1 積極的に　2 自慢して　3 大げさに　4 大ざっぱに

6 親友の結婚祝いは、ありふれたものではなく、特別なものを贈りたい。

1 平凡な　2 特殊な　3 幼稚な　4 複雑な

48 실전 시험 교체 유의어 [8]

1회 (　　/6)　2회 (　　/6)　3회 (　　/6)

問題 3 ＿＿＿＿の言葉に意味が最も近いものを、１・２・３・４から一つ選びなさい。

1 両選手の実力の差は歴然としている。

1 さほど変わらない　　2 ぜんぜんない
3 拡大してきている　　4 はっきりしている

2 お客様からのクレームへの対応を誤ると、企業イメージを悪化させるおそれがある。

1 返品　　2 診断　　3 苦情　　4 質問

3 休みの日にわざわざ出かけるのはおっくうだ。

1 平気だ　　2 愉快だ　　3 面倒だ　　4 退屈だ

4 根拠のない自尊心ばかりが大きい人は大変ですね。

1 イメージ　　2 コントロール
3 スタイル　　4 プライド

5 兄が東大に合格したのに触発されて、私も真剣に勉強に取り組み始めた。

1 依頼を受けて　　2 刺激を受けて
3 指導を受けて　　4 評価を受けて

6 彼は、歴史の研究に打ち込んでいる。

1 興味を持って　　2 しつこく誘われて
3 時間をとられて　　4 取り組んで

49 실전 시험 교체 유의어 [9]

1회 (/6) 2회 (/6) 3회 (/6)

問題 3 ＿＿＿＿の言葉に意味が最も近いものを、1・2・3・4から一つ選びなさい。

1 保管の際は湿気を極力避けて下さい。

1 少しずつ　2 大幅に　3 できる限り　4 真っ先に

2 リーダーは常にシビアな判断を迫られている。

1 荒い　2 厳しい　3 柔軟な　4 軽率な

3 巧妙なやり方でお年寄りから金をだまし取っていた男性が逮捕された。

1 たくみな　2 たやすい　3 とうとい　4 おおらかな

4 この薬に含まれるビタミンCはレモン10個分に相当する。

1 ひとしい　2 よそよそしい　3 ものものしい　4 おびただしい

5 今のところ両者の実力は互角だ。

1 伸びつつある　2 全然違う　3 比べられない　4 大体同じだ

6 彼は予想外の質問に少しとまどった表情を見せた。

1 困った　2 驚いて　3 怖がった　4 悔やんだ

50 실전 시험 교체 유의어 [10]

1회 (　　/6)　2회 (　　/6)　3회 (　　/6)

問題 3 ＿＿＿＿の言葉に意味が最も近いものを、1・2・3・4から一つ選びなさい。

1 授業の内容はおおむね理解できた。

1 結局　2 少し　3 すぐに　4 だいたい

2 思っていることをストレートに言ってほしい。

1 温厚に　2 率直に　3 真剣に　4 慎重に

3 あの選手の動きはとてもしなやかだ。

1 大胆だ　2 達者だ　3 柔軟だ　4 簡潔だ

4 この店の勘定なら、さっき小林さんがすませましたよ。

1 会計　2 計算　3 見積もり　4 出費

5 大会当日まで練習に励んでいて、優勝への意気込みが感じられた。

1 故意　2 意欲　3 自身　4 信頼

6 あの時、相手の要求をのんで、かえってよかった。

1 押して　2 謹んで　3 受け入れて　4 控えて

51 실전 시험 교체 유의어 [11]

1회 (　　/6)　2회 (　　/6)　3회 (　　/6)

問題 3 ＿＿＿＿の言葉に意味が最も近いものを、1・2・3・4から一つ選びなさい。

1 面接のとき、注意すべきことについて先輩から<u>助言</u>を受けた。

1 アドバイス　　2 インタビュー
3 コミュニケーション　　4 トレーニング

2 運転中、<u>不意に</u>子供が飛び出してきた。

1 わざわざ　　2 案の定　　3 再び　　4 突然

3 会社の<u>バックアップ</u>を受けて、新しいプロジェクトに取り掛かる。

1 影響　　2 支援　　3 命令　　4 指示

4 彼は女性と話すときは、いつも<u>きざな</u>ことを言う。

1 気が利く　　2 気が合う　　3 気に入る　　4 気に障る

5 自信があっても油断は<u>禁物です</u>。

1 きまっています　　2 よくないはずがありません
3 してはなりません　　4 避けてはいけません

6 せっかくのアイディアを<u>すべて</u>人に使われてしまった。

1 はきはき　　2 たかだか　　3 まるまる　　4 ぎりぎり

52 실전 시험 교체 유의어 [12]

1회 (　　/6)　2회 (　　/6)　3회 (　　/6)

問題 3 ＿＿＿の言葉に意味が最も近いものを、1・2・3・4から一つ選びなさい。

1 二次会に参加ご希望の方は、事前にお知らせください。

1 早急に　2 努めて　3 改めて　4 前もって

2 その選手は小柄だが、相手に向かっていく闘志がある。

1 タイミング　2 ベスト　3 ファイト　4 フォーム

3 今度の計画の趣旨を説明してください。

1 意図　2 方法　3 段階　4 予算

4 明日は運動会があるので、天気が気がかりだ。

1 残念　2 意外　3 心配　4 不満

5 中村さんは親としての自覚が欠如している。

1 十分だ　2 しつこい　3 足りない　4 貧しい

6 検査して不良品をはねる。

1 取り扱う　2 取り除く　3 取り戻す　4 取り替える

53 실전 시험 교체 유의어 [13]

1회 (/6) 2회 (/6) 3회 (/6)

問題 3 ＿＿＿＿の言葉に意味が最も近いものを、１・２・３・４から一つ選びなさい。

1 両チームの力が均衡していて、どちらにも点が入らない。

1 ぶつかり合って　2 同じレベルで
3 競い合って　4 ベストの状態になって

2 目撃者の証言が事件解決の糸口になった。

1 タイミング　2 マイナス　3 ヒント　4 アドバイス

3 資料を一つ一つ丹念に調べる。

1 さっさと　2 ちらっと　3 じっくりと　4 ざっと

4 大きな事件を体験したショックから立ち直れない。

1 感激　2 衝撃　3 影響　4 反感

5 彼女はみるからにおとなしそうだが、実はそうでもない。

1 一方　2 一切　3 一応　4 一見

6 故障の原因を調べたら、私のにらんだとおりだった。

1 見当をつけた　2 見張った　3 見合わせた　4 見直した

54 실전 시험 교체 유의어 [14]

1회 (　　/6) 2회 (　　/6) 3회 (　　/6)

問題 3 ＿＿＿＿の言葉に意味が最も近いものを、1・2・3・4から一つ選びなさい。

1 昔、ここは港町として繁盛していた。

1 さかえて　2 すたれて　3 つくして　4 きたえて

2 彼女は何をするにも手際がよい。

1 腕前　2 説明　3 方針　4 見込み

3 金曜日は会議室はすべて埋まっている。

1 問題ない　2 使えない　3 修理済みだ　4 開いている

4 知り合いを通じてお話はかねがね伺っております。

1 直接　2 以前から　3 常に　4 間もなく

5 学生は教師に不満を持って、授業をボイコットしたそうだ。

1 推進　2 拒否　3 逃避　4 返納

6 病気で入院した友人の退院の知らせを聞いて安堵(あんど)した。

1 すっとした　2 ほっとした　3 はっとした　4 ぞっとした

55 실전 시험 교체 유의어 [15]

1회 (　　/6) 2회 (　　/6) 3회 (　　/6)

問題3 ＿＿＿＿の言葉に意味が最も近いものを、1・2・3・4から一つ選びなさい。

1 両国の交流をはかって、文化使節を送った。

1 測定して　2 意図して　3 予想して　4 完了して

2 真実はおのずと明らかになるだろう。

1 次第に　2 はっきり　3 自然に　4 絶対に

3 わずらわしい職場の人間関係から解放されたい。

1 苦手な　2 面倒な　3 単調な　4 膨大な

4 保証期間中は、修理あるいは必要に応じて交換が無償で受けられます。

1 ただで　2 優先的に
3 いつでも　4 予約しなくても

5 外国製品の輸入に関する規制を緩和する。

1 つよめる　2 ゆるめる　3 ひろめる　4 たかめる

6 会社に貢献した人には相応の待遇を考えるべきだ。

1 さわがしい　2 たのもしい
3 いちじるしい　4 ふさわしい

56 실전 시험 교체 유의어 [16]

1회 (　　/6) 2회 (　　/6) 3회 (　　/6)

問題3 ＿＿＿＿の言葉に意味が最も近いものを、1・2・3・4から一つ選びなさい。

1 投資の失敗で、財産をことごとく失ってしまった。

1 すべて　2 わずかに　3 多少　4 残念ながら

2 インターネットの進化によって、得られる情報量は格段に増加している。

1 着実に　2 急速に　3 大幅に　4 円満に

3 弁解するより、まず謝るのが先だ。

1 考える　2 反論する　3 説得する　4 言い訳する

4 不合格との知らせを聞いて落胆した。

1 びっくりした　2 がっかりした　3 動揺した　4 疑問を持った

5 風呂に入っているときに、突如素晴らしいアイデアがひらめいた。

1 非常に　2 不意に　3 誠に　4 実に

6 新しい会員名簿を見たところ、私の名前がもれていた。

1 間違って　2 現れて　3 書かれて　4 抜けて

57 실전 시험 교체 유의어 [17]

1회 (　　/6)　2회 (　　/6)　3회 (　　/6)

問題 3 ＿＿＿＿の言葉に意味が最も近いものを、１・２・３・４から一つ選びなさい。

1 市場性がないと判断し、新製品発売を断念した。

1 せかした　2 あきらめた　3 ことわった　4 のぞんだ

2 すぐに出発しますから、そうせかさないでください。

1 驚かさないで　2 急がせないで
3 待たせないで　4 困らせないで

3 まだ失恋の痛みをひきずって立ち直れない。

1 ながびかせて　2 わすれて　3 なぐさめて　4 かなしんで

4 このレポートは製造業の重要性を端的に表している。

1 明白に　2 部分的に　3 大げさに　4 主に

5 先方は一方的に契約を破棄した。

1 当社　2 全員　3 相手　4 上司

6 野菜の値上がりは、家計に影響する。

1 はじく　2 はぶく　3 ひびく　4 きずく

58 실전 시험 교체 유의어 [18]

1회 (/6) 2회 (/6) 3회 (/6)

問題3 ＿＿＿の言葉に意味が最も近いものを、1・2・3・4から一つ選びなさい。

1 この靴はぶかぶかで、歩くとぬげてしまう。

1 がばがば　2 めきめき　3 ふらふら　4 だらだら

2 人間、誰でもしくじることがあるのだ。

1 出世する　2 心配する　3 辛抱する　4 失敗する

3 あの二人は自己主張が強くいつも張り合っている。

1 競争して　2 応援して　3 無視して　4 尊重して

4 新たな製品を発売する計画は当面ない。

1 しばらくは　2 直接は　3 まさか　4 大して

5 急に祖母が入院し、今回の旅行は見合わせることにした。

1 承認する　2 実施する　3 変更する　4 中止する

6 彼はだれに対してもへりくだった話し方をする。

1 謙遜な　2 半端な　3 生意気な　4 生真面目な

59 실전 시험 교체 유의어 [19]

1회 (　　/6) 2회 (　　/6) 3회 (　　/6)

問題 3 ＿＿＿＿の言葉に意味が最も近いものを、1・2・3・4から一つ選びなさい。

1 この画家の場合、新しい作品より若いときの作品のほうがよほどおもしろい。

1 やや　　2 きっと　　3 さっぱり　　4 ずいぶん

2 国家の視点からみると、人口の減少は厄介な問題である。

1 面倒な　　2 安易な　　3 重要な　　4 特殊な

3 このオーブントースターは重宝している。

1 前より値上がりしている　　2 粗末にしている
3 評価が高まっている　　4 便利で役に立っている

4 腰痛発生のメカニズムについてご説明します。

1 可能性　　2 観点　　3 契機　　4 仕組み

5 期待通りの作品に仕上がってうれしい。

1 憧れて　　2 売れて　　3 受賞して　　4 完成して

6 彼は不満そうに、つぶやきながら歩いていた。

1 大声でさけびながら　　2 怒った表情で
3 ぶつぶつ言いながら　　4 何も言わず

60 실전 시험 교체 유의어 [20]

1회 (　　/6) 2회 (　　/6) 3회 (　　/6)

問題3 ＿＿＿＿の言葉に意味が最も近いものを、1・2・3・4から一つ選びなさい。

1 新しい本社ビルがいよいよ来週<u>披露</u>される。

1 販売　　2 公開　　3 発覚　　4 着工

2 今回の開会式は、選手団の入場行進を行わず、<u>簡素に</u>行われた。

1 クールに　　2 モダンに　　3 デリケートに　　4 シンプルに

3 この企画を実行するためには、数字的な<u>裏付け</u>が必要だ。

1 確信　　2 根拠　　3 支持　　4 合計

4 友だちに<u>いやみ</u>を言われて嫌な気分になった。

1 不平　　2 冗談　　3 愚痴　　4 皮肉

5 大地震があっても<u>うろたえない</u>ように、常に覚悟を決めておく。

1 嫌がらない　　2 慌てない　　3 怒らない　　4 あきらめない

6 会社で大きなミスをしてしまい、<u>大声で叱られた</u>。

1 どなられた　　2 さとされた
3 ねたまれた　　4 いやされた

61 실전 시험 용법 [1]

1회 (　　/6)　2회 (　　/6)　3회 (　　/6)

問題4　次の言葉の使い方として最もよいものを、1・2・3・4から一つ選びなさい。

1 連携

1　環境保全は、地域社会と連携して展開することが望ましい。

2　複数の社員で一台のプリンターを連携して使っている。

3　最近の株価は、為替レートと連携して上下している。

4　登山のときには、必ず地図を連携してください。

2 とっくに

1　このへんには、とっくに大きいお寺があった。

2　レポートはとっくに提出済みです。

3　あのときのことを今ごろ謝ってもとっくに遅いよ。

4　さっきから電話がとっくに鳴りっぱなしだ。

3 思い詰める

1　息子は初めての海外旅行が楽しみで、毎日思い詰めているようだ。

2　高校時代から付き合いのある親友が、突然思い詰めた表情で現れた。

3　この数学の問題は難解で、一生懸命思い詰めるが、どうしても解けなかった。

4　親友の誕生日を祝って、思い詰めて作ったケーキなので、喜んでもらえてよかった。

4 満たない

1　申込者が１０人に満たない場合、講習会は開催しません。

2　会議資料が５人分満たないから、コピーしてきて。

3　どうがんばっても、英語力では田中さんに満たない。

4　当店のサービスについて何か満たない点があればご記入ください。

5 安静

1 試合を観戦した後は興奮が冷めず、なかなか安静になれなかった。

2 鈴木さんはいつも安静な判断ができるので、頼りにされている。

3 退院してもしばらくの間、安静にしていてください。

4 この辺りは緑が多く、安静でとても住みやすいところです。

6 内訳

1 一か月の支出の内訳の中で「家賃」が最も高い割合を占めている。

2 本の内訳からして、これは小学生にはちょっと難しいと思います。

3 彼の作文は内訳はいいが、文法の間違いが多い。

4 内訳がこぼれないように、びんのふたをしめる。

62 실전 시험 용법 [2]

1회 (　　/6)　2회 (　　/6)　3회 (　　/6)

問題4　次の言葉の使い方として最もよいものを、1・2・3・4から一つ選びなさい。

1　抱え込む

1　何度も繰り返して覚えることで、記憶をしっかり抱え込むことができる。

2　自分でやったほうが早いと考え、仕事を一人で抱え込むことはよくない。

3　この塾は、今年度から生徒を200人まで抱え込むことができるようになった。

4　母は私が子どものころに描いた絵を、今まで大事に抱え込んでくれていた。

2　今更

1　発生から5年以上たつが、この事件は今更解決されていない。

2　一度口に出してしまったことを、今更取り戻そうと思っても無理だ。

3　この絵に描かれた女性は、今更動き出すかのように生き生きとしている。

4　佐藤さんは最初は目立たない社員だったが、今更、会社の中心人物だ。

3　見込み

1　今日はこれから取引先に打ち合わせに行く見込みです。

2　周囲の見込みに応えて、すばらしい仕事を成し遂げた。

3　明日は、北海道全域にわたって大雪になる見込みです。

4　見込みもしないところで昔の友人に会った。

4　携わる

1　来年、高校を受験するので、現在受験勉強に携わっています。

2　大学で児童心理学を勉強しているので、卒業後は児童教育に携わりたいと思う。

3　仕事を辞めて自由な時間ができたので、新しい趣味に携わりはじめた。

4　今日は午前中は来客と面会し、午後は企画会議に携わる予定だ。

5 満喫

1　この音楽を聞くと、気持ちがとても満喫する。

2　この雑誌には、安いアパートの情報が満喫されている。

3　海外旅行に行って、久しぶりの休暇を満喫した。

4　これらの条件を満喫する人材を探しています。

6 はなはだしい

1　近年のはなはだしい国際化にともない、人々の海外への関心が急激に高まっている。

2　あの俳優は、演技はもちろん人柄も魅力的なので、最近、人気がはなはだしい。

3　体力が十分に回復するまで、はなはだしい運動は避けるように医者から言われた。

4　男性が育児休暇を取ることに反対するとは時代錯誤もはなはだしい。

63 실전 시험 용법 [3]

1회 (　　/6)　2회 (　　/6)　3회 (　　/6)

問題 4　次の言葉の使い方として最もよいものを、１・２・３・４から一つ選びなさい。

1　帯びる

1　これは様々な機能を帯びる携帯電話で、録音や音楽の再生などが可能だ。
2　市長選挙の日程が公表され、各候補の選挙活動も熱気を帯びてきた。
3　佐藤さんは栄養士の資格を帯びていたことが有利になり、現在の職を得たそうだ。
4　鈴木氏が個人で始めた商店は、現在500人の社員を帯びる企業に成長した。

2　めきめき

1　あの人は発言するたびに意見がめきめき変わる。
2　入院して、健康のありがたみをめきめき感じた。
3　遠慮しないで、めきめき召し上がってくださいね。
4　彼女は芸術の分野でめきめき才能を伸ばした。

3　経緯

1　今年の夏休みは、毎日の経緯を日記に書いて記録に残すことにした。
2　容疑者は黙秘を貫いており、事件の経緯は不明のままである。
3　この語学学校では、初級と中級の間に初中級という経緯を組み入れている。
4　出張でA工場を訪れ、自動車が製造される経緯を視察した。

4　損なう

1　増税によって景気が損なわれることを心配する人が多い。
2　顧客の信頼を損なわないためにも、不良品は絶対に見逃してはいけない。
3　仕事に失敗して自信を損なっていたとき、この本を読んだら元気が出ました。
4　天気予報によると、今週末は天候が損なわれるそうだ。

5 赴任

1 明日から三日間東京へ<u>赴任</u>しなければならない。

2 新入社員の研修では、実際に売り場にも<u>赴任</u>してもらう。

3 田中課長が海外の支店に<u>赴任</u>するので、みんなで送別会を開いた。

4 田中氏が新しい社長に<u>赴任</u>することが発表された。

6 たやすい

1 彼は<u>たやすい</u>から、多少困難な状況にあってもやっていけるだろう。

2 皆が並んでいるのに、後から来て割り込むとは何て<u>たやすい</u>人なのだろう。

3 子供は大人以上に理屈が通じないので、いじめ問題は<u>たやすく</u>解決できるものではない。

4 いくら努力しても成果があがらないので<u>たやすく</u>なってきた。

64 실전 시험 용법 [4]

1회 (/6) 2회 (/6) 3회 (/6)

問題4　次の言葉の使い方として最もよいものを、1・2・3・4から一つ選びなさい。

1 ブランク

1　彼女は５年間のブランクを乗り越えて、女優活動を再開した。

2　5分ほどブランクにしませんか。みんな疲れたようだし。

3　プレゼンの最中は緊張しちゃって、頭がブランクだったよ。

4　大事なデータをブランクしてしまった。

2 はがす

1　木村さんはノートに地図を書くと、そのページをはがして私にくれた。

2　ジャムを作るとき、りんごは皮をはがして、小さく切ってください。

3　ペットボトルはキャップを取ってラベルをはがして捨ててください。

4　目が疲れるので、家に帰るとすぐコンタクトレンズをはがす。

3 配布

1　インターネットでは、最新ニュースがすぐに配布される。

2　携帯電話の電波は、どこにいても配布される。

3　ご購入いただいた商品は、ご自宅まで配布いたします。

4　会議の出席者に参考用の資料を配布する。

4 くまなく

1　部屋の中をくまなく探したが財布は出てこなかった。

2　来月から公共料金がくまなく値上げされるそうだ。

3　金庫の中の現金を泥棒にくまなく盗まれてしまった。

4　小学校時代の友達の名前をくまなく思い出せない。

5 ほどける

1 ねじがほどけて、イスがぐらぐらしている。

2 靴のひもがほどけないようにしっかりと結んだ。

3 シャツのボタンがほどけているから、とめた方がいいよ。

4 グラスに浮かぶ氷がみるみるうちにほどけた。

6 有数

1 この商品は有数ですので、売り切れの場合もあります。

2 このお寺は、京都の中でも有数の観光地である。

3 会議で反対意見を述べた人は有数のみだった。

4 いくつもの案を比較、検討し、その中から有数の案を選んだ。

65 실전 시험 용법 [5]

1회 (/6) 2회 (/6) 3회 (/6)

問題4 次の言葉の使い方として最もよいものを、1・2・3・4から一つ選びなさい。

1 円滑
1 手術の後、田中さんの体力は円滑に回復している。
2 仕事が円滑に進んでいるのは、皆さんの協力のおかげです。
3 瓶のふたが固くて開かなかったが、温めたら円滑に開いた。
4 山田さんは数か国語を円滑に操ることができるそうだ。

2 秘める
1 彼はクールな印象だが、実は熱い心を内面に秘めている。
2 来月転職することは会社のみんなにはまだ秘めている。
3 彼が授業中に変な顔をしたので、笑いを秘めるのが大変だった。
4 チームで仕事をする上では、多少の不満は秘める必要もある。

3 加味
1 評価方法は、レポートの採点結果に出席状況を加味して成績を付ける。
2 外国の文化が加味されて、わが国の生活スタイルも徐々に変化してきた。
3 発表は以上ですが、最後に少しだけ加味させていただきます。
4 私は保存料や着色料を加味した食品はなるべく買わないようにしている。

4 ひとまず
1 この機械はひとまず動かすとすぐには止められない。
2 政府が発表した経済対策は、ひとまずしか効果がなかった。
3 ご飯を食べてひとまずたってから、薬を飲んでください。
4 問題はこれでひとまず落ち着いたが、しばらく様子を見る必要がある。

5 退く

1 不規則な生活を退いてから、体調がよくなってきたと感じている。

2 高橋さんは会社を退いてからは世界のあちこちを旅している。

3 仕事が忙しい時期を退いたら、休暇を取って家族と旅行しようと思っている。

4 A市の財政は一時の危機的状況を退いたが、いまだに厳しい運営状況が続いている。

6 還元

1 林選手は、連日の試合で消耗した体力を還元するため、しばらく休養するそうだ。

2 参加の申し込みを取り消した場合、事前に支払った参加費は還元される。

3 一時減少した車の生産台数は、今年になって徐々に還元してきた。

4 円高による輸入の利益を消費者に還元するために、商品の値下げを行った。

66 실전 시험 용법 [6]

1회 (/6) 2회 (/6) 3회 (/6)

問題4 次の言葉の使い方として最もよいものを、1・2・3・4から一つ選びなさい。

1 かなう

1 苦労がかない、彼は俳優として成功をおさめた。

2 天気予報がかない、今日は一日中快晴だった。

3 準備を重ねてきたイベントが無事かなった。

4 長年の念願がかなってマイホームを手にいれることができた。

2 煩雑

1 利用者の利便性を高めるため、煩雑な手続きを簡素化する必要がある。

2 部長と課長は別室で煩雑な話をしているらしく、なかなか戻ってこない。

3 この辺りの道は迷路のように煩雑で分かりにくく、何度来ても間違えてしまう。

4 都会で一人暮らしを始めたときは、期待と不安で煩雑な気持ちだった。

3 仕業

1 先生は、誰の仕業なのか名乗り出るように言うが、誰も手を挙げない。

2 この公園にはいつもきれいな花が植えてあるけど、誰の仕業なんだろう。

3 まだ仕事に慣れていないんだから、彼の仕業を責めてもしかたがない。

4 おぼれている子どもを見つけたときの林さんの仕業は、本当に立派だった。

4 もはや

1 このチャンスを逃したら、もはや昇進の機会は二度と訪れないかもしれない。

2 多くの研究者がこの仮説を証明するため、もはや検証を続けている。

3 鈴木氏はもはや高校教師だったが、現在は作家として活躍している。

4 生産体制が改善されれば、商品の不足状態はもはや解消される見込みだ。

5 当てはめる

1 給料の金額は、社員一人一人の能力に当てはめて決めてほしいと思っている。

2 最近天候が不安定で、その日の気温に当てはめて服を選ぶのが大変だ。

3 専門家の助言を自分の実践に当てはめて考えてみることも問題解決に役立つ。

4 この店は客の要望にぴったり当てはめて料理を作ってくれるので、評判がいい。

6 復旧

1 長く待たされたが、雨で中断された野球の試合がもうすぐ復旧するらしい。

2 あの二人はけんかしても必ず復旧するので、本当は仲がいいのだろう。

3 今年の冬はひどい風邪をひいてしまい、仕事になかなか復旧できなかった。

4 記録的な大雨による土砂災害は、必死の作業でようやく復旧した。

67 실전 시험 용법 [7]

1회 (/6) 2회 (/6) 3회 (/6)

問題4 次の言葉の使い方として最もよいものを、１・２・３・４から一つ選びなさい。

1 怠る

1 昨日、会社を怠って映画を見に行ってしまった。
2 忙しいときは料理を怠って、買ってきた弁当で済ますこともある。
3 彼はどんな苦労も怠らずに、いつも積極的に仕事に取り組んでいる。
4 本製品のご使用は、注意を怠ると重大な事故が起こる可能性があります。

2 目先

1 田中さんはつい目先に帰ってしまいましたよ。
2 あのモデルのファッションは流行の目先を行っている。
3 目先の利益にこだわらず、長いスパンで物事を捉えるべきだ。
4 決勝戦を目先に控え、選手はだいぶ緊張しているようだ。

3 無造作

1 専門店でしか買えなかった商品が、最近はどこでも無造作に買える。
2 あの人は料理の味に無造作で、食べられれば何でもいいらしい。
3 机の上には膨大な量の書類が無造作に積み重ねられていた。
4 高級レストランにしては雰囲気が無造作で、初めての人でも入りやすい。

4 しがみつく

1 子猫が飼い主の手にしがみついて離れようとしない。
2 汗のせいで、シャツが肌にしがみついて気持ち悪い。
3 ふたが瓶にしがみついていて、いくら力を入れても開かない。
4 今日の電車は、隣の人に体がしがみつくほど込んでいた。

5 打開

1 これまでの古い習慣を打開して新しいやり方を取り入れてみよう。

2 高木刑事は綿密な捜査を怠らず、数々の事件を打開してきた。

3 彼は超難関と言われる試験を打開し、希望の職に就くことができた。

4 日本経済の危機を打開するためには、経済の仕組みを内需中心に転換させるべきだ。

6 総じて

1 わかりやすい説明だったので、総じて理解できました。

2 私は子どものころから総じて眼鏡をかけています。

3 今年は、みかんをはじめ果物の生産量が総じて増加している。

4 昨日のセミナーの参加者は、総じて30名だった。

68 실전 시험 용법 [8]

1회 (　　/6)　2회 (　　/6)　3회 (　　/6)

問題4　次の言葉の使い方として最もよいものを、1・2・3・4から一つ選びなさい。

1　潔い

1　社長は、経営を誤った責任を取って潔く辞任するべきだ。
2　裁判で、被告は「自分は無実だ、潔い」と主張した。
3　資料は配らずに、潔く説明だけですませた。
4　家に帰ったら、潔くなるまでしっかり手を洗いましょう。

2　耐えがたい

1　日本の大学は学費が高く、学生にとって耐えがたい負担になっている。
2　このお菓子は湿気に耐えがたいので、開封したら早めに食べたほうがいい。
3　そんなぜいたくな暮らしをしていたら、すぐに貯金が耐えがたくなるだろう。
4　この自転車は何度も修理して使っていたが、もう耐えがたいようだ。

3　質素

1　この文章は質素で、とてもわかりやすい。
2　もう少し値段の質素なツアーはありませんか。
3　経験は質素でも、やる気のある人を採用したい。
4　彼女は金持ちなのに質素な暮らしをしている。

4　見落とす

1　人が困っているのを見落とすわけにはいかない。
2　飛行機に乗っている間、窓からずっと海を見落としていた。
3　部長は、気付いていたようだが、今回の失敗を見落としてくれた。
4　数字の間違いを見落とし、会議で指摘されて恥ずかしかった。

5 工面

1 制度の改正を求めて、街頭で署名を工面する活動を続けた。

2 サービス向上のために、利用者からアイディアを工面した。

3 選挙が近くなり、各政党は候補者を工面するのに必死だ。

4 大学生になった長女の学費をどうやって工面しようか悩んでいます。

6 過密

1 この辺は木造住宅が過密し、防災上の課題を抱えている。

2 修学旅行の当日は8時までに全員運動場に過密すること。

3 海外旅行のときは、体を壊さないように過密な日程は避けるべきだ。

4 天候と売り上げには過密な関係があるという。

69 실전 시험 용법 [9]

1회 (　　/6)　2회 (　　/6)　3회 (　　/6)

問題4　次の言葉の使い方として最もよいものを、1・2・3・4から一つ選びなさい。

1 素早い

1　消防側の<u>素早い</u>対応によって、被害は最小限に食い止めらた。

2　窓を開けていたら強い風が吹いて、机の上の紙が<u>素早く</u>飛んでしまった。

3　鈴木教授は話し方が<u>素早い</u>ので、講義の内容が聞き取れないことがある。

4　森氏の小説は人気があって、新しい作品が発売されると<u>素早く</u>売り切れてしまう。

2 見失う

1　相手チームのわずかなすきを<u>見失わず</u>、点を取った。

2　何度もチェックしたはずなのに、間違いを<u>見失って</u>いた。

3　先生は、最後まで私たちを<u>見失わずに</u>指導してくれた。

4　友達の後ろについていったが、商店街まで行ったところで姿を<u>見失って</u>しまった。

3 統合

1　製造部門と販売部門を<u>統合</u>し、経営の合理化を図ることにした。

2　これまでの調査にかかった費用を<u>統合</u>して、金額を報告書に記載した。

3　部屋全体をブルー系の色に<u>統合</u>して、落ち着いた印象に変えてみた。

4　A班とB班は違う登山口から山に入り、4時間後に<u>統合</u>する予定だ。

4 かばう

1　仕事のストレスから身を<u>かばう</u>には、適度な休養も必要だ。

2　このマンションは、警備員が入り口で住人を<u>かばって</u>いるので安心だ。

3　政府は子どもたちの人権を<u>かばう</u>法律を成立させた。

4　疑われている友人を<u>かばって</u>うその証言をした。

5 人一倍

1 彼にはリーダーにふさわしい人一倍の責任感があった。

2 あの方は大切なお客様なので、人一倍上等なワインでもてなしたい。

3 弟は子どものころから体が大きくて、身長はいつもクラスで人一倍だった。

4 タレントの中村さんの司会が好評で、この番組の視聴率は人一倍だ。

6 閑静な

1 駅から少し離れたところに閑静な住宅街が広がっている。

2 彼はいつも閑静で落ち着いて物事を考える人だ。

3 地震の際には，閑静に行動することが大切である。

4 彼女は性格がよく、いつも閑静な声であいさつをしてくれる。

70 실전 시험 용법 [10]

1회 (/6) 2회 (/6) 3회 (/6)

問題4 次の言葉の使い方として最もよいものを、1・2・3・4から一つ選びなさい。

1 規制

1 光熱費を最小限に規制して、家計の負担を減らしている。

2 今年は就職活動で忙しくなるので、アルバイトは規制するつもりだ。

3 祭りの当日は、会場周辺で車両通行止めを含む交通規制が行われます。

4 この授業は少人数で行われるため、受講できる学生数が規制されている。

2 にぎわう

1 朝の電車は会社に行くサラリーマンでにぎわっている。

2 週末の都心部は、歩行者専用区域が設定され、人の往来でにぎわっている。

3 都会の真ん中にあるこの公園は、いつも緑でにぎわっている。

4 この図書館には、いろいろな分野の本がにぎわっている。

3 気配

1 私は目や口のあたりに祖母の気配があるとよく言われる。

2 彼女が部屋に入ってくると、その場の気配がぱっと明るくなった。

3 ふと人の気配を感じて後ろを振り向いたが、そこには誰もいなかった。

4 駅前にビルや店ができて10年前とは気配がすっかり変わった。

4 食い違う

1 ふだんの成績からすると、彼女の合格は食い違いないだろう。

2 日本語には発音が同じで意味が食い違う言葉が多い。

3 この事件は警察の発表と目撃者の証言が食い違っており、不明な点が多い。

4 実際にやってみてはじめて、自分の考えが食い違っていたことに気がついた。

5 合致

1 この靴は私の足の形に<u>合致</u>していて、疲れにくい。

2 私は年齢に<u>合致</u>した服装をするように心がけている。

3 双方の意見が<u>合致</u>せずに、平行線のままで議論が終わった。

4 自分に<u>合致</u>する仕事なんて、そう簡単には見つからない。

6 目覚ましい

1 近年、携帯電話は<u>目覚ましい</u>進歩を遂げている。

2 上の階で<u>目覚ましい</u>ほどの大きな物音がした。

3 この赤はとても<u>目覚ましい</u>色で人目をひくね。

4 夕べ早く寝たので、今朝はとても<u>目覚ましい</u>。

71 실전 시험 문법 형식 판단 [1]

1회 (　　/10)　2회 (　　/10)　3회 (　　/10)

問題 5　次の文の（　　　　）に入れるのに最もよいものを、1・2・3・4から一つ選びなさい。

1　今度の週末にはドライブ（　　　　）、新しい美術館まで行ってみよう。

1　がてら　　2　につれて
3　ごとき　　4　ながら

2　このごろ勉強の（　　　　）ボランティア活動をする大学生が増えている。

1　がてら　　2　かたわら
3　ついで　　4　かたがた

3　一度ご使用になった商品は、理由のいかん（　　　　）、返品には一切応じられません。

1　によっては　　2　にかかわらず
3　をよそに　　4　をものともせず

4　また同じ失敗をしてしまうなんて、自分でも情けない（　　　　）。

1　かぎりだ　　2　きわまる
3　というところだ　　4　にたえない

5　この映画は人気がないので、今週を（　　　　）打ち切りになることが決まった。

1　かぎりに　　2　きっかけに
3　かわきりに　　4　しまって

6 授業の終わりを知らせるベルが鳴る(　　　　)、彼は教室を飛び出していった。

1　あげく　　2　ついでに
3　が最後　　4　が早いか

7 彼にお金を貸した(　　　　)絶対に戻ってこないから、貸さない方がいいよ。

1　あげく　　2　ついでに
3　が最後　　4　かたがた

8 彼女はいつも物事を大げさに言う(　　　　)。なのであまり信用しないほうがいいかもしれない。

1　きらいではない　　2　きらいらしい
3　きらいがある　　4　きらいという

9 A:「それじゃ、雨も止んだ(　　　　)、どこかレストランにでも入って食事しようか。」
B:「いいね。どこにする?」

1　ことに　　2　ことで
3　ことだし　　4　こととて

10 人の足を踏んでおいて謝りもしないとは失礼(　　　　)。

1　でならない　　2　ではいられない
3　に越したことはない　　4　極まりない

72 실전 시험 문법 형식 판단 [2]

1회 (　　/10)　2회 (　　/10)　3회 (　　/10)

問題5　次の文の（　　　）に入れるのに最もよいものを、1・2・3・4から一つ選びなさい。

1　豪華客船でのんびり世界一周なんて、まさに贅沢の（　　　）だ。

1　あげく　　2　きわみ
3　かぎり　　4　しまつ

2　自分は英語が読めるから（　　　）、英語が読めない人のことを思えば、丁寧に翻訳する必要がありそうだ。

1　いいことに　　2　よさそうなことで
3　いいようなものの　　4　いいものを

3　彼は夏休みも帰国する（　　　）、大学に留まって研究を続けた。

1　どころではなく　　2　というより
3　ことなしに　　4　にかかわらず

4　彼はギャンブル好きで、もらった給料を全部使ってしまい、借金までする（　　　）。

1　までだ　　2　ものだ
3　ことだ　　4　しまつだ

5　新しい企画が中止されようとしている。携わった者たちは反対せずには（　　　）。

1　ならないだろう　　2　されないだろう
3　しないだろう　　4　おかないだろう

6 年のせいか、勉強しても覚える(　　　　)忘れてしまう。

1 からには　　2 そばから
3 とたんに　　4 とあれば

7 彼は、病気が悪化して、自分一人で食事(　　　　)。

1 せずにはおかない　　2 せしめるほどだ
3 すらできない　　4 だにとっている

8 一度や二度失敗したところで(　　　　)。

1 あきらめてほしい　　2 まだがんばりが足りない
3 くじけることはない　　4 もうチャンスはないだろう

9 A:「これ、ちょっと高いと思わない?」
B:「確かに質はいいと思うけど、(　　　　)、もう少し値段を考えないとね。」

1 ブランド品だろうに　　2 ブランド品だったんだから
3 ブランド品じゃあるまいし　　4 ブランド品とはいっても

10 うちのチームは、優勝候補を相手に気後れせず、(　　　　)という前向きな気迫にあふれていた。

1 勝ってみせる　　2 勝つものか
3 勝つ始末だ　　4 勝ちつつある

73 실전 시험 문법 형식 판단 [3]

1회 (　　/10)　2회 (　　/10)　3회 (　　/10)

問題 5　次の文の（　　　　）に入れるのに最もよいものを、1・2・3・4から一つ選びなさい。

1　環境問題は、ただ一国（　　　　）、各国が協力して取り組むべき課題である。

1　にかぎり　　2　にもかかわらず
3　とはいえ　　4　のみならず

2　国民の生活を守り、豊かにすること。それが政治家（　　　　）者の使命ではないだろうか。

1　ある　　2　する
3　たる　　4　よる

3　街灯が昼間もずっと（　　　　）になっていたので、区役所に電話で知らせた。

1　つけ放題　　2　つけっぱなし
3　つけがち　　4　つけたきり

4　カーレースは、優勝候補二人の（　　　　）抜かれつの激しい争いとなった。

1　抜いて　　2　抜きつつ
3　抜きつ　　4　抜かれつ

5　彼には音楽の才能があって楽器なら（　　　　）上手に弾くことができる。

1　何であれ　　2　何なり
3　何とか　　4　何ゆえ

6 募金で集めたお金は１円(　　　　)無駄にしてはいけない。

1 たりとも　　2 をとわず
3 ときたら　　4 もかまわず

7 正社員(　　　　)パートタイマー（　　　　)、雇用契約書をしっかりと交わすことを勧めたい。

1 であれ ／ であれ　　2 につけ／ につけ
3 なり ／ なり　　4 やら ／ やら

8 戦争で多くの人が死んでいる。 これが悲劇(　　　　)。

1 でなくてなんだろう　　2 でやまない
3 だといったところだ　　4 といったらない

9 彼は、今度の試験で必ず合格してみせると断言して(　　　　)。

1 さしつかえない　　2 はばからない
3 かなわない　　4 きりがない

10 レストランの予約は７時だったが、少し早めに着いたので(　　　　)、すぐに案内してもらった。

1 待たされることと思い　　2 待たされるかと思いきや
3 待たされたかと思えば　　4 待たされたことと思うが

74 실전 시험 문법 형식 판단 [4]

1회 (　　/10) 2회 (　　/10) 3회 (　　/10)

問題5 次の文の（　　　）に入れるのに最もよいものを、1・2・3・4から一つ選びなさい。

1 大人（　　　）子供（　　　）コンピューターゲームにはまっている。

1 というか／というか　　2 といわず／といわず

3 といえ／といえ　　4 といって／といって

2 先週からうちの前で道路工事が始まって、うるさくて（　　　）。

1 かなわない　　2 かまわない

3 かなうだろう　　4 かまうだろう

3 連休に（　　　）寝、（　　　）寝していたので、すっかり太ってしまった。

1 食べては／食べては　　2 食べても／食べても

3 食べるのが／食べるのが　　4 食べるなら／食べるなら

4 河川敷で打ち上がる大迫力の花火を間近で鑑賞できる（　　　）、毎年花火大会の日になると、会場は家族連れやカップルなど多くの観客でにぎわう。

1 とあっても　　2 とされても

3 として　　4 とあって

5 川村君は、能力（　　　）人柄（　　　）、この仕事にふさわしい人だと思う。

1 につき／につき　　2 とか／とか

3 なり／なり　　4 といい／といい

6 いくら仕事(　　　　)、こう毎日帰りが遅いのでは、体をこわしてしまう。

1 とはいえ　　2 ゆえに
3 ながらも　　4 どころか

7 アニメと(　　　　)立派な文化の産物である。

1 いわず　　2 いうなり
3 いえても　　4 いえども

8 お休み(　　　　)、おじゃまして申し訳ありません。

1 のところを　　2 ものを
3 にたえて　　4 にあたって

9 A：ここから上海までどのくらいかかりますか。
B：3時間半といった(　　　　)でしょうから、5時発だと到着は8時半ですね。

1 こと　　2 ばかり
3 とき　　4 ところ

10 せっかく作った料理なのに、子どもたちはまずい(　　　　)顔をゆがめた。

1 ながらも　　2 とばかりに
3 はずがなく　　4 というもので

75 실전 시험 문법 형식 판단 [5]

1회 (　　/10) 2회 (　　/10) 3회 (　　/10)

問題 5　次の文の（　　　）に入れるのに最もよいものを、１・２・３・４から一つ選びなさい。

1　最近の若い親（　　　）子どもが電車の中で騒いでいても、注意さえしない。

1　ときたら　　2　とあれば
3　といえども　　4　というより

2　スミスさんは日本語が流暢（りゅうちょう）だが、そのスミスさん（　　　）敬語の使い方を間違ったりする。

1　にあたって　　2　にひきかえ
3　にしたところで　　4　にもまして

3　彼の協力（　　　）今の成功はあり得なかった。

1　ながら　　2　なくも
3　なくとも　　4　なくして

4　この学生食堂は、５０種類ぐらいのメニューがあり、学生がそれぞれ好みの物をとって、レジで計算することになっている。お昼の時間（　　　）、大勢の学生がどっと入ってくる。

1　につき　　2　ともなると
3　を機に　　4　をもって

5　彼は生まれ（　　　）人を喜ばせる才能を持っている。

1　がてら　　2　ながらに
3　てから　　4　たから

6 当旅館では、素朴ながら、和風旅館(　　　　)郷土料理や露天風呂が楽しめます。

1　ごときの　　2　がらみの
3　ならではの　　4　ほどまでの

7 彼女は文句を言い(　　　　)結構楽しそうに仕事をやっている。

1　ながらに　　2　かたがた
3　ながらも　　4　ついでに

8 この製品は少量しか輸入されておらず、修理は不可能とは言わない(　　　　)、かなり難しいだろう。

1　までも　　2　までもが
3　ほどを　　4　ほどでは

9 忙しいが、あなたの頼みなら、協力(　　　　)。

1　できないものでもない　　2　できるまでもない
3　できるものでもない　　4　できないまでもない

10 人にはそれぞれその人(　　　　)生き方がある。

1　ための　　2　なりの
3　からの　　4　つもりの

76 실전 시험 문법 형식 판단 [6]

1회 (　　/10)　2회 (　　/10)　3회 (　　/10)

問題 5　次の文の（　　　　）に入れるのに最もよいものを、1・2・3・4から一つ選びなさい。

1　この製品の発売に（　　　　）までは並々ならぬ苦労があった。

1　いたる　　2　かぎる
3　きわまる　　4　たる

2　情報があふれる時代（　　　　）、必要とするものを選択するのは難しい。

1　にとって　　2　につれて
3　にかけて　　4　にあって

3　彼は合格者のリストに自分の名前を発見（　　　　）なり、とび上がって喜んだ。

1　したら　　2　して
3　しよう　　4　する

4　食生活が健康に与える影響はとても大きなものがある。山田教授に（　　　　）、食品の中でも、特に発酵食品を摂取することによって免疫力が上がり、健康になれるという。

1　言われれば　　2　言わせると
3　言われたら　　4　言わせて

5　起業の前にアドバイスを（　　　　）、多額の借金を抱え、どうにもならない状況になってから相談に来るのでどうしようもない。

1　求めてもらったとあって　　2　求めているところに
3　求めてくれればいいものを　　4　求めないかぎりは

6 欠席するなら電話(　　　)伝言(　　　)で知らせるべきだった。

1　こと ／ こと　　2　と ／ と
3　し ／ し　　4　なり ／ なり

7 このようなすばらしい商品は、高い技術力のあるあの会社(　　　)はじめてできることだろう。

1　にして　　2　といって
3　として　　4　にとって

8 街づくりは、実状(　　　)計画を練らなければならない。

1　に至って　　2　に即して
3　に伴って　　4　と共に

9 青空に向かってそびえている山々を見ると一瞬で悩み事なんかすべて忘れてしまう。その景色の素晴らしさ (　　　)。

1　にすぎない　　2　ほどのことではない
3　ともかぎらない　　4　といったらない

10 高い評価を得ている彼だが、最近の演奏は以前(　　　)すばらしい。

1　にかぎって　　2　にかけては
3　にもまして　　4　にもかかわらず

77 실전 시험 문법 형식 판단 [7]

1회 (　　/10)　2회 (　　/10)　3회 (　　/10)

問題5　次の文の（　　　　）に入れるのに最もよいものを、1・2・3・4から一つ選びなさい。

1　彼の乱暴なものの言い方は、まったく（　　　　）。

1　聞いてやまない　　2　聞くほかない

3　聞くにたえない　　4　聞きかねない

2　(就職情報サイトの「よくある質問」で)

Q：応募にあたって、資格を保有していた方が有利ですか。

A：資格を持っている（　　）、持っていないからといってマイナスになることはありません。

1　にすぎませんが　　2　ことは否めませんが

3　に越したことはありませんが　　4　といっても過言ではありませんが

3　この製品は有名メーカーの製品にははるかに（　　　　）。

1　およばない　　2　あたらない

3　たまらない　　4　はばからない

4　彼は、「これより先、関係者以外入る（　　　　）」という看板を無視して中に入った。

1　べからず　　2　べき

3　べし　　4　べからざる

5　親は子供の将来を（　　　　）、厳しいことも言うのだ。

1　思いがてら　　2　思えばこそ

3　思ったまで　　4　思うがまま

6 この試験に合格するには、理論はいうに(　　　　)相当の技能が必要となる。

1 あたらず　　2 およばず
3 かまわず　　4 かぎらず

7 とても疲れているので食事(　　　　)横になりたい。

1 をなおざりに　　2 をよそに
3 はまだしも　　4 はさておき

8 高齢化の問題はひとりの高齢者(　　　　)、社会全体の問題として考えていく必要がある。

1 だけで　　2 ばかりで
3 のみで　　4 のみならず

9 けんかして、つい口に(　　　　)ことを言ってしまった。

1 すべき　　2 すべからず
3 すべからざる　　4 すべく

10 世界的な市場不安と株価下落(　　　　)、大手銀行を中心に資本の増強を計画する動きが広がっている。

1 に沿って　　2 にわたって
3 を通じて　　4 を受けて

78 실전 시험 문법 형식 판단 [8]

1회 (　　/10)　2회 (　　/10)　3회 (　　/10)

問題5　次の文の（　　　　）に入れるのに最もよいものを、1・2・3・4から一つ選びなさい。

1　飛行機がだめなら、新幹線で行く（　　　　）のことだ。

1　まで　　　2　べき

3　はず　　　4　のみ

2　あの画家の作品は、初期の作品も（　　　　）、晩年に入ってからのものも実に独創性にあふれている。

1　ありながら　　　2　あるとともに

3　さることながら　　　4　さることでなく

3　梅雨も明けて、日ざしも強まり、夏（　　　　）きた。

1　まみれに　　　2　らしく

3　ぶって　　　4　めいて

4　2月の論文の締め切りに（　　　　）、急ピッチで作業を進めている。研究室のみんなの協力もあってどんどん論文の形が見えてきている。

1　間に合わせるべく　　　2　間に合わせるべし

3　間に合わせるべき　　　4　間に合わせるべからず

5　帰ろうとしていた（　　　　）上司に仕事を頼まれた。

1　のを潮に　　　2　のをさかいに

3　はずみに　　　4　やさきに

6 舞台の幕が下りる(　　　)観客は席を立ち、出口へと急いだ。

1　やいなや　　2　ときたら
3　にいたって　　4　とばかりに

7 患者のプライバシーを他の人に漏らすとは、医者に(　　　)行為だ。

1　あるべからず　　2　あるはずの
3　あるまい　　4　あるまじき

8 近頃は、電車の中で騒ぐ子どもを(　　　)ものなら、逆にこちらがその親ににらまれたりすることもある。

1　叱る　　2　叱ろう
3　叱った　　4　叱らん

9 鈴木さんのところは、建てたばかりの家が地震で壊れてしまったそうだ。まったく同情を(　　　)。

1　禁じられない　　2　禁じさせない
3　禁じえない　　4　禁じない

10 かつては別荘地として人気を集め、数多くの別荘が建てられている。それが今ではほとんど需要がなく(　　　)売れない状況が続いているという。

1　売ろうにも　　2　売るまいか
3　売れば　　4　売っても

79 실전 시험 문법 형식 판단 [9]

1회 (　　/10)　2회 (　　/10)　3회 (　　/10)

問題5　次の文の（　　　）に入れるのに最もよいものを、1・2・3・4から一つ選びなさい。

1　先生に本当のことを（　　　）一晩中考え続けた。

1　言おうか言うまいか　　2　言うだの言わないだの
3　言うなり言わないなり　　4　言うとも言えるとも

2　製薬産業は生命にかかわる産業である（　　　）常に高い倫理性が求められている。

1　ながら　　2　どころか
3　なくして　　4　がゆえに

3　成功する保証が全くない状況で、周りにどんなに（　　　）、彼は自分の信念を貫いて挑戦をし続けた。

1　批判されたといえば　　2　批判されたにもかかわらず
3　批判されることもあって　　4　批判されようと

4　雨が（　　　）、明日は出かけなくてはいけない。

1　降ろうと降らないが　　2　降ろうが降るまいが
3　降ろうが降るまいと　　4　降ろうと降らないと

5　アメリカ大統領の訪日（　　　）厳重な警備体制がしかれた。

1　にかえて　　2　にもまして
3　をひいて　　4　をひかえ

6 (会議で)

議長:「本日の議案の全てを終了しましたので、これ(　　　　)本日の委員会を閉会とします。」

1 にむけて　　2 につれて

3 をもって　　4 をめぐって

7 経営悪化のため社長は退陣を(　　　　)。

1 余儀なくした　　2 余儀なくされた

3 余儀なくさせた　　4 余儀なくなった

8 国民の高まる批判を(　　　　)、大規模公共事業は一向に止まる気配を見せない。

1 よそに　　2 含めて

3 もとに　　4 除いて

9 市長は市民たちの反対(　　　　)でも、この方針を貫くつもりらしい。

1 をおいて　　2 をおして

3 にとどまらず　　4 にてらして

10 こちらの報告書の内容(　　　　)今後の経営方針を決めたいと存じます。

1 にあって　　2 をこめて

3 をふまえて　　4 にそなえて

80 실전 시험 문법 형식 판단 [10]

1회 (　　/10)　2회 (　　/10)　3회 (　　/10)

問題5　次の文の（　　　　）に入れるのに最もよいものを、1・2・3・4から一つ選びなさい。

1　在庫がなくなり次第、販売を（　　　　）いただくことになります。

1　終了させて　　2　終了されて

3　終了させられて　　4　終了せられて

2　（大学で）
田村：「橋本先生は今何を研究して（　　　　）。」
橋本：「都市の再開発について研究しております。」

1　ございますか　　2　おこしになりますか

3　さしあげますか　　4　おいでになりますか

3　(会社のホームページで）
このページでは、同社の製品をご利用頂いたお客様より（　　　　）ご意見、ご感想を掲載しております。

1　なさった　　2　差し上げた

3　頂戴した　　4　おいでくださった

4　弊社の担当の者が明日、御社に（　　　　）と申しておりますが、ご都合はいかがでしょうか。

1　いらっしゃいたい　　2　いかれたい

3　まいられたい　　4　うかがいたい

5　ホームページを通じて、広く一般の皆様に当社の活動を知っていただくとともにご活用いただければ幸いに（　　　　）。

1　存じます　　2　あずかります

3　頂戴します　　4　うけたまわります

6 商品のご購入の際は、ページ下部に記載されている商品情報をよく（　　　　）ご注文お願いいたします。

1 ご覧の結果　　2 ご覧になった結果
3 ご覧になった上で　　4 ご覧くださった上に

7 このサービスをご利用（　　　　）にあたって、下記のご利用条件をお読みください。

1 なさる　　2 いたす
3 もうしあげる　　4 にする

8 商品の代金は、宅配便にてお届けに（　　　　）際に、商品金額を配達員にお支払い下さい。

1 さしあげた　　2 なられた
3 あがった　　4 みえた

9 お客様の都合による商品の交換・返品の受付は（　　　　）のでご了承ください。

1 いたしかねます　　2 いたしかねません
3 さしあげかねます　　4 さしあげかねません

10 この度お送りいたしました商品の一部に破損があり、お客様に大変ご迷惑をおかけしましたことを深く（　　　　）。大変申し訳ございませんでした。

1 詫びていただきます　　2 詫びていらっしゃいます
3 お詫びいただきます　　4 お詫び申し上げます

81 실전 시험 문장 완성 [1]

1회 (　　/5) 2회 (　　/5) 3회 (　　/5)

問題6　次の文の＿★＿に入る最もよいものを、1・2・3・4から一つ選びなさい。

1　今度の＿＿＿ ＿＿＿ ＿★＿ ＿＿＿ので、ご注意ください。

1　いかんによっては　　2　進級ができなくなる
3　場合もある　　4　試験の成績の

2　この商売を＿＿＿ ＿＿＿ ＿★＿ ＿＿＿感謝しております。

1　あって　　2　続けられるのも
3　のものと　　4　お客様

3　お忙しいところすみません。＿＿＿ ＿＿＿ ＿★＿ ＿＿＿しました。

1　かたがた　　2　先日の
3　お礼　　4　お伺い

4　自然は＿＿＿ ＿＿＿ ＿★＿ ＿＿＿元の状態にはもどらないものだ。

1　一度　　2　もう二度と
3　が最後　　4　破壊された

5　様々なお客様からの要求に応えるため、地道に＿＿＿ ＿＿＿ ＿★＿ ＿＿＿成長を遂げたのだ。

1　ゆえに　　2　技術を蓄積してきた
3　業界最大手に　　4　まで

82 실전 시험 문장 완성 [2]

1회 (　　/5)　2회 (　　/5)　3회 (　　/5)

問題6　次の文の＿★＿に入る最もよいものを、1・2・3・4から一つ選びなさい。

1　その件につきましては＿＿＿ ＿＿＿ ＿★＿ ＿＿＿できません。

1　こととて　　　2　すぐには
3　検討中の　　　4　お返事

2　部屋が狭くて、買い集めた＿＿＿ ＿＿＿ ＿★＿ ＿＿＿。

1　困っている　　　2　からある
3　本の置き場がなく　　　4　４２００冊

3　せっかく大学に入学できたのに、＿＿＿ ＿＿＿ ＿★＿ ＿＿＿しまつだ。

1　授業に　　　2　ばかりで
3　ついていけなくなる　　　4　遊んで

4　せっかくの旅行だったが、スケジュールに追われて、結局＿＿＿ ＿＿＿ ＿★＿ ＿＿＿だった。

1　郷土料理を　　　2　食べず
3　その地方の　　　4　じまい

5　近所のコンビニへ＿＿＿ ＿＿＿ ＿★＿ ＿＿＿服を着なさい。

1　会社の面接に　　　2　行くわけじゃあるまいし
3　もう少しまともな　　　4　行くんだから

83 실전 시험 문장 완성 [3]

1회 (　　/5)　2회 (　　/5)　3회 (　　/5)

問題6　次の文の＿★＿に入る最もよいものを、1・2・3・4から一つ選びなさい。

1　家から近くて、仕事が楽で、給料が高いような、＿＿＿ ＿＿＿ ＿★＿ ＿＿＿ないよ。

1　仕事なんて　　2　ずくめの
3　そんな　　4　いいこと

2　大臣の問題発言が飛び出し、紙面をにぎわしている。もはや＿＿＿ ＿＿＿ ＿★＿ ＿＿＿となった。

1　にはすまない　　2　状況
3　追及されず　　4　責任を

3　両親は、息子に家業を継いでほしいと思っているようだ。だが、職業の選択というのは、＿＿＿ ＿＿＿ ＿★＿ ＿＿＿だろうか。

1　さることながら　　2　第一ではない
3　親の希望も　　4　やはり本人の気持ちが

4　父は＿＿＿ ＿＿＿ ＿★＿ ＿＿＿一日中テレビばかり見ている。

1　出かけないで　　2　というもの
3　ほとんど　　4　定年退職してから

5　マラソンの優勝争いは＿＿＿ ＿＿＿ ＿★＿ ＿＿＿、選手たちは沿道からの声援を受けながら、ゴールを目指した。

1　となり　　2　抜きつ
3　緊迫した展開　　4　抜かれつの

84 실전 시험 문장 완성 [4]

1회 (/5) 2회 (/5) 3회 (/5)

問題6 次の文の＿＿★＿＿に入る最もよいものを、1・2・3・4から一つ選びなさい。

1 今はだれもが携帯を持っている。一昔前までは＿＿＿＿ ＿＿＿＿ ＿＿★＿＿ ＿＿＿＿しなかっただろう。

1 なんて　　2 普及する
3 想像だに　　4 こんなに携帯電話が

2 借金を返す＿＿＿＿ ＿＿＿＿ ＿＿★＿＿ ＿＿＿＿仕事でもやらざるをえない。

1 どんな　　2 ため
3 と　　4 あれば

3 いつも親身になって＿＿＿＿ ＿＿＿＿ ＿＿★＿＿ ＿＿＿＿やまない。

1 尊敬して　　2 田中先生の
3 温かいお人柄を　　4 くださる

4 この製品は独特の＿＿＿＿ ＿＿＿＿ ＿＿★＿＿ ＿＿＿＿ぶりだ。

1 デザインとが　　2 あいまって
3 かなりの人気　　4 操作性と

5 大勢の＿＿＿＿ ＿＿＿＿ ＿＿★＿＿ ＿＿＿＿、彼はひどく緊張していた。

1 スピーチをするのは　　2 前で
3 経験とあって　　4 初めての

85 실전 시험 문장 완성 [5]

1회 (　　/5)　2회 (　　/5)　3회 (　　/5)

問題6　次の文の＿★＿に入る最もよいものを、1・2・3・4から一つ選びなさい。

1　＿＿ ＿＿ ＿★＿ ＿＿ようではさすがに怒るだろう。

1　生徒がしょっちゅう遅刻する　　2　優しい
3　いつもは　　4　青木先生にしたところで

2　それまでは反対していた父親が、結婚を許して＿＿ ＿＿ ＿★＿ ＿＿なかった。

1　うれしさ　　2　ときの
3　くれた　　4　といったら

3　台風が通り過ぎ、＿＿ ＿＿ ＿★＿ ＿＿残ってしまったような気がする。

1　だけが　　2　蒸し暑さ
3　秋が訪れる　　4　と思いきや

4　政府が新型インフルエンザ対策に取り組んでいるさなかに、担当長官が＿＿ ＿＿ ＿★＿ ＿＿ない。

1　無責任　　2　ゴルフ旅行とは
3　極まり　　4　公用車を使って

5　遺憾とは、一般には、思い通りに事が運ばなくて残念だという意味で、期待したようにならずに、心残りに思ったり、残念に思ったりすることを言う。つまり、遺憾という言葉を＿＿ ＿＿ ＿★＿ ＿＿間違いであろう。

1　のは　　2　のごとく
3　謝罪であるか　　4　受け止める

86 실전 시험 문장 완성 [6]

1회 (/5) 2회 (/5) 3회 (/5)

問題6 次の文の＿★＿に入る最もよいものを、1・2・3・4から一つ選びなさい。

1 電車の車窓から雪景色を＿＿＿ ＿＿＿ ＿★＿ ＿＿＿と、心が落ち着いてきた。

1 ともなく　　2 いる
3 眺めて　　4 眺める

2 週末とも＿＿＿ ＿＿＿ ＿★＿ ＿＿＿のは難しい。

1 なると　　2 食事をする
3 人気の高いレストランは　　4 予約なしに

3 10年前＿＿＿ ＿＿＿ ＿★＿ ＿＿＿なんて笑われてしまうよ。

1 メールが使えない　　2 いざしらず
3 今どき　　4 なら

4 優秀な青木君のことだから企画書を３日で＿＿＿ ＿＿＿ ＿★＿ ＿＿＿あたらない。

1 には　　2 驚く
3 仕上げた　　4 からといって

5 本大学の研修施設である「高森セミナーハウス」は、＿＿＿ ＿＿＿ ＿★＿ ＿＿＿なりました。これまで多くの教職員及び学生の皆様にご利用いただき、誠にありがとうございました。

1 運営を　　2 終了することと
3 もって　　4 今年９月３０日を

87 실전 시험 문장 완성 [7]

1회 (　　/5)　2회 (　　/5)　3회 (　　/5)

問題6　次の文の＿★＿に入る最もよいものを、1・2・3・4から一つ選びなさい。

1　あの人は親の＿＿＿＿ ＿＿＿＿ ＿★＿ ＿＿＿＿いる。

1　しょっちゅう仕事を　　2　病気に
3　休んで　　4　かこつけて

2　長年勤めていた＿＿＿＿ ＿＿＿＿ ＿★＿ ＿＿＿＿にかたくない。

1　会社が　　2　父のショックは
3　想像　　4　倒産した時の

3　この非常食は＿＿＿＿ ＿＿＿＿ ＿★＿ ＿＿＿＿した。

1　ことに　　2　ように
3　缶に入　　4　長期の保存にたえられる

4　新聞の配達は特別難しいわけではないが、毎日、どんな＿＿＿＿ ＿＿＿＿ ＿★＿ ＿＿＿＿休むわけにはいかない。

1　お客様の手元に　　2　使命があるので
3　お届けするという　　4　天気であろうとも

5　新型インフルエンザは＿＿＿＿ ＿＿＿＿ ＿★＿ ＿＿＿＿またたく間に世界中に広まった。

1　その国　　2　流行して
3　とどまらず　　4　だけに

88 실전 시험 문장 완성 [8]

1회 (　　/5) 2회 (　　/5) 3회 (　　/5)

問題6 次の文の＿★＿に入る最もよいものを、1・2・3・4から一つ選びなさい。

1 ＿＿ ＿＿ ＿★＿ ＿＿彼の行為は、称賛にたるものだ。

1 人の命を救った　　2 かえりみず
3 危険を　　4 自らの

2 会社の業績が＿＿ ＿＿ ＿★＿ ＿＿減額されてしまった。

1 おろか　　2 給料まで
3 ボーナスは　　4 悪化し

3 ＿＿ ＿＿ ＿★＿ ＿＿一同がんばっている。

1 上げる　　2 べく
3 社員　　4 営業成績を

4 人気歌手タカオの新しいアルバムは、レコーディングも終わり、後は＿＿ ＿＿ ＿★＿ ＿＿高まっている。

1 ファンの期待が　　2 ばかりに
3 来月の発売を待つ　　4 なっており

5 今回優勝できたのは、＿＿ ＿＿ ＿★＿ ＿＿皆さんのおかげです。

1 選手　　2 ひとり
3 だけでなく　　4 応援してくれた

89 실전 시험 문장 완성 [9]

1회 (　　/5) 2회 (　　/5) 3회 (　　/5)

問題6 次の文の__★__に入る最もよいものを、1・2・3・4から一つ選びなさい。

1 説明書に詳しく____ ____ __★__ ____と思う。

1 説明を聞く　　2 わざわざ
3 までもない　　4 書いてあるから

2 毎年記録的な猛暑が続いており、その対策____ ____ __★__ ____言えるでしょう。

1 エアコンが欠かせない　　2 といっても
3 として　　4 過言ではない

3 人手が足りなかったんですって？ちょっと____ ____ __★__ ____ものを。どうして電話してくれなかったの？

1 手伝って　　2 連絡して
3 あげた　　4 くれれば

4 彼のやった____ ____ __★__ ____、とうてい許すことはできない。

1 ことで　　2 ことは
3 あるまじき　　4 人として

5 日本では、高度経済成長期を____ ____ __★__ ____人が増加した。

1 製造業やサービス業に　　2 農林業から
3 転職する　　4 さかいに

90 실전 시험 문장 완성 [10]

1회 (　　/5)　2회 (　　/5)　3회 (　　/5)

問題6 次の文の＿★＿に入る最もよいものを、1・2・3・4から一つ選びなさい。

1 課長の＿＿＿ ＿＿＿ ＿★＿ ＿＿＿、結論は出なかった。

1 発言を　　2 交わされたが
3 皮切りに　　4 活発に議論が

2 この難しい＿＿＿ ＿＿＿ ＿★＿ ＿＿＿いない。

1 任務を果たせる　　2 彼をおいて
3 のは　　4 他には

3 新入社員はそれぞれの企業＿＿＿ ＿＿＿ ＿★＿ ＿＿＿なる。

1 ことに　　2 現場の業務に携わる
3 において　　4 研修をへて

4 救助隊は遭難した人を＿＿＿ ＿＿＿ ＿★＿ ＿＿＿出発した。

1 ため　　2 助ける
3 ものともせず　　4 風雨を

5 （あるカード会社のお知らせ）
午前９時頃から一時的に弊社ホームページが閲覧できない状態が発生しておりました。お客様には＿＿＿ ＿＿＿ ＿★＿ ＿＿＿お願い申し上げます。

1 深くお詫び申し上げますとともに　　2 今後とも変わらぬご愛顧を賜りますよう
3 再発防止対策を行って参りますので　　4 多大なご迷惑をお掛けしましたことを

91 실전 시험 글의 문법 [1]

1회 (/5) 2회 (/5) 3회 (/5)

問題7 次の文章を読んで、文章全体の趣旨を踏まえて、[1]から[5]の中に入る最もよいものを、1・2・3・4から一つ選びなさい。

従来、学校だけが、教育をしてきたわけではない。学校教育が確立したのは、明治維新以降であり、せいぜい百年ぐらいの歴史しかない。問題なのは、就学生が、学校が全てであるように思いこんでいることだ。時間的にも、空間的にも、社会的にも、学校の枠を超えて物事を考えることはできないのだ。だから、逃げ出すことができない反面、卒業した後、学校の外の社会に適合することのできない大人をたくさん生み出す結果になる。

[1]、いろんな所に学校があった。家庭では、両親がしつけをし、職場には徒弟（とてい）制度があった。子供達は、炉端（ろばた）で老人から昔話を聞かされ、生きるために最低必要な社会の決まりを学んだ。[2]、寺や神社で読み書きソロバンを教わった。また、子供同士で、野原を駆け回り、自然から多くのことを学んだ。喧嘩をしたり、遊んだりしながら、子供同士の付き合いや社会の在り方を勉強した。この世の全てが学校だったのである。このような[3]、子供達は自ずと個性的で豊かに、また均衡のとれた人格を形成してきたのである。真の学校とはそういうものである。

本来、学校は補助的な機関にすぎない。教育の本質は、環境から学ぶということが主であり、教育の役割は、学ぶ事を補助、補佐することだからである。それなのにそれが全てであるような錯覚が恐ろしい。そういう認識の中で、子供たちは逃げ場を失い、[4]。大人は先ず学校という閉ざされた空間から子供達を解き放す事から始めなくてはならない。学ぶ[5]どこでも学校である。そして最も多くの事を学ばなければならないのは社会からである。

1

1 いつしか
2 だれしも
3 かつては
4 所せましと

2

1 そのかわり
2 そのうち
3 そのさき
4 そのうえ

3

1 厳しいしつけによって
2 多様多彩な学校によって
3 喧嘩や遊びを通して
4 学校を卒業することによって

4

1 勉強に興味を示すようになる
2 追いつめられてしまう
3 部屋に閉じこもってしまう
4 遊びに夢中になってしまう

5

1 気さえあれば
2 気があろうと
3 気をよそに
4 気にならなくても

92 실전 시험 글의 문법 [2]

1회 (/5) 2회 (/5) 3회 (/5)

問題 7　次の文章を読んで、文章全体の趣旨を踏まえて、［1］から［5］の中に入る最もよいものを、1・2・3・4から一つ選びなさい。

「自分の短所まで好きになれ」。なぜ短所を好きにならなければならないのか。それは私たちの短所は長所の裏返しだからです。たとえば、私は物事も目標を作って、そこに向かって最短距離で向かうのが大好きですし、とても得意なことだと自負しています。しかし、その方法は反面、「目標がないとまったく動かない」ということですし、近づくのが早いということは、場合によっては「［1］」ということになります。

私たちの個性、すなわち他の人の平均的な性質と異なる部分は、長年の習慣づけと成功体験から来るわけです。すなわちこういうやり方をしたらうまくいったということを学び、次からそれを使い続けるため、それが長所と呼ばれるようになります。ところが、私たちの時間も気配りも一定の資源しかありませんから、何かを達成しようとした場合、必ず何かが犠牲になります。慎重できっちりした人はどうしてもスピード感が犠牲になりますし、気配りができるまじめな人は、何かを割り切ろうとしたときになかなかうまく［2］。

だからこそ、短所そのものを是正しようとするより、短所は自分の長所の裏返しだと認めて好きになり、長所で補えるようにすることが、実は短所克服の鍵なのです。また、このような短所をカバーする場合には、自分の長所で補うだけでなく、他者の力を借りることもとても重要です。［3］、私が苦手とする細かい文章の作成。どの部分の意味がわかりやすく、どの部分の文章が不十分かについては、編集者の方をはじめ何人もの人に読んでもらって、自分では気づかない部分を指摘してもらい、直すようにしています。

私たちにとって自分の長所は、得意なあまり、空気のようになかなか自覚できない一方、短所については［4］、人から指摘を受けるので悩んでしまうのです。しかし、自分の長所と短所が［5］であることがわかると、急に短所がいとおしくなってくるのです。

1

1 慎重(しんちょう)だ　　2 拙速(せっそく)だ

3 柔軟(じゅうなん)だ　　4 適宜(てきぎ)だ

2

1 決断をせまることもあります　　2 決断できないこともあります

3 決断できたりすることもあります　　4 決断を速やかに行うこともあります

3

1 たとえば　　2 もしかすると

3 かといって　　4 ところが

4

1 ぜんぜん相手にされず　　2 なかなか知覚されず

3 ぼんやりしていて　　4 ついつい目に付き

5

1 満場一致(まんじょういっち)　　2 相互矛盾(そうごむじゅん)

3 表裏一体(ひょうりいったい)　　4 言行一致(げんこういっち)

93 실전 시험 글의 문법 [3]

1회 (/5) 2회 (/5) 3회 (/5)

問題7 次の文章を読んで、文章全体の趣旨を踏まえて、[1]から[5]の中に入る最もよいものを、1・2・3・4から一つ選びなさい。

娘が保育園のころ、園でつかうバッグに、ちょっとかわいい手作りのひと工夫をしているお母さんがいました。とても器用な人で、ちょっとした小物を手作りしたりして、すてきだなと私はいつも刺激を受けていました。私は不器用なりに、手作りの本を買ってきて一生懸命縫ったりしました。簡単だけどかわいいものをねらったのが娘の保育園バッグ。製作過程はものすごく下手なので人に見られたくないのですが、[1]かわいくできて、保母さんからほめられたりしました。何より娘が喜ぶのがとてもうれしかったです。

私の母の場合もけっして器用ではありませんが、幼い私にたくさんのものを手作りしてくれました。普段着はもちろん、ピアノの発表会のドレスや小学校の卒業式のスーツまで母の手作りでした。古いアルバムには、そのスーツを着てとった写真が残っています。うれしそうな幼い私がポーズをとっているが、きっとこの写真を撮る母も[2]と思います。

そういうわけで、私は手作りが好きです。ただし、ミシンと相性がわるいので、[3]。器用ではないので、よく見るといろんなところにアラがあります。だけど、針を使って手作りしているときは楽しくなります。特に娘が小さいころ、リクエストを受けて手作りしたものは、とてもやりがいがありました。あるときは、娘が、「今年はサンタさんに子供の天使さんのお人形をお願いしよう」と言ったので、街を探し歩いたもののどこにもなくて、結局[4]こともありました。たいへんだったけど、[5-a]が大喜びして、[5-b]もとてもうれしかったのです。もちろん、[5-c]のプレゼントであって、ママの手作りとは思っていないわけでしょうが。

1

1 案外　　2 案の定
3 ご多分に漏れず　　4 遂に

2

1 そわそわしていたんだろうな　　2 せかせかしていたんだろうな
3 にたにたしていたんだろうな　　4 にこにこしていたんだろうな

3

1 たまに手縫いをしたりします　　2 手縫いでできるものしか作りません
3 全部ミシンを使って作ります　　4 ミシンが使える人に頼んだりします

4

1 デパートで買ってしまった　　2 徹夜して手作りした
3 買うのをあきらめた　　4 手作りをやめてしまった

5

1 a私／b娘／cサンタさん　　2 aママ／b娘／c私
3 a娘／b私／cサンタさん　　4 aサンタさん／b娘／c私

94 실전 시험 글의 문법 [4]

1회 (　　/5) 2회 (　　/5) 3회 (　　/5)

問題７　次の文章を読んで、文章全体の趣旨を踏まえて、[1] から [5] の中に入る最もよいものを、１・２・３・４から一つ選びなさい。

敗戦後、日本列島は工業生産力は落ち込み、海外からの帰国者が溢れ、食糧不足は深刻だった。[1] 多くの日本人は「飢え」の苦しみを経験した。「食糧がない」「食えない」ということがどんなに苦しいことか、国民は知った。食糧不足がどれほど社会不安につながるか、一種の衝撃となって日本人の心に刻まれた。そうした苦しい生活も経済の成長 [2] 和らいでいった。

ある地域での食糧生産力とそこで養える人口とは密接な関係がある。日本列島で生産される食糧だけでは、列島の人口は [3]。この食糧不足を解消するには、方法は２つ。一つは食糧生産力を上げることであり、もう一つは海外から食糧を輸入することである。日本は後者を採用した。食糧輸入に関しては、工業製品を輸出することにより、食糧輸入を可能にした。

日本国民の「豊かになりたい」という努力が実り、経済は大きく成長した。豊かになったことにより、食生活も大きく変化した。昔からの食生活が西洋風に変わり、農業生産が変化についていけず、食糧自給率は低下した。工業生産力の向上により、食糧輸入は容易になり、消費者は安い輸入食料を求めるようになった。消費者の食生活の変化と経常収支の黒字がこの傾向に [4]。

カロリーベースでの総合食糧自給率は現在４０％。日本人のカロリーはその４０％を日本の農家の生産した食糧により賄い、残り６０％は海外からの輸入による。その輸入は工業製品の輸出により可能になった。こうした状況を見て、食糧自給率の低さを嘆く人もいるが、[5] この狭い日本列島でこの人口を養っていける工業生産力を評価すべきだと思う。敗戦後日本が目指したのはこのような社会であったのだからだ。

1

1 それとはうらはらに　　2 それとひきかえ

3 それによって　　4 それにしては

2

1 とともに　　2 にかかわらず

3 をとわず　　4 とはいえ

3

1 膨張(ほうちょう)しつづける　　2 支えきれない

3 コントロールできない　　4 飢(う)えずにすむ

4

1 歯止(はど)めをかけた　　2 拍車(はくしゃ)をかけた

3 先手(せんて)を打った　　4 水を差(さ)した

5

1 かろうじて　　2 むやみに

3 むしろ　　4 しいて

95 실전 시험 글의 문법 [5]

1회 (/5) 2회 (/5) 3회 (/5)

問題7 次の文章を読んで、文章全体の趣旨を踏まえて、[1]から[5]の中に入る最もよいものを、1・2・3・4から一つ選びなさい。

科学は、一定の目的や方法のもとに種々の事象を研究する人類の認識活動であり、その成果である。それゆえ科学はそれ自体は中立である。戦争は、それを悪いほうに最大限に活用したものであろう。科学を戦争の道具にすることは悪である。その代表的な例は言うまでもなく原子爆弾である。いかなる理由があろうとも戦争は最大の罪悪であり、絶対に避けなければならない。だが、皮肉な[1]、現代の科学は、結果的には戦争によって、また戦争目的のため急速度で開発され、進歩してきたといっても過言ではない。戦争のために準備され、開発され、応用され、発達した科学が、戦争が終わって、いったん平和の装いを身につけようとも、再び戦争が始まれば、[2]、戦争の道具になる運命を担っているのである。

これからの時代の指導者は、科学に無知であってはならない。[3]もまた、科学を自分のものとしていかなければならない。全人類の限りない繁栄の建設こそ、これからの科学に与えられた最大の使命である。今や、民族を越え、国境を越えて、世界平和を考えなければならないときである。巨大な力をもつ科学も、実にこの人類の福祉のために用いられていかねばならない。政治的統合は、まだ、しばらくの年月を必要とするであろうが、科学の面においては、科学者さえ、その気になれば、現代の科学は、更に全人類の繁栄に向かって偉大なる力を[4]。科学の世界にまで、国家間の争いを持ち込むことは、[5]ことである。戦争のない平和な世界を目指し、幸福になることを願う。

1

1 ものに　　2 ものか

3 ことか　　4 ことに

2

1 いちいち　　2 あえて

3 たちまち　　4 わずか

3

1 民衆　　2 世界

3 民族　　4 政治家

4

1 発揮するには当たらない　　2 発揮するというほどのものではない

3 発揮を余儀なくされるであろう　　4 発揮するのではなかろうか

5

1 おごそかな　　2 おだやかな

3 おろかな　　4 おろそかな

96 실전 시험 단문 이해 [1]

1회 (/4) 2회 (/4) 3회 (/4)

問題 8 次の文章を読んで、後の問いに対する答えとして最もよいものを、1・2・3・4から一つ選びなさい。

(1)

新しい専門用語が紙面に踊っていると、調べておこうとする。これはよい心得(こころえ)(注)でありこの姿勢を忘れてはならない。とはいえ、これは納得に達しただけで理解したことにはならない。誰かに説明しようとすると、的確に話せないのだ。

特に経験の浅い子供や、それに関心のない人に伝えるのは到底不可能だ。理解を格段に深めるには、どう説明するのかを、つまりは、これを意識しなければならない。それでこそ理解が格段に深まるというわけなのだから。

(注) 心得(こころえ)：ここでは心の準備の意味。心構え(こころがま)え。

1 筆者がここで最も伝えたいことは何か。

1 知らないことを調べる時は、十分に理解しなければならない。
2 何かを調べる時、子供や無関心な人の目線で考えた方がいい。
3 知らないことに関して興味を持つことはいい姿勢だ。
4 知らないことを調べる時、どう説明するかまで意識するべきだ。

(2)

以下はある客に届いたメールである。

清水亜優様

　この度はご注文いただき誠にありがとうございます。
商品決済時にご入力いただいたお客様のカードが取り扱い不可となっております。
　個人情報のため、詳しい情報は当社では分かりかねます。
　お手数をおかけいたしますが、ホームページよりカード内容を修正いただくか、お支払い方法をご変更いただければと思います。
　変更方法など分からない場合、再度ご注文いただければ今回のご注文をキャンセル処理いたします。

株式会社シライシ

1　このメールで最も伝えたいことは何か。

1　カードが取り扱えないので、現金で支払ってほしいこと。
2　再度、注文がなければ注文を取り消しすること。
3　お客様が使おうとしたカードが取り扱い不可能なこと。
4　カード内容を修正してから、支払方法を変更してほしい。

(3)

　著作権法が以前にもまして厳格(げんかく)(注)になってきているのに伴い、国民は決めたことに従うだけの存在になってきている。なぜか著作権のことになると「専門的すぎる」と敬遠し、遠ざける人が多いからだ。とは言え、デジタル機器の普及後、私たちと著作権法の結びつきは一層深くなっている。大半の著作権の利用者は国民であるのだから、法ができ変わっていくことに敏感になり、その過程に国民が積極的にかかわることが必要ではないか。

(注) 厳格(げんかく)：規則に厳しくて、不正を少しも許さない様子。

1　筆者の考えを最もよく表しているものはどれか。

1　著作権法の使用者は国民なのだから、専門的な知識を身につけてほしい。
2　国民は著作権法から回避せず、法の制定や改正に取り組んでほしい。
3　今後、ますます厳しくなっていく著作権法について深く理解してほしい。
4　法がこれ以上厳格にならないよう、法の改正について参加してほしいこと。

(4)

大衆芸術が浸透する前の日本社会でも日々の暮らしの中にアート(注1)は根付いていた。更に、アートの発祥地であるヨーロッパにおいても、アートは美に仕えるのではなく日常生活での種々雑多な思いや、欲望などと密接につながっていた。現代のスタイリッシュで(注2)小綺麗な美術館やホールは、アートに付随するそんな深い意味のあるものたちが切り落とされているような気がする。

私が考えるアートの力は新奇なものではなく、本来起動すべきなのだが、隠れている力のことを意味し、それを再稼働させたいのだ。

(注1) アート：芸術。美術。

(注2) スタイリッシュ：流行にあっているさま。

1 筆者が考えるアートとはどれか。

1 人々が見つけられなかった場所に存在するのがアートである。
2 アートはお決まりの美術館や劇場の中にはないような意味深いものである。
3 社会生活の様々な断面に寄り添っているものがアートである。
4 隠れているところから自分で美しさを探し出すことがアートである。

97 실전 시험 단문 이해 [2]

1회 (/4) 2회 (/4) 3회 (/4)

問題 8 次の文章を読んで、後の問いに対する答えとして最もよいものを、1・2・3・4から一つ選びなさい。

(1)

食品の健康効果を企業の責任で表示できる制度が始まってから２年が過ぎた。今では、そういった制度を利用した食品を目にする機会も増えつつあり、機能性表示食品や特定保健用食品といった言葉を聞く場面も多くなった。その中で、国はそのような食品の対象を広げる方針の再検討を予定している。その一方で消費者である私たちの認知度はとても低く、企業の適切な制度利用のためにチェックの強化を求める声もある。健康効果をうたった食品の詐欺も横行している中で、企業や国は制度の目的や商品について、より簡単で正確な情報を発信し、消費者の疑問にも答えていく必要がある。

1　筆者の考えとして正しいのはどれか。

1　企業は国の許可なく食品の健康効果を表示することができない。
2　企業や国は消費者に正しい情報を提供するべきである。
3　消費者は正しい情報を選択し発信するべきである。
4　制度を利用した食品はあまり流通していない。

(2)

写真は、自伝や自画像といった過去の著名人が行ってきた伝統的なそれとは異なる新しい自己表現の方法である。ただ他人に撮られた写真の場合、自分の写真に不安を感じることも少なくない。それは写真の断片的なイメージと自分自身の内面とが一致しないことでおこりうる。一方的に撮られた写真では、その人らしさを奪う一方で、撮影者に自身を語らせることになる。もはや現代では、写真は記憶の道具としてだけではない。自分自身を表現するツールなのである。そういった点から、写真が自分自身の物語を新しい物語として語ることができるようになった。

1 筆者の言う写真で感じる不安の原因として正しいのはどれか。

1 自分を表現する方法が過去の手段と変わらないこと
2 伝統的な自伝とは異なる自己表現に変わったということ
3 写真が新しい物語であるということ
4 写真のイメージと自分の内面が不一致であること

(3)

黒い姿と不吉な鳴き声のため、イメージが良くないカラスだが、昔は天と地とを自由に行ったり来たりできるので、神様の使いとも考えられた。もちろん、日本だけではなく世界でも、カラスの存在というものが神聖化され、たくさんの物語が作られてきた。それが、今では、広大な農村で住むことができなくなってしまったカラスは、ビルが建ち並び、入り乱れた(注)構造をした都市環境での生活に対応できるようになった。それだけに都市部ではカラスの急増により、重大な影響を受け、昔のカラスの神的なものが薄れてきているように思われる。

(注) 入り乱れる：多くのものがまじりあって混乱する。

1 本文の内容として間違っているものはどれか。

1 カラスは神の使いと考えた人が多かった。
2 昔は不吉な鳴き声のためイメージが良くなかった。
3 カラスは都市部の生活に適応してきた。
4 農村部ではカラスが住めなくなった。

(4)

考えたことは、いつでもどこでも引き出せるようにためておかねばなりません。考えをよりよくまとめるためには、人と話して得た情報や考え、テレビなどを見たりして気づいたこと、電車の中で思ったことなどをノートに書きためておきます。そうすることによって、何気なく手に入る情報の中で、より良いものが出てくれば、その度にアウトプットすればいいのです。そうして、書いて残すことにより、書いては忘れ、頭をクリアにすることも大事です。頭をクリアにすることで、新しい情報をメモする場所ができるのです。メモとアウトプットとクリア、それを積み重ねることで、より洗練された情報となるのです。

1　筆者の考えとして正しいのはどれか。

1　情報は常にアウトプットする必要がある。
2　頭をクリアにするためにはテレビを見て気づいたことをメモにとる。
3　より良い情報だけをアウトプットすれば良い。
4　考えたことは忘れたほうがいい。

98 실전 시험 단문 이해 [3]

1회 (　　/4)　2회 (　　/4)　3회 (　　/4)

問題 8　次の文章を読んで、後の問いに対する答えとして最もよいものを、1・2・3・4から一つ選びなさい。

(1)

緑茶というのは実にもの柔らかい飲料である。これほど深い味わいを持ち、ゆとりを与える飲料は他には見当たらない。数十秒か一、二分であろうが待つ心が必要なのである。指折り数えるよう熱湯を冷まし、それを急須に注いで、また数え、茶碗に注ぐ。緑茶を味わうことは時間消費が不可欠なのだ。要するに、多忙なビジネスマンたちが、しばらく立ち止まり口に含み、その味わいを知ってくれたならば日本はもっと余裕が持てる国になれるはずだと思う。

（すずきしんいち「菓子風土記」）

1　筆者の考えをよく表しているものはどれか。

1　現代のビジネスマンは忙しすぎて、余裕を持つことができないでいる。
2　緑茶を日常生活に取り入れることで、皆がゆったりとした時間がすごせる。
3　時間を消費できるひとこそが、おいしい緑茶を作ることができる。
4　ゆっくりとした時間を過ごすことで、人はゆとりを得ることができる。

(2)

株式会社中村商事、田中勝様
株式会社三田工業、営業部の木村太郎です。この度は、新しいコピー機の新規ご契約頂きまして本当にありがとうございます。弊社の新しいコピー機は、これまでの機能に併せて、多種多様な新機能を搭載しております。コピー機のアフターサービスに関しましても、弊社が責任をもって取り組ませていただきます。それだけに、コピー機をご利用いただけることを企画開発担当一同、大変喜んでおります。末永くご利用くださることを心よりお願い申し上げます。なお、ご不明の点などございましたら、いつでも木村までお申し付けください。メールにて恐縮ですが、簡単に報告いたします。

1 内容として正しくないものはどれか。

1 コピー機の機能は刷新された。
2 中村商事と三田工業は再び契約を結んだ。
3 わからないことは木村さんに聞けばいい。
4 この文章はメールで送られた。

(3)

「大学入学共通テスト」で英語の試験が大きく変わることになる。今までは、マークシート方式で読解力と文法、リスニングの力を問う問題形式であったが、今回改定される内容によると、話す力と書く力も必要となる。そういった中で英検やＴＯＥＦＬといった検定試験を代替として活用することができるようになるという。授業において話す力、書く力が十分でなければ学生たちは塾や英会話教室に通うことになるはずだ。お金に余裕があり、都会に住んでさえいれば、何回でも民間試験を受けることができ、慣れていくことだろう。貧富や住む地域による差が、これから大きくなっていくだろう。

1 大学入学共通テストの問題点として正しいものはどれか。

1 お金さえあれば、高得点が取れるということ
2 話す力を試すということで英会話教室に通わざるをえないということ
3 都会と田舎では結果に格差が生じる可能性があるということ
4 英語の試験が簡単だったために変革が問われるということ

(4)

日本では、2020年の東京五輪に向け、いろいろな議論がなされているが、その中でも深刻なのが、受動喫煙の問題である。近年、受動喫煙に苦しむ患者が社会全体に増え始めたことから、受動喫煙とガンの発生リスクについての議論がなされている。日本においては、社員の健康を考慮した職場の環境整備に力を注いでいかなければならない。しかしながら、肺がんや心疾患をはじめとする受動喫煙による健康被害は、すぐに発症する可能性が低く、現在健康な人にとっては自分とは関係がないと考えがちである。それだけに会社主体での改革を進める必要がある。

1 どうして会社主体で改革を進める必要があるのか。

1 健康増進法の一部を改正する法律が公布されたから
2 社員の健康のために、禁煙にする必要があるから
3 受動喫煙がもたらす被害はすぐには分かりにくいから
4 健康な人とは関係がないから

99 실전 시험 중문 이해 [1]

1회 (　　/9) 2회 (　　/9) 3회 (　　/9)

問題 9 次の文章を読んで、後の問いに対する答えとして最もよいものを、1・2・3・4から一つ選びなさい。

(1)

わが国で自然破壊が問題になり始めた頃、我々の意識は、大規模な開発に伴って生じた自然の減少にあった。それは、自然の大切さを顧みない行政や企業に対する批判であった。

ある意味、まだ我々は気楽な立場から批判できる側の人間であった。自然を壊すな、自然を守れと主張することができたのだから。だがしかし、次第にそれでは済まなくなる。この問題に深入りして(注1)いくと微妙な関係に気づくからだ。

かつて里山(注2)は、人々が日常的に利用する森として位置づけられていた。村人たちは森から木を切り出し、草を刈り、落ち葉を集め、畑の肥料とした。このような日常的な行為は、一見、元からある自然を壊していく行為であるが、これにより里山が作られ、動物や花が数多く暮らす場所になっていた。里山の利用が、植物や生物の多様性を作り出していたと言える。

自然と人は常に敵対的であったわけではなく、日本の自然には多かれ少なかれ(注3)、このような面がある。ところが今日の自然の改造は自然を傷つけてばかりだ。とすると、この違いはどこから来ているのか。その理由は、その地域が作り出してきた伝統的な方法や手段で、自然に働きかけているのか、それともそれを顧みないでいるのかという点にある。

(注1)深入りする：必要以上に深くかかわりあう。
(注2)里山：人々が住んでいる村であり、生活と結びついている山のこと。
(注3)多かれ少なかれ：多い少ないの差はあっても。

1 筆者が考える気楽な立場とは何か。

1 自然を支配している側の立場
2 自己の加害性を意識しないでいる立場
3 自然の大切さを顧みないでいる立場
4 自然保護における被害者としての立場

2 筆者の考える<u>このような面</u>とは、どのようなことか。

1 人間の自然への働きかけが、結果的に自然の荒廃に繋がること
2 人間が里山を利用することにより、自然破壊を助長すること
3 人間による自然の利用が自然の生命力を高めるということ
4 人間が自然を生活に取り入れないことで、自然を守ることができること

3 筆者は今日の自然を傷つけてばかりいる原因は何だと思っているか。

1 農村や漁村に暮らす人々が、その地域の自然を利用しながら暮らしてきたから
2 人々がその地域にもっとも適した自然の改造の仕方や利用法を維持してきたから
3 かつての働きかけを思い返すことなく、近代技術によって自然改造をしたから
4 人間が人間の立場だけ考え、豊かな生活や便宜性を追求してきたから

(2)

私たちは「これだ！」「これしかない！」と、良いアイディアが浮かんだとしても、これを他人に話す際に躊躇（ちゅうちょ）して（注1）しまう。他人から馬鹿にされるのではないか、冷やかされるのではないかと恐れ、話すことをためらう場合が多々ある。これは特に集団生活において、頻繁に存在しうるであろう。しかしながら、笑われるのではないかと心配するあまり、自分自身の考えを行動にうつせないでいるのではないだろうか。

このままでは創意力を高めることは到底不可能である。もっと言えば、創意力を喪失へと導いていくかもしれない。他人に馬鹿にされるのを怖がり、諦めることを選択すれば小さな失敗から逃れることはできるだろう。ただし、それが人生の大きな失敗になることも念頭に入れて（注2）おいた方が良いだろう。

そもそも、創意力とはこれまでに存在しなかった独自性のあるものを作り出す力のことを示す。つまり、他人から笑われてしまうことはいたって当たり前のことなのである。極端に話せば、周囲の人たちからの笑いを受けずして、独自性のあるものを作り出せないのだ。他人に笑われるぐらいで諦めるなんてもったいない。まず、創意力を磨くためには小さな失敗なんて恐れず、他人に笑われることに慣れることが必要になるだろう。

(注1) 躊躇（ちゅうちょ）する：あれこれ考えて迷う。

(注2) 念頭に入れる：常に考えている。

1 筆者の言う小さな失敗とはどんなことを意味するか。

1 あまり創意力のないアイディアを作り出してしまうこと
2 他人に笑われることに慣れていないでいること
3 アイディアが斬新で、周囲の人に笑われたりすること
4 笑われると思い、自分のアイディアを他人に話さないこと

2 どうして筆者は周囲の人たちからの笑いを受けずして独自性のあるものを作り出せないと考えるのか。

1 笑われるアイディアは新しくて、ユーモアがあっていいから
2 失敗を怖がらないような人が作るものに創意力があるから
3 人に笑われるものこそ、創意性があると考えるから
4 他に類がなく、一般的じゃないことを意味するから

3 創意力を高めるためにはどうすればいいと、筆者は考えているか。

1 周りの人の意見に左右されたり、戸惑ったりすることを克服すればいい。
2 周りの人と同じようなものを作ろうとせず、新しいものを作ればいい。
3 周りの人が否定的に感じるようなアイディアを次々に出していけばいい。
4 周りの人の意見に敏感にならず、自分のアイディアを大事にすればいい。

(3)

生活習慣病の原因となるメタボリックシンドローム(注1)を予防する特定検診の①受診率が低迷している。国は、特定健診の受診者が少ない企業の健康保険組合に対し、財政的なペナルティーを大幅に強化する方針を固めた。健診の実施率が基準を下回った場合、医療負担金を増やし、基準も現在より引き上げる。対象となる企業では社員の保険料が上がる可能性もある。しかしながら、保険者に受診を促す仕組みには、一定の効果を期待できるだろう。生活習慣病患者の数が増えれば、支援のための金が膨らみ、国としても財政を圧迫する危険がある。

生活習慣病は初期の対処次第で将来の病状が大きく変わる。早期発見で治療を始めることが重要である。結果として、それは②医療費の抑制にもつながる。受診率向上や生活習慣病の重症化を予防することで、国はその場合の特例報奨(とくれいほうしょう)(注2)も強化する。つまりは、早期発見が家庭においても国においても、両面から金を節約できるということである。

国民健康保険も保険者にとって利点をつける取り組みも行い、一部の人だけが過度の負担とならないような仕組みも検討中である。しかし、企業においては、業務が多忙で受診時間が取れないという人もたくさんいる。そういったことから部署別の受診率の開きも大きい。経営者は実態を把握し、社員が受診しやすいような環境づくりを目指す必要がある。生活習慣病対策は国、企業、国民の三者がともに意識改革をしていかなければいかないであろう。

(注1) メタボリックシンドローム：内臓脂肪の蓄積によって、高血圧や糖尿病などの生活習慣病の重なりが起こっていること。

(注2) 報奨(ほうしょう): 善行や努力に報い、奨励すること。

1 ①受診率が低迷しているとあるがどうしてか。

1 病気を予防したことによる支援金が少ないから
2 保険料にペナルティーが存在するから
3 生活習慣病が重病化する危険があるから
4 仕事のために特定検診に行くことが難しいから

2 ②医療費の抑制とあるがどういうことか。

1 支援金によって医療費がまかなえるから
2 受診によって早期発見ができるから
3 早期発見が病気の深刻化を防ぐから
4 重病化を防ぐことで奨励金がもらえるから

3 これからの社会はどうあるべきかと筆者は言っているか、次のうち正しくないものはどれか。

1 経営者は、社員が特別検診を受けやすい社内環境を整えるべきである。
2 早期発見によって病気が重症化しないような取り組みが必要である。
3 ペナルティーを科すことで、病気の早期発見に努めるべきである。
4 受診率の低迷を食い止めるべきである。

100 실전 시험 중문 이해 [2]

1회 (　　/9) 2회 (　　/9) 3회 (　　/9)

問題 9 次の文章を読んで、後の問いに対する答えとして最もよいものを、1・2・3・4から一つ選びなさい。

(1)

哲学者アリストテレスは「我々が繰り返し行うことが我々の本質である。ゆえに、優秀さとは行為ではなく、習慣で決まる」と名言を残し、「習慣」の重要性を指摘した。

目標を達成させようという意志だけでは長続きしない。自動的に私たちを動かしてくれるような習慣づけが必要だ。私は習慣づけるために必要なものは「ご褒美」だと思っている。掃除の場合、整理整頓された部屋の解放感という「ご褒美」がある。ダイエットであれば、着たい服が着られた時の満足感など。さらに行動を邪魔する言い訳や、甘い誘惑を抑えられたこと、つまり「自分に打ち勝ち、欲求を制御できた」という「ご褒美」もある。

人は「ご褒美」が与えられることを好む。そして同様に「ご褒美」が得られる。そんな訳で、すぐ好きになり習慣づけできる。これはあらゆる事柄に対しても言えることだ。ここで肝心なことは、<u>毎回目標のハードルを下げることだ</u>。ダイエットであれば、疲れていない時は最寄りの駅よりひとつ手前で下車するぐらいの目標がいい。これが達成でき「ご褒美」をもらえば、次の「ご褒美」を得るために再び目標を設定する。この反復が後で、大きな目標を成し遂げてくれる。

1 この名言が伝えたいことは何か。

1 目標のために何かを繰り返すことが私たちの気質として備わっているものだ。
2 何かを成し遂げようという意志が、素晴らしい業績を作り出すものだ。
3 偉業はその行為ではなく、地道な繰り返しによって成し遂げられたものだ。
4 毎日、何かを反復し続けると、自然に習慣として身についてくるものだ。

2 毎回目標のハードルを下げることだとあるが、どうしてか。

1 あらゆることに能動的になり自分の行動に自信が持てるから
2 何度も繰り返し行動することで、それが失敗しても言い訳ができるから
3 なかなか「ご褒美」を得ることができないと、挫折してしまうから
4 人は高い目標があると、意欲的に行動をしようとしてしまうから

3 筆者が考える「ご褒美」とは何か。

1 習慣づけを成し遂げた後の小さな達成感のこと
2 習慣づけのための小さな成功による達成感のこと
3 習慣にさせるための自分へのプレゼントのこと
4 習慣にさせるための過程で自然に生まれる感情のこと

(2)

私が日本の教育現場に入り、①最も驚かされたことは読書指導です。教師たちが自身の知識と経験を駆使し、社会での評価が高い本を「いい本」として選び読ませます。ここまではいいんです。でも、私はそれを読んでどうたったか、好きか嫌いかを決めるのは子供たちだという教育哲学が徹底している国にいたものですから、いい本だという教師側の価値観、評価を一緒に子供に与えることに目を疑いました 。

「子供たちは読解力が未熟だし、知識も経験も浅いから、まだ分からないものだ」とする考え方は理解できるんです。でも、本当に問題なのはむしろとても熱意がある教師でしょう。いいものを読ませれば、いい子供が育つはずだ」という考えもある。子供のためを思ういい教師なんですけれども、結局は気がつかないんです。その善意や熱意が子供たちに価値観、価値の判断を押し付けることになることを。こういう教師はいい指導者として判断されるので、そのまま気が付かないだろうということが②残念なんです。

とはいえ、子供に自由に選ばせればいいということでもありません。まだ、知識は限られているし、興味も偏りがちだからです。

1 ①最も驚かされたとあるが、これは何か。

1　日本の読書教育方法がまだ徹底されていないこと
2　自国と日本の読書教育のありさまについて
3　教師たちの経験や価値観で本を選ばないこと
4　本の評価や価値を子供に強要させていること

2 ②残念なんですとは何を表しているか。

1　読書教育についての知識がまだ未発達なこと
2　教師が善意のアドバイスの落とし穴に気づいていないこと
3　子供たちに価値観や本の判断を押し付けていること
4　教育哲学を重視するばかりで、いい結果が得られていないこと

3 筆者の考える読書教育に合っているものはどれか。

1　子供たちの視野が広くなるように、教師が様々な分野の本をすすめること
2　教師は子供の声に十分に耳を傾け、お互いの意見を尊重しながら一緒に本を選ぶこと
3　子供たちに本の価値観や判断を押し付けないよう、子供に本を選ばせること
4　子供たちが本のよさを受け止めてくれなくても、全力を尽くし様々な本をすすめること

(3)

人工知能（AI）を搭載した人間ロボットに、故人の人格などを宿らせる「デジタルシャーマンプロジェクト」。生前に録音した声や仕草をロボットが再現し、大切な人を亡くした遺族に寄り添う。しかしながら、このプログラムは永遠に残るわけではなく、49日で自然に消える。その間に①少しでも心の整理を手助けできればと言う試みだ。医療分野でも研究が進んでいる。特殊な機械を使い、ストレス障害を軽減するための研究に取り組んでいる。今年からは臨床研究も始める予定だ。

亡くなった彼や親に会いたいという辛い気持ちを忘れたい、そういった様々な思いを抱えている人が心を落ち着かせようと、写経（しゃきょう）(注)や瞑想体験に訪れるあるお寺では、1日1組限定で住職が付ききりとなって話を聞いてくれる。客は20～30代の女性が中心で、「②ここはその人全てを受容し、過去にとらわれずに受け止めるお手伝いをする場所です。」と、住職は言う。

死ということは一体どういうものなのだろうか。愛する人や親友、人である限りいずれは死という道を歩むことになるのであるが、残された家族や友人たちは、彼らを「残す」のではなく、「③受け入れる」ための試みも始めているのである。人工知能を搭載したロボットや医療分野での進歩が彼らの心を癒しつつ、「受け入れる」ための準備も少しずつ前進しているのではないだろうか。

（注）写経（しゃきょう）：仏教の経典（きょうてん）を書き写すこと。

1 ①少しでも心の整理を手助けできればと言う試みとあるが筆者が言いたいことはどういうことか。

1 ロボットが死者の代わりに遺族の近くにいるということ
2 ロボットが限りある時間の中で、遺族のそばにいてくれるということ
3 医療の力で大切な人を亡くした悲しみを忘れさせてくれるということ
4 臨床研究により、ストレス障害を改善させてくれるということ

2 ②ここはその人全てを受容し、過去にとらわれずに受け止めるお手伝いをする場所とあるがどういうことを示しているか。

1 亡くなった彼を忘れようとがんばるということ
2 亡くなった彼のために写経をするということ
3 瞑想体験を通じ、心を落ち着かせる場所であるということ
4 瞑想体験を通じ、彼を忘れるようにするということ

3 ③受け入れるということはどういうことか。

1 親が亡くなったという現実を前向きに受け止めるということ
2 ロボットを使って、死ぬということを理解するということ
3 写経や瞑想体験によって、彼や親の死というものを考えるということ
4 辛い気持ちを忘れ、お寺に駆け込むということ

101 실전 시험 중문 이해 [3]

1회 (　　/9) 2회 (　　/9) 3회 (　　/9)

問題9 次の文章を読んで、後の問いに対する答えとして最もよいものを、1・2・3・4から一つ選びなさい。

(1)

理想の恋人に出会いたい。しかし、理想の恋人に会おうとしてもそう簡単にはいかず、というよりそもそも踏み出す勇気がない。そうした願いをかなえてくれる新しい技術やサービスが生まれている。お互いの理想の人を探すプロジェクトは人工知能を活用する「人工知能コン」という新しい恋活プロジェクトだ。

参加者は事前にプロフィールを入力することによって、合コン(注)中に誰が誰を何回検索し、誰をお気に入りにしたのかといったデータをスマホを通じて人工知能が分析する。入力されたプロフィール情報を分析し、合コンの中盤には、「おすすめの相手」が送られてくる。①「どうしておすすめの人がこんな人なの」と思うかもしれないが、声をかけてみると、この日に話した相手の中で一番楽しいと感じたといった参加者が多い。

参加者が「外からではなく、内から」といった思いを形にしたこの人工知能コンは、現在では、様々な場所で、様々な内容で行われ始めている。主催するイベント会社は「外見」からはじまる出会いに比べ②「内面」からの付き合いは、その後にギャップを感じず長続きすることが多いように思うと話している。「縁」という言葉を深々と感じさせてくれる新しいイベント、これからも多くなっていくことであろう。

(注) 合コン：合同コンパの略。二つ以上のグループが合同で行う親睦会。

1 ①「どうしておすすめの人がこんな人なの」とあるがどのような人か。

1 プロフィールに書いたタイプとは異なる人
2 入力されたデータ から人工知能が導き出した人
3 思った人とは違い、自分の好きにならないような人
4 合コンでみんなが一番楽しいと思った人

2 ②「内面」からの付き合いとあるがどういうことか。

1 人工知能に頼らない能動的な付き合い
2 楽しく長続きできる付き合い
3 データ分析をもとにした相性の合う付き合い
4 いつも人工知能の協力が得られる付き合い

3 本文の内容とあっている文はどれか。

1 人工知能コンは理想の恋人に出会う最適の方法だ。
2 どこでもデータをスマホに入力するだけで理想のタイプが見つかる。
3 今後、人工知能コンの活用は増えていくだろう。
4 外見から始まる出会いはすぐにギャップを感じてしまう。

(2)

　全国のデパートなどで、正月の三日の初売りは買い物客でにぎわい、好調な滑りだしとなった店が多かった。特筆すべきは訪日外国人客の「爆買い」を追い風に前年を上回る売り上げを見せる店が相次いだ。そんな中、三日が初売りとなった東京の百貨店では、開店前から4000人を超える客が並び前年より７％超の売り上げを出した。

　売り場には、①新年から訪日外国人客の姿が目立った。免税手続きの件数は前年比80％を越える。家電量販店では、「爆買い」を見込んで、全国の主要店舗で訪日客向けの福袋を初めて用意し、美顔器セットなどが中国人に人気で、売り切れが続出した。ネットでの福袋の販売も好調だった。ファッション通販サイトでは、前年より100店舗多い300店舗以上が福袋を販売し、ほぼ完売した。訪日客の福袋の需要増大は、デパートのみならず、こういったところでも懐を潤してくれた。

　しかし、地方では、高額商品の販売に苦戦し、手ごろな価格の衣服、雑貨類の販売量が増えた。訪日客が都市部ほど見込めない地方百貨店などでは、②売り上げの低下などで正月戦線は苦戦した。しかしながら、良い部分もある。高額品の消費が落ち着いたことで、地方では、地元の名産品に力を入れることができるという。利点を活かし、地方発展につながることを願うばかりである。

1 ①新年から訪日外国人客の姿が目立ったとあるが、その結果と言えるものは何か。

1 全国で4000人を超える客が百貨店の開店前にもかかわらず列をなしていた。
2 福袋の準備を行う店が増え、完売したところが多かった。
3 中国人の「爆買い」を狙った家電量販店は苦戦した。
4 ファッション通販サイトのほとんどで地元の名産品を準備した。

2 ②売り上げの低下とあるが、その理由は何か。

1 外国人向けの福袋を用意していなかったから
2 販売額が高価なものから安価なものにシフトしてしまったから
3 地元の名産品に力を入れ始めたから
4 外国人の集客が都市部に比べ、あまりよくなかったから

3 筆者の意見として、正しいものはどれか。

1 訪日客を見込んで福袋を増やすべきである。
2 「爆買い」を後押しに日本経済が好調になりつつある。
3 手ごろな価格の商品を取り扱うべきである。
4 地元の名産品を販売し、地方発展に努めるべきである。

(3)

東京五輪の追加種目に選ばれたボルダリング。その新しいスポーツに挑戦してみた。通勤路の近くにあるクライミングジムで体験会をやっていた。最近では、ボルダリングが行えるクライミングジムが界隈でよく見られるようになってきた。手軽でシンプルに楽しめるという利点から競技に挑戦する人も増えてきている。ボルダリングというスポーツ自体は、ぐいぐいと高いところに登りあがっていくというイメージがあるが、それは別の競技で、ボルダリング用の壁はそう高くない。一面にカラフルなホールド(突起)がびっしりとある。設定されたルートによって使っていいものと悪いものが決められていて、目印がついている。

初心者用のルートをたどってみると、意外なほど簡単にフィニッシュできた。これなら、私にもできるのではないかと①<u>調子に乗り</u>、難易度の高い中級者向けルートに挑戦してみたのだが、いきなり②<u>奥深さを思い知らされた</u>。左手、右手、足という風に進めていっても、次のホールドにはどうしても届かない。ボルダリングとは手足の運び方や姿勢を考えながら登るのだ。

最難関ルートは、素人にはスタートさえ不可能で、練習すればできるようになるとはいうが、私には何年かかるやらで、五輪に出るわけではないので、③<u>自分のレベルに合ったルート</u>をいろいろと試しながらクリアできると、小さなものではあるが達成感を得られるというわけである。

1 ①調子に乗りとあるがどうしてか。

1 手軽でシンプルに楽しめるから
2 ルートの壁がそんなに高くないから
3 簡単に登りきることができたから
4 ちょっと難しくてもできると思ったから

2 ②奥深さを思い知らされたとあるがどうしてか。

1 難易度が少し上がるだけで足が動かなくなったから
2 どうしても上に登ることができなかったから
3 姿勢の使い方をよく考える必要があったから
4 初心者なのに難易度の高いルートに来てしまったから

3 ③自分のレベルに合ったルートとあるがどういうルートか。

1 ぐいぐいと高いところに登ることができる程度のルート
2 設定されたホールドが多いルート
3 簡単に登り切れる程度のルート
4 登り切った時に達成感を得られるルート

102 실전 시험 장문 이해 [1]

1회 (　/4) 2회 (　/4) 3회 (　/4)

問題 10 次の文章を読んで、後の問いに対する答えとして最もよいものを、1・2・3・4から一つ選びなさい。

昔から「使うにはまず使われろ」という言葉がある。これは「人をうまく使うには、自分が先に使われることを経験しなければならない」という意味と、「使う者は使われる者の身になって全てを考えよ」という意味の二つが含まれているようだ。さらに深く探ってみると、人を使うことは結果的に人に使われることだ、という意味合いが見えてくる。したがって、人に使われることでよい結果を得た者が、また人を使うにもよい結果を得ることになろうか。

ここで一つ思い出話を。二十年程前のことだったろうか。ある中学の校長A先生が、寄宿舎の窓から生徒が投げ散らかすごみくずを、毎朝ニコニコしながら拾い歩いていたが、とうとうある生徒がそれを見つけて他の生徒全員に話したところ、みんな感動してそれから一切ごみを外へ捨てなくなったという。それを聞いて私はさっそくA先生の真似をすることを思いついた。その頃自分が監督していた寄宿舎が、御多分(ごたぶん)にもれず(注1)、生徒らが掃除を怠けて不潔そのものだったので、どうにかならないかと考えあぐねて(注2)いたのだった。そういうわけで、Tシャツに短(たん)パンという出(い)で立(た)ち(注3)になって、自らトイレや廊下の掃除をして回った。ところが、私の姿を見つけたときこそ、生徒たちも申し合わせた(注4)ように手伝ってくれたが、それもそのときだけで、一向に寄宿舎は雑然(ざつぜん)とした(注5)姿を変えようとはしなかった。そこで、私はいまさらに自分とA先生との相違を発見して、①自らを恥ずかしく思わざるを得なかったのである。

すなわち、A先生は生徒をわが子のように考え、愛する子どもが散らかしたあとを片付けるくらいの気持ちでごみを拾って歩かれたのであるが、私は形こそ同じであっても、内心は腹を立てつつ、「どうだこれを見ろ！」といった気持ちだったため、A先生の足元にも及ばなかったのである。

この「人を教え導くこと」の難しさが、すなわち「人を使うこと」の難しさである。この根本にあるものは、常に教える人、使う人の誠心誠意の問題であると思われる。

これにはこんな笑い話もある。あるとき他の仕事が忙しくなってきて、私がこの監督の仕事を辞めようとしたら、妻が大反対した。あなたは若い人を監督してるつもりかもしれないけど、私は若い人にあなたを監督してもらってるつもりなんだから、他の仕事を止めてもこれだけは続けてください、と来たもんだ。確かに思い当たる節(ふし)(注6)もあるにはあって、さすがの②私もこれには一本参らされた。

人を使うものは人に使われる、人を監督するものは人に監督される。これはどうやら、間違いのないことのようである。

(注1) 御多分(ごたぶん)にもれず：例外ではなく。
(注2) 考えあぐねる：物事が思い通りに進まなくて、困る。
(注3) 出で立ち(いでたち)：身なり。服装。
(注4) 申し合わせる：あらかじめ話を合わせておく。
(注5) 雑然(ざつぜん)：整然としていない様子。
(注6) 節(ふし)：ここでは、そのように思われる点。

1 筆者が考える「使うにはまず使われろ」の意味と合っていないものを選びなさい。

1 人を使うときは、相手に自分を使ってもらってからのほうがいい。
2 人を使うときは、まず相手の立場になって物事を考えよう。
3 自分では人を使っていると思っていても、それは結局その人が自分を使っていることと同じだ。
4 まずは自分が誰かに使われるという経験をすることで、人の扱い方が上手になる。

2 生徒たちが筆者の思い通りにならなかった原因はどこにあるか。

1 生徒たちが感動するような行動を、筆者がしなかったところにある。
2 筆者が心の底から生徒たちのことを愛していなかったところにある。
3 筆者が掃除をしている姿を見せただけで、生徒に直接お願いしなかったところにある。
4 筆者がA先生の真似事をしただけで、誠心誠意行動しなかったところにある。

3 筆者はなぜ①自らを恥ずかしく思わざるを得なかったのか。

1 自分は一生懸命掃除をしているのに、生徒たちは一時的に手伝ってそれが長続きしなかったから
2 寄宿舎が不潔なままなのは、自分とＡ先生の間に雲泥の差があったからだと気づいたから
3 生徒たちが自分の姿を見つけて手伝ってくれたにも関わらず、一向に寄宿舎がきれいにならなかったから
4 Ｔシャツに短パンという出で立ちになって掃除をして回ったことを、生徒たちに見つかってしまったから

4 ②私もこれには一本参らされたとあるが、これとは何を指すか。

1 自分が生徒たちを監督しているつもりになっていると、妻に指摘されたこと
2 実は自分が生徒たちに監督されていると言われ、考えてみるとそれが図星だったこと
3 忙しくなったことを理由に仕事を止めようとしたことを、妻にとがめられたこと
4 自分は仕事を辞めたかったのに、他の仕事はやめてもこれだけは続けろと妻に大反対されたこと

103 실전 시험 장문 이해 [2]

1회 (　/4) 2회 (　/4) 3회 (　/4)

問題 10 次の文章を読んで、後の問いに対する答えとして最もよいものを、1・2・3・4から一つ選びなさい。

　いつも一色だった。子供の頃、私が見た夢はなぜか単色だった。

　七歳の頃、黄色い黄色い、輝くようなひまわりの夢を見て－お花畑にどこまでもどこまでも続くひまわりに、それはそれは眩しくて、眩しい太陽が昇っていく、という元気になるような夢－朝起きても私の頭から離れなかった。黄色の色。その当時から、夢はいつも色つきだったような気がする。

　その前は、たぶん印象的な部分だけに色がついていた。ワンシーンだけとか、くつが赤かったとか。そのうち全体に色が行きわたり、今の夢はフルカラー。現実の世界でも色を自分の体にとりいれて意識できるようになったのも、あの、ひまわりの夢を見た頃からだろう。

　友だちが「子供の時、自分が見た色と他人が見た色が同じなのか、確認できなくて不安な時があった」と言った。

　「自分で見ている『青』は、友だちの見ている『青』とは違うかもしれない。同じ『青』と呼ばれている言葉だけど、証明なんてできないし。他人の体と入れ替わって(注)、その人の目になって同じものを見て、同じだよ、というようなことでもできない限り①無理じゃないかな」

　たとえば、誰かと二人でひまわりを見ていたとしても。そのひまわりが、胸をしめつけるようなきっぱりとした黄色で、青い空をバックに、何年たっても忘れられないほどの色に見えたとしても。隣にいる人には、そんなふうな色には映らないかもしれない。

　友達にとっては、すぐに頭から離れてしまう色なのかもしれないのだから。同じ色のはずなのに、同じ色ではない②不思議。

「色が同じなのか不安だっと」－そう話した友人は、色覚異常があったけど、驚くほどきれいで、鮮やかな絵を描いた。見る人に「きれいだね、きれいだね」と言われていた。

きっと、目だけで見ているのではないと思う。

同じ色でも、見る人や、時期によって、さまざまな変化をする。空気のようにあるのが当たり前で、見えるけど説明ができないもの。人は、自分の色を、自分の思うとおりに見て生きる。

子供の時に見た祖母のセーターの毛糸の色。母がよくかぶっていた白の帽子。秋の運動場の地面。放課後の校舎に重なる影の色。家に遅く帰って叱られた日の真っ赤な夕日。昨日の青い空。近所の家の犬小屋の黄色いペンキ。みんな自分だけの色。

その時、何をしてたか、なんて忘れても、見た目や感じた色だけは、いつまでも記憶に残る。

その時の気持ちと思い出と匂い。この世界に、色があってうれしい。

（注）入れ替わる：他のものと交代する。

1 筆者はどうして①無理だと思ったか。

1 同じ名前の色でも、その時の気分や感情で色が変わるため
2 色にはその人の思い出が反映されると筆者が考えているため
3 色の印象が強くなければ、色を記憶できる時間に限界があるため
4 同じものを見たとしても、人によって目に映る色が違うため

2 筆者が考える、頭の中からすぐ離れてしまう色とはどんな色のことか。

1 子供のころに見たものの色
2 あまり鮮やかでない色
3 モノクロームのような一色
4 心を揺さぶらない色

3 筆者が②不思議に思ったのはなぜか。

1 友人には色覚異常があるのにもかかわらず、鮮やかな絵を描いたから
2 子供の頃、朝起きても夢の中で見た色が頭から離れなかったから
3 たとえ同じ色であっても、自分の思う通りに見ているから
4 同じものを見ても、人によって記憶できる時間に違いがあるから

4 この文章から分かる「色」はどんなものか。

1 昔の記憶がなくなっても、色から感じた記憶はずっと残るもの
2 色は視覚的、感覚的、聴覚的にもとらえることができる実に不思議なもの
3 昔の記憶が曖昧で、思い出せなくても色を見れば当時の思い出が蘇るもの
4 色彩感覚は気分に左右されるから、色がどう見えるかでその人の心理状況がわかるもの

問題 10 次の文章を読んで、後の問いに対する答えとして最もよいものを、1・2・3・4から一つ選びなさい。

私は姿かたちを変えてゆくものが好きだ。変化が好きだ。今あるものがどんどん古くなっていき、新しいものが出てくる話を聞くとワクワクする。それは「知能」という見えないものを追求しているからかもしれない。知能というものに形はないし、触ることもできない。様々な環境の中でそれぞれに合った機能が働くシステムであって、その曖昧(あいまい)な見えない相互作用こそが知能である。

この時代、たくさんのものが変わっていくが、それは目で認識している「もの」にとらわれているからだ。何かが消え、何かが生まれるということと、①それらが提供している価値が高まり、生産性が向上しているということは矛盾しない。人が生まれ、そして死ぬということと、人間社会がよりよい社会になっていくということは矛盾しない。目に見えるものが変わっていくことは、つまり目に見える存在理由と目に見えない存在理由が分離し、違う形態として再構築されていくということでもある。

インターネットが情報流通における革命を起こし、様々なところに情報が流れるようになった。従来は、情報の流れと組織が一つになって構築されていたが、それが引き離された瞬間に、組織と関係ない情報の流れが生まれ、新たな付加価値を生んだ。情報を伝えるのは必ずしも、母から子へ、教師から学生へ、マスコミから大衆へという決められた経路でなくてよかったのだ。

人工知能によって生み出される変化は、「知能」という環境から学習し、予測し、そして変化に追従するような仕組みが、これまでの人間やその組織と切り離されるということである。いままでは組織の階層を上がって組織としての判断を下していた。個人が生活の中で判断することも、自分の身体はひとつであるから限界があった。それが分散され、必要なところに必要な程度に実行されるようになるのである。こうした学習や判断が今、いかに社会システムから切り離せない形で埋め込まれているか。それを考えると、学習や判断を独立なものとしてとらえ、それを自由に配置する価値は、はてしなく(注1)大きいのではないだろうか。

人工知能が人間を征服するといった滑稽(こっけい)な(注2)話ではなく、社会システムの中で人間に付随(ふずい)して(注3)組み込まれていた学習や判断を、世界中の必要なところにそれぞれに設置できることで、よりよい社会システムをつくることができる。それこそが、人工知能が持つ今後の大きな発展の可能性ではないだろうか。それは、「特徴表現学習」が実現され、ついに人工知能の学習において、ほとんど人間の手を借りなくてよい段階に技術的に差しかかった今だからこそ、②議論できることなのだ。

(注1) はてしない：限りがない。
(注2) 滑稽(こっけい)：おかしかったり、ばかばかしかったりすること。
(注3) 付随(ふずい)：従属的な関係にあること。

1 次の「知能」について書かれている文の中で正しいものはどれか。

1 特定の環境の中で機能を発揮するもの
2 目に見える形をとり、それが変化していくもの
3 人間社会において独立性を強く有しているもの
4 形がわからず、目で認識できないもの

2 ①それらが指しているものと一番近いものを選びなさい。

1 変化と不変
2 生と死
3 衰退と発展
4 知能と機能

3 筆者の考えとして、②<u>議論できること</u>とは何か。

1 人工知能によって、人間が構築してきた社会システムが混乱におちいる可能性について
2 人工知能によって、社会システムの中に学習や判断を組み込むことができるのではないかという可能性について
3 人工知能によって、学習や判断を大きく発展させることができる可能性について
4 人工知能によって、ほとんどの人間の手を借りなくても学習ができるようになる可能性について

4 この文章中で筆者が述べていることはどれか。

1 人工知能が組織と情報を切り離し、私たちの住む社会はさらによいものになっていく。
2 これから人工知能が人間社会において、どのように役に立って行くのかを議論すべきだ。
3 人工知能によって変化が生まれ、価値が生まれ、必要なところに必要なものが分散される。
4 人工知能が人間を征服することはなく、これからは人間が人工知能を支配するだろう。

このページには問題はありません。

105 실전 시험 통합 이해 [1]

1회 (　　/2)　2회 (　　/2)　3회 (　　/2)

問題11 次のAとBの文章を読んで、後の問いに対する答えとして最もよいものを、1・2・3・4から一つ選びなさい。

AとBはコンパクトシティについての記事である。

A

日本は2025年ごろになると、車を運転できない高齢者が急増してしまう。今のように通勤から通院、買い物までも車に頼っている都市構造では生活しにくくなる。そうなる前に住宅や商業・福祉施設などを一定の区域に集約しようという考えが広がりつつある。コンパクトな構造にしていくことが求められているためだ。中でも重要なのが住宅の立地ではないか。近場に駅やバス停があったり、徒歩で移動できる街に徐々に変えていく必要がある。そうすることで、車への依存を改められるだろう。

しかしながら、今、居住区域の縮小に積極的な地域がある一方で、先送りしているところもある。一刻も早く人口減少時代の都市のあり方について国も私たちも一層真剣に取り組むべきではないか。

B

都市部へ商業施設や福祉施設、医療機関が集中することにより高齢者の体への負担を最小限に抑えることができるようになります。また集中した地域に人口が集まることで福祉サービスが向上すると予想できます。

その一方で、故郷でもある地域が消滅してしまう可能性が生まれます。生活に支障が出るといって、住み慣れた土地を捨ててまで、都市に暮らすメリットを感じられない人も多いはずです。

また、郊外にすでに設置されている施設の移動も容易ではない点も、問題点の一つとして挙げられます。多数の問題点を抱えている点は無視できず、コンパクトシティを推進している都市でも、今後の推進について繰り返し議論が行われています。

1 コンパクトシティ計画を進める上で何が重要だと考えているか。

1 Aは車がなくても自由に行動できること、Bは繰り返し議論を行うこと
2 Aは積極的に取り組むこと、Bは高齢者の体の負担を減少すること
3 Aは人口減少の原因を知ること、Bは施設の移動を推進すること
4 Aは人口減少前に行動をすること、Bは様々な課題を放置しないこと

2 AとBに共通していることは何か。

1 コンパクトになれば、今より向上した医療や福祉のサービスと技術を受けられること
2 コンパクトシティを進めていく上で、生じる問題が多いということ
3 コンパクトな構造にしていくことに、積極的な都市が存在すること
4 人口減少は避けられず、今より生活に不便な部分が発生すると考えていること

106 실전 시험 통합 이해 [2]

1회 (/2) 2회 (/2) 3회 (/2)

問題11 次のAとBの文章を読んで、後の問いに対する答えとして最もよいものを、1・2・3・4から一つ選びなさい。

A

IT企業で働くある男性には、専業主婦の妻と３歳と１歳の子供がいます。専業主婦でも奥さんは乳幼児２人の世話をするのは大変なので、男性と家事と育児を分担しています。男性は平日には夜８時頃には帰宅し、子供たちをお風呂にいれ、週末には掃除、食料品の買い出しに行きます。週末には奥さんが少しでも１人の時間をもてるように、子供たちを近くの公園に連れていきます。週末には男性自身の時間はまったくとれません。ある月には、新商品のリリース(注１)のため月８０時間も残業をし、週末も仕事の電話、もちろんこれが原因で夫婦喧嘩になりました。

B

出版社に勤めるある男性は、共働きの妻と３歳になる子供と暮らしていました。帰宅時間の遅い男性は朝の家事や育児を、妻は夕方以降を担当していました。男性は朝起きてから、皿洗いをし、朝食を作って子供に食べさせ、保育園に送ります。ある日、妻が高熱で寝込み、男性は残業をせずに通常業務を終え退社しました。保育園に迎えに行き、子供を風呂にいれたあと、スマホをみると上司からの着信が10件も。「電話に出ろ、仕事はどうした」という怒りの留守電。妻に報告すると、「仕事は育児しない言い訳にならない」と怒られる始末。男性のように仕事と育児の板挟み(いたばさ)(注２)で、ストレスがたまる男性が急増。

(注１) リリース：発売。

(注２) 板挟み(いたばさ)：対立する二つの間に立って苦しむこと。ジレンマ。

1 AとBの記事に共通する主題は何か。

1 育児の大変さと仕事
2 父の育児と仕事
3 育児による夫婦喧嘩
4 家庭内への仕事の持ち込み

2 AとBの記事として正しいものはどれか。

1 Aの男性もBの男性もともにストレスを感じている。
2 Aの男性もBの男性も仕事が忙しく、育児ができない。
3 Aの男性もBの男性も育児が原因でしょっちゅう夫婦げんかをしている。
4 Aの男性は朝に、Bの男性は夕方に主に子育てをする。

107 실전 시험 통합 이해 [3]

1회 (/2) 2회 (/2) 3회 (/2)

問題11 次のAとBの文章を読んで、後の問いに対する答えとして最もよいものを、1・2・3・4から一つ選びなさい。

次のAとBは新しくなる大学試験に対する意見である。

A

既存の大学入試試験に代わり2020年度から実施される「大学入学共通テスト」の原案が公表された。知識に加え、大学で必要となる思考力、判断力、表現力の評価を重視するという。新テストの目的と期待される効果を丁寧に説明し周囲の不安を取り除くべきだ。

そもそも新テストは、高校と大学教育を円滑に接続させようという構想から出発した。マークシートのように１点刻みで合否を判定する試験から、到達度評価に転換するのだ。そして、二次試験で各大学が記述式問題などで丁寧に学力を判定する。これが狙いだったはずだが、英語と数学を除きおおむねマークシート式問題のままだ。

新テストの機能は既存の試験とどこが違うのか。最も重要な部分が曖昧ではないだろうか。これが改革の第一歩なのか。 方向性を明示する責任がある。

（「大学新入試は何をめざすのか」日本経済新聞による）

B

導入が迫っているにもかかわらず、解決すべき課題は山のように多い。

新テストの特徴は国語と数学の問題に記述式を導入し、英語では民間の資格・検定試験を活用する。英語の試験は高校３年在学時に実用英語技能検定やＴＯＥＦＬなどを自ら選択して受け、各大学は、その結果を入試の成績に用いる。「読む」「聞く」だけでなく、「話す」「書く」を加えた総合的な英語力を判定する。

その狙いは理解できるが、問題は、民間テストで必ずしも高校の学習指導要領に従っていない。国や大学は、問題の質を入念に見極めることが大切だ。教育現場の声に耳を傾け、最終判断を下すことが肝心である。

（「大学新入試案受験生の力を適切に測りたい」読売新聞による）

1 AとBの新テストについての問題定義の視点はどのようなものか。

1 Aは導入される評価方法が不安だとし、Bは評価が公平であるのか指摘している。
2 Aは評価基準が曖昧だと述べ、Bは民間テストは不適切だと見ている。
3 Aは改革された部分が明白じゃなく、Bは評価法を見直すべきと報告している。
4 Aは従来との相違が分かりにくく、Bは学力を適正に測れないと述べている。

2 Aの主張として正しいものはどれか。

1 英語と数学では、マークシート式テストを採用して到達度評価を簡単にすべきだ。
2 民間テストを最大限活用し、高校の学習指導要領の方針を貫くべきだ。
3 新しい大学入試の方向性を明確に提示するべきだ。
4 マークシート式問題はすべての科目で廃止すべきだ。

108 실전 시험 주장 이해 [1]

1회 (/4) 2회 (/4) 3회 (/4)

問題 12 次の文章を読んで、後の問いに対する答えとして最もよいものを、1・2・3・4から一つ選びなさい。

脳は妙に自己満足する。買い物中に気に入った服AとBがあったとしよう。残念ながら両方買う予算はないが、どちらも好きなデザインで1つを選ぶのは難しい…。断腸(だんちょう)の思いで(注1)Aを選んだ。さて、このときAとBに対する考えはどう変わるだろうか。アンケートを採ると、面白いことに選択前に比べて選択後はBへの評価が下がることがわかった。つまり、自分が選ばなかった服に対して「それほど好きじゃなかった」と考えを変えてしまうのだ。そこで別の実験を行ってみた。今度は服AとCを選ばせる。Cよりも、Aのほうがいくぶん自分のタイプだ。躊躇なくAを選ぶだろう。この場合、選択後Cの評価は下がらない。このことから、選択後の好感度の変化は、品物の好ましさに明確な差がない時にだけ現れることがわかる。

もう1つの実験を紹介しよう。ある団体に入るため、複雑な手順を踏む手続きと、それほど難しくない手続きのどちらかを経て入団してもらう。入団後にその団体の印象を聞くと、複雑な手続きをして入団した人のほうが好印象を持っているというデータが出た。さて、この2つの実験結果をどう分析したらよいだろうか。

一般的に人は、自分の「行動」と「感情」に差があるとき、①この不一致を無意識に解決しようとする。つまり、この2つを一致させようと考えた結果、行動か感情のどちらかを変更するというわけだ。この2つのどちらが変えやすいだろうか。言うまでもない。「感情」のほうだ。「行動」は既成(注2)事実として存在しているから変えようがない。そこで脳は感情のほうを変えるのだ。はじめは服AとBを同じくらい好きだったかもしれない。しかし自分はBを排除してしまった。どんな理由があったにしろ、その行為は事実でそれを否定することはできない。そこで「BもAぐらい好きだった」という感情を変更してしまうのだ。「実はBはそれほど私の好みではなかった」と。一方、服CはAほど好きではなかったわけで、Aを選択したという自分の行為と感情に矛盾はない。だからCへの評価を変える必要もない。入団手続きの実験についても同じことが言える。手続きはそもそもそれ自体がわずらわしく、避けられるなら避けたいもの。それが複雑な手続きともなればなおさらである。しかし、自分はその複雑な手続きをやってまで入団した。この事実は変えられない。だからこそ「それほどまでにこの団体が好きなのだ」となる。このような心の②不協和を無意識に解決しようとする圧力は、大人だけでなく子ども、さらにはサルにまで観察されると実験結果が出ている。自己矛盾は不快だから解決したいという心理は、高等哺乳類に普遍的な原理なのかもしれない。

（注１）断腸（だんちょう）の思い：とてもつらく悲しい気持ち。

（注２）既成：ある事柄がすでにできていること。

1 選択後の好感度の変化はどんな時に現れるか。

1 服Aと服Bを見てどちらも気に入ったとき
2 服Aより服Cのほうが気に入らなかったとき
3 服Cより服Aのほうが少しだけ気に入ったとき
4 服AとBは好きで服Cは気に入らなかったとき

2 ①この不一致と合っているものはどれか。

1 自分が「行動」しようとすることと、自分の「感情」が違うと気づいたこと
2 自分の「行動」と「感情」に差があるので、一致させようとすること
3 自分の「感情」に対して、自分がした「行動」に矛盾があること
4 自分がする「行動」は自分の「感情」といつも違うということ

3 ②不協和を無意識に解決しようとするというのは具体的にどういうことか。

1　面倒なことを避けて何かを達成したとき、相手に対する好感度が上がってしまう。
2　とても大変なことをしたときに、自分の感情も「とても大変なことをしたな」という考えに変えてしまう。
3　自分が好きなものを選んだ時に、無意識に好きじゃないほうの評価を下げてしまう。
4　自分がしたいことと、結果的にしたことが違ったときに実際の考えを変えてしまう。

4 この文章に書かれている筆者の主張と違うものを選びなさい。

1　脳が自己矛盾を感じると、無意識のうちに自分の感情にうそをついてしまう。
2　脳は行動と感情に矛盾があるとき、その不快を解決して自己満足しようとする。
3　脳が自己矛盾を回避しようとする作用によって、人はもともとの本音をさらけ出してしまう。
4　脳は「いまさら行動は変えられないが、感情は変えられる」と思ってこれらの不一致を一致させようとする。

109 실전 시험 주장 이해 [2]

1회 (　　/4) 2회 (　　/4) 3회 (　　/4)

問題 12 次の文章を読んで、後の問いに対する答えとして最もよいものを、1・2・3・4から一つ選びなさい。

多忙は限界を超える状況ではないだろうか。文部科学省が小中学校の教員の勤務実態調査を公表した。全国の公立小中学校から選択した約１万９０００人の結果で、１０年前との比較も発表された。①小中学校ともに勤務時間は延びている。

１週間の勤務時間は小学校が４時間ほど延びて５７時間２５分、中学校でも５時間ほど長くなり６３時間１８分だ。忙しさに拍車がかかって(注1)いる。週に約６０時間もの労働実態だ。さらに「過労死ライン」に達する計算となる週６０時間以上の勤務は、小学校で３人に１人、中学ではなんと６割近くであることがわかった。国際機関の調査では、先進諸国の中学教員は平均すると週約３８時間の勤務で、日本は突出して長い。

長時間勤務の大きな要因となっているのは、授業時間数の増加と部活動指導だ。いわゆる「ゆとり教育」で学習内容が削減された学習指導要領が改定され、小学校低学年では週に２時間、それ以上は週に１時間授業が増えた。準備のための時間や成績をつける時間も増えることになる。少人数指導が広まり、先生が受け持つ授業も多くなった。中学では休日の部活動の指導時間が倍増し、平均で２時間を超えている。大会等に向けた指導でつきっきりに(注2)なっている姿も浮かび上がる。年間で５０００人前後の教員が精神疾患で休職しているのが現状だ。教員増加とともに、外部の支援や仕事内容の見直しが不可欠だ。

文科省も、スクールカウンセラーや部活動指導員を学校職員と位置付けるなど、福祉・心理や部活動の専門家を学校に導入することで見直しを図ろうとしている。②この流れをさらに加速させる必要がある。外部への報告書作りなどの事務作業の多さも相変わらずだ。教育委員会なども教員の負担になる調査を実施していないか見直す必要がある。それだけではなく学校自体としても行事や研修、会合を詳しく調べるべきだ。２０２０年度からは小学校で英語が教科として加わり、討論などで能動的に学ぶアクティブ・ラーニング(注3)も導入される。さらに忙しくなる。先生が疲れ果てていては、教育の質も低下する。負担軽減は日本の将来に向けた③早急の課題だといえるだろう。

(注1) 拍車がかかる：進行が一段と速くなる。

(注2) つきっきり：ずっとそばについているさま。

(注3) アクティブ・ラーニング：参加者を中心とした学修を指す学習方法。

1 ①小中学校ともに勤務時間は延びているとあるが原因として正しいものはどれか。

1 「ゆとり教育」が見直され、先生の負担が多くなったから
2 少人数制の授業が増え、学生の数が少なくなったから
3 教員の増員が授業数増加に追い付いていないから
4 部活動の指導や成績をつける仕事が多くなったから

2 ②この流れとして正しいものはどれか。

1 部活動指導時間の削減
2 教員が担当する授業の増加
3 心理の専門家を学校に配置
4 外部への報告の徹底

3 ③早急の課題として正しいものはどれか。

1 教育の質を上げるために、教員への指導を徹底する。
2 小学校で導入される英語教育を担当する教員の質の低下を防ぐ。
3 教員の疲労や負担を減らし、教育の質を低めない。
4 アクティブ・ラーニングを導入し、教育の質を高める。

4 本文の内容に合わないものはどれか。

1 10年前に比べ小中学校ともに教員の仕事時間が増加した。
2 スクールカウンセラーが外部で授業を受け持つことになった。
3 教育の質の低下は先生の疲労度の増加が原因だ。
4 部活動の指導により教員の負担が増えてしまった。

110 실전 시험 주장 이해 [3]

1회 (/4) 2회 (/4) 3회 (/4)

問題 12 次の文章を読んで、後の問いに対する答えとして最もよいものを、1・2・3・4から一つ選びなさい。

たとえばパーティーの席で、酒を飲む人が飲めない人に向かって、「人生の楽しみの１つを知らないなんてかわいそうね。」という。酒が飲めない人には慣れていることではあるが、「そんなことないですよ。」と軽く返事をすると、「おいしいものを無理に飲ませるのももったいないな。」と言われる。酒が飲めない人にとっては、「飲める・飲めない」ということは普段まったく問題にならないことなのに、酒が飲めないことに関して勝手なことを言われて「飲めない」人がそれに対して反論すると、その後嫌な雰囲気になるだろう。

酒好きの人と酒が飲めない人のこの関係は①非対称的である。好き嫌いというものは「好き」の立場から投げかけられたものだからである。「嫌い」ということが焦点化されるのは、「嫌い」の立場の人からではなく、これもまた「好き」の立場の人からである。「嫌い」な人にとっては、ここでは「酒」は焦点化すらされていないのであり、ここでもまた「飲める・飲めない」ということは問題にすら感じていないのである。

酒が飲めない人はこの関係が理不尽(注１)であることを知っているが、酒好きの人には、自分の投げかけている視線から、酒を飲めないことの「不幸」が、酒を飲めない人の中にあるかのように見える。そして、その錯覚が多数派である限り、それは常識となり、その常識が「嫌い」な立場の人にとっても、常識として内面化し、「楽しみの欠如」であると見なすようにさえなる。楽しみの欠如と認識することで初めて、「飲める・飲めない」ということが問題に感じられるようになるのである。

しかしながら、酒が飲めない人のように、その理不尽さに腹を立てて反論しても、②無駄である。なぜなら、この非対称性は解消できないどころか、さらに補完される。それは、この非対称な関係によって失われてしまっているのが無関係性だからである。反論することは、「酒が飲める」「酒が飲めない」の議論に関係をもってしまうことであるからである。「不幸」や「欠如」なんて「嫌い」の立場の人にとっては、もともとなかったはずのものなのに、強く反論する限りそれらを意識し、

③その不在が強く認識されてしまう。

無粋(ぶすい)な(注2)反論などをせず、ただいつものようにやり過ごした方が、過剰に陥ることを避けられたはずだろう。しかしその場合、理不尽な非対称性は温存され、酒好きの「常識」が「常識」として続いていくことだろう。その関係を通過した以上は、もう二度と戻れないのである。もちろん酒好きの人が言葉を慎むこともできるだろうし、そうすべきである。しかし、両者のどんな紳士的な対応によっても、非対称性が明らかになってしまった以上は、なかったことにすることはできないのである。

(注1)理不尽: 物事の筋道が通らないこと。
(注2)無粋(ぶすい): 物事の風流な趣が分からないこと。

1 ①非対称的とはここではどういうことか。

1 「好き」と「嫌い」という関係
2 酒好きの人が、一方的に酒が飲めないことを不幸だとみなすこと
3 酒が飲めない人は、「飲む・飲めない」ということに問題を感じないということ
4 酒の席では、飲むか飲めないかの2つしか選択肢がないということ

2 何が②無駄であるのか。

1 お酒が飲めない不幸を飲める人がおしつけること
2 お酒が飲めないことを「楽しみの欠如」として認めること
3 飲める人に勝手なことを言われて、「飲める・飲めない」を問題にしてしまうこと
4 酒という問題に焦点をあててしまうこと

3 ③その不在とは何か。

1 「楽しみの欠如」を認めてしまうこと
2 強く反論してしまうこと
3 非対称性を改善しようとすること
4 「好き」「嫌い」の立場を明らかにすること

4 ここで筆者が一番言いたいこととして正しいことはどれか。

1 「嫌い」の立場の人は激しく反論すべきではない。
2 酒好きの「常識」を認めると、二度と戻ることはできない。
3 非対称性をそのまま持ち続けるべきである。
4 非対称性はなかったことにはできない。

111 실전 시험 정보 검색 [1]

1회 (　/2)　2회 (　/2)　3회 (　/2)

問題13 次のページは、「ストレッチマット」の体験者募集の案内である。下の問いに対する答えとして、最もよいものを1・2・3・4から一つ選びなさい。

1 モニター募集について、正しくないものはどれか。

1 モニターへのエントリー数が超過した場合に限って、抽選での選考になる。
2 数回にわたり、エントリーしても当選確率が上がるわけではない。
3 いもとスポーツのホームページにアンケート内容を公表する場合がある。
4 製品の到着、一度電話で説明を受けた後で一カ月のモニターを開始する。

2 モニター募集の手順として正しいものはどれか。

1 エントリーフォームに必要事項を記入し、結果を待つが6月7日に連絡がない場合、抽選に外れたことになる。
2 Twitterで公式アカウントをフォローし、リツイートをし、後日ダイレクトメッセージで抽選結果とアンケートが来るのを待ち、モニター後アンケートを提出する。
3 Twitterで公式アカウントをフォローとリツイートをし、抽選メールが届いたらモニターを開始し、アンケートを期日までに必ず提出する。
4 Twitterで公式アカウントをフォローとリツイートをしアンケートを受け取ったら、フォローを外し、モニターを開始する。

エントリーフォーム

ストレッチマットの体験・開発モニター募集

【募集参加人数】30名　※多数の場合は抽選となります。
【参加資格】国内にお住まいの16歳以上の方、普段スポーツを行っている方、使用体験後のアンケートにお答えいただける方
【モニター期間】6月下旬から、一カ月間を予定
【エントリー締め切り】6月3日(月)23:59まで
【エントリー方法】エントリーフォームまたは、Twitterから応募

エントリーフォームはこちら
◎Twitterから応募
公式アカウント(imoto-sports)をフォローしたうえで「#いもとスポーツ体験モニター」付きのモニター募集投稿をリツイートすることでも応募ができます。ただし、ご自身のTwitterのアカウントでアクセスし、リツイートしてください。
【発表】2019年6月7日(金)までに、メールもしくはTwitterのダイレクトメッセージにてご連絡いたします。発表はご当選者のみのご連絡となります。
※ご当選時にアカウントを削除している場合や、フォローを外されていますとご連絡ができなくなりますのでご注意ください。

〜必ずお読みください〜
1. 製品をご自身でご利用いただき、後日メールにてお送りするアンケートに指定の期日までにご回答いただける方が対象になります。ご自身でモニター製品をお試しいただけない方、アンケートにお答えできない方のエントリーはご遠慮ください。
2. アンケートは6月下旬頃にご登録のメールアドレスまで送信予定です。
3. アンケートの内容は、お名前、住所、連絡先などの情報を除き、統計データとして公表すること、またご意見の内容を弊社のホームページ、SNSや広告等で引用することがありますことご了承ください。
4. エントリー方法に関わらず、お一人様一回のご応募となります。複数回エントリーされた場合は2回目以降のご応募は無効となります。

112 실전 시험 정보 검색 [2]

1회 (/2) 2회 (/2) 3회 (/2)

問題13 右のページは、ある大学で発行した新入生募集の案内である。下の問いに対する答えとして、最もよいものを1・2・3・4から一つ選びなさい。

1 英語の試験が必須な学部はいくつあるか。

1 1つ
2 2つ
3 3つ
4 4つ

2 複数の学部を受験できるものとして、教育学部に受験しようとしている学生がほかに受験できる学部はいくつあるか。

1 1つ
2 2つ
3 3つ
4 4つ

生徒募集要項

	学部	定員	試験 日程 1次試験 2次試験	受験科目・備考
1	法学部	４０名	3/12	英語/フランス語・国語・数学 英語とフランス語から一つ選択すること。
2	外国語学部	２０名	3/13	英語・第２外国語 自身の希望する学科の言語を選択すること。 第２外国語（フランス語・ドイツ語・スペイン語）
3	経営学部	４０名	3/11 3/13	１次試験…国語・数学 ２次試験…面接 ただし面接は１次試験合格者のみを対象とする。
4	文学部	６０名	3/13	英語・国語・数学 ただし英語試験は留学経験者のみ免除される。
5	映像学部	２０名	3/12 3/13	１次試験…実技試験 ２次試験…英語・国語・数学
6	教育学部	８０名	3/12	英語・国語・数学 ただし高校での成績優秀者は数学試験が免除。
7	社会学部	４０名	3/12 3/13	１次試験…英語・国語・数学 ２次試験…面接 ただし面接は英語で行う。

本学では、入学試験・入学手続・入学案内・選抜方法研究・統計資料作成・本学での学生生活関連業務に関して必要とされる範囲で収集し、利用します。前述の業務以外で利用する場合は、本人に了解を得たうえで利用します。また個人情報を第三者に提供することはありません。

113 실전 시험 정보 검색 [3]

1회 (/2) 2회 (/2) 3회 (/2)

問題13 右のページは、ある自治体が発行した教育支援の案内である。下の問いに対する答えとして、最もよいものを1・2・3・4から一つ選びなさい。

1 カナダ出身のナオミさんが市の教育を受ける時、一番多く奨励金がもらえる研究は次のうちどれか。

1 A
2 B
3 C
4 ①

2 表から正しくないものはどれか。

1 美しい街づくり分野の研究に応募した者は２５万円の奨励金がもらえる。
2 次世代留学生分野は、留学生の農業分野における教育方法について研究する。
3 教育研究の中で一番予算が高いのは、実践型教育研究区分である。
4 美しい街づくり分野と実践型教育研究区分の申請の２つだけが１月に申請をすることができる。

教育研究	『地域密着型教育研究プロジェクト』
目的	千葉市から次の３教育研究分野及びそれぞれ２教育研究区分について公募し、市内の実践的な教育研究を推進し、そこで得られた成果を報告する。 また、以下の分野及び区分別に研究生を募集し、次の表のとおり奨励金を支給するものとする。
教育研究分野	A. 「食」の地域ブランド化分野：「食」の高品質化、「食」と健康などに関する教育研究 B. 次世代留学生分野：畜産を含む農業分野で次世代を担う留学生の教育推進と農業技術向上のための研究 C. 美しい街づくり分野：観光を含む農業及び人間生活と自然とを調和させる教育研究
教育研究区分	① 実践型教育研究 市内の常勤職員が主体となり、専門分野における教育研究成果を活用し、実践に即した教育研究テーマを設定することで、地域の活性化に寄与する教育研究開発を促進する。 ② 共同教育研究 外部機関と連携し、市内の常勤職員と他の地域との共同教育研究を通じて「知」を高めることにより、地域の活性化を促進する。

名称	予算	教育及び研究日程	申請日	申請場所　（奨励金）
A	２億円	２月中旬～４月下旬	１月１５日	地域課　（１０万円） ☆外国人は１５万円
B	１億円	４月上旬～５月中旬	３月１５日	地域課　（１０万円） ☆外国人の場合は＋１０万円
C	３億円	１月１２日～１月２１日	１月５日	観光課　（２５万円）
①	８億円	１月１２日～３月１日	１月５日	教育課　（１０万円） ☆外国人の場合は２０万円
②	６億円	３月２日～５月中旬	２月１５日	教育課　（奨励金なし） ☆他地域出身は３０万円支給

QR 청해 음원

問題1

問題1では、まず質問を聞いてください。それから話を聞いて、問題用紙の1から4の中から、最もよいものを一つ選んでください。

1番

001

1 旅行の日程を相談し、費用を決める。
2 集合場所など細かい日程を聞きに行く。
3 旅行の費用を振り込み、冊子が来たら日程を確認する。
4 旅行の冊子で日程を確認してから、費用を振り込む。

2番

002

1 普通列車に乗ります。
2 急行列車に乗ります。
3 普通列車に乗って急行列車に乗り換えます。
4 急行列車に乗って普通列車に乗り換えます。

3番

003

1 セール中であることを強調する。
2 使用体験のリンクを目立たせる。
3 体験できる場所を知らせる。
4 製品紹介をトップページに載せる。

4番

1　発表の時間を短くする。

2　発表する時間を決める。

3　発表者にメールを送る。

4　発表の内容を事前に知らせる。

5番

1　企画書を修正する。

2　販売の対象者を決める。

3　需要調査を実施する。

4　試飲会を実施する。

6番

1　吉川商事と会議をする。

2　男の人と取引先に行く。

3　駅で電車の復旧を待つ。

4　田中さんに連絡をする。

QR 청해 음원

問題1

問題1では、まず質問を聞いてください。それから話を聞いて、問題用紙の1から4の中から、最もよいものを一つ選んでください。

1番 007

1 大人二人分と子供一人分払う。
2 大人二人分と子供二人分払う。
3 大人二人分と子供三人分払う。
4 大人二人分だけ払う。

2番 008

1 調査の対象者を増やす。
2 図や表を増やす。
3 論文の結論を変える。
4 表現の仕方を変える。

3番 009

1 駅の売店で買います。
2 傘を持っていきません。
3 長い傘を持っていきます。
4 折畳みの傘を持っていきます。

1회 (　　/6)　2회 (　　/6)　3회 (　　/6)

4番 010

1 工場視察に出かける。

2 会議に参加する。

3 会議の資料を作成する。

4 海外出張に出かける。

5番 011

1 新商品のアンケートをとる。

2 既存製品のアンケートの結果を見る。

3 新商品の商品名を提案する。

4 既存製品の味の改善案を提出する。

6番 012

1 打ち合わせの記録を作成する。

2 総務課に出す資料を作成する。

3 備品の見積もりをほかの人に頼む。

4 今朝頼まれた仕事をつづけてやる。

116 실전 시험 과제 이해 [3]

QR 청해 음원

問題1

問題1では、まず質問を聞いてください。それから話を聞いて、問題用紙の１から４の中から、最もよいものを一つ選んでください。

1番

1 部長の連絡先を調べて鈴木さんに教えます。

2 部長に連絡を取ります。

3 部長が戻ってくるのを待ちます。

4 部長が戻ったら伝言のメモを渡します。

2番

1 タクシーで往復する。

2 自分たちの車で行って、帰りは妻が運転する。

3 自分たちの車で行って、帰りは夫が運転する。

4 自分たちの車で行って、帰りは業者に運転を頼む。

3番

1 研究の背景

2 研究の目的

3 研究の方法

4 研究のまとめ

1회 (　　/6)　2회 (　　/6)　3회 (　　/6)

4番 016

1　パソコンの修理を頼む。

2　パソコンを注文する。

3　パソコンの買う許可を得る。

4　パソコンの見積もりを頼む。

5番 017

1　参加者のグループ分けをする。

2　参加者のリストを印刷する。

3　参加者に電話をする。

4　参加者にメールを出す。

6番 018

1　地域の工場を訪問する。

2　食事の準備をする。

3　ブドウを収穫する。

4　地元農家の話を聞く。

QR 청해 음원

問題2

問題2では、まず質問を聞いてください。そのあと、問題用紙のせんたくしを読んでください。読む時間があります。それから話を聞いて、問題用紙の1から4の中から、最もよいものを一つえらんでください。

1番 019

1 結婚しない女性が増加したから
2 女性が社会で活躍するようになったから
3 女性の結婚年齢が上昇したから
4 育児を支えるシステムがまだ不十分だから

2番 020

1 道路の建設で自然環境が破壊されるから
2 道路を建設しても便利にならないから
3 都会の人が環境を破壊しているから
4 都会の人が自分たちのことばかり考えているから

3番 021

1 新商品の説明の仕方
2 取引先と信頼を築く方法
3 店での商品の並べ方
4 営業成績をあげる秘訣

4番 (ばん) [022]

1　チョコレートがブームだから

2　人気スターがコマーシャルに出ているから

3　カロリーが低いから

4　チョコレートの見た目がいいから

5番 (ばん) [023]

1　残業が少ないから

2　会社の知名度が高かったから

3　この会社しか受からなかったから

4　やりがいのある仕事ができるから

6番 (ばん) [024]

1　歌に才能がなかったから

2　客席で舞台を見ると落ち着いたから

3　親に反対されたから

4　貧乏で生活が苦しかったから

7番 (ばん) [025]

1　立ったまま使えるデスク

2　座ったまま使える机

3　立っても座っても使える机

4　腰の痛みを治してくれる机

QR 청해 음원

問題2

問題2では、まず質問を聞いてください。そのあと、問題用紙のせんたくしを読んでください。読む時間があります。それから話を聞いて、問題用紙の1から4の中から、最もよいものを一つえらんでください。

1番

1 友だちに見られたくないものがあるから
2 友だちに頼むより安くなるから
3 手伝ってくれる友だちがいないから
4 友だちはみんなバイトがあるから

2番

1 データが古くて問題があるから
2 男の人が海外出張に行くから
3 担当の人が出席できなくなったから
4 会議の場所が確保できなかったから

3番

1 日本本土とは違う文化を味わうことができるから
2 海水浴場に行くには歩くしかない
3 貴重な植物を見ることができるから
4 島の歴史を知ることができるから

4番 029

1 地元の農業発展に貢献したから
2 児童に対する地域の取り組みを示したから
3 子どもの安全を守ってくれたから
4 人々に自然の大切さを教え続けてきたから

5番 030

1 給料が高いこと
2 勤務時間が短いこと
3 休みが取りやすいこと
4 専門が生かせること

6番 031

1 マンションを販売するため
2 自分の住む部屋を探すため
3 住宅の形態を調べるため
4 家賃を催促するため

7番 032

1 片づけ方が細かすぎるから
2 片づけ方がおおざっぱだから
3 物をしまうスペースが少ないから
4 物がたくさんありすぎるから

119 실전 시험 포인트 이해 [3]

QR 청해 음원

問題2

問題２では、まず質問を聞いてください。そのあと、問題用紙のせんたくしを読んでください。読む時間があります。それから話を聞いて、問題用紙の１から４の中から、最もよいものを一つえらんでください。

1番 033

1 お酒を飲む機会が増えたから
2 市内には駐車場が少ないから
3 電車に乗るように医者に勧められたから
4 電車のほうが便利だから

2番 034

1 主婦の利用を増やすこと
2 学校 の近くにたくさんの店舗を出すこと
3 店で扱うデザートの数を増やすこと
4 一人客の利用を促進すること

3番 035

1 大学院に入って専門性を高めたいから
2 やりたい仕事ができる職場が見つかったから
3 自分の専門を生かした仕事ができなくなるから
4 今の開発の仕事に自分が向いていないと思うから

1회 (/7) 2회 (/7) 3회 (/7)

4番 036

1 マラソンで怪我をした人が続出していること
2 病気なのに無理して走ること
3 走る途中、道に迷う人がいること
4 マラソンをするときに、急に体調が悪くなる人がいること

5番 037

1 学校における食生活の教育
2 栄養のバランスがいい食事を作ること
3 親が作った料理を食べさせること
4 家族でいっしょに食事を楽しむこと

6番 038

1 雨が降りやすく、気温は今週より上がる。
2 雨が降りやすく、気温は今週より下がる。
3 晴れが続き、気温は今週と同じぐらいになる。
4 晴れが続き、気温は今週より下がる。

7番 039

1 高いところを嫌がるから
2 エレベータを使うから
3 気圧が低いから
4 窓が閉めっぱなしだから

QR 청해 음원

問題3 040 ～ 045

問題3では、問題用紙に何も印刷されていません。この問題は、全体としてどんな内容かを聞く問題です。話の前に質問はありません。まず話を聞いてください。それから、質問とせんたくしを聞いて、１から４の中から、最もよいものを一つ選んでください。

— メ モ —

QR 청해 음원

問題3 046 ～ 051

問題3では、問題用紙に何も印刷されていません。この問題は、全体としてどんな内容かを聞く問題です。話の前に質問はありません。まず話を聞いてください。それから、質問とせんたくしを聞いて、1から4の中から、最もよいものを一つ選んでください。

— メ モ —

QR 청해 음원

問題3 052 ～ 057

問題３では、問題用紙に何も印刷されていません。この問題は、全体としてどんな内容かを聞く問題です。話の前に質問はありません。まず話を聞いてください。それから、質問とせんたくしを聞いて、１から４の中から、最もよいものを一つ選んでください。

— メ モ —

問題4 058 ～ 071

QR 청해 음원

問題4では、問題用紙に何も印刷されていません。まず文を聞いてください。それから、それに対する返事を聞いて、１から３の中から、最もよいものを一つ選んでください。

― メ モ ―

124 실전 시험 즉시 응답 [2]

1회 (/14) 2회 (/14) 3회 (/14)

QR 청해 음원

問題4 072 ～ 085

問題４では、問題用紙に何も印刷されていません。まず文を聞いてください。それから、それに対する返事を聞いて、１から３の中から、最もよいものを一つ選んでください。

— メ モ —

問題4 086 ～ 099

QR 청해 음원

問題4では、問題用紙に何も印刷されていません。まず文を聞いてください。それから、それに対する返事を聞いて、１から３の中から、最もよいものを一つ選んでください。

— メ モ —

126 실전 시험 통합 이해 [1]

QR 청해 음원

問題5 100 ～ 102

問題５では長めの話を聞きます。この問題には練習はありません。メモをとってもかまいません。

1番　2番

問題用紙に何も印刷されていません。まず話を聞いてください。それから、質問とせんたくしを聞いて、１から４の中から、最もよいものを一つ選んでください。

― メ モ ―

3番(ばん)

まず話(はなし)を聞(き)いてください。それから、二(ふた)つの質問(しつもん)を聞(き)いて、それぞれ問題用紙(もんだいようし)の１から４の中(なか)から、最(もっと)もよいものを一(ひと)つ選(えら)んでください。

質問(しつもん)1

1　ハウス
2　夕暮(ゆうぐ)れ
3　シンドローム
4　鼻歌(はなうた)

質問(しつもん)2

1　ハウス
2　夕暮(ゆうぐ)れ
3　シンドローム
4　鼻歌(はなうた)

127 실전 시험 통합 이해 [2]

QR 청해 음원

問題５ 103 ～ 105

問題５では長めの話を聞きます。問題には練習はありません。メモをとってもかまいません。

１番　２番

問題用紙に何も印刷されていません。まず話を聞いてください。それから、質問とせんたくしを聞いて、１から４の中から、最もよいものを一つ選んでください。

— メ モ —

3番

まず話を聞いてください。それから、二つの質問を聞いて、それぞれ問題用紙の１から４の中から、最もよいものを一つ選んでください。

質問1

1　山谷美術館
2　清流美術館
3　リプル美術館
4　ピクト美術館

質問2

1　山谷美術館
2　清流美術館
3　リプル美術館
4　ピクト美術館

128 실전 시험 통합 이해 [3]

QR 청해 음원

問題5　106 ～ 108

問題５では長めの話を聞きます。問題には練習はありません。メモをとってもかまいません。

1番　2番

問題用紙に何も印刷されていません。まず話を聞いてください。それから、質問とせんたくしを聞いて、１から４の中から、最もよいものを一つ選んでください。

— メ モ —

3番

まず話を聞いてください。それから、二つの質問を聞いて、それぞれ問題用紙の１から４の中から、最もよいものを一つ選んでください。

質問1

1　星野氏
2　森氏
3　河野氏
4　野村氏

質問2

1　星野氏
2　森氏
3　河野氏
4　野村氏

N1
실전모의고사

실전모의고사 1 회

언어지식(문자 · 어휘 · 문법)

독해

배 점
120 점

시험시간
110 분

청 해

배 점
60 점

시험시간
60 분

問題1　＿＿＿＿の言葉の読み方として最もよいものを１・２・３・４から一つ選びなさい。

1　この案は議会に諮って定める。

1　めくって　2　いかって　3　はかって　4　かたって

2　じっと孤独に耐えていた。

1　こどく　2　こくどく　3　ことく　4　こくとく

3　彼女のファッションセンスは抜群だ。

1　はっくん　2　はつぐん　3　ばっくん　4　ばつぐん

4　彼は私の提案を快く受け入れてくれた。

1　いさぎよく　2　こころよく　3　いちじるしく　4　まぎらわしく

5　このテーブルは頑丈にできている。

1　がんじょう　2　けんじょう　3　がんこ　4　けんこ

6　この製品の安全性には若干の疑問が残る。

1　さかん　2　ざっかん　3　しゃっかん　4　じゃっかん

問題２　（　　　）に入れるのに最もよいものを１・２・３・４から一つ選びなさい。

7　上司に暴言を言われ、（　　　　　）しまった。
1　まかなって　　2　からかって　　3　とまどって　　4　やしなって

8　すぐに現地に調査官を（　　　　　）した。
1　派遣　　2　介入　　3　分類　　4　転送

9　両者に折衷案を出し（　　　　　）させた。
1　対立　　2　反目　　3　親睦　　4　妥協

10　今回の経験を仕事に（　　　　　）いきたいと思う。
1　慣れて　　2　努力して　　3　生かして　　4　遂げて

11　古いアルバムをみると、学生時代の思い出が（　　　　　）。
1　よみがえる　　2　ちかづける　　3　ぶらさがる　　4　たてまつる

12　なんとか資金を（　　　　　）して、店をオープンすることができた。
1　割引　　2　工面　　3　利益　　4　新規

13　この辞書は、日本で一番（　　　　　）のある英語の辞書と言われている。
1　威力　　2　迫力　　3　権限　　4　権威

問題3　＿＿＿＿の言葉に意味が最も近いものを１・２・３・４から一つ選びなさい。

14　彼は予想外の結果にまごついた。

1　とまどった　　2　よろこんだ　　3　気がゆるんだ　　4　うぬぼれた

15　このホテルについてしいて不満を言えば、設備の古さが目立つ。

1　かろうじて　　2　むりに　　3　ひたすら　　4　じっくり

16　職務をおこたる行為はしてはならない。

1　おろそかにする　　2　まちがえる　　3　うけもつ　　4　てきぱきする

17　試験の直前なので、不安がつのるものだ。

1　よわくなる　　2　なくなる　　3　でなくなる　　4　つよくなる

18　ようやく景気回復のきざしが見えてきました。

1　具合　　2　速度　　3　兆候　　4　症状

19　大学で歴史の授業を担当している。

1　つきあって　　2　ひきいて　　3　うけもって　　4　なしとげて

問題４　次の言葉の使い方として最もよいものを１・２・３・４から一つ選びなさい。

20　あらい

1　清水さんは、物理の先生だが文学にもあらい。

2　山田さんは、あらい病気で入院している。

3　壁の色はあらいほうが好きだ。

4　店長は人使いがあらいのでこまる。

21　とぐ

1　普段から体をといで筋肉をつける。

2　くもったメガネを外して、ハンカチでといだ。

3　この包丁はといであるからよく切れる。

4　宿題に出された数学の問題をといでから寝た。

22　ひびく

1　食料品の値上がりは、家計にひびく。

2　だれかが笛をひびいている。

3　この辺では、冬のあいだ海から強い風がびびく。

4　湖に紅葉がきれいにひびいている。

23 とっさに

1 朝は晴れていたが、昼頃からとっさに雨が降り出した。

2 友達と約束があったので、仕事が終わるととっさに帰りました。

3 とっさに用事ができてしまい、パーティーに出席できなかった。

4 転びそうになったので、とっさに隣の人の腕をつかんだ。

24 働き

1 このお茶は眠気をさます働きが入っている。

2 疲れてくると、頭の働きが鈍くなる。

3 今日一日の仕事で、これしか働きをもらえなかった。

4 この作品の働きがわかるとは、岡田さんも目が高い。

25 拠点

1 大阪に行くのなら、ぜひ京都まで拠点をのばしてください。

2 弁護士は依頼人の利益を守る拠点にある。

3 当社は、東京を拠点にビジネスを展開している。

4 その説を裏付けられるような拠点はまったくない。

問題５　次の文の（　　　）に入れるのに最もよいものを、１・２・３・４から一つ選びなさい。

26　あのまじめな男が犯人だった（　　　）信じられない。

1　こと　　2　しか　　3　だに　　4　とは

27　人に借りたものをなくしてしまった。弁償（　　　）はすまないだろう。

1　する　　2　しないで　　3　して　　4　せず

28　忙しければ忙しい（　　　）、工夫して自分の時間を作るべきだ。

1　ところ　　2　なりに　　3　ゆえ　　4　とあって

29　こんなにすばらしい絵が、芸術（　　　）。

1　であってなんだろう　　2　にはあたらない

3　でなくてなんだろう　　4　といったらないだろう

30　信用というものは、一度失った（　　　）、取り戻すのはなかなか難しい。

1　しまいに　　2　ものの　　3　とみるや　　4　が最後

31 この役にふさわしい女優さんといえば、あなた（　　　）ほかにはいません。

1 をおいて　　2 にして　　3 からして　　4 において

32 この電車は途中で乗り換えること（　　　）、東京駅までいける。

1 なしに　　2 にもまして　　3 ですら　　4 ばかりに

33 今月末（　　　）当店は閉店いたします。長い間ありがとうございました。

1 をおいて　　2 を皮切りに　　3 を限りに　　4 をよそに

34 いつまでもこの平和が続くことを願って（　　　）。

1 おきません　　2 たまりません　　3 なりません　　4 やみません

35 パソコンが壊れたので、修理に出す（　　　）、新しいのを買う（　　　）して、何とかしなければならない。

1 であれ／であれ　　2 なり／なり

3 やら／やら　　4 にせよ／にせよ

問題６　次の文の＿＿★＿＿に入る最もよいものを、１・２・３・４から一つ選びなさい。

（問題例）

あそこで ＿＿＿ ＿＿＿ ＿★＿ ＿＿＿ が私の妹です。

1　音楽　　2　聴いている　　3　を　　4　人

（解答の仕方）

1　正しい文はこうです。

あそこで ＿＿＿ ＿＿＿ ＿★＿ ＿＿＿ が私の妹です。
　1 音楽　3　を　2 聴いている　4 人

2 ＿★＿ に入る番号を解答用紙にマークします。

（解答用紙）	（例）	① ● ③ ④

36 長引く ＿＿＿ ＿★＿ ＿＿＿ ＿＿＿、中小企業にいたってはなおさらである。

1　大企業にして　　2　倒産する　　3　不況により　　4　時代であり

37 悪いことをした ＿★＿ ＿＿＿ ＿＿＿ ＿＿＿ 行為だ。

1　体罰を　　2　からといって　　3　加えるのは　　4　許すべからざる

38 提出期限に間に合わなかった場合は、＿＿＿ ＿＿＿ ＿★＿ ＿＿＿ ので、注意すること。

1　受け付けない　　2　理由の　　3　かかわらず　　4　いかんに

39 鈴木先生の講義は、テーマの ＿＿＿ ＿＿＿ ＿★＿ ＿＿＿ 学生たちに人気がある。

1　論理的に説く　　2　あいまって　　3　おもしろさと　　4　わかりやすさとが

40 今や情報化社会、子どもの持つ情報量は以前とは ＿★＿ ＿＿＿ ＿＿＿ ＿＿＿ わけにはいかない。

1　子供といえども　　2　比べものにならない
3　簡単に無視する　　4　ほどであり

問題7　次の文章を読んで、41から45の中に入る最もよいものを、1・2・3・4から一つ選びなさい。

私が骨折後6日間入院したのは、東京都内にある100床ほどの病院の3人部屋だった。ベッドは北側の窓に面していた。建物は老朽化し、窓にカギをかけても、すきま風が入った。各自に有料のテレビはあるが、部屋にトイレはない。ベッドの周囲は、車いすがやっと一台入れる広さであった。隣のベッドとの距離は2メートルほど。見舞い客が来ても 41 。カーテンで仕切られてはいるが、狭く、声も筒抜け状態である。

ある日、お年寄りが隣にかつぎこまれた。容体が重いのか一晩中うめき、眠ることはできなかった。翌日、医師ら職員が来て立ち話をした。胃がんだが、身寄りもなく、健康保険は未加入で手持ちのお金もないらしい。こんな個人的な話が聞こえていいのかと思った。

私は歩けない状態だったので、ポータブルトイレを使った。同室の患者が食事中の時もあったかもしれない。42、と申し訳なく思った。

私は入院時、支払う義務があるかと思い込み、求められるまま3万円を支払った。が、これでは大部屋と変わらない。43 1日5000円の差額ベッド料は何なのか。

差額ベッドは最低面積や一室4床以下などの施設基準をクリアすれば、料金の設定は医療機関の自由である。建物の新旧や広さ、設備の充実度、料金も1000円以下から10万円程度まで様々だ。料金の高さが、そのまま質に 44。差額ベッドは、患者がより良い入院環境を求め、自由に選んで利用できる医療保険外の特別なサービスだ。列車のグリーン車のように 45 を買うのだ。

お金を取るなら、それに見合う質があるべきだと思う。

41

1　平気である　2　なんともない　3　気が済む　4　気兼ねする

42

1　すまないだろう　2　不快だろう　3　のんきだろう　4　不利だろう

43

1　いったい　2　たいてい　3　とうてい　4　いっさい

44

1　比例しないわけがない　2　比例したりすることもある
3　比例しないことはまずない　4　比例するとは限らない

45

1　自由　2　デザイン　3　快適さ　4　食事

問題８　次の文章を読んで、後の問いに対する答えとして最もよいものを、１・２・３・４から一つ選びなさい。

(1)

京都に旅行に行ったとき、何枚かのカード・通勤電車の定期券・現金２万円が入った財布を落としてしまい、とても落ち込んでいた私。ところが公園の清掃員のおばさんが拾って連絡をくれ、宅急便で送ってくれることに。後日届いた宅急便の中には、落とした財布以外に京都名物の和菓子が入っていた。手紙が一通添えられていて「今回はお財布を落とされて散々な旅だったと思いますが、こりずに京都にまた観光にいらしてくださいね。」と書かれていた。京都の方らしい気遣いに①感動してしまい、後日また京都旅行を計画してお礼に行った。

46　①感動してしまいの理由として最も合うものを選びなさい。

1　落としてしまった財布がそのままの状態で帰ってきたから。
2　自分の好きな京都名物の和菓子をもらったから。
3　見つからないと思っていた財布を拾い、手紙を添えて送ってくれた人がいたから。
4　おばさんから京都旅行に誘われ、また行けることになったから。

(2)

①賞味期限と消費期限の違いは以下のとおりです。賞味期限は「おいしく食べられる期間」、消費期限は「安全に食べられる期間」と考えてよいでしょう。消費期限はおおむね５日以内に劣化するものに表示され、賞味期限は劣化が比較的遅いものに表示されます。賞味期限は多少過ぎていても「大丈夫、大丈夫」と言って口にしてしまう方もいらっしゃると思いますが、消費期限を過ぎているものに関しては、チャレンジ精神や頑強な胃腸が要求されます。

また、賞味期限や消費期限は「加工食品」に表示が義務付けられているもので、野菜や果物などの生鮮食品には表示義務がありません。

47 ①賞味期限と消費期限の説明として合うものを選びなさい。

1 賞味期限も消費期限も、多少過ぎても問題なく食べられる。
2 賞味期限は消費期限に比べ、期間が短い。
3 賞味期限や消費期限は、全ての食べ物に表示しなければならない。
4 賞味期限は少しぐらい過ぎても健康に害はないが、味は落ちる。

(3)

次は、①おとめ座の今月の運勢です。仕事運は自分の意思を貫くのが吉。他人に邪魔されて、思わぬ落とし穴に陥る可能性があります。雑音をできるだけシャットダウンし、自分のためになると判断した意見だけ取り入れましょう。特にあなたの意見に全否定ばかりする相手には気をつけて！恋愛においては、焦りは禁物。すぐに「恋愛」と構えずに、友人関係から徐々に関係を育んだ方が、長く続くお付き合いに発展する予感。あなたのごくフレンドリーな姿が好感を集めます。

48 ①おとめ座の今月の運勢として合うものを選びなさい。

1 仕事の面では、他人と接することなく何でも自分の判断でことを進めるとよい。

2 好きな人ができてもすぐに告白せず、まずは友達から始めてみたほうがよい。

3 今月は友達作りに力を注ぐと、好きな人からも好感が持たれる。

4 せっかく仕事運はいいのだから、その運勢を全否定しないよう気をつけなければならない。

(4)

地域のご当地グルメをひっくるめて、①「名古屋メシ」という一大ジャンルを形成しているのが名古屋ならではの郷土食の数々。何よりの強みは名古屋メシのほぼ全てが、もともと地元の人に愛されてきた正真正銘のご当地食であること。他のご当地グルメのように観光客向けとして作られたのではなく、どれもこれも名古屋人が日頃から愛して止まない日常食なのだ。したがって、今後ブームが沈静化しても地元ですたれることなど考えられない。地に足のついた強さ。これこそが名古屋メシがご当地グルメの中で別格的存在感を発揮している理由なのである。

49 ①「名古屋メシ」の説明として合うものを選びなさい。

1 他の地域の郷土食と同じく、もともと地元で普段から食べられてきた料理だった。

2 名古屋メシの魅力は、地元の人からも愛される、価格の安い日常食であることだ。

3 名古屋のご当地グルメとして、主に旅行に来た人たちのために作られた料理である。

4 ご当地グルメブームが去ったとしても、名古屋メシが地元で消えてしまうことは決してない。

問題9　次の文章を読んで、後の問いに対する答えとして最もよいものを、１・２・３・４から一つ選びなさい。

(1)

「さっそく」とは、ある状況が整ったときすぐに、ということであるが、「すぐに」や「直ちに」と違って、話し手の期待や希望が裏側に隠されていることの実行といった点で差が見られる。だから、「さっそく」の使われる文脈はどれも「かねがね行いたい、行ってもらいたいと思っていたことが実現可能な状況になったので、時を置かず直ちに」といった、心理が読み取れる。

「旅館に着いたら、さっそく温泉に入ろう」「テレビのコードをつなげたので、映るかどうかさっそく試してみる」「帰って早々、さっそくで悪いが、このメモに書いてあるものをひとっ走り行って、買って来てくれないか」

当人の期待感のないもの、例えば「終了チャイムが鳴ったら、直ちにペンを置くこと」の「直ちに」などは、「さっそく」には言い換えられない。これが①「開始チャイムが鳴ったので、直ちに問題の解答に取り掛かった」なら、「さっそく」と言い換えてもおかしくない。どの程度の問題が出されたか、自信はあるが勉強してきたことが上手く役立つか早く知りたいものだ、といった期待と不安感の伴う状況なればこそ、「さっそく」が生きてくる。当人の事態に対する把握の心理が「さっそく」使用の可否を決めていると見てよかろう。中立的な「すぐ」や「直ちに」で済むところも、「さっそく」と使うことで当人の心が前面に押し出され、表現が生きてくるのだから不思議なものだ。

50 ①「開始チャイムが鳴ったので、直ちに問題の解答に取り掛かった」なら、「さっそく」と言い換えてもおかしくない。の理由として最も適当なものを選びなさい。

1 ほとんどの場合において、「直ちに」と「さっそく」はほぼ同じ意味を表す語であると言ってよいから。

2 「さっそく」を用いることによって、試験が始まるときの話し手の恐怖感が見事に表現されると考えられるから。

3 この場合は「直ちにペンを置くこと」という例とは違い、期待感がこめられていると考えることが可能だから。

4 「取り掛かった」という過去の事柄の表現であり、話し手の経験が生き生きと語られているものであるから。

51 「さっそく」を使った例文として、最も適当なものを選びなさい。

1 危ないですから、さっそくお座席へお戻りください。

2 消防隊員は、火事の通報を受けると、さっそく出動した。

3 突然の質問に、さっそく答えることはできなかった。

4 大好きな小説の続編が出たので、さっそく本屋へ買いに行った。

52 文章の内容として最も適当なものを選びなさい。

1 「すぐ」や「直ちに」ではなく、「さっそく」という表現を使うことで、話し手の気持ちを深くこめることができる。

2 当人の期待感がこめられている文章の場合、「さっそく」を「直ちに」にと言い換えると、文法的に不自然な文章になる。

3 話し手の期待感は、「さっそく」を使うより、「すぐに」や「直ちに」を使ったほうが、よりよく表される。

4 「直ちに」に比べ、「さっそく」という語は、話し手の感情をよりよく伝えることができるので、優れた語であると言える。

(2)

①65歳のジョンさんは、医師から余命わずかだと告げられ、派手にお金を使った。しかしその診断は誤りだったことが判明し、彼は健康だが一文無しになってしまった。彼は補償を要求している。

ジョンさんは2年前に「肺がん」と診断され、②おそらく1年以内に死亡すると告知された。彼は仕事をやめ、財産のほとんどを売るか贈与するかし、ローンを払うのをやめて貯金を外食や休暇に費やした。彼が所有しているものは、最期を迎えるときに着ようと考えていたスーツ一着の他にはほとんど何もなくなってしまった。しかし1年後、問題の「腫瘍」は、命の危険にはならないただの炎症にすぎないことがわかった。

「限られた時間しかないと告げられたら、人生を楽しむだけでしょう。」と、ジョンさんは2年前、雑誌のインタビューに答えた。「人生の二度目のチャンスが与えられたことを本当に喜んでいます…。しかし一文無しでは…。もちろんすべて使ってしまったのは私の責任ですが、病院側もいくらか払い戻すべきです。」

もし補償を得ることができなかった場合、病院を訴えようと考えているらしい。

53 ①65歳のジョンさんの説明として合うものを選びなさい。

1 病気がわかった時は、すでに仕事をしていなかった。

2 余命わずかの病にかかってしまった。

3 医師から余命わずかだと告知されて、残りの人生を楽しもうと思った。

4 派手で金遣いの荒いおじいさんだった。

54 ②<u>おそらく1年以内に死亡すると告知された</u>後のジョンさんの説明として正しいものを選びなさい。

1 持っていた財産をほとんど手放し、ローンを払うのもやめてしまった。

2 自分の持っていた財産を全て売った。

3 病気がわかったせいで、会社からリストラされてしまった。

4 貯めていた貯金を全てローンの返済にあてた。

55 今現在のジョンさんの説明として正しいものを選びなさい。

1 病院を相手に訴訟を起こした。

2 自分の家まで売ってしまった。

3 人生二度目のチャンスを大いに楽しんでいる。

4 自分が一文無しになってしまったのには、病院側の責任も少しはあると思っている。

(3)

文化とは『下品』なものを『上品』に仕上げていく事ではなく、反対に上品を引きずり下ろした物が長い歳月の中で洗練され、いつしか文化になっていくのだという説があります。

①その代表とされるのが江戸の町人文化で、それは『言葉』の移り変わりにも表れるのだといいます。

例えば②「貴様」という言葉。この「貴様」の文字に悪い意味はないのに何故喧嘩で使われるのでしょうか。

「貴様」は、室町時代から江戸時代の初めにかけて、武家の書などで二人称の代名詞として用いられた言葉で、きわめて親しい同輩か目下の者に対して、あるいは目上の者に対しての尊敬の意を含めた呼称でした。つまり、本来は敬語だったのだが、だんだん一般にも使われるようになって、もともとの尊敬の意が薄れはじめ、ついに江戸時代の終わり頃には、ぞんざいな二人称へと転落してしまったようです。

似たものに「お前」があるが、それらの言葉がどんどん下落していくのは、世間に言葉があふれているところに、ふざけたことや冗談を好む庶民たちによって、さらに新造語が加わってくるからです。世につれて価値が下がるのは『ことば』の宿命とも言えるのです。

「手前」なんて言葉もよく使いますよね。「手前」とはもともと自分の事を指す意味ですが、「てめえこの野郎」なんて相手に対して使っているのを口ゲンカなどで耳にしたことがあるかと思います。意味を深く考えると、時代の流れっておもしろいものです。

56 ①そのとは何のことか。

1　もともと下品だったのに、上品に仕上げられたもの

2　品の高かったものが下落し、庶民に広がって文化になったもの

3　長い歳月をかけて作られた品のあるもの

4　決して上品であるとは言えない、下品な町人文化

57 ②「貴様」についての説明として合うものを選びなさい。

1　室町時代からずっと、二人称を表す言葉として一般的に使われた言葉だった。

2　もともと同い年や目下の人を呼ぶぞんざいな意味も含まれていた。

3　元は相手に敬意を表す言葉だったが、相手をぞんざいに呼ぶ言葉に変わって行った。

4　文字通り、相手を呼ぶときに使う敬語として今も使われる言葉である。

58 本文の内容に合うものを選びなさい。

1　下品な言葉を好む庶民たちのせいで、上品な言葉はどんどんなくなってきた。

2　手前という言葉は元々一人称であったが、今ではぞんざいな二人称になっている。

3　昔に比べ、使われる言葉は変わっているが言葉の価値は変わっていない。

4　お前という言葉は、貴様とは反対に、品格が上がった言葉である。

問題10 次の文章を読んで、後の問いに対する答えとして最もよいものを、１・２・３・４から一つ選びなさい。

アニメや漫画を見ていて、愛される主人公よりも、影を背負った悪役に魅力を感じてしまうという女性がいるのではないだろうか。私も、そういった女性の中のひとりである。かつてドラゴンボールが流行っていたときも、主人公の悟空よりも、悟空を苦しめる憎き宿敵、ベジータのほうに、実は惹かれていたものである。

では、そもそも①女性たちが「やさしい人が好き。」なんて言いつつ、ちょっと悪のにおいがする男に弱いのはなぜだろう。

ある心理学者にこのことについて聞いてみた。すると彼はこの理由について、「人に惹き付けられる要因のひとつに、自分に足りないものを求める“相補性”というものがあります。一般的に女性の方が、法律やルールに対して従順な人が多いので、ちょっと乱暴で、我が道を行くような男性に自分にはない魅力を感じるのでしょう。」と述べている。

また、普段は悪そうな男性がたまに見せる優しさにキュンとしてしまう女性が多いということについても、「それはギャップですよね。心理学の理論に、“利得の原理”というものがあるんですが、最初にわざと相手と反対の意見を言っておいて、最終的には賛成にまわり相手の味方になります。すると相手は、ずっと味方だった賛成意見を貫いていた人よりも、意見を翻した人の方に好感を持つんです。」と、②ギャップのある人に魅力を感じる人の心理を明確にした。

ちなみに、③ワルはワルでも、モテるワルとモテないワルがいるということに関しては、「法律を簡単に破ったり、弱い者イジメをしたりするなどの本当のワルはモテません。なぜなら、女性は本能的に、良い父親になれそうな男性を求めているからです。世の中に適応できないような本当のワルでは、生活能力が高いとはいえませんよね。モテるワルとは、最低限のマナーを心得ているもの。それでいて、他人の領域にずかずかと接近していくずうずうしさ、“積極性”をかね備えているんです。女性に対して消極的な男性が多い昨今、あくどいまでに恋愛に能動的な男性は、ワルでなくてもモテるんですよ。」とその両者の違いを比較している。

59 ①女性たちが「やさしい人が好き。」なんて言いつつ、ちょっと悪のにおいがする男に弱い理由として、最も合うものを選びなさい。

1 悪の行動ができるなんて、男らしくてかっこいいと思うから。

2 悪のにおいのする男性の中の影の部分が何なのか気になるから。

3 悪い男性を好む女性が多く、他の女性たちもそれに流されているから。

4 自分にない男性の少し乱暴な部分に魅力を感じ、惹かれてしまうから。

60 ここで言う②ギャップのある人とはどんな人か。

1 話がころころ変わる人

2 他人の前にいる時と、自分の前にいる時の態度が違う人

3 普段は悪そうに見えるのに、時々優しさを見せる人

4 いつも親切なのに、急に悪口を言ったりする人

61 ③ワルはワルでも、モテるワルとモテないワルがいるの説明として正しいものを選びなさい。

1 モテるワルは、他人のことに積極的に関わろうとし、弱い者や自分の気に入らない者には嫌がらせをする人である。

2 モテるワルは、恋愛において自分からは行動を起こさず、黙ってどっしりと構えている人である。

3 モテないワルは、マナーがなく、道徳的でない行動をとる人である。

4 モテないワルは、マナーは守りつつも、他人にずうずうしく接近する人である。

62 本文の内容に合うものを選びなさい。

1 筆者は昔から、悪の雰囲気を持つ男が好きではなかった。

2 最近の男性たちは、恋愛に関してとても積極的である。

3 道徳のないワルでも、子供ができたらきっと良い父親になるだろう。

4 人は自分にない部分を持っている人に魅力を感じる傾向がある。

問題11 次の文章は、おたくとマニアに関する説明文である。二つの文章を読んで、後の問いに対する答えとして、最もよいものを１・２・３・４から一つ選びなさい。

おたくとマニアの違い

A 「おたく」

「おたく」とは、趣味に没頭する人のひとつの類型、またはその個人を示す言葉である。趣味の中でも、特にアニメや漫画、アイドルなどの、本来青少年向けのメディアに特化したマニアを指すニュアンスがある。漫画本、写真集、プラモデル、フィギュア、DVDなどの膨大なコレクションとその情報力が特徴であるが、主に彼らは自宅内で行動し、さらに仕事や家族、衣食住などの日常生活のいずれか、または複数を犠牲にしてでも、それらを最優先にする傾向がある。更に、おたくは共通の趣味を持つ仲間のみと主にネットを通した交流をし、結果、社会に適応できないで、趣味にこもるという不健全な一面もあるため、軽い侮辱のニュアンスが含まれているようだ。

B 「マニア」

「マニア」という言葉は、かなり昔から「写真マニア」「鉄道マニア」「スポーツカーマニア」などと使われてきたように、「趣味が高じた人」というニュアンスがある。多くのコレクションを誇ってはいるが、おたくとは違い、あくまでも趣味の一環として何かに夢中になり、仕事や家族や日常生活との調和をとることができる。また、同じ趣味を持つ仲間が全国にいて、いつもネットや交流会を通して情報交換や、自身のコレクションの見せ合いなど、積極的に仲間たちと交流するが、それ以外に友達もいて、趣味は趣味と割り切って行動する傾向がある。また、「マニア」という言葉は、趣味に没頭した人物に対し肯定的で、半ば敬意をこめて用いられることが多い。

63 A「おたく」の説明として正しいものを選びなさい。

1 趣味生活より仕事や家族などを大切に考えている。

2 同じ趣味を持つ人たちと積極的に交流する。

3 アニメや漫画などにはまった青少年を指す言葉である。

4 他の何よりも趣味を重視し、社交性もない人たちを指す言葉である。

64 A「おたく」とB「マニア」に共通していることとして、正しいものを選びなさい。

1 趣味に関するものをたくさん集めていること

2 他人から尊敬されること

3 他の何かを犠牲にしてでも一つのことに夢中になること

4 ネットを通さず直接人間と交流することはあまりないこと

65 A「おたく」とB「マニア」の比較として正しいものを選びなさい。

1 A「おたく」は他人を嫌う傾向が強いが、B「マニア」にはそれがない。

2 A「おたく」は青少年に向けて使われることが多いが、B「マニア」は年配の人にも多く使われる単語である。

3 A「おたく」は仲間との交流は一切せず、常に一人で楽しむ反面、B「マニア」は仲間と交流する。

4 A「おたく」は否定的な意味合いを持つ反面、B「マニア」は肯定的な意味合いを持つ。

問題12　次の文章を読んで、後の問いに対する答えとして最もよいものを、１・２・３・４から一つ選びなさい。

「痛みを知らない奴だけが、他人の傷を見て笑うのだ」。そんな台詞がシェイクスピアの本にある。痛み。肉体的な痛みは時が解決してくれよう。ここで問題としているのは、心の痛みである。

人は誰しも少なからず悩みを抱えて過ごしている。たとえそれが他人にとっては些細な事であっても、当人にしてみれば、とてつもなく大変であったり、辛く苦しい問題であったりするものだ。その原因が何であれ、周囲にいる者としては当人が打ち明けてくれるのを待つしかないのである。いや、中には手を差し伸べて欲しい、どうしたのかと聞いて欲しいと思っている人もいるかも知れない。

だが、それをどのようにして見分けるのだろうか。一歩間違えれば、相手に対して痛みを与えかねない。頭をフル回転させる。相手の立場になって想像してみたりする。しかし、答えは見つからない。そう、いくら考えてもうまい方法が見つからないのは、自分と他人は違うからだ。

では、①<u>どうするべきか</u>。人との接し方は個々それぞれであるが、私はストレートに聞いてみるのである。「最近元気がないようだけど、何かあったの？」という風に。こうもストレートに聞けるのも、私が「物事をハッキリ言うことは、悪いことではない」と思っているからだろうか。だが、言葉というものは、時に諸刃の剣となることがあるのだ。もちろん、私はそれを承知の上で相手に尋ねるのである。傷を与えても構わないなんて思っているわけではなく、真剣に相手を想うからこそ尋ねることが出来るのだ。

「心」というものはとても繊細で、なおかつ、理解し難い。だからこそ、心の病を抱えている人には、中途半端に向き合ってはならないと思う。かと言って、全身全霊で相手に向き合えるのか。もし、向き合えたとして、その心の病を自分が治せる確率など何％あるだろうか。

自分に出来ることは、ただひとつ。「私はあなたをちゃんと見ているし、離れていてもあなたのことを考えています」。たとえ傍に居なくとも、相手を重んじ、相手を気遣う姿勢を常に持ち続けていること。それが大切ではないかと思う。孤独を感じ、虚しさや悲しさで涙が溢れても、たった１人でも、②<u>そういう人</u>がいる。その事実だけで、闇を通り抜け、明日を迎えられるはずだ。

大切な家族、友人、恋人…。私は大切な人達を包み込めるような心を持ちたいし、そういう姿勢で在り続けたい。

66 ①どうするべきかに対する筆者の考えとして最も合うものを選びなさい。

1 たとえ相手を少し傷つけたとしてもストレートに聞くべきだ。
2 真剣に相手のことを考えて直接聞いてみるべきだ。
3 相手が心の病を持っているのだから、そっとしておくべきだ。
4 本人が自分から話してくれるまで、じっと待つべきだ。

67 ②そういう人とはどんな人か。

1 心の病を治してくれるカウンセラー
2 同じように孤独や悲しさを感じている人
3 一緒に涙を流してくれる人
4 どこにいても自分のことを尊重し、真剣に考えてくれる

68 筆者の考えとして合うものを選びなさい。

1 他人の悩みを理解することは難しく、その人の立場に立って考えたところであまり意味がない。
2 悩みを持っている人に声をかけると、その言葉が人を傷つける原因になりかねないのでしたくない。
3 悩んでいる人に対して自分ができることは、常にそばにいて、悩みを聞いてあげることだと思う。
4 周囲の人が悩んでいたら、その人を気遣い、真剣に考えてあげることのできる人でいたいと思っている。

69 本文の内容に合うものを選びなさい。

1 他人から見たら何でもないことのように思えることでも、その人にとってはそれが大きな悩みである場合もある。
2 相手の立場に立って考えてみると、その人が自分に対し何を望んでいるのかが自然と見えてくるものだ。
3 心に傷を持っている人でも、周りの人たちが真剣に向き合ってあげれば、その傷を治すことができる。
4 相手のことを大切に思えば思うほど、人はその相手の悩みについて尋ねにくくなるものだ。

問題13　次は、ある旅行会社のパンフレットである。下の問いに対する答えとして、最もよいものを1・2・3・4から一つ選びなさい。

70　吉田さん「私は、友達二人と一緒にこの旅行に参加しようと思っています。９月２９日金曜日に出発して、同じホテルに２泊したいと思っています。車もないので、交通費とセットになったプランを選びたいと思います。２泊３日と短い日程なのでできるだけ早く到着できるプランがいいですが、宿はどんなところでも構いません。一人当たりの旅行代金はいくらになるでしょうか。」

吉田さんたちの場合、一人当たりの旅行代金はいくらか。

1　44,000円
2　38,000円
3　40,000円
4　46,000円

71　佐々木さん「僕は両親に９月の第２月曜日出発の１泊旅行をプレゼントしたいと思っています。交通手段は何でもかまいませんが、せっかくの京都なのでぜひ旅館に泊まって夫婦でゆっくりしてきて欲しいと思います。ただ、僕はあまりお金に余裕がないので、全部で６万円以下におさえたいです。選べるプランはいくつありますか。」

佐々木さんが選べるプランはいくつあるか。

1　1つ
2　2つ
3　3つ
4　4つ

バーゲンプライス！今がお得！

京都　ぶらり旅

	一部屋の利用人数	８月１日～９月５日出発（毎日）	９月６日～９月３０日出発（日曜～木曜）	９月６日～９月３０日出発（金曜・土曜）
「ホテルプラン」※ ホテルのみの御予約です。	２名様	15,000円	10,000円	13,000円
	３名様	13,000円	8,000円	10,000円
	４・５名様	11,000円	7,000円	9,000円
「特急電車＋ホテル一泊プラン」	２名様	36,000円	30,000円	32,000円
	３名様	33,000円	27,000円	30,000円
	４・５名様	30,000円	24,000円	27,000円
「新幹線＋ホテル一泊プラン」	２名様	42,000円	36,000円	39,000円
	３名様	40,000円	32,000円	36,000円
	４・５名様	36,000円	30,000円	32,000円
「高速バス＋ホテル一泊プラン」	２名様	30,000円	24,000円	27,000円
	３名様	27,000円	20,000円	23,000円
	４・５名様	25,000円	18,000円	20,000円

※ 表の料金は全て、一泊した場合のお一人様あたりの料金です。
※ 料金は一部屋を利用するお客様の人数と、出発日によって異なります。ご注意ください。
※ 上記の全てのプランにおいて、一泊につき3000円追加で、ホテルから旅館へのグレードアップができます。

同じ宿泊先を２泊以上御利用のお客様へ

・２泊目からの宿泊代金は、表の中の「ホテルプラン」を参照ください。
・２泊以上御利用の場合は、旅行代金からお一人様につき２０００円引きとなります。

京都到着までの所要時間

●特急電車・・・約３時間半　●新幹線・・・約２時間　●高速バス・・・約６時間

ホテル情報

・京都第一ホテル
京都府京都市下京区下京1番地　（JR京都駅より徒歩6分）
TEL：075-341-1111

・旅館　あかねや
京都府京都市下京区不明門通り717（JR京都駅より徒歩2分）
TEL：075-341-1234

このページには問題はありません。

問題 1

QR 청해 음원

問題 1 では、まず質問を聞いてください。それから話を聞いて、問題用紙の 1 から 4 の中から、最もよいものを一つ選んでください。

1番 109

1 飲料、お菓子

2 飲料、お菓子、トイレットペーパー

3 飲料、バナナ、たばこ

4 トイレットペーパー、バナナ、たばこ

2番

1 男性は山、女性は海を好む。

2 男性は海、女性は山を好む。

3 男女ともに山を好む。

4 男女ともに海を好む。

3番 111

1 タイトルの位置を変える。

2 新製品のタイトルを変更する。

3 写真を大きくする。

4 写真の説明を書き直す。

4番 112

1 面接に行く。

2 映像チャットで面接を受ける。

3 パソコンから応募する。

4 郵便局に行って応募フォームを送る。

5番 113

1 お店の予約を変更する。

2 集合時間の変更を知らせる。

3 田中さんと駅前で会う。

4 田中さんと残業をする。

6番 114

1 サービスセンターに電話をする。

2 パソコンを修理に出す。

3 プラグを入れる。

4 自分でパソコンを修理する。

問題２

問題２では、まず質問を聞いてください。そのあと、問題用紙のせんたくしを読んでください。読む時間があります。それから話を聞いて、問題用紙の１から４の中から、最もよいものを一つ選んでください。

１番

1 仕事に役に立つこともあるから。

2 ニコチン中毒だから。

3 禁煙の方法を知らないから。

4 健康に悪いことを知らないから。

２番

1 行きたくないから。

2 仕事が忙しいから。

3 育児で忙しいから。

4 同窓会に行けなかったから。

3番 117

1 旅行で悪い思いをしたから。

2 中国人の恋人ができたから。

3 中国でビールを注文したいから。

4 勉強はいいことだから。

4番 118

1 料理がおいしくないから。

2 かにはあまり好きじゃないから。

3 甲殻類は避けたいから。

4 魚にアレルギーがあるから。

5番 119

1 運動中怪我をしたから。

2 交通事故にあったから。

3 猫にかまれたから。

4 自転車で転んでしまったから。

6番

1 悪い点はないから。

2 家にいながら買い物ができるから。

3 疑似体験できる商品があるから。

4 贈り物をもらった気分になるから。

7番

1 お金を盗まれたこと。

2 警察に通報したこと。

3 クレジットカードを盗まれたこと。

4 泥棒が自分について知っていること。

問題3 122 ～ 127

問題3では、問題用紙に何も印刷されていません。この問題は、全体としてどんな内容かを聞く問題です。話の前に質問はありません。まず話を聞いてください。それから、質問とせんたくしを聞いて、１から４の中から、最もよいものを一つ選んでください。

― メモ ―

問題4 128 ～ 141

問題4では、問題用紙に何も印刷されていません。まず、文を聞いてください。それから、それに対する返事を聞いて、１から３の中から、最もよいものを一つ選んでください。

—メモ—

問題 5 142 ～ 144

問題５では、長めの話を聞きます。この問題には練習はありません。メモをとってもかまいません。

１番 ２番

問題用紙に何も印刷されていません。まず話を聞いてください。それから、質問とせんたくしを聞いて、１から４の中から、最もよいものを一つ選んでください。

— メモ —

１番

1 地震は非常に恐ろしいものだ。

2 普段から地震に備えておくべきだ。

3 地震は避けることができる。

4 日本は地震に安全な国である。

２番

1 薬

2 ピンク色の服

3 化粧品

4 雑誌

3番

まず話を聞いてください。それから、二つの質問を聞いて、それぞれ問題用紙の１から４の中から、最もよいものを一つ選んでください。

質問１

1　１コース

2　２コース

3　３コース

4　４コース

質問２

1　１コース

2　２コース

3　３コース

4　４コース

このページには問題はありません。

실전모의고사 2 회

언어지식(문자 · 어휘 · 문법)

독해

배 점
120 점

시험시간
110 분

청 해

배 점
60 점

시험시간
60 분

問題１　＿＿＿＿の言葉の読み方として最もよいものを１・２・３・４から一つ選びなさい。

[1] 双方の合意の上で契約を破棄することにした。

1　けやく　　2　けいやく　　3　きやく　　4　きつやく

[2] こればかりの収入では生活が潤うわけがないでしょう。

1　からかう　　2　ならう　　3　うるおう　　4　あしらう

[3] 新しく始めた父の商売は繁盛しているようだ。

1　ばんせい　　2　はんしょう　　3　はんじょう　　4　はんせい

[4] 駅前のパチンコ屋は華々しく開店した。

1　はなばだしく　　2　はなばなしく　　3　はかばかしく　　4　ばかばかしく

[5] 大使官邸の警備が手薄だったなんて、ありえない。

1　てうす　　2　しゅはく　　3　てびろ　　4　しゅうはく

[6] そんな毎日泥酔しては体を壊しますよ。

1　まぎらわします　2　こわします　　3　わずらわします　4　くわします

問題２　（　　　）に入れるのに最もよいものを１・２・３・４から一つ選びなさい。

7　長い間（　　　）だったことが叶った。

1　欲望　　2　念願　　3　願書　　4　節約

8　大人気の連続ドラマが来週で（　　　）するそうだ。

1　完璧　　2　完結　　3　結論　　4　終息

9　新人の仕事を（　　　）するのが私の任務だ。

1　フォロー　　2　アップ　　3　マッチ　　4　ギャップ

10　日本人の（　　　）と建前がよく取り上げられている。

1　本音　　2　強気　　3　弱音　　4　本気

11　（　　　）デパートでは本日雨の日ということで、1 階においてすべての雨具を半額で販売しております。

1　本　　2　当　　3　実　　4　真

12　彼のプロポーズを（　　　）と断ったが、彼は傷ついたようだ。

1　ふんわり　　2　どんより　　3　ひんわり　　4　やんわり

13　もうちょっと（　　　）な観察をしてほしいのですが。

1　濃密　　2　些細　　3　綿密　　4　密接

問題3　＿＿＿＿の言葉に意味が最も近いものを１・２・３・４から一つ選びなさい。

14　あの二人は常に競争している。

1　張り合って　　2　張り切って　　3　押し切って　　4　押し付けて

15　日本での一人暮らしにだんだん慣れてきたようだ。

1　さからって　　2　あきて　　3　めぐまれて　　4　なじんで

16　全員救出に成功したという朗報が入った。

1　案の定のお知らせ　　2　驚くべきお知らせ

3　意外なお知らせ　　4　うれしいお知らせ

17　皿洗いは本当に面倒くさい。

1　地味だ　　2　紛らわしい　　3　退屈だ　　4　煩わしい

18　彼が言ったのはいやみにしか聞こえない。

1　冗談　　2　愚痴　　3　苦情　　4　皮肉

19　彼女は時間に少しルーズなきらいがある。

1　ずうずうしい　　2　あつかましい　　3　だらしない　　4　うるさい

問題4　次の言葉の使い方として最もよいものを１・２・３・４から一つ選びなさい。

20　潔い

1　男らしく潔く諦めなさいよ。

2　すごい潔いで走っている。

3　潔くなるまで手を洗った。

4　酒の潔いで課長に喧嘩をうってしまった。

21　満喫

1　温泉に行ってゆったりと満喫になりたい。

2　下記の条件に満喫する人材を探している。

3　バリの海辺で久しぶりの休暇を満喫した。

4　これで彼の好奇心を満喫させられるとは思わない。

22　密集

1　この町には老舗が密集している。

2　趣味で外貨を密集している。

3　落ちているパンにありが密集している。

4　毎週木曜日にこの集いのメンバーが密集している。

23 発足

1　この月刊誌は昨年発足したそうだ。

2　この会は先月発足したばかりだ。

3　この事件の発足はいったいなんだろう。

4　新技術の発足のおかげで、ライバルの会社に勝つことができた。

24 にぎわう

1　都会の真ん中にある公園は緑でにぎわっている。

2　国会図書館はいろんな資料でにぎわっているそうだ。

3　今回のコンサートには世界から有名な人たちがにぎわっている。

4　休みの日の午後だとどこのレストランもにぎわっているだろう。

25 ひとまず

1　この件については先日部長にひとまずに報告しておきました。

2　もう遅いから、今日の作業はひとまずこれで終わりにしませんか。

3　この薬は食後、ひとまず時間が経ってから飲んでください。

4　ひとまず約束したからにはどんなことがあっても守るべきでしょう。

問題5　次の文の（　　　）に入れるのに最もよいものを、１・２・３・４から一つ選びなさい。

26 いくら野党がその法案に反対した（　　　　）、結局は通ってしまうだろう。

1　が最後　　2　がゆえに　　3　ところで　　4　どころか

27 大事な試験（　　　　）、学生たちはかなり緊張しているようだ。

1　とあって　　2　とあれば　　3　とならば　　4　にあって

28 新入社員（　　　　）仕事に責任を持つべきだ。

1　こととて　　2　といえども　　3　にひきかえ　　4　かたがた

29 毎日の交通費（　　　　）足りなくて困っているんだから、旅行なんてとても無理です。

1　のみ　　2　こそ　　3　すら　　4　だけ

30 財政赤字の問題はひとり日本（　　　　）海外の多くの国々も抱える問題だ。

1　だけで　　2　かかわらず　　3　のみで　　4　のみならず

31 打ち合わせの途中だったのに、彼は自分には関係ない（　　　　）、部屋を出た。

1　とあって　　2　とばかりに　　3　かどうか　　4　かと思うと

32 優れた研究開発（　　　　）会社の発展は期待できない。

1　もかまわず　　2　をめぐって　　3　をぬきにしては　　4　をもとにしては

33 息子は夕食が済む（　　　　）さっさと自分の部屋にこもってしまった。

1　ことなしに　　2　ともなしに　　3　におよんで　　4　やいなや

34 お客さんも帰った（　　　　）、そろそろ店を片づけましょう。

1　ことだし　　2　ことで　　3　ことにし　　4　ことだが

35 会社に入ってもう三ヶ月になります。自信がない（　　　　）、毎日頑張っております。

1　かのように　　2　かと思うと　　3　どころか　　4　ながらも

問題6　次の文の＿＿★＿＿に入る最もよいものを、1・2・3・4から一つ選びなさい。

（問題例）

あそこで ＿＿＿ ＿＿＿ ＿★＿ ＿＿＿ が私の妹です。

1　音楽　　2　聴いている　　3　を　　4　人

（解答の仕方）

1　正しい文はこうです。

あそこで ＿＿＿ ＿＿＿ ＿★＿ ＿＿＿ が私の妹です。 1 音楽　3　を　2 聴いている　4 人

2 ＿★＿ に入る番号を解答用紙にマークします。

（解答用紙）	（例）	① ● ③ ④

36　もう ＿＿＿ ＿＿＿ ＿★＿ ＿＿＿ なんて、情けないかぎりだ。

1　そばから　　2　また遅れる　　3　と言った　　4　遅刻しない

37　独身者 ＿＿＿ ＿★＿ ＿＿＿ ＿＿＿ のは仕方がないんです。

1　部屋なので　　2　向けに　　3　台所が狭い　　4　設計された

38　企業の休みが集中する ＿＿＿ ＿＿＿ ＿★＿ ＿＿＿ 満席だ。

1　どの列車も　　2　新幹線は　　3　いうに及ばず　　4　時期とあって

39　子供なりに ＿＿＿ ＿★＿ ＿＿＿ ＿＿＿ 見守ることが大切だ。

1　親は　　2　おり　　3　考えて行動して　　4　干渉しすぎないで

40　彼女は、初めて会った ＿＿＿ ＿＿＿ ＿★＿ ＿＿＿ なれなれしく話をする。

1　かのごとく　　2　昔から　　3　知っている　　4　にもかかわらず

問題７　次の文章を読んで、41から45の中に入る最もよいものを、１・２・３・４から一つ選びなさい。

お米を主食とするアジアの人たちにとって元気の源がお米であることは 41。そのお米で作ったご飯は、消化しにくい成分が含まれ、食物繊維と同様な働きをする 42、腹持ちがよい、そして、どんな料理や味つけにも合うので、低エネルギーの調整もしやすいという優れた食べ物です。また、ご飯、主菜、副菜という料理の 43 は、私たち日本人にとって、わかりやすく、栄養素のバランスがとりやすい食事のスタイルなのです。

現在の高齢者は厳しい戦争の時代を生き抜いてきました。過酷な食糧難に育ち、まさにお米は 44 でした。白いご飯に梅干しは、立派なごちそうでした。それでも、強い肉体と精神力をもってたくましく生き抜き、今日の寿命を延ばしてきました。

45、戦後やすやすと米食からパン食に替わり、肉、魚が食卓にのぼらない日がないくらい豊かになった今日の食生活。けれども、そのほとんどは自ら作ったものではなく、他者や他国のものをお金で買ってきたものです。現代人はお金稼ぎに明け暮れ、気がつくと身も心も疲れてはいないでしょうか。何でもある現代の人たちが気を病んで、生きる気力すら失っているように見えます。

さあ、忙しいその手をおいて、両手で握るおにぎりにお米の恵みを味わってみてはいかがでしょう。

41

1　言いかねます　　2　言うまでもありません

3　言うわけにはいきません　　4　言うべからざる事実です

42

1　あげく　　2　うえに　　3　もとで　　4　わりに

43

1　はち合わせ　　2　持ち合わせ　　3　組み合わせ　　4　あり合わせ

44

1　高嶺の花　　2　藪から棒　　3　寝耳に水　　4　豚に真珠

45

1　それに加えて　　2　それに比べて　　3　それゆえに　　4　それにひきかえ

問題８　次の文章を読んで、後の問いに対する答えとして最もよいものを、１・２・３・４から一つ選びなさい。

(1)

９月に入ったが、相変わらずの猛暑（もうしょ）(注１)だ。熱中症の危険も続く。睡眠中に亡くなる人も少なくない。もはや窓を開ければ涼しくなる時代ではないらしい。うんざりしてくる炎暑である。

しかし周りを観察してみれば、秋が近付いてきているのも分かる。スーパーに行けば、新米（しんまい）を目にするようになった。サンマも既に並んでいる。実りの秋はそれほど先の話ではない。少し前までは、夜中でも耳に入ってきたセミの声。今は代わりに、草むらから秋の声が聞こえてくる。

まだまだ暑さは続きそうだが、意識して探してみれば、<u>小さい秋は見つかるものだ</u>。見つかると季節の移ろい（うつろい）(注２)が楽しくなる。終わらない夏はない。さあ、もうひと踏ん張りだ。

(注１) 猛暑（もうしょ）：はげしい暑さ

(注２) 移ろい（うつろい）：変化

46　<u>小さい秋は見つかるものだ</u>の例として書かれているものを選びなさい。

1　セミの鳴き声が草むらから聞こえてくること

2　スーパーで旬の魚が売られていること

3　窓を開けると秋らしい涼しさが感じられること

4　新米の収穫をしている光景が見られること

(2)

平成２２年１１月１４日

各位

企画部　坂井（さかい）　敬悟（けいご）

１１月の定例会議について

当初１１月２５日火曜日午後３時より第一会議室での開催を予定しておりました１１月の定例会議は、インフルエンザ流行のため、延期いたしますのでお知らせします。誠に申し訳ございませんが、ご理解のほどよろしくお願いいたします。

延期後の日程などは下記のとおりです。ご出席いただきますようお願いいたします。

記

１．日時　１２月１日（火）　午後３時より５時まで

２．場所　第一会議室

３．議題　・スマートフォンを利用した宣伝方法について

　　　　　・若者を対象にした新企画について

※ご不明な点は、坂井（さかい）（内線２番）までお問い合わせください。

以上

47　この手紙の内容について、正しいのはどれか。

1　企画部の坂井さんが、定例会議の場所の変更について伝えている。

2　企画部の坂井さんが、１２月の定例会議の開催について伝えている。

3　企画部の坂井さんが、１１月の定例会議を来月の初めに延期することを伝えている。

4　企画部の坂井さんが、インフルエンザのため、会議に出席できないと伝えている。

(3)

「関心ないなあ」「誰がなっても一緒」— そんな言葉を、何度耳にしたことだろう。

知事選(ちじせん)(注1)の投票率は過去６回連続で３０％台。この低さは異様だ。確かに市町長選ほど身近ではない。しかし県民にとって、県政(けんせい)(注2)のトップを決める知事選はそんなに軽いのか。誰がなっても一緒だなんて、あるはずがない。極端な話、県政を変えたいのか、現状に満足しているのか、男か女か、自分の年齢に近いか遠いかで判断しても構わない。まずは投票に行くこと。関心がないというのは、大人として恥ずかしい。投票にも行かず、後で不満を口にするのは、もっと恥ずかしい。

投票率が上がると、選挙がぐっと面白くなる。新知事に自信を、県民には自覚を与える。この県が好きなら、将来を少しでも案ずるなら、投票に行こう。

（注１）知事選(ちじせん)：都道府県(とどうふけん)の長を決める選挙

（注２）県政(けんせい)：県の政治・行政

48 本文の内容に最も合うものを選びなさい。

1　県知事を支持する県民は、全体の約３０％程度しかいない。

2　県知事選の投票率が低いのは、県政を変えたいと思う人があまりいないからである。

3　知事選は、市町長選に比べて、あまり重要でないと思われる傾向がある。

4　知事選に対する県民の関心が低いため、最近投票率が4割に満たない状況である。

(4)

「初めての方にはお売りできません。」そんなうたい文句の化粧品が通信販売（つうしんはんばい）(注1)にある。まずは試供品を使ってもらうのだそうだ。

通販のメリットは手軽さだが、直接見たり手に取ったりできないというデメリットもある。カタログで気に入って注文してはみたものの、届いてみれば想像以上に安っぽくて期待外れだった、なんて経験は多くの人にあるだろう。

自分の意思で注文する通販には、訪問販売のようなクーリングオフ制度は適用されない。しかしそれでは注文側に不満が残る場合もあるし、購入に二の足を踏む（にのあしをふむ）(注2)人も出る。だから企業によっては、代わりに「お試し」を設けるわけだ。

(注1) 通信販売（つうしんはんばい）：カタログで宣伝し、通信による注文を受け、郵便で商品を配送する販売方式

(注2) 二の足を踏む（にのあしをふむ）：ためらってどうしようかと迷うこと

49 「初めての方にはお売りできません。」の理由として最も正しいものは何か。

1　初めて買ってくれる人よりも、得意客を大切にしようと思っているから

2　使用経験がないものを買わせるのではなく、一度試してから買ってもらいたいから

3　通販のクーリングオフ制度を使って苦情を言われる可能性があるから

4　一度買ってしまうと、次に買うのをためらってしまう人が多くなるから

問題9　次の文章を読んで、後の問いに対する答えとして最もよいものを、1・2・3・4から一つ選びなさい。

(1)

「①ふれあい(注1)恐怖」という言葉に代表されるように、若者の対人関係の変容が指摘されています。「群れ」をなして行動する反面、実は他者との「心のふれあい」を回避する傾向のことです。このような「表面的関係志向性」の背景には人との関係の営みに必要な「対人スキル」の低下が考えられます。

「恋愛」は、意図的にではなく突如襲ってくる感情です。その感情と格闘しながら、相手に自分の思いを伝え、相手の思いを感じ取ることに、「恋愛の喜び」があるわけです。当然、思いが伝わらなかったり、相手が自分に対して無関心であったりという苦悩もあります。②これらの体験は、我々の心を成長させてくれます。

ところが、以前流行った「メル友(とも)(注2)」や、現在みられる「婚活(こんかつ)(注3)」の氾濫(はんらん)(注4)は、そのような「恋愛」が「表面的関係志向性」時代にふさわしい形で変容したことを示しています。つまり、「恋愛プロセス」で生じるリスクやコストを最小化しながら、男女のいわゆる「遊びから得る快楽」だけは最大にしようというわけです。しかし、このような形式での「恋愛」は、もともと「投資」していない分、わずかな意見の不一致で「別離(べつり)」となります。そして、すぐに他の異性に切り替えることができます。「メル友」で、相手との進展に失敗すれば、すぐに他の番号を入力して異性を探すのと同じです。③このような「恋愛」では、我々の心が豊かになることはありません。

(注1) ふれあい：出会って関係が近くなること
(注2) メル友(とも)：メール友達
(注3) 婚活(こんかつ)：結婚活動。理想の相手を見つけ、幸せな結婚をするために活動すること
(注4) 氾濫(はんらん)：好ましくないものが出回っていること

50 ①ふれあい恐怖とはどんなことか。

1 できるだけグループ単位で動くことを避けようとすること

2 他人と表面上の付き合いはしても、心は開かないようにすること

3 対人関係に自信がなく、他者との交流に消極的になること

4 団体行動は好きだが、他者と１対１でふれあうことは苦手であること

51 ②これらの体験を説明する文として最も正しいものを選びなさい。

1 急に芽生え始めた「恋愛」という感情と戦いながら、その感情のせいで必死に悩んだり、苦しんだりすること

2 自分の意図に関係なく、突然誰かのことが気になり始め、だんだん恋愛感情が大きくなっていくこと

3 相手が自分に興味を示さなくても、何とか相手を振り向かせようと努力した結果、思いが伝わるということ

4 自分の心が相手に届かずつらい思いをしたり、逆に相手の持つ自分への好意が伝わり、幸せを感じたりすること

52 ③このような「恋愛」とはどんな恋愛のことか。

1 自分の思いが相手に伝わらず、苦しむことの多い恋愛

2 恋愛のプロセスを楽しみながら、細く長く続く恋愛

3 簡単に始まり、簡単に終わるようなリスクの少ない恋愛

4 「婚活」で出会った相手との、結婚を前提とした恋愛

(2)

アメリカで、「お酒を飲む人は飲まない人に比べ知性や教養に欠ける」という調査結果が出た。伝えているのは「酒飲みは知性に欠ける、求職で不利に ― 米調査」。研究者らが経営学会の年次総会で発表したそうだ。場合によっては飲酒の習慣があることで、求職に不利になってしまうことさえあるという。

だが①この考えをそのまま日本社会にあてはめることは難しい。

少なくとも日本のビジネスパーソンにとって、仕事上の付き合いでの「飲酒」は未だに重要なコミュニケーションだという認識は強い。いわゆる「飲みニケーション」と呼ばれるもので、同僚や上司、部下と腹を割って話したり、取引先の人たちの信頼を勝ち取るために、飲み会を開くのは日常茶飯事(にちじょうさはんじ)(注1)。

お酒の飲めない人までが無理に飲酒する必要や義務はないが、それでも飲み会に参加し、周りの人たちと同じように飲むことで得られる②メリットは強い。

これは日本の伝統的なムラ社会が依然として機能しているとも言えるし、また戦後に発達した共同体的性格の強い日本企業の特性とみることも可能だ。

しかし、そういった「ムラ社会」「共同体としての企業」といった価値観は、バブル崩壊(ほうかい)(注2)以後大きく揺れ動いているのも事実だ。

日本的慣行をやめ、アメリカ式の実力主義・成果主義を導入した企業の中でも、成功した企業と失敗した企業の両方がある。「飲みニケーション」文化が守られるべきかどうかは、それぞれの企業が従来の日本的慣行を守るか、それともアメリカ式の実力主義にするか、といった難しい問題にも繋がっているのかもしれない。

(注1) 日常茶飯事(にちじょうさはんじ):日常的によくあること

(注2) バブル崩壊(ほうかい):土地や株式が急騰(きゅうとう)した「バブル経済」が、一気に崩れたこと

53 ①この考えをそのまま日本社会にあてはめることは難しいと言っているのはどうしてか。

1 アメリカに比べ、日本の職場においては、飲み会でのコミュニケーションが重視されているから

2 日本の現代社会においては、お酒に弱い人でもビジネス上ではお酒を飲まなければならないから

3 日本では、お酒を飲む、飲まないに関わらず、就職が難しくなってきているから

4 日本では、逆にお酒が飲めない人の方が、求職に不利になるというデータがあるから

54 筆者の言う②メリットとはどんなことか。

1 日本の伝統文化を守ることができること

2 ビジネスパートナーとの信頼関係が築きやすくなること

3 飲み会の席では、上司にも言いたいことが言えること

4 お酒をたくさん飲むことが、就職活動において有利になること

55 アメリカと日本を比較する文章として最も正しいのはどれか。

1 アメリカでは、お酒を飲むことはビジネス上よくないとされる傾向があり、日本では逆にビジネス上でお酒を飲むように強要される傾向がある。

2 アメリカでは、酒飲みは知性に欠けるという調査結果が出ているが、日本では、むしろ酒飲みのほうが知的で、教養深い人が多いという結果が出ている。

3 実力主義のアメリカでは、酒飲みは就職活動においてマイナスになることもあるが、共同体的性格を持つ日本では、仕事上の付き合いでの飲酒が重要視されている。

4 実力主義のアメリカでは、ビジネス上で酒を飲みながらの付き合いは行われないが、共同体的性格の強い日本では、付き合いでの飲酒が必須である。

(3)

読書感想文を書かせるという教育は間違っていると思う。
“読書感想文”に一体何を書けと言うのか。私には、次の形態の読書感想文以外書けなかった。「…（あらすじ）が面白かったです。」無理やり感想文を書かされる上、このように書くと「感想文は、あらすじじゃありません！」と怒られるのだ。

論説文であれば、その意見に対する自分の意見を書くこともできよう。しかし小説を題材にして感想文を書けというのは少々無理がある。感想文に「つまらなかったです。」とは書けない。「どこがつまらなかったのかを書けば立派な感想文だ。」というかもしれないが、つまらなかったことに理由を求めること自体がナンセンスだと私は思う。読んだけど面白くなかった。ただそれだけだ。

感想文には、それに加え以下のような弊害もある。①だから私は賛成できない。

本を読んだら感想文を書かされるという繰り返しのサイクルは、子供を本嫌いにさせ、活字離れを進行させる。

もっと深刻なのは、書きたくもないし書くこともないのに無理やり作文をさせることが、子供たちに文章を書くことまで嫌いにさせることだ。事実、私を含め、文章を書くことが好きだった子供たちにとっても、小学校の頃は読書感想文ほど嫌な宿題はなかった。書きたいことがないのにペンをとらされ、おまけに書いたことにケチをつけられる。②こんなことが本当に文章力や表現力を育てることにつながると思っているなら、これ以上おめでたい教育方針もないだろう。

(　　③　　)。これが自然な流れだ。

56 筆者が、①<u>だから私は賛成できない</u>と言っている理由として最も正しいのはどれか。

1 子供に無理やり作文を書かせることで、本を読むことも、文章を書くことも嫌いになりかねないから

2 子供たちは皆作文が嫌いなので、無理やりに書かせると、読書をすることまで嫌いになるから

3 作文を書きたがらない子供に無理に書かせたあげく、結局大人がケチをつけるだけだから

4 読書感想文を書くことは、文章力を身につけるためにはいい教育だが、子供たちがそれを望んでいないから

57 ②<u>こんなこと</u>とは何のことか。

1 本が面白くなかったといった子供に、その理由を聞きだそうとすること

2 本が嫌いな子供が本を好きになるように、読書感想文を書いて提出させること

3 子供たちに強制的に何度も読書感想文を書かせること

4 子供たちが書いた読書感想文をみんなで評価し合うこと

58 （　　③　　）に入る文章として、最も正しいものはどれか。

1 書きたいことが存在して、ペンをとる。

2 本を読んだら、あらすじを元に感想文を書く。

3 文章力を身につけるために何度も作文練習をする。

4 読書感想文ではなく、内容に対する批判を書いてみる。

問題10　次の文章を読んで、後の問いに対する答えとして最もよいものを、１・２・３・４から一つ選びなさい。

あなたは、パートナーである女性が「何だかイライラしている」と感じた時、どのような態度で接しているだろうか。

男性であるあなたなら、悩み事があるとき、イライラしているとき、「ちょっと一人になって考えたい」「話しかけないでほしい」と思っているにもかかわらず、心配していろいろと聞いてくるパートナーに対し、うっとうしいものを感じた経験があるのではないだろうか。

①<u>これ</u>は男性と女性の脳の違いによるもので、男性は何か解決すべき問題、困難な状況などに直面すると、他との接触を避け、一人でこもって考えたいと思う傾向にある。そして自分の殻に閉じこもった結果、解決の糸口(いとぐち)（注1）が見えてくると、またもとの世界に戻って来られるし、もしパートナーが自然にそうさせてくれる人であったなら、彼女に対して感謝の念を抱くだろう。

しかし、②<u>女性はそうではない</u>。女性は、何か悩み事があったりすると、それがたとえどんなに小さなことであっても、誰かに話してその気持ちを共有することですっきりし、悩みをうまく消化させていくものなのだ。

だから、「放っておけばそのうちおさまるだろう」という勝手な思い込みで、いつもどおりにふるまうのはもちろん、そっとしておこうとあえてそこに触れないでいるのは、二人にとって決して良い解決法ではない。パートナーがそういう態度をとるのは、少なくともあなたには気持ちをわかってほしいからであり、話すことで誰かと気持ちを共有したいからである。

また、そのイライラの原因が、目の前にいるパートナーそのものである場合も多く、その場合はより男性の方から直接原因を尋ねてきてほしいと強く思っている。女性にとって、男性が自分自身を常に気づかってくれ、自分の気持ちの変化を察してその都度優しさを表現してくれることこそが、自分に対する最高の愛だという前提がある。そして、その男性から嫌な気分にさせられただけでなく、その男性がその事実にすら気づかずに飄々(ひょうひょう)（注2）としているのを見たら、もうイライラも通り越して、爆発寸前(すんぜん)（注3）になるからである。

そんな時に自分はあなたのせいでこんなにも傷ついているのですよ、とご丁寧に教えながら傷の上塗り(うわぬ)(注4)をするくらいなら、我慢してしまおうと女性は思うわけである。でも、大切なのは、あくまでそれは我慢しただけであり、その傷を消してしまったわけでも忘れてしまったわけでもないということである。

当然、その傷は何年たっても鮮やかに残されたままであり、その思いが今後のその男性に対する態度のベースとなっていく。その場で解決していれば何の問題もないことを、男性が何事もなかったかのようにふるまい続けることで、彼女の中には着々と不満が積み重なっていき、最後には取(と)り返(かえ)しのつかない(注5)結果をもたらすことになる。

男性のみなさん、女性の感情は、放っておいては絶対におさまりません。原因があなたにあるのならなおさら、話をよく聴いてあげることでしか、その解決方法はないのです。

(注1）糸口(いとぐち)：手がかり

(注2）飄々(ひょうひょう)：何にもこだわらず、超然としてつかみどころがないさま(平然とした様子)

(注3）寸前(すんぜん)：ほんの少し前

(注4）上塗り(うわぬ)：悪いことに更に悪いことを重ねること

(注5）取(と)り返(かえ)しがつかない：元通りにすることができない

59 ①<u>これ</u>とは何のことか。

1　性別によって、イライラを引き起こす原因が違うということ

2　性別によって、イライラしているときに他人に望む行動が違うということ

3　性別によって、イライラが収まるまでにかかる時間が違うということ

4　性別によって、イライラしているときに無意識に出る言葉が違うということ

60 ②女性はそうではないというのはどんな意味か。最も正しいものを選びなさい。

1 女性は、悩みを自分で解決するのではなく、パートナーにそれを望む傾向がある。
2 女性は大きな悩みでなければ、おしゃべりで解決したいと思っている。
3 女性は、悩みについて一人で考えてしまうと、なかなか元に戻れない。
4 女性は悩みがあるとき、自分一人で一度考えてみたい、とは普通思わない。

61 この文章のタイトルとして最も正しいものはどれか。

1 女性をイライラさせない方法
2 女性とけんかしたときの仲直りの仕方
3 イライラしている女性に対する対応の仕方
4 傷ついた女性を慰める方法

62 本文の内容に最も合うものを選びなさい。

1 パートナーである女性がイライラしている場合、男性は何か話したいことがあっても、我慢したほうがよい。
2 パートナーである女性がイライラしている時は、女性の気が晴れるまで、男性は黙って待ってあげるべきである。
3 パートナーである女性のイライラの原因が自分である場合は、それを早く解決してあげないと、不満が募り、いつか大変なことになる可能性がある。
4 パートナーである女性が自分のせいでイライラしているのだと気づいたら、どうして怒っているのか、などと気軽に聞くべきではない。

問題11　次のAとBは「敬老の日」に作成されたコラムである。二つの文章を読んで、後の問いに対する答えとして、最もよいものを1・2・3・4から一つ選びなさい。

A

〈多年にわたり社会につくしてきた老人を敬愛し、長寿を祝う〉。「敬老の日」を定めた意義を、祝日法はそのように記している。

今年は、この日を複雑な思いで迎えた人が多いだろう。

７月末に都内の男性最高齢１１１歳とされていた人が、実は３０年前に死亡していたことが発覚した。これを契機に、続々と明らかになった安否不明高齢者の問題は、「長寿社会」の寒々しい実態を浮き彫り(注1)にした。

それらの記録が、消息を確認しないまま放置されてきたことは、高齢者に対する社会的な関心の低さを反映している。

行政の怠慢だけで片づけることはできない。家族からの届け出を前提に高齢者の現状を把握する仕組みは、すでに相当前から限界を迎えていたのではないか。

人間関係が薄まる中で、高齢化は加速していく。家族の大切さを再確認するだけでなく、様々な形の「縁」を築くことが求められよう。

社会として〈老人を敬愛し、長寿を祝う〉には何が必要か、熟考する日としたい。

B

米誌(注2)ニューズウィークは、日本を「年をとるのに一番良い国」とたたえた。だが、高齢者の所在不明が数多く発覚し、その看板は大きく傾いた。

１００歳以上の人口は、今年４万４４４９人になった。生活に他人の支えが必要な高齢者が急増しているのは間違いない。

だが、相談を持ち込まれる(注3)市町村側にも限界がある。「悪徳商法の危険にさらされる(注4)」「買い物やゴミ出しができない」といった問題に公費を使って対応するのは、難しい。

では、どうすればよいのか。新しい工夫は各地にある。千葉県では、「見守り(注5)」を担う人材を育成中だ。また、高知県ではスーパーが県の補助を受けて、過疎地の「買い物難民」のために移動販売車を走らせている。

参加を促す仕組みづくりも大切だ。地域で活動した時間を積み立て、自分が受ける立場になった時に引き出す「時間預託」などの例がある。「支えた人が、後で支えられる」関係を社会全体で作れてこそ、「敬老の心」は再生産され、社会全体の活力も維持されるのではないか。

（注１）浮き彫り：はっきり目立たせること
（注２）米誌：アメリカの雑誌
（注３）持ち込む：解決を要するものを持って来る
（注４）さらす：避けることができない事態に身を置く
（注５）見守り：無事であるように注意しながら見守る人

63 AとBのどちらの記事にも触れられている内容はどれか。

1　消息のわからない高齢者が次々に明らかになるという問題があったこと
2　高齢者を支える行政側に、もうすぐ限界が訪れるであろうということ
3　敬老の日はもともとどんな意味で作られたものかということ
4　今後各地域で、高齢者のためにどんな公的対応が必要になるかということ

64 安否不明の高齢者が増えた原因について、Aの筆者とBの筆者はどのような立場をとっているか。

1 Aは行政の高齢者に関するデータ管理が行き届いていなかったからだと考えているが、Bは高齢者をサポートする人員の不足が原因だと考えている。

2 Aは高齢者の社会的な立場が、Bは市町村側の高齢者管理システムの限界が原因だと考えている。

3 Aは高齢者に対する関心が、家族を含め社会的に低くなっていることを原因としており、Bは原因について明確にしていない。

4 AもBも原因について明確にしていない。

65 Bは他人の支えが必要な高齢者のために、何をするべきだと言っているか。

1 地域ごとにお年寄りを敬う心を持った若者の育成をし、活動した者にはその分の給与を与えるべきである。

2 若者と高齢者がお互いに助け合うことの大切さを社会全体に伝え、いろいろな新しい動きを実践してみるべきである。

3 行政側が公的な費用を利用して高齢者を支え、一緒に問題を解決していくべきである。

4 各地で高齢者を支える取り組みをするとともに、それに参加する人を増やす努力もするべきである。

問題12　次の文章を読んで、後の問いに対する答えとして最もよいものを、１・２・３・４から一つ選びなさい。

たまたまテレビのチャンネルをひねったら、①ある男が「インターネットを接続する時間を一時間以内にする」という提案をして、息巻いて（いきまいて）(注1)いた。彼は、インターネットの功罪について、罪の方を強調している。彼はテレビ番組製作会社の社長だという。

彼の論旨は、「インターネットは『妄想力』の低下をもたらす」というものである。彼が言う「妄想力」を「想像力」に置き換えて言うならば、テレビが最も想像力を低下させるのではないか。そのことを指摘され反論されることを予期して、あえて「妄想力」といったのだろう。

テレビには想像力を働かせる余地はなく、そこにはすでに映像がある。これがニュース映像ともなればテレビ側の報道政策によって取捨選択（しゅしゃせんたく）(注2)したシーンを切り取り、それを我々に見せ付ける。逆にいえば、我々にとっては②テレビ側の意図にはめられてしまうことになる。

政治色の強い報道はマスコミやテレビ側の一方的な情報であるが、インターネットの場合は大資本のマスコミやテレビ以外からの発信源の情報を入手でき、我々側で取捨選択ができる。これは民主主義にとって大切なことだ。

国家というものは、自由民主主義の国家といえども、また、そうでない独裁社会において報道統制がなされている国は勿論のこと、権力者は常に情報を操作するものだ。

ベルリンの壁を崩壊させた力になったのは、国境を越えて自由に飛び交う電波の情報だったと言われている。そういう意味においても、国境がないインターネットの存在を大事にしなければならない。

先の「想像力」に話を戻すなら、小説も想像力なくして読むことはできない。想像力は、小説の活字から感得して働かす。インターネットは、どちらかといえば「活字文化」であろう。だとするならば、活字離れが心配されている今日、テレビとインターネットとを比較すると、当然③インターネットに軍配が上がる。

また、テレビはチャンネルによって視聴者は選択の余地があるとはいえ、極めて限定的であり、その上受動的なものである。

その点、インターネットは選択の幅は多種多様で、かつ「検索する」という自分の意思で自由に選択でき、あくまでも能動的なものである。

また、インターネットは地球上の情報で無い物が無いほど、すべての情報を入手できる。いわば地球百科事典といえる。加えて言うならば、インターネットは情報の受信だけではなく発信もできるので、より能動的なものだ。

「ものは使いよう」という。使う人によって善用にも悪用にもなる。

とくに情報化社会では、情報の受け手側の知性や教養や人格・識見が問われるのである。いわゆる象徴的貧困者にならないことだ。

(注1) 息巻く(いきまく):息づかいを荒くして激しく言う

(注2) 取捨選択(しゅしゃせんたく):必要なものを選び取り、不要なものを捨てること

66 ①<u>ある男</u>の主張として最も正しいものを選びなさい。

1 インターネットの使用時間が長いと、様々の妄想を生み出す可能性があるのでよくない。

2 テレビに比べ、インターネットには情報が多すぎて、報道側が取捨選択できないのでよくない。

3 インターネットにおける妄想力と、テレビにおける想像力は違うものである。

4 「妄想力」が低くなる恐れがあるので、インターネットはあまり使うべきではない。

67 ②<u>テレビ側の意図にはめられてしまう</u>というのはどういう意味か。最も正しいものを選びなさい。

1 テレビでは切り取られた一部の映像しか見られないので、視聴者たちはそのことを更にインターネットで調べる必要がある。

2 限られた知識だけを埋め込むことによって、視聴者側の想像力が低下してしまう。

3 報道側によって選ばれた映像だけがテレビに流されるので、視聴者側に伝わる情報がコントロールされてしまう。

4 テレビ側の一方的な情報しか見られないため、視聴者側が自分たちの意見をテレビ側に伝えることができない。

68 筆者がここで③インターネットに軍配が上がると言っている理由として最も正しいものを選びなさい。

1　テレビに比べインターネット上には、情報の量が断然多いから
2　テレビとは違って、インターネットでは小説などまで読むことができるから
3　テレビと違い、インターネットに書かれた文章を読むことで想像力が働くから
4　選択の幅の少ないテレビに比べ、インターネットでは多様な選択ができるから

69 筆者はテレビとインターネットについてどう考えているか。最も正しいものを選びなさい。

1　テレビは与えられた情報だけが見られる受動的なものだが、インターネットは幅広い情報が得られるだけでなく、発信もできる能動的なものだ。
2　テレビはチャンネルを変えることによって、インターネットでは自分で検索することによって、どちらも自分の意思で情報が選択できる。
3　テレビもインターネットも、それを使う人の使い方次第で、想像力を伸ばすことも、低下させることもあり得る。
4　テレビもインターネットも、それを作る側の考えによって、見る人たちが洗脳されていく可能性がある。

問題13　これは、さくら大学の夏休みのアルバイト求職情報のパンフレットである。下の問いに対する答えとして最もよいものを、１・２・３・４から一つ選びなさい。

70　中国人のワンさん（文学部　日本文化学科　２年　女性）は、アルバイトに応募したいと思っている。ただし、８月６日から８日までは、国から両親が来るため働けない。ワンさんができるアルバイトはいくつあるか。

1　一つ　　2　二つ　　3　三つ　　4　四つ

71　アメリカ出身のマイケルさん（男）は、工学部の大学院生である。論文を書くのに忙しいため、夏休み中にアルバイトに使える時間は、合計７日間までだと言う。７日間以内で最も高収入を稼ぐためには、どのアルバイトをすればよいか。

1　図書整理

2　研究室清掃

3　カルチャースクールアシスタント講師

4　翻訳

さくら大学　夏休み求職情報

	職名	期間	勤務時間	仕事内容	募集人員	給与
1	図書整理	8月5日～9日(5日間)	9時～17時	図書館の本の整理、配置換え、パソコンデータ入力	10名 ※男女問わず ※5日間すべて働ける者	日給6,500円
2	食堂補助	8月12日～9月12日(土日含む)(勤務日、時間帯は相談)	10時～18時	学生食堂のキッチン補助	3名 ※週4日以上働ける者 ※学部生に限る	時給850円
3	試験監督	① 8月10日 ② 9月8日	9時～16時半	英語検定の試験会場準備、試験監督、用紙配布・回収、会場片付け	5名 ※女子に限る ※学部生を除く	日給8,000円
4	研究室清掃	8月4日～7日(4日間)	9時～18時	文学部　教授の研究室の清掃(12部屋)、本の整理	4名 ※文学部1から3年次に在籍する者	4日間で24,000円
5	売店店員	8月1日～9月12日(月から土まで)	9時～18時	キャンパス内の売店店員（レジ、商品陳列など)	2名 ※男子に限る	時給830円
6	カルチャースクール事務	8月3日～9月10日(月から金まで)	8時半～17時	カルチャースクールでの書類整理、データ入力作業	4名 ※学部3，4年次に在籍する者	時給900円
7	カルチャースクールアシスタント講師	8月10日～9月12日(月・水・金のみ)	①9時～12時 ②13時～16時	日本人向け外国語教室の講師の補助	8名(各2名) ※英語・韓国語・中国語・フランス語が母国語である者	時給1,600円
8	翻訳	8月15日～9月12日(締め切り日によって異なる)	自宅での作業可	大学案内サイトの翻訳	2名(各1名) ※韓国語・中国語が母国語の大学院に在籍する者	1件につき10,000円(一人当たり3件までに限る)

問題１

QR 청해 음원

問題１では、まず質問を聞いてください。それから話を聞いて、問題用紙の１から４の中から、最もよいものを一つ選んでください。

１番 145

1 300円、水着、水泳帽子

2 300円、プール利用カード、水着

3 プール利用カード、水着、水泳帽子

4 プール利用カード、水着、水中メガネ

２番 146

1 すぐ不動産屋に行って、問い合わせる。

2 自分の条件をノートに整理してみる。

3 インターネットで条件に合うものを検索する。

4 礼金のないところを直接歩き回って探す。

3番 147

1 前日、体験料1,０００円をカードで支払う。

2 前日までに受付に1,０００円を現金で支払う。

3 体験教室の当日に支払うしかない。

4 入場券と引き換えに当日、現金で支払う。

4番 148

1 補講を平日に変更したと知らせること

2 補講時間を減らすことに保護者の同意をもらうこと

3 補講事項について、親に判子をもらうこと

4 補講科目の数を変更すること

5番 149

1 毛布を持って、部屋の荷物を移す。

2 タオルを持って、部屋の荷物を移す。

3 毛布を持って、シャワーを直す。

4 タオルを持って、シャワーを直す。

6番 150

1 大学芋を特別に作る。

2 大学芋をマヨネーズ和えにする。

3 もともとメニューになかったソースのスパゲッティを作る。

4 したごしらえをしていなかった従業員に注意する。

問題２

問題２では、まず質問を聞いてください。そのあと、問題用紙のせんたくしを読んでください。読む時間があります。それから話を聞いて、問題用紙の１から４の中から、最もよいものを一つ選んでください。

１番 151

1 漢字が思ったほどおもしろくないこと

2 大学では何も学べることがないこと

3 お酒を飲まざるを得ないこと

4 自分が思っていた専攻ではないこと

２番 152

1 安すぎたから

2 品質が良くなかったから

3 生ものをあまり売ってなかったから

4 営業時間が短すぎたから

3番(ばん) 153

1 水槽(すいそう)にエアーポンプや砂利(じゃり)などを入(い)れ忘(わ)すれたから

2 金魚(きんぎょ)は環境(かんきょう)の変化(へんか)に敏感(びんかん)だから

3 水道水(すいどうすい)をそのまま使(つか)ったから

4 初日(しょにち)に餌(えさ)をやりすぎたから

4番(ばん) 154

1 定期的(ていきてき)に光(ひかり)を浴(あ)びることによって、肌(はだ)に張(は)りを与(あた)える。

2 朝起(あさお)きる時間(じかん)を一定(いってい)にして、起(お)きたらすぐ運動(うんどう)をする。

3 ストレスなどにより、体内時計(たいないどけい)のリズムが乱(みだ)れないように心(こころ)がける。

4 規則正(きそくただ)しい生活(せいかつ)と熟睡(じゅくすい)を取(と)る。

5番 155

1 消費心理を促進する効果

2 相手を信頼させる効果

3 心に感動を与える効果

4 相手に対する警戒心を和らげる効果

6番 156

1 出産に関する政府の支援が足りないこと

2 経済的な要素で結婚を決めること

3 景気回復で出生率が上がること

4 経済的な安定が続かないこと

7番 157

1 甲子園に出場する夢を見続けること

2 甲子園に出場するために転校すること

3 みんなで何かを成し遂げる喜びを知らないこと

4 熱い涙を流せないこと

問題3 158 ～ 163

問題３では、問題用紙に何も印刷されていません。この問題は、全体としてどんな内容かを聞く問題です。話の前に、質問はありません。まず話を聞いてください。それから、質問とせんたくしを聞いて、１から４の中から、最もよいものを一つ選んでください。

— メモ —

問題4 164 〜 177

問題4では、問題用紙に何も印刷されていません。まず、文を聞いてください。それから、それに対する返事を聞いて、１から３の中から、最もよいものを一つ選んでください。

―メモ―

問題5 178 ～ 180

問題5では、長めの話を聞きます。この問題には練習はありません。メモをとってもかまいません。

1番

問題用紙に何も印刷されていません。まず話を聞いてください。それから、質問とせんたくしを聞いて、1から4の中から、最もよいものを一つ選んでください。

―メモ―

2番

問題用紙に何も印刷されていません。まず話を聞いてください。それから、質問と選択肢を聞いて、1から4の中から、最もよいものを一つ選んでください。

―メモ―

3番

まず話を聞いてください。それから、二つの質問を聞いて、それぞれ問題用紙の１から４の中から、最もよいものを一つ選んでください。

質問１

1 「ラン・オブ・ザ・デッド」

2 「トワイライト」

3 「赤ちゃんと僕」

4 「シカゴ」

質問２

1 「ラン・オブ・ザ・デッド」

2 「トワイライト」

3 「赤ちゃんと僕」

4 「シカゴ」

실전모의고사 解答用紙

言語知識(文字・語彙・文法)・読解 解答用紙 (1회)

受験番号
Examinee Registration Number

1	0	*			0	1	*					
⓪	●		⓪	⓪	●	⓪		⓪	⓪	⓪	⓪	⓪
●	①		①	①	①	●		①	①	①	①	①
②	②		②	②	②	②		②	②	②	②	②
③	③		③	③	③	③		③	③	③	③	③
④	④		④	④	④	④		④	④	④	④	④
⑤	⑤		⑤	⑤	⑤	⑤		⑤	⑤	⑤	⑤	⑤
⑥	⑥		⑥	⑥	⑥	⑥		⑥	⑥	⑥	⑥	⑥
⑦	⑦		⑦	⑦	⑦	⑦		⑦	⑦	⑦	⑦	⑦
⑧	⑧		⑧	⑧	⑧	⑧		⑧	⑧	⑧	⑧	⑧
⑨	⑨		⑨	⑨	⑨	⑨		⑨	⑨	⑨	⑨	⑨

名 前 Name	

< ちゅうい Notes >

1. くろいえんぴつ（HB、No. 2）でかいてください。
   Use a black medium soft (HB or No 2) pencil.
2. かきなおすときは、けしゴムできれいにけしてください。
   Erase any unintended marks completely.
3. きたなくしたり、おったりしないでください。
   Do not soil or bend this sheet.
4. マークれい Marking examples

よい Correct	わるい Incorrect
●	⊗ ✓ ◯ ◉ ≋ ⦶ ◍

問題 1				
1	①	②	③	④
2	①	②	③	④
3	①	②	③	④
4	①	②	③	④
5	①	②	③	④
6	①	②	③	④
問題 2				
7	①	②	③	④
8	①	②	③	④
9	①	②	③	④
10	①	②	③	④
11	①	②	③	④
12	①	②	③	④
13	①	②	③	④
問題 3				
14	①	②	③	④
15	①	②	③	④
16	①	②	③	④
17	①	②	③	④
18	①	②	③	④
19	①	②	③	④
問題 4				
20	①	②	③	④
21	①	②	③	④
22	①	②	③	④
23	①	②	③	④
24	①	②	③	④
25	①	②	③	④

問題 5				
26	①	②	③	④
27	①	②	③	④
28	①	②	③	④
29	①	②	③	④
30	①	②	③	④
31	①	②	③	④
32	①	②	③	④
33	①	②	③	④
34	①	②	③	④
35	①	②	③	④
問題 6				
36	①	②	③	④
37	①	②	③	④
38	①	②	③	④
39	①	②	③	④
40	①	②	③	④
問題 7				
41	①	②	③	④
42	①	②	③	④
43	①	②	③	④
44	①	②	③	④
45	①	②	③	④
問題 8				
46	①	②	③	④
47	①	②	③	④
48	①	②	③	④
49	①	②	③	④

問題 9				
50	①	②	③	④
51	①	②	③	④
52	①	②	③	④
53	①	②	③	④
54	①	②	③	④
55	①	②	③	④
56	①	②	③	④
57	①	②	③	④
58	①	②	③	④
問題 10				
59	①	②	③	④
60	①	②	③	④
61	①	②	③	④
62	①	②	③	④
問題 11				
63	①	②	③	④
64	①	②	③	④
65	①	②	③	④
問題 12				
66	①	②	③	④
67	①	②	③	④
68	①	②	③	④
69	①	②	③	④
問題 13				
70	①	②	③	④
71	①	②	③	④

聴解 解答用紙(1회)

受験番号 Examinee Registration Number												
1	0	*			0	1	*					
⓪	●		⓪	⓪	●	⓪		⓪	⓪	⓪	⓪	⓪
●	①		①	①	①	●		①	①	①	①	①
②	②		②	②	②	②		②	②	②	②	②
③	③		③	③	③	③		③	③	③	③	3
④	④		④	④	④	④		④	④	④	④	④
⑤	⑤		⑤	⑤	⑤	⑤		⑤	⑤	⑤	⑤	⑤
⑥	⑥		⑥	⑥	⑥	⑥		⑥	⑥	⑥	⑥	⑥
⑦	⑦		⑦	⑦	⑦	⑦		⑦	⑦	⑦	⑦	⑦
⑧	⑧		⑧	⑧	⑧	⑧		⑧	⑧	⑧	⑧	⑧
⑨	⑨		⑨	⑨	⑨	⑨		⑨	⑨	⑨	⑨	⑨

名前 Name	

< ちゅうい Notes >

1. くろいえんぴつ（HB、No.2）でかいてください。
   Use a black medium soft (HB or No 2) pencil.
2. かきなおすときは、けしゴムできれいにけしてください。
   Erase any unintended marks completely.
3. きたなくしたり、おったりしないでください。
   Do not soil or bend this sheet.
4. マークれい Marking examples

よい Correct	わるい Incorrect
●	

問題 1				
例	①	●	③	④
1	①	②	③	④
2	①	②	③	④
3	①	②	③	④
4	①	②	③	④
5	①	②	③	④
6	①	②	③	④

問題 2				
例	①	②	●	④
1	①	②	③	④
2	①	②	③	④
3	①	②	③	④
4	①	②	③	④
5	①	②	③	④
6	①	②	③	④
7	①	②	③	④

問題 3				
例	①	●	③	④
1	①	②	③	④
2	①	②	③	④
3	①	②	③	④
4	①	②	③	④
5	①	②	③	④
6	①	②	③	④

問題 4			
例	①	②	●
1	①	②	③
2	①	②	③
3	①	②	③
4	①	②	③
5	①	②	③
6	①	②	③
7	①	②	③
8	①	②	③
9	①	②	③
10	①	②	③
11	①	②	③
12	①	②	③
13	①	②	③
14	①	②	③

問題 5					
1		①	②	③	④
2		①	②	③	④
3	(1)	①	②	③	④
	(2)	①	②	③	④

言語知識(文字・語彙・文法)・読解 解答用紙 (2회)

受験番号
Examinee Registration Number

1	0	*			0	1	*					
⓪	●		⓪	⓪	●	⓪		⓪	⓪	⓪	⓪	⓪
●	①		①	①	①	●		①	①	①	①	①
②	②		②	②	②	②		②	②	②	②	②
③	③		③	③	③	③		③	③	③	③	③
④	④		④	④	④	④		④	④	④	④	④
⑤	⑤		⑤	⑤	⑤	⑤		⑤	⑤	⑤	⑤	⑤
⑥	⑥		⑥	⑥	⑥	⑥		⑥	⑥	⑥	⑥	⑥
⑦	⑦		⑦	⑦	⑦	⑦		⑦	⑦	⑦	⑦	⑦
⑧	⑧		⑧	⑧	⑧	⑧		⑧	⑧	⑧	⑧	⑧
⑨	⑨		⑨	⑨	⑨	⑨		⑨	⑨	⑨	⑨	⑨

名 前 Name	

< ちゅうい Notes >

1. くろいえんぴつ (HB、No.2) でかいてください。
Use a black medium soft (HB or No 2) pencil.
2. かきなおすときは、けしゴムできれいにけしてください。
Erase any unintended marks completely.
3. きたなくしたり、おったりしないでください。
Do not soil or bend this sheet.
4. マークれい Marking examples

よい Correct	わるい Incorrect
●	⊗ ◌ ◯ ⦿ ◍ ◐ ◉

問題 1				
1	①	②	③	④
2	①	②	③	④
3	①	②	③	④
4	①	②	③	④
5	①	②	③	④
6	①	②	③	④
問題 2				
7	①	②	③	④
8	①	②	③	④
9	①	②	③	④
10	①	②	③	④
11	①	②	③	④
12	①	②	③	④
13	①	②	③	④
問題 3				
14	①	②	③	④
15	①	②	③	④
16	①	②	③	④
17	①	②	③	④
18	①	②	③	④
19	①	②	③	④
問題 4				
20	①	②	③	④
21	①	②	③	④
22	①	②	③	④
23	①	②	③	④
24	①	②	③	④
25	①	②	③	④

問題 5				
26	①	②	③	④
27	①	②	③	④
28	①	②	③	④
29	①	②	③	④
30	①	②	③	④
31	①	②	③	④
32	①	②	③	④
33	①	②	③	④
34	①	②	③	④
35	①	②	③	④
問題 6				
36	①	②	③	④
37	①	②	③	④
38	①	②	③	④
39	①	②	③	④
40	①	②	③	④
問題 7				
41	①	②	③	④
42	①	②	③	④
43	①	②	③	④
44	①	②	③	④
45	①	②	③	④
問題 8				
46	①	②	③	④
47	①	②	③	④
48	①	②	③	④
49	①	②	③	④

問題 9				
50	①	②	③	④
51	①	②	③	④
52	①	②	③	④
53	①	②	③	④
54	①	②	③	④
55	①	②	③	④
56	①	②	③	④
57	①	②	③	④
58	①	②	③	④
問題 10				
59	①	②	③	④
60	①	②	③	④
61	①	②	③	④
62	①	②	③	④
問題 11				
63	①	②	③	④
64	①	②	③	④
65	①	②	③	④
問題 12				
66	①	②	③	④
67	①	②	③	④
68	①	②	③	④
69	①	②	③	④
問題 13				
70	①	②	③	④
71	①	②	③	④

聴解　解答用紙(2회)

受験番号
Examinee Registration Number

1	0	*			0	1	*					
⓪	●		⓪	⓪	●	⓪		⓪	⓪	⓪	⓪	⓪
●	①		①	①	①	●		①	①	①	①	①
②	②		②	②	②	②		②	②	②	②	②
③	③		③	③	③	③		③	③	③	③	3
④	④		④	④	④	④		④	④	④	④	④
⑤	⑤		⑤	⑤	⑤	⑤		⑤	⑤	⑤	⑤	⑤
⑥	⑥		⑥	⑥	⑥	⑥		⑥	⑥	⑥	⑥	⑥
⑦	⑦		⑦	⑦	⑦	⑦		⑦	⑦	⑦	⑦	⑦
⑧	⑧		⑧	⑧	⑧	⑧		⑧	⑧	⑧	⑧	⑧
⑨	⑨		⑨	⑨	⑨	⑨		⑨	⑨	⑨	⑨	⑨

名　前 Name	

＜ちゅうい　Notes＞

1. くろいえんぴつ（HB、No.2）でかいてください。
   Use a black medium soft (HB or No 2) pencil.
2. かきなおすときは、けしゴムできれいにけしてください。
   Erase any unintended marks completely.
3. きたなくしたり、おったりしないでください。
   Do not soil or bend this sheet.
4. マークれい　Marking examples

よい Correct	わるい Incorrect
●	⊗ ◑ ◯ ⓞ ≶ ⦶ ◍

問題 1				
例	①	●	③	④
1	①	②	③	④
2	①	②	③	④
3	①	②	③	④
4	①	②	③	④
5	①	②	③	④
6	①	②	③	④

問題 2				
例	①	②	●	④
1	①	②	③	④
2	①	②	③	④
3	①	②	③	④
4	①	②	③	④
5	①	②	③	④
6	①	②	③	④
7	①	②	③	④

問題 3				
例	①	●	③	④
1	①	②	③	④
2	①	②	③	④
3	①	②	③	④
4	①	②	③	④
5	①	②	③	④
6	①	②	③	④

問題 4			
例	①	②	●
1	①	②	③
2	①	②	③
3	①	②	③
4	①	②	③
5	①	②	③
6	①	②	③
7	①	②	③
8	①	②	③
9	①	②	③
10	①	②	③
11	①	②	③
12	①	②	③
13	①	②	③
14	①	②	③

問題 5					
1		①	②	③	④
2		①	②	③	④
3	(1)	①	②	③	④
	(2)	①	②	③	④

파고다 JLPT N1 실전편

최신 개정판

일본어능력시험